1

AURELIO BRUNO

PROJECT FINANCING E PROJECT BONDS

TESTO AGGIORNATO AL DECRETO LEGGE "SBLOCCA ITALIA" E ALLA DIRETTIVA UE 2014/13 SULLE CONCESSIONI

Indice generale

DEFINIZIONI E CONCETTI PROPEDEUTICI

Il contesto economico che giustifica l'attuale interesse per la materia del project financing è riassumibile nei seguenti punti:

- necessità di contenimento del debito pubblico;
- recupero del *gap* infrastrutturale;
- miglioramento della qualità dei servizi pubblici;
- ridefinizione del ruolo del pubblico controllore e gestore;
- rivalutazione del ruolo dei privati attraverso forme di "partenariato" con i pubblici.

Da tempo diffuso nei paesi di *Common Law*, il *project financing* si configura innanzitutto come una complessa operazione economico-finanziaria rivolta ad un investimento specifico per la realizzazione di un'opera e/o la gestione di un servizio, su iniziativa di promotori (*sponsors*) privati o pubblici. I più autorevoli esperti sul tema usano definire il *project financing* come "un'operazione di finanziamento di una particolare unità economica, nella quale un finanziatore è soddisfatto di considerare, sin dallo stadio iniziale, il flusso di cassa e gli utili dell'unità economica in oggetto come la sorgente di fondi che consentirà il rimborso del prestito e le attività dell'unità economica come garanzia collaterale del prestito'".

Il nuovo sistema amministrativo su cui si incardina il *project financing* deve essere connotato per l'efficienza e l'efficacia nell'uso delle risorse, per la corretta identificazione dei bisogni da parte della pubblica amministrazione (in particolare, in sede di piano triennale delle opere), per la programmazione legata a princìpi di fattibilità economica e amministrativa.

Una definizione del *project financing* può essere: "il finanziamento di una determinata attività economica in cui il finanziatore trae il rimborso dai flussi di cassa generati dall'unità stessa e in cui il patrimonio di quest'ultima costituisce una garanzia collaterale del prestito. Tanto avviene attraverso la distribuzione dei rischi e dei rendimenti tra diversi soggetti a vario titolo coinvolti (strumento la contrattualizzazione degli impegni, delle responsabilità, delle garanzie). Il finanziamento è basato sulla validità economica e finanziaria del progetto (*business plan*) a base dell'iniziativa."[ii]

IL CICLO DEL PROGETTO

Uan recente pubblicazione dell'UVAL ha dato un contributo di chiarezza sul tema ricostruendo fasi e procedure che spesso, nella pubblicistica, un arido tecnicismo giuridico rendono poco chiare. A questo studio[iii] ci richiamamo in ordine all'analisi del ciclo del progetto traendone alcuni stralci qui di seguito riportati.

Un'operazione di *Project financing*, vista nella sua interezza, implica lo svolgimento di specifiche attività. Queste ultime, dando vita al cd. ciclo di vita della Finanza di progetto, possono essere distinte in diverse fasi:

a. individuazione e formulazione dell'intervento;

b. definizione e ricerca delle fonti di finanziamento;

c. costruzione dell'opera (vedi le norme infra)

d. gestione del progetto.

A. INDIVIDUAZIONE E FORMULAZIONE DELL'INTERVENTO

L'individuazione precede l'attività della formulazione, ma è ad essa spesso interrelata in quanto alcune attività (presentazione dell'idea progettuale, identificazione dei promotori, ecc.) sono presenti in entrambe le fasi. L'individuazione di un progetto, più in particolare, comprende le seguenti attività:

Identificazione dell'opportunità d'investimento, cd. "pre-fattibilità". Attraverso l'elaborazione di una scheda tecnica, viene descritta l'idea progettuale, accompagnata dall'analisi delle alternative, mettendo in evidenza i punti di forza e di debolezza del progetto, le minacce e le opportunità dell'ambiente di riferimento e del territorio di ubicazione dell'intervento;

Analisi delle alternative, selezione preliminare e preparazione del progetto ovvero dello studio di fattibilità (vedi oltre il paragrafo dedicato allo studio di fattibilità): questa attività rappresenta un'articolazione della scheda sintetica e ha lo scopo di analizzare tutti gli aspetti tecnici, sociali, ambientali del progetto. Fanno parte integrante di questa fase e finalizzate alla stesura del progetto definitivo ed esecutivo (ai sensi del D.Lgs 163/2006 e successive modificazioni), a cura dei promotori, le seguenti attività:

- Identificare il progetto,
- Verificare la sua fattibilità,
- Selezionare gli sponsors,
- Acquisire le autorizzazioni alla costruzione e alla gestione,
- Definire i contratti da stipulare con i soggetti coinvolti,
- Pianificare il fabbisogno finanziario
- Valutazione del progetto (appraisal report) e decisioni di investimento. E' l'aspetto sicuramente più delicato della prima fase, in quanto presuppone l'indirizzo decisionale del progetto: accettazione o rigetto. Insito in tale fase, infatti, vi è il cosidetto salto di irreversibilità per cui una volta intrapresa, ogni decisione non sarà priva di un certo costo. Diventa, pertanto, importante, condurre in modo obiettivo ed efficace, un'analisi costi benefici del progetto.

B. FONTI DI FINANZIAMENTO

Il problema della copertura finanziaria di un'opera pubblica deriva dal fatto che i flussi di cassa negativi si concentrano quasi interamente nella prima fase di vita dell'opera (fase della sua promozione, progettazione e realizzazione), mentre i flussi di cassa positivi sono differiti alla fase successiva (fase di gestione e sfruttamento economico). Questo differimento comporta un investimento iniziale che, deve trovare fin dall'inizio opportune forme di copertura. Le principali componenti del capitale investito nella realizzazione dell'opera che devono torvare una immediata copertura finanziaria sono: immobilizzazioni materiali, immateriali e finanziarie;

capitale circolante (disponibilità liquide, rimanenze di materie prime e materiali, crediti verso l'erario dovuti per il pagamento dell'IVA, crediti verso società coinvolte nell'operazione).

A parte i contributi pubblici in conto capitale, che non ricevono una remunerazione, la possibilità di raccogliere le altre forme di copertura dei flussi finanziari negativi nella fase di realizzazione dipende dalle prospettive reddituali e finanziarie della successiva fase di sfruttamento economico dell'opera. Quanto maggiori, e quanto più certi, sono i flussi positivi prospettici della fase di gestione, tanto più facile sarà acquisire le fonti di copertura degli investimenti, in quanto ai prestatori di fondi vengono prospettate valide opportunità di restituzione e remunerazione del capitale da essi investito.

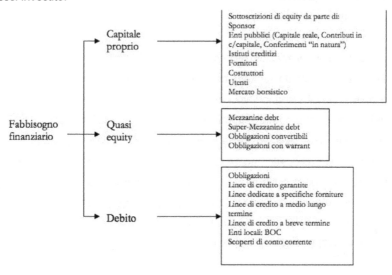

Tratto da materiali UVAL, allegato 2, n. 30 2014

La definizione del rapporto ottimale tra indebitamento e capitale proprio è fortemente legata al grado di rischio del progetto. Non esistono regole semplici ed univoche per determinare il rapporto ottimale tra debiti e mezzi propri per la realizzazione e gestione di una opera pubblica tramite il PF. Nella scelta del rapporto tra debiti e mezzi propri bisogna considerare la natura del progetto: se presenta una tecnologia innovativa, occorre un apporto in termini di capitale proprio maggiore poiché il rischio di dissesto potrebbe essere elevato; in caso di progetto inserito in un contesto "tradizionale", potrà essere maggiore il ricorso all'indebitamento; tale situazione può avvenire qualora il costruttore partecipi anche in qualità di socio della Società di Progetto (Special Purpose Veicle, anche SPV), ma decida di uscirne una volta completata l'opera (cd. opzione di way out).

Al fine di agevolare l'incontro tra concessionario e finanziatore, potrebbe rappresentare una buona prassi per l'Ente concedente di attivare con una o più banche delle "convenzioni", aventi per oggetto sia migliori condizioni di accesso al finanziamento (tassi agevolati, minori costi di gestione dell'operazione di finanziamento, ecc.), nonché promuovere nei confronti della stessa banca, sia una conoscenza del territorio sia soprattutto del progetto specifico che la stessa stazione appaltante ha in programma di avviare. Come vedremo tra poco, l'art. 144 del D.Lgs. 163/2006, la previsto la facoltà per il concedente di prevedere nel bando, che l'offerta sia corredata da una dichiarazione sottoscritta da uno o più istituti di credito di manifestazione di interesse a finanziare l'operazione, a sua volta collegata allo schema di contratto e del piano economico finanziario elaborato dal concessionario. Tale manifestazione non è naturalmente vincolante per un finanziatore, sebbene potrà rappresentare una importante espressione di affiancamento positivo al progetto da parte dello stesso.

C. GESTIONE

Una volta completata, l'opera potrà iniziare a maturare i proventi alla base dei quali è stata ottenuta una positiva valutazione della bancabilità, ovvero il progetto inizia a generare il *cash flow* per remunerare:

- ⌈ costi operativi (materie prime, costi ordinari e di manutenzione, ecc.)
- ⌈ servizio del debito: quota capitale e interessi,
- ⌈ imposte,
- ⌈ riserve,
- ⌈ accantonamenti,
- ⌈ dividendi.

Particolare importanza hanno i termini previsti nello studio di fattibilità sulle modalità di affidamento dalla SPV al soggetto gestore: in molti casi le figure possono coincidere con un unico soggetto.

D. DISTINZIONE TRA OPERE CALDE E OPERE FREDDE

Sotto il profilo strettamente economico-finanziario l'ambito di operatività del *project financing* è fortemente condizionato dalla finanziabilità dell'opera o del servizio, come sopra precisato: caratteristica che ha portato a distinguere le opere pubbliche in opere fredde e opere calde.

L e **opere fredde** sono opere in cui la funzione sociale è assolutamente predominante e che non consentono, per tale motivo, l'applicazione di tariffe o in cui il livello socialmente accettabile delle tariffe è talmente basso da non generare flussi di cassa in grado di consentire il rimborso dei fondi impiegati.

Le **opere calde** sono invece opere per le quali è possibile applicare un prezzo del servizio, come controprestazione che l'utente è tenuto a effettuare per fruire del servizio stesso; si tratta quindi di opere che consentono di svolgere un'attività organizzata di tipo imprenditoriale, con costi e ricavi (cd. servizi a rilevanza imprenditoriale). In concreto, infatti, sono stati realizzati soprattutto progetti per la costruzione e gestione di centrali di cogenerazione di elettricità e vapore; progetti relativi alla costruzione di oleodotti o gasdotti; trasporti ferroviari (ad. es. l'Eurotunnel); parchi di divertimento (Eurodisney); parcheggi; autostrade.

Il carattere *self-liquidating* dell'opera o del servizio ai fini della fattibilità di un'operazione di *project financing* è stato preso in considerazione anche dal legislatore quando stabilisce che nell'ambito della **programmazione triennale** le amministrazioni aggiudicatrici individuano con priorità i bisogni che possono essere soddisfatti tramite la realizzazione di lavori finanziabili con capitali privati, in quanto suscettibili di **gestione economica**, ove all'espressione si attribuisca il significato di gestione imprenditoriale dell'opera.

Aspetti qualificanti sul piano economico di un'operazione di *project financing* sono i seguenti:

a) la finanziabilità del progetto, ossia la sua attitudine a produrre nel suo ciclo vitale un flusso di cassa (*cash flow*) sufficiente a coprire i costi operativi, remunerare i finanziatori e fornire un congruo margine di profitto al promotore dell'operazione: si suole dire che il progetto deve essere *self-liquidating;*

b) la concentrazione del finanziamento in un autonomo centro di riferimento giuridico e finanziario (*Special Purpose Vehicle*: spesso una **società di progetto**), cui vengono affidati i mezzi finanziari e la realizzazione del progetto, con conseguente separazione (*ring fence*) giuridica e finanziaria del progetto dagli *sponsors*, il che si concreta in una collocazione fuori bilancio (*off-balance sheet financing*) del *project financing* rispetto alle altre attività dei promotori o degli azionisti dell'eventuale società di progetto;

c) la costituzione a favore dei finanziatori esterni dell'iniziativa di "garanzie indirette", basate su una vasta gamma di accordi tra le parti interessate al progetto fondati a loro volta sugli studi di fattibilità del progetto, sul piano economico-finanziario, con i relativi flussi di realizzo e sulle analisi del rischio, con la conseguenza che la possibilità di rivalsa dei finanziatori e degli altri creditori (appaltatori dei lavori, delle forniture, ecc.) nei confronti degli *sponsors* rimane limitata al valore delle attività finanziate.

E. INQUADRAMENTO GIURIDICO DELL'ISTITUTO

Per quanto concerne l'**inquadramento giuridico dell'istituto**, è stato osservato che, nel nostro ordinamento giuridico, il *project financing* si configura come una tecnica di finanziamento non sussumibile in una categoria contrattuale tipica, rappresentando invece la "sommatoria di singoli contratti (contratti di fornitura, di appalto, di finanziamento, di garanzia, di società, di concessione di costruzione e gestione/di management) che ne costituiscono la struttura". In questa prospettiva, si ritiene che l'impiego del *project financing* non richieda tanto una disciplina *ad hoc*, quanto la valorizzazione del "collegamento negoziale" che si genera tra i rapporti contrattuali che, a diverso livello, si concentrano intorno all'operazione di finanziamento [iv].

Recentemente è stato ipotizzato di ritornare alla figura della concessione da cui si origina per analogia, nei sistemi di diritto scritto, l'istituto: essa, infatti, è prevista nelle direttive 17 e 18 del 2004 recepite dal Codice dei Contratti (ora sono in arrivo i recepimenti delle direttive 23/24/24 del 2014). In modo più esteso affronteremo il tema di seguito.

Con gli articoli in esame, il legislatore ha comunque inteso rispondere alle aspettative degli operatori economici del settore garantendo maggiore certezza e stabilità al rapporto tra l'amministrazione concedente e l'aggregato dei soggetti privati interessati a finanziare la realizzazione di un'opera o di un servizio pubblico, fornendo un *corpus* di regole definite idonee a consentire previsioni ragionevoli dei flussi di cassa.

In modo schematico, la disciplina si articola per come segue:

a) nel riconoscimento dell'autonomia della figura del **promotore** e della fase della **promozione** dell'opera pubblica;

b) nella precisa individuazione nella **concessione di costruzione e gestione** della forma giuridica idonea a realizzare un finanziamento di progetto, con l'introduzione di significative modifiche all'istituto, tra le quali la possibilità di conferire al concessionario **diritti non direttamente correlati all'opera che si intende realizzare**;

c) nella rimessione alla volontà delle parti del contenuto negoziale, in particolare per ciò che concerne **la determinazione e l'aggiornamento delle tariffe** dei servizi previsti nel progetto, in modo da consentire la copertura dei costi di esercizio e del servizio del debito e un'adeguata remunerazione del capitale;

d) nella determinazione del procedimento con cui pervenire legittimamente alla scelta del progetto e del concessionario;

e) nel riconoscimento della possibilità di realizzare la separazione giuridica e finanziaria dell'iniziativa dalle altre attività degli *sponsors* attraverso la costituzione di **società di progetto**, con la previsione di deroghe al diritto societario al fine di massimizzare la capacita di finanziamento della medesima società;

f) nella previsione di adeguate, o almeno certe, forme di tutela del privato nel caso di **revoca** o **inadempimento** dell'ente concedente;

g) nella disciplina delle **garanzie dirette** in favore dei finanziatori, riconoscendo agli stessi la facoltà di subentrare al concessionario nel rapporto con l'amministrazione.

TUTTO INIZIO' IN SICILIA: 1. L'ART.42 TER

La Regione siciliana è stata una delle prime ad avvertire l'esigenza di disciplinare l'istituto del Project financing; infatti con l'art. 21 della l.r. 8.1.1996 n. 4 era stato aggiunto alla l.r. 21/85, l'art. 42 ter. Questo articolo, per la prima volta nell'ordinamento Italiano, disciplinava il tema della iniziativa del promotore e della prelazione per la realizzazione di opere in concessione gestione:

Art. 42 ter

Promozione privata di concessione di opere pubbliche

1. La concessione di costruzione e gestione di un'opera pubblica può essere promossa da un soggetto privato, avente i requisiti per accedere alla concessione medesima, il quale si impegni a realizzare l'opera interamente a proprie spese.

2. L'offerta può riguardare la realizzazione di un progetto, di massima od esecutivo, già nella disponibilità dell'ente concedente, ovvero di un progetto di massima proposto dal soggetto promotore. In tal caso la proposta deve indicare l'importo delle spese sostenute per la redazione del progetto e degli studi tecnico-economici. Detto importo è comprensivo anche dei diritti di cui agli artt. 2578 e seguenti del codice civile (b).

3. L'offerta è inammissibile qualora proponga la realizzazione di progetti in variante rispetto agli strumenti urbanistici.

4. Il soggetto promotore è tenuto alla pubblicazione dell'offerta, per estratto, secondo le modalità previste dall'art. 34 per i bandi di gara di opere di importo corrispondente.

5. Il testo integrale dell'offerta ed il progetto allegato sono posti a disposizione del pubblico presso la sede dell'ente gestore.

6. Nei trenta giorni successivi alla pubblicazione dell'ultimo degli avvisi di cui al comma 4, chiunque può presentare osservazioni sull'offerta e sul progetto.

7. L'organo esecutivo dell'ente, valutate le osservazioni di cui al comma 6, può deliberare la concessione della costruzione e gestione dell'opera a trattativa privata al soggetto promotore, determinando eventuali prescrizioni o condizioni riguardanti i progetti o le modalità di realizzazione e di gestione dell'opera.

8. Se, nel termine di cui al comma 6, altre imprese, aventi i requisiti per accedere alla concessione, offrano di eseguire il progetto a condizioni migliori di quelle proposte dal soggetto promotore, o propongono progetti alternativi, la concessione può essere data solo a seguito di licitazione privata fra tutti i soggetti proponenti, ferma restando l'esclusione di ogni contributo finanziario a carico dell'ente concedente.

9. I partecipanti alla gara, ad eccezione del promotore, devono versare, in aggiunta ad ogni altra prescrizione, una cauzione, mediante fidejussione bancaria o assicurativa, in misura pari all'importo delle spese di cui al comma 2.

10. Nel caso di cui al comma 8, il **soggetto promotore ha diritto di prelazione sull'affidamento della concessione**, nel rispetto delle condizioni dell'offerta risultata vincente; le modalità e i tempi per l'eventuale esercizio della prelazione sono predeterminati nel bando di gara.

17

11. In caso di mancato esercizio del diritto di prelazione di cui al comma 10, il soggetto promotore della proposta di gara ha diritto al pagamento, da parte della amministrazione aggiudicatrice, dell'importo di cui al comma 2.

12. In caso di esercizio della prelazione di cui al comma 10 il soggetto promotore deve versare al migliore offerente una somma pari al 50 per cento dell'importo di cui al comma 2, a titolo di rimborso forfettario delle spese da questo sostenute per la partecipazione alla gara".

La norma stabiliva per la prima volta la possibilità di promuovere la concessione di costruzione e gestione da parte di "un soggetto privato, avente i requisiti per accedere alla concessione medesima", che si impegni ad eseguire l'opera interamente a proprie spese. Tutto questo mediante la detta promozione e nella gara l'utilizzo della prelazione a garanzia e tutela della posizione (e dei costi sostenuti) quale promotore.

Tuttavia sia per l'indeterminatezza della norma sia per la mancata emanazione della disciplina regolamentare rimessa ad apposito decreto dell'assessore ai lavori pubblici, la norma ha prestato il fianco a molteplici critiche da parte della dottrina[v].

In particolare, la legge regionale non specificava in alcun modo il contenuto della proposta del promotore, a differenza della successiva legge statale (l. 18 novembre 1998, n. 415 (c.d. legge Merloni-ter), che ha inserito gli articoli da 37-bis a 37-nonies nella legge quadro in materia di lavori pubblici (l. 11 febbraio 1994, n. 109, c.d. legge Merloni), confluiti poi nel d.lgs. 12 aprile 2006, n. 163 (c.d. Codice dei contratti pubblici: artt. da 153 a 160) che invece prevedeva espressamente "*uno studio di inquadramento territoriale e ambientale, uno studio di fattibilità, un progetto preliminare, una bozza di convenzione, un piano economico-finanziario asseverato da un istituto di credito, una specificazione delle caratteristiche del servizio e della gestione nonchè l'indicazione degli elementi di cui all'articolo 21, comma 2, lettera b), e delle garanzie offerte dal promotore all'amministrazione aggiudicatrice*".

La legge regionale nulla prevedeva altresì, in confronto con la successiva Merloni-ter, specularmente in ordine ad una corretta, dettagliata e specifica valutazione della proposta del promotore. L'art. 37 ter della c.d. Merloni ter al riguardo espressamente stabiliva: "entro il 31 ottobre di ogni anno le amministrazioni aggiudicatrici valutano la fattibilità delle proposte presentate sotto il profilo costruttivo, urbanistico e ambientale, nonchè della qualità progettuale, della funzionalità dell'opera, dell'accessibilità al pubblico, del rendimento, del costo di gestione e di manutenzione, della durata della concessione, dei tempi di ultimazione dei lavori, delle tariffe da applicare, della metodologia di aggiornamento delle stesse, del valore economico e finanziario del piano e del contenuto della bozza di convenzione ...". La normativa regionale disciplinava, in rapporto con la successiva Merloni-ter, in maniera insoddisfacente altri aspetti rilevanti dell'istituto de quo (per es. la facoltà del promotore di costituire una società di progetto, le variazioni sopravvenute nel corso del rapporto concessorio, il sistema di garanzie nell'ipotesi di risoluzione del rapporto concessorio) "senza i quali l'attuazione in concreto di quest'ultimo appare impossibile o difficilmente praticabile"[VI]. Particolarmente significativo è l'aspetto attinente alle garanzie che devono offrire tanto il promotore che i partecipanti al procedimento concorsuale a supporto della serietà delle loro offerte. In proposito l'art. 37 quater della l. 109/94 per come innovato dalla Merloni-ter prescriveva una disciplina articolata, stabilendo che la proposta del promotore è vincolante per lo stesso qualora non vi siano altre offerte nella procedura concorsuale ed è corredata da una cauzione del 2 per cento dell'importo dei lavori, da una cauzione pari all'importo delle spese sostenute dal promotore per la predisposizione della proposta; le medesime cauzioni sono dovute dai partecipanti alla procedura concorsuale. La normativa regionale invece non prevedeva, in confronto con la successiva Merloni-ter, nè l'obbligo del promotore e dei partecipanti alla licitazione privata di presentare una cauzione a copertura della mancata sottoscrizione del contratto per fatto dell'aggiudicatario. Da rilevare altresì che la legge regionale, a differenza di quella statale, pone a carico della pubblica amministrazione e non dell'aggiudicatario l'obbligo del pagamento delle spese sostenute dal promotore per la predisposizione della proposta.

La legge regionale statuiva genericamente che la concessione di costruzione e gestione di un'opera pubblica può essere promossa da un soggetto privato avente i requisiti per accedere alla concessione medesima; non indicava di quali soggetti si tratti, ma rinvia indirettamente all'art. 42, co. 7, della l.r. 21/85, il quale prevede a sua volta che "con decreto dell'Assessore regionale per i lavori pubblici sono determinati i requisiti tecnici, finanziari e organizzativi delle imprese che possono accedere a concessioni di costruzione e gestione di opere pubbliche". Diversamente gli artt. 98 e 99 del D.P.R. n. 554 del 1999 indicavano in maniera dettagliata i requisiti del promotore sia che esegua direttamente i lavori oggetto della concessione con la propria organizzazione di impresa sia che si assuma soltanto il compito di provvedere alla raccolta dei mezzi finanziari necessari per la realizzazione dell'opera da affidare a terzi. Le menzionate problematiche, comunque, non trovarono più spazio a seguito dell'abrogazione dell'art. 42 ter della l.r. n. 21/1985 e del recepimento della normativa statale contenuta negli artt. 37 bis e ss della legge quadro da parte della l.r. n. 7/2000.

La Sicilia pur essendo stata la prima a legiferare sulla promozione e la connessa prelazione per opere in concessione-gestione, ben volentieri, rinunciò alle sue prerogative autonomistiche tutelate dal dettato costituzionale, prima non procedendo alla regolamentazione cui rinviava la norma, in secondo luogo discreditando, anche con il parere dell'Ufficio Legislativo regionale del 2007 citato in nota, le lacune normative dell'art. 42-ter rispetto alla maggiore precisione e dettaglio della successiva legge Merloni-ter.

L'intuito brillantemente avuto dal legislatore regionale è stato poi depotenziato e, infine, annullato dalla pachidermica macchina amministrativa regionale a mezzo della mancata regolamentazione.

Mestamente anche questa parte della storia delle autonomie speciali della nazione Italiana, quella della autonoma legiferazione regionale in materia di opere pubbliche, piano piano si spense. Infine, con la LR.12/11 la Regione Sicilia attuò il recepimento dinamico della normativa nazionale (D.lgs 163/06 e smi) rinunciando alla propria prerogativa autonomistica, autonomia diventata anche grazie alle cessione di sovranità (anche in materia legislativa) verso l'Unione Europea ormai desueta.

Osserviamo, atteso che l'istituto del project finance o della private financing initiative trae origine dal Common Law ovvero dal diritto non codificato, non sarebbe stato meglio legiferare il meno possibile per lasciare gli aspetti regolatori all'autonomia delle singole amministrazioni pubbliche regionali e locali? Non è vero che in Italia non si parla d'altro di delegiferare, sfrondare abnormi corpi legislativi, ma alla fine corriamo, poi, a iper-legiferare ad ogni rumor di foglia?

TUTTO' INIZIO' IN SICILIA: - 2. PROCEDURA NEGOZIATA (DIALOGO COMPETITIVO) ANTE LITTERAM IN SICILIA

La Regione Siciliana nel 2002 esitò la legge n. 7 di recepimento della L. 109/94, Merloni[vii]. L'occasione fu propizia per tentare un innovazione che nel tempo si rivelò profetica. All'epoca l'autore era consulente della Regione Siciliana. Nel disegno di legge di iniziativa governativa scrisse e fece inserire un articolato che se, da una parte dava applicazione in Sicilia alla private finance initiative britannica dall'altra applicava la direttiva 93/37 Ce, nella parte relativa alla procedura negoziata, parte non recepita in Italia dalla Merloni né direttamente recepibile, secondo la dottrina maggioritaria[viii], atteso che non si trattava nel caso di specie di norma self executing. La procedura negoziata tipica dei sistemi anglosassoni è stata, ovvero, recepita, ma solo nella seconda fase, quella della procedura con promotore. La differenza della procedura con promotore, l'attuale monofasica, bifasica o additiva, rispetto a quella negoziata è la sua lunghezza molto più breve come tempi. Il particolare vantaggio della procedura negoziata è, inoltre, il fatto è che effettivamente una negoziazione di prezzi, tariffe, tempi, eccetera, consente al privato e alle banche di meglio definire i termini dell'iniziativa in concertazione con la parte pubblica. Ecco di seguito l'articolato:

Art. 29.

Inserimento di articoli in materia di finanza di progetto

1. Dopo l'articolo 37 nonies della legge n. 109 del 1994 sono aggiunti i seguenti articoli:

"Art. 37 decies. Finanza di progetto - 1. I lavori pubblici ed i lavori di pubblica utilità possono

essere realizzati mediante finanza di progetto nel rispetto del principio della concorrenza e delle previsioni della presente legge.

2. In aggiunta alle procedure di cui agli articoli 19, 20 e 21 e alle procedure di cui agli articoli 37 bis, 37 ter e 37 quater per l'attuazione, promozione ed incentivazione della finanza di progetto, si applica altresì la procedura negoziata di cui alla direttiva 93/37/CEE del Consiglio del 14 giugno 1993 nei casi eccezionali ove si tratti di lavori la cui natura o i cui imprevisti non consentano una fissazione preliminare o globale dei prezzi.

Il primo comma dell'art. 37 decies della L. 109/94 per come recepita con modifiche prevede che i lavori pubblici ed i lavori di pubblica utilità possono essere realizzati mediante finanza di progetto nel rispetto del principio della concorrenza e delle previsioni della legge. Il secondo comma allargava il parterre delle procedure alla terza negoziata: in aggiunta alle procedure di cui agli articoli 19, 20 e 21 e alle procedure di cui agli articoli 37 bis, 37 ter e 37 quater per l'attuazione, promozione ed incentivazione della finanza di progetto, si applica altresì la procedura negoziata di cui alla direttiva 93/37/CEE del Consiglio del 14 giugno 1993 nei casi eccezionali ove si tratti di lavori la cui natura o i cui imprevisti non consentano una fissazione preliminare o globale dei prezzi,ovvero tramite il dialogo competitivo oggi presente sulle direttive europee.

INTRODUZIONE ALLA NUOVA NORMATIVA SULLA FINANZA DI PROGETTO: I LAVORI DI PUBBLICA UTILITA'

L'art.153 del D.Lgs 152/08 definisce l'ambito oggettivo di operatività del project financing con riferimento alla "realizzazione di lavori pubblici o di lavori di pubblica utilità". Successivamente sono intervenuti una congerie di vari testi normativi di modifica di cui in appresso si darà conto.

L'estensione dell'oggetto della concessione di costruzione e gestione ai lavori di pubblica utilità realizza diversi obiettivi, alcuni connessi in particolare alle caratteristiche del *project financing.*

Sotto quest'ultimo profilo, la norma assicura al promotore un'ampia libertà nella progettazione complessiva dell'iniziativa e la possibilità di fare affidamento, nella previsione dell'equilibrio economico-finanziario della stessa, sui flussi di cassa generati da tali lavori. Un fattore considerato molto importante nella predisposizione di operazioni di *project financing* è infatti l'assenza di limiti dimensionali del progetto.

L'assoggettamento alla disciplina prevista per i lavori pubblici garantisce inoltre la soluzione dei problemi relativi alle compatibilità ambientali urbanistiche ed edilizie dei lavori di pubblica utilità, assicurandone la celere realizzazione.

Infine, l'equiparazione fra lavori pubblici e lavori di pubblica utilità risolve definitivamente i problemi relativi all'applicabilità della disciplina dell'evidenza pubblica e della determinazione della tutela giurisdizionale[ix]. Il primo problema è stato sottoposto all'esame della Corte di giustizia, con riferimento alle opere di urbanizzazione realizzate a scomputo dei relativi oneri (art. 11 L. 10/1977, artt. 28 e 31, L. 17 agosto 1942 n. 1150; circa l'art. 31 di tale provvedimento si vedano ora gli artt.7 e 8 del Testo Unico Edilizia), sotto il profilo dell'onerosità del rapporto relativo alla loro realizzazione[x]. In dottrina è invece diffusa l'opinione che per la realizzazione delle opere (private) di pubblica utilità non debbano applicarsi le norme sugli appalti pubblici di lavori [xi].

Quanto alla determinazione del giudice competente, i dubbi sorgevano in relazione a quell'orientamento del giudice del riparto che esclude l'assoggettabilità delle procedure ad evidenza pubblica relative ad opere private di pubblica utilità poste in essere da soggetti privati, concessionari di enti pubblici, al regime di impugnazione degli atti amministrativi, richiamandosi, fra l'altro, alla tassatività della nozione di opera pubblica[xii]. La norma in commento risolve definitivamente, sotto il profilo "oggettivo", la questione di giurisdizione a favore del giudice amministrativo - come del resto era già desumibile dall'equiparazione tra opere pubbliche e opere di pubblica utilità contenuta nella disciplina cd. "sblocca cantieri" (art. 19 del d.l. 25 marzo 1997 n. 67, conv. con mod. dalla L. 23 maggio 1997 n. 135) [xiii].

PRIMO APPROCCIO ALLA NORMATIVA

Il decreto – denominato anche "Correttivo 3", dopo i correttivi 1 e 2 al Codice dei contratti emanati con d.lgs n. 6/2007 e n. 113/2007 - prevedeva una modifica rilevante delle norme sulla finanza di progetto (o project financing, di seguito anche p.f.).[xiv] In questa sede viene trattata esclusivamente la nuova formulazione dell'art.153 sulla finanza di progetto, introdotta dall'art.1, co.1, del d.lgs. n. 152/2008 fra le disposizioni di adeguamento comunitario per la necessità di recepire le osservazioni mosse dalla Commissione Europea nell'atto di messa in mora del 30.1.2008. La riforma segna un nuovo capitolo della tormentata vicenda dell'istituto che, pur essendo stato introdotto solo nel 1998 (legge n.415, c.d. Merloni ter), già è stato a più riprese modificato con successivi interventi (legge n.166/2002, inserimento nel Codice n. 163/2006, d.lgs.n. 113/2007) per arrivare poi al diluvio di interventi succedutisi tra il 2011 e il 2012.

Il d.lgs.n.113/07 abrogò la previsione di un diritto di prelazione in favore del promotore, che poteva adeguare la propria proposta a quella giudicata più conveniente dall'amministrazione e risultare così aggiudicatario della concessione. Il diritto di prelazione del promotore, inserito per incentivare le proposte e le iniziative economiche dei privati, era stato oggetto di rilievi da parte della Commissione europea perché in grado di poter inficiare il principio della *par condicio* dei concorrenti.

Sul punto la legge comunitaria 2004 (n. 62/2005, art. 24) prevedeva, al fine di informare e garantire i concorrenti, che l'avviso avrebbe dovuto indicare espressamente la previsione del diritto di prelazione a favore del promotore (precedente versione dell'art.153,co.3).

Tuttavia una più ampia pubblicità del diritto di prelazione del promotore non eliminava la questione fondamentale, posta da alcuni (tra essi il Ricchi) del rapporto fra diritto di prelazione e par condicio dei concorrenti, sicchè con d.lgs. n.113/07 il legislatore nazionale decideva di abrogare il diritto di prelazione. Tanto eliminò il motivo e la condizione pratica per cui gli imprenditori presentano a proprie spese una proposta di finanza di progetto: la ragionevole aspettativa di risultare aggiudicatari della concessione. In mancanza di tale aspettativa imprenditoriale, la fine della prelazione ha lasciato spazio a soggetti più che altro tecnici interessati comunque ad avere diritto al rimborso delle spese (pari al 2,5%) dell'investimento. Ma su questo tema torneremo tra breve.

LE RICHIESTE COMUNITARIE

Le modifiche all'istituto apportate dal "correttivo 3" del Codice dei contratti furono dovute essenzialmente alla "necessità" (secondo noi strumentale) di adeguarsi ai rilievi formulati dalla Commissione Europea nella decisione del 31.1.2008 in merito a disposizioni del Codice dei contratti emanate in violazione delle Direttive Comunitarie 2004/17CE e 2004/18CE2.

Nella decisione citata la Commissione – pur prendendo atto della abrogazione del diritto di prelazione del promotore disposta con il d.lgs. n. 113/07 - ha comunque sottolineato la permanenza di una indebita posizione di vantaggio del promotore: *"della procedura di attribuzione della concessione, infatti, il promotore non è su un piede di parità con gli altri operatori potenzialmente interessati in quanto ha il vantaggio di partecipare ad una procedura negoziata (fase della procedura di attribuzione) nella quale deve confrontarsi unicamente con i soggetti che hanno presentato le 2 migliori offerte nella gara precedente (fase 1), indetta sulla base della sua proposta"*. Dunque nemmeno l'abrogazione del diritto di prelazione da parte del legislatore nazionale ha avuto l'effetto di soddisfare integralmente la Commissione, che ha rinvenuto profili di violazione della normativa comunitaria in relazione ad una fase antecedente alla procedura negoziata, dovuti alla mancata partecipazione del promotore alla gara. In particolare la disparità consisterebbe nella diretta ammissione del promotore alla procedura negoziata, indipendentemente da qualsiasi comparazione e confronto tra la sua proposta e le offerte presentate dai partecipanti alla gara, con violazione dei principi concorsuali di partecipazione dei concorrenti e par condicio.[xv]

L'altra osservazione formulata dalla Commissione in data 30.1.2008 è del seguente tenore: *"il rispetto delle regole della direttiva 2004/18/CE in materia di attribuzione delle concessioni di lavori e del principio di parità di trattamento non sembrerebbe garantito dalle (...) disposizioni del Codice, in ragione dell'assenza di pubblicità a livello comunitario degli avvisi diretti a scegliere il promotore ed il concessionario.*

Viene censurato l'art. 153, co.3 del Codice secondo cui la presenza, negli strumenti di programmazione di cui all'art. 128, co.2, di interventi realizzabili con capitali privati deve essere resa pubblica mediante un avviso indicativo affisso presso la sede della amministrazione aggiudicatrice che deve figurare sui siti informatici di cui all'art. 66, co.7 del Codice. Invero quest'ultima norma prevede la pubblicazione degli avvisi in ambito nazionale, e solo come facoltativa - e non obbligatoria – la pubblicazione in ambito comunitario.

Alle sopraccitate censure rispose una sentenza della Corte di Giustizia del 21.02.2008 di decisione del ricorso promosso dalla Commissione per inadempimento dello Stato Italiano, che a proposito del p.f. censurava le norme nazionali attributive al promotore del diritto di prelazione.

Le osservazioni della Commissione sulle norme nazionali di disciplina del p.f. (artt. 37 bis e ss. della legge Merloni) furono ritenute irricevibili dalla Corte di Giustizia, in quanto la Commissione, *"nell'ambito di questa censura, non indica quali di queste Direttive e/o disposizioni del Trattato la Repubblica Italiana avrebbe precisamente violato commettendo asseritamente una violazione del principio di parità di trattamento"*. La pretesa violazione delle Direttive comunitarie da parte delle norme sul diritto di prelazione (nel frattempo abrogate dal legislatore nazionale) non è stata quindi certificata dalla Corte di Giustizia.

Nonostante la bocciature delle tesi (infondate) della Commissione da parte della Corte il Governo Italiano dimostrando di essere più realista del re, procedette ad una sostanziale revisione della finanza di progetto nel 3° correttivo al Codice dei contratti.[xvi] L'adeguamento ai rilievi della Commissione non è avvenuto con una mera sostituzione parziale delle norme interessate, ma attraverso una modifica integrale degli articoli 153,154,155 del Codice. Il correttivo riunisce tutta la disciplina inerente alla scelta del concessionario nel solo articolo 153, che consta di ben 21 commi. La rilevante modifica si è resa necessaria in quanto la previsione di una gara unica per la scelta del promotore ha portato ad un adeguamento delle altre norme, in precedenza parametrate ad una procedura diversa. La riforma pone al centro della procedura una gara unica indetta dalla amministrazione per la individuazione del promotore. La pubblicità del bando di gara avviene secondo le modalità di cui agli artt. 66 o 122, e quindi a livello comunitario e non nazionale. A base della gara viene posto uno studio di fattibilità redatto da parte dell'amministrazione. Vediamo ora la normativa in dettaglio. Iniziamo con la relazione di accompagnamento al decreto legislativo 152.

IL COMMENTO DEL LEGISLATORE [xvii]

Il servizio studi della Camera dei Deputati nella relazione di accompagnamento alla proposta di disegno del futuro decreto legislativo 152 così commentava le novità: *"Le modifiche introdotte alla disciplina della finanza di progetto hanno tenuto conto da una parte delle osservazioni della Commissione europea sulla figura del promotore e dall'altra, dell'esigenza di semplificare la procedura vigente.*

In sostanza, in via ordinaria (gara unica, commi 1-14), per le opere inserite nella programmazione triennale, l'amministrazione procede all'affidamento della concessione ponendo a base di gara uno studio di fattibilità. Sulla base di una offerta costituita da un progetto preliminare e da un piano economico finanziario, l'amministrazione sceglie il promotore - mediante il criteriodell'offerta economicamente più vantaggiosa - e approva il progetto preliminare. Se il progetto deve essere modificato il promotore deve provvedervi, altrimenti l'amministrazione può rivolgersi al secondo classificato;

il promotore resta comunque titolare del diritto al pagamento, a carico dell'aggiudicatario, dell'importo delle spese sostenute per la predisposizione dell'offerta. In alternativa, sempre con riferimento alle opere inserite nella programmazione triennale, l'amministrazione può individuare il concessionario mediante l'espletamento di due distinte procedure selettive (doppia gara, comma 15), di cui la prima è volta all'individuazione del promotore dal quale acquisire il progetto preliminare, e la successiva all'individuazione dell'affidatario della concessione, con diritto di prelazione del promotore. Il bando deve indicare espressamente che la gara non comporta l'aggiudicazione al promotore prescelto, ma l'attribuzione allo stesso del diritto di essere preferito al migliore offerente individuato con successiva procedura selettiva. A seguito della prima gara l'amministrazione procede ll'approvazione del progetto preliminare presentato dal promotore e indice una nuova procedura selettiva, ponendo a base di gara il progetto del promotore. Dopo l'esperimento di quest'ultima gara interviene il diritto di prelazione in capo al promotore. Si prevede, infine, l'attribuzione ai soggetti privati del potere di sollecitare l'amministrazione, laddove questa rimanga inerte, non provvedendo entro sei mesi dall'approvazione dell'elenco annuale alla pubblicazione del bando per opere in esso inserite.

In particolare, scaduto detto termine, i privati possono presentare le proprie proposte contenenti il progetto preliminare nei successivi 4 mesi (commi 16, 17 e 18). Entro sessanta giorni dalla scadenza dei 4 mesi, l'amministrazione pubblica un avviso contenente i criteri per la valutazione di dette proposte.

Individuata la proposta ritenuta di pubblico interesse, ove il progetto preliminare necessiti di modifiche, indice un dialogo competitivo; ove non necessiti di modifiche, *può alternativamente indire una gara ordinaria per l'affidamento della concessione ovvero una gara nei termini sopra visti con il diritto di prelazione, invitando in entrambe i casi il promotore a partecipare a tale fase di selezione. Da ultimo, con riferimento alle opere non inserite nella programmazione triennale, si prevede che la procedura possa essere avviata anche ad iniziativa del soggetto privato (commi 19 e 20). Qualora l'amministrazione, procedendo obbligatoriamente alla valutazione nel termine di sei mesi dal ricevimento della proposta, reputi l'opera di interesse pubblico la inserisce nel programma ed avvia la procedura di gara seguendo una delle modalità sopra indicate".*

LA NORMATIVA: IL PROMOTORE FINANZIARIO E LE SOCIETÀ DI PROGETTO

L'Art. 152 dispone sulla disciplina comune applicabile prevedendo che alle procedure di affidamento per la finanza di progetto si applicano le disposizioni della parte I del Codice dei Contratti (principi e disposizioni comuni e contratti esclusi in tutto o in parte dall'ambito di applicazione del codice), della parte II, titolo III, capo I (programmazione, direzione ed esecuzione dei lavori, della parte IV (contenzioso), della parte V (disposizioni di coordinamento, finali e transitorie). Si applicano inoltre, in quanto non incompatibili con le previsioni del presente capo, le disposizioni del titolo I (contratti di rilevanza comunitaria) ovvero del titolo II (contratti sotto soglia comunitaria) della parte II (contratti pubblici relativi a lavori, servizi, forniture nei settori ordinari), a seconda che l'importo dei lavori sia pari o superiore alla soglia di cui all'articolo 28[xviii], ovvero inferiore.

L'art.153 sulla Finanza di progetto è quello che ha subito le più estese modifiche, creando un proprio corpo normativo quasi totale sulla finanza di progetto. Viene totalmente stravolto il vecchio art. 37-bis, legge n. 109/1994 per come sostituito dall'art. 1, comma 1, lettera ee), d.lgs. n. 152 del 2008. Ora, di seguito, si esamina l'articolato.

PROCEDURA MONOFASICA CON PROMOTORE

Il primo comma, regolamenta la procedura "monofasica" con promotore e recita che per la realizzazione di lavori pubblici o di lavori di pubblica utilità, ivi inclusi quelli relativi alle strutture dedicate alla nautica da diporto, inseriti nella programmazione triennale e nell'elenco annuale di cui all'articolo 128, ovvero negli strumenti di programmazione formalmente approvati dall'amministrazione aggiudicatrice sulla base della normativa vigente, ivi inclusi i Piani dei porti, finanziabili in tutto o in parte con capitali privati, le amministrazioni aggiudicatrici possono, in alternativa all'affidamento mediante concessione ai sensi dell'articolo 143 affidare una concessione ponendo a base di gara uno studio di fattibilità, mediante pubblicazione di un bando finalizzato alla presentazione di offerte che contemplino l'utilizzo di risorse totalmente o parzialmente a carico dei soggetti proponenti.

Il secondo comma dispone che il bando di gara è pubblicato con le modalità di cui all'articolo 66[xix] ovvero di cui all'articolo 122[xx], secondo l'importo dei lavori, ponendo a base di gara lo studio di fattibilità predisposto dall'amministrazione aggiudicatrice o adottato ai sensi del comma 19 (vedi di seguito).

L'Autorità con la Determinazione del 14 gennaio 2008 chiarisce: "Si deve, inoltre, sottolineare che la nuova disciplina prescrive espressamente (cfr. anche determinazione n. 8 dei 2007) la pubblicazione del bando di gara, oltre che sui siti informatici di cui all'articolo 66 del Codice, anche sulla GURI e sulla GUCE, in relazione all'importo a base di gara: la norma prevede, infatti, che il bando venga pubblicato con le modalità di cui all'articolo 66. ovvero di cui all'articolo 122 del Codice".

Con DI 83/12 è stato aggiunto un comma 2bis che di seguito si illustra: lo studio di fattibilità da porre a base di gara è redatto dal personale delle amministrazioni aggiudicatrici in possesso dei requisiti soggettivi necessari per la sua predisposizione in funzione delle diverse professionalità coinvolte nell'approccio multidisciplinare proprio dello studio di fattibilità. In caso di carenza in organico di personale idoneamente qualificato, le amministrazioni aggiudicatrici possono affidare la redazione dello studio di fattibilità a soggetti esterni, individuati con le procedure previste dal presente codice. Gli oneri connessi all'affidamento di attività a soggetti esterni possono essere ricompresi nel quadro economico del progetto.

Il 3 comma specifica che il bando, oltre al contenuto previsto dall'articolo 144, specifica: a) che l'amministrazione aggiudicatrice ha la possibilità di richiedere al promotore prescelto, di cui al comma 10, lettera b), di apportare al progetto preliminare, da esso presentato, le modifiche eventualmente intervenute in fase di approvazione del progetto e che in tal caso la concessione è aggiudicata al promotore solo successivamente all'accettazione, da parte di quest'ultimo, delle modifiche progettuali nonché del conseguente eventuale adeguamento del piano economico-finanziario; b) che, in caso di mancata accettazione da parte del promotore di apportare modifiche al progetto preliminare, l'amministrazione ha facoltà di chiedere progressivamente ai concorrenti successivi in graduatoria l'accettazione delle modifiche da apportare al progetto preliminare presentato dal promotore alle stesse condizioni proposte al promotore e non accettate dallo stesso.

Il quarto comma prevede che le amministrazioni aggiudicatrici valutano le offerte presentate[xxi] con il criterio dell'offerta economicamente più vantaggiosa di cui all'articolo 83[xxii].

Il 5 comma dispone che oltre a quanto previsto dall'articolo 83 per il caso delle concessioni, l'esame delle proposte è esteso agli aspetti relativi alla qualità del progetto preliminare presentato, al valore economico e finanziario del piano e al contenuto della bozza di convenzione. Come per gli altri commi anche qui è stata fatta un'aggiunta per la nautica da diporto: Per quanto concerne le strutture dedicate alla nautica da diporto, l'esame e la valutazione delle proposte sono svolti anche con riferimento alla maggiore idoneità dell'iniziativa prescelta a soddisfare in via combinata gli interessi pubblici alla valorizzazione turistica ed economica dell'area interessata, alla tutela del paesaggio e dell'ambiente e alla sicurezza della navigazione.

Il 6 comma prevede che il bando indica i criteri, secondo l'ordine di importanza loro attribuita, in base ai quali si procede alla valutazione comparativa tra le diverse proposte. La pubblicazione del bando, nel caso di strutture destinate alla nautica da diporto, esaurisce gli oneri di pubblicità previsti per il rilascio della concessione demaniale marittima.

Altrettanto il 7 comma prevede che il disciplinare di gara, richiamato espressamente nel bando, indica, in particolare, l'ubicazione e la descrizione dell'intervento da realizzare, la destinazione urbanistica, la consistenza, le tipologie del servizio da gestire, in modo da consentire che le proposte siano presentate secondo presupposti omogenei. Con riferimento ai soggetti ammessi l'ottavo comma prevede che alla procedura sono ammessi solo i soggetti in possesso dei requisiti previsti dal regolamento per il concessionario anche associando o consorziando altri soggetti, fermi restando i requisiti di cui all'articolo 38[xxiii].

Il nono comma dispone che le offerte devono contenere un progetto preliminare, una bozza di convenzione, un piano economico-finanziario asseverato da un istituto di credito o da società di servizi costituite dall'istituto di credito stesso ed iscritte nell'elenco generale degli intermediari finanziari, ai sensi dell'articolo 106 del decreto legislativo 1° settembre 1993, n. 385, o da una società di revisione ai sensi dell'articolo 1 della legge 23 novembre 1939, n. 1966, nonché la specificazione delle caratteristiche del servizio e della gestione, e dare conto del preliminare coinvolgimento di uno o più istituti finanziatori nel progetto; il regolamento detta indicazioni per chiarire e agevolare le attività di asseverazione ai fini della valutazione degli elementi economici e finanziari. Il piano economico-finanziario comprende l'importo delle spese sostenute per la predisposizione delle offerte, comprensivo anche dei diritti sulle opere dell'ingegno di cui all'articolo 2578 del codice civile. Tale importo non può superare il 2,5 per cento del valore dell'investimento, come desumibile dallo studio di fattibilità posto a base di gara. Nel caso di strutture destinate alla nautica da diporto, il progetto preliminare deve definire le caratteristiche qualitative e funzionali dei lavori ed il quadro delle esigenze da soddisfare e delle specifiche prestazioni da fornire, deve contenere uno studio con la descrizione del progetto ed i dati necessari per individuare e valutare i principali effetti che il progetto può avere sull'ambiente e deve essere integrato con le specifiche richieste nei decreti del Ministero delle infrastrutture e dei trasporti 5 giugno 2009, nn. 10/09, 11/09 e 12/09 e successive modificazioni.

Con riferimento alla procedura il 10 comma prevede che l'amministrazione aggiudicatrice: a) prende in esame le offerte che sono pervenute nei termini indicati nel bando; b) redige una graduatoria e nomina promotore il soggetto che ha presentato la migliore offerta; la nomina del promotore può aver luogo anche in presenza di una sola offerta; c) pone in approvazione il progetto preliminare presentato dal promotore, con le modalità indicate all'articolo 97, anche al fine del successivo rilascio della concessione demaniale marittima, ove necessaria.

In tale fase è onere del promotore procedere alle modifiche progettuali necessarie ai fini dell'approvazione del progetto, nonché a tutti gli adempimenti di legge anche ai fini della valutazione di impatto ambientale, senza che ciò comporti alcun compenso aggiuntivo, né incremento delle spese sostenute per la predisposizione delle offerte indicate nel piano finanziario; a) quando il progetto non necessita di modifiche progettuali, procede direttamente alla stipula della concessione; b) qualora il promotore non accetti di modificare il progetto, ha facoltà di richiedere progressivamente ai concorrenti successivi in graduatoria l'accettazione delle modifiche al progetto presentato dal promotore alle stesse condizioni proposte al promotore e non accettate dallo stesso. L'11° comma prevede che la stipulazione del contratto di concessione può avvenire solamente a seguito della conclusione, con esito positivo, della procedura di approvazione del progetto preliminare e della accettazione delle modifiche progettuali da parte del promotore, ovvero del diverso concorrente aggiudicatario. Il rilascio della concessione demaniale marittima, ove necessaria, avviene sulla base del progetto definitivo, redatto in conformità al progetto preliminare approvato.

Il dodicesimo comma prevede che nel caso in cui risulti aggiudicatario della concessione un soggetto diverso dal promotore, quest'ultimo ha diritto al pagamento, a carico dell'aggiudicatario, dell'importo delle spese di cui al comma 9, terzo periodo (2,5% dell'investimento). Con riferimento alle garanzie il 13 comma dispone che le offerte sono corredate dalla garanzia di cui all'articolo 75[xxiv] e da un'ulteriore cauzione fissata dal bando in misura pari al 2,5 per cento del valore dell'investimento, come desumibile dallo studio di fattibilità posto a base di gara. Il soggetto aggiudicatario è tenuto a prestare la cauzione definitiva di cui all'articolo 113[xxv]. Dalla data di inizio dell'esercizio del servizio, da parte del concessionario è dovuta una cauzione a garanzia delle penali relative al mancato o inesatto adempimento di tutti gli obblighi contrattuali relativi alla gestione dell'opera, da prestarsi nella misura del 10 per cento del costo annuo operativo di esercizio e con le modalità di cui all'art.113; la mancata presentazione di tale cauzione costituisce grave inadempimento contrattuale.

L'Autorità di Vigilanza, a tal proposito, ha precisato, inoltre: "Tale cauzione è volta, pertanto, a garantire l'ipotesi di mancata sottoscrizione del contratto nel caso in cui la proposta non necessiti di modifiche ed il promotore, che è ad essa vincolato, rifiuti la stipula. Poichè la procedura prevede espressamente la facoltà, per il promotore di non accettare l'aggiudicazione del contratto in caso di modifiche progettuali, qualora egli si avvalga di tale facoltà, si ritiene che l'amministrazione aggiudicatrice non sia legittimata ad escutere la cauzione di cui sopra. Inoltre, è prevista una nuova forma di cauzione connessa alla gestione dell'opera, stabilita nella misura del 10% del costo annuo operativo di esercizio, da indicarsi nel contratto sulla base dei dati riportati nei piano economico-finanziario. La finalità di tale cauzione è quella di garantire l'adempimento contrattuale della prestazione del servizio da fornire. Pertanto, in base ad un'interpretazione logico sistematica, la stessa cauzione dovrebbe prevedersi anche per le concessioni affidate ai sensi dell'articolo 143, poiché l'istituto della concessione di lavori pubblici è unitario e presenta il medesimo regime giuridico, a prescindere dalla procedura di affidamento. Tuttavia, poiché la norma non lo specifica, per l'affidamento della concessione indetta ai sensi dell'articolo 143, è opportuno, a maggiore garanzia precisarlo nel bando di gara"[xxvi].

DOCUMENTAZIONE NECESSARIA PER LA GARA

In merito alla documentazione necessaria per la gara l'Autorità, con la citata ultima Determina 11 n.1/2009[xxvii], ritiene, inoltre, "che, qualora non siano già parte dello studio di fattibilità, ad esso vadano allegati, quanto meno:

a.) per gli interventi puntuali:

- gli stralci dello strumento di pianificazione paesaggistico-territoriale e del piano urbanistico, generale o attuativo delle aree interessate dall'intervento;
- le planimetrie delle aree interessate dall'intervento, con le indicazioni delle curve di livello, in scala non inferiore ad 1:1000;
- tutte le informazioni, in possesso dell'amministrazione concedente, inerenti i vincoli e le caratteristiche archeologiche, geologiche, geotecniche, idrologiche,idrauliche e sismiche delle aree interessate dall'intervento, integrative o aggiuntive di quelle già

contenute nello studio di fattibilità, o, comunque, indicazioni concernenti la loro reperibilità;

b) per gli interventi a rete:

- corografia generale, contenente l'andamento planimetrico delle aree interessate dall'intervento, in scala non inferiore a 1:25.000;

- gli stralci dello strumento di pianificazione paesaggistico.territoriale e del piano urbanistico, generale o attuativo delle aree interessate dall'intervento, contenente le curve di livelli, in scala non inferiore a 1:5.000;

- tutte le informazioni, in possesso dell'amministrazione concedente. inerenti i vincoli e le caratteristiche archeologiche, geologiche, geotecniche, idrologiche. idrauliche e sismiche delle aree interessate dall'intervento, integrative o aggiuntive di quelle già contenute nello studio di fattibilità o, comunque. indicazioni concernenti la loro reperibilità.

Si suggerisce, inoltre, che il disciplinare di gara prescriva, altresì che:

il progetto preliminare, presentato dai concorrenti sia composto dagli elaborati indicati nella Sezione I dell'allegato tecnico XXI al Codice, ovvero una diversa indicazione derivante dalla decisione assunta dal responsabile del procedimento ai sensi dell'articolo 1, comma 2, dell'allegato medesimo;

il progetto preliminare dovrà essere corredato:1) dal computo metrico estimativo dell'intervento, redatto applicando alle quantità delle diverse lavorazioni previste nel progetto i relativi prezzi unitari;

2) dall'elenco dei prezzi unitari applicati, che possono essere sia quelli dedotti dai vigenti prezziari dell'amministrazione concedente, sia quelli determinati con apposite analisi, redatte secondo quanto previsto dall'articolo 34, comma 2, del D,P,R. n. 554/1999; da un capitolato prestazionale che contenga, oltre a quanto previsto dall'articolo 7 dell'allegato XXI del Codice, tutto quanto non sia pienamente deducibile dagli elaborati grafici;

3) qualora in sede di approvazione del progetto dovessero essere prescritte varianti, modifiche o integrazioni, i relativi costi saranno determinati applicando i prezzi unitari previsti nel prezzario vigente a disposizione dell'amministrazione concedente; quelli non previsti saranno determinati con apposite analisi, redatte secondo quanto previsto dall'articolo 34, comma 2, del D.P.R. n, 554/1999;

4) l'adeguamento del piano economico-finanziano e dei connessi elementi, costituenti la struttura economica e gestionale della concessione (durata della concessione, tariffe da applicare all'utenza, oneri collegati alla disponibilità dell'opera, ecc ecc.), saranno effettuati in base ai maggiori costi derivanti dalle eventuali modifiche, o integrazioni progettuali.

Quanto agli ulteriori contenuti del bando, deve precisarsi quanto segue.

La disciplina non indica più il termine di presentazione delle offerte: la fissazione dello stesso rientra, quindi, nella discrezionalità dell' amministrazione aggiudicatrice, nel rispetto dei limiti minimi previsti dall'articolo 70 e dall'articolo 145 del Codice, fermo restando il principio generale di cui al comma 1 del medesimo articolo 70, che prescrive alle amministrazioni di tenere conto della complessità della prestazione oggetto del contratto e del tempo ordinariamente necessario per preparare le offerte.

Al fine di garantire una durata certa della procedura, è opportuno, come già evidenziato, inserire nel bando la previsione che l'amministrazione aggiudicatrice indicherà il termine entro il quale il promotore (o i concorrenti seguenti in graduatoria, interpellati in caso di scorrimento) dovrà comunicare alla stessa l'accettazione o meno delle modifiche al progetto presentato ai fini della stipula del contratto".

I TEMPI DELLA PROCEDURA MONOFASICA

1) BANDO
• pubblicazione di un bando con le modalità dell'art.66 sulla base di uno studio di fattibilità redatto dalla PA per la presentazione di offerte con oneri totalmente o parzialmente a carico dei privati;
• requisiti di partecipazione richiesti per il concessionario ex art. 95 Regolamento anche consorziando o associando altri soggetti;
• previsione dell'obbligo del promotore di adeguare il progetto preliminare presentato alle indicazioni della PA a proprie spese, nonché previsione dello scorrimento in graduatoria qualora non vi sia disponibilità ad apportare le modifiche richieste al promotore e non accettate.
• Criterio aggiudicazione all'offerta economicamente più vantaggiosa ex art. 83 (tenere conto che l'art. 3 ha introdotto il riferimento ai parametri Eurostat)

• Il disciplinare deve indicare: l'ubicazione delle opere, descrizione opere, destinazione urbanistica, tipologie servizio da gestire -- > ciò allo scopo di consentire la presentazione offerte omogenee.

2) OFFERTA: l'offerta da presentare in questa procedura consiste di un progetto preliminare, una bozza di convenzione, piano economico finanziario asseverato, specifiche di gestione del servizio, importo spese sostenute in % non superiore al 2,5% dell'investimento.
3) individuazione del migliore offerente come promotore:
A questo punto vi sono due alternative: a) se il progetto non necessita di modifiche – - STIPULA CONCESSIONE b) se il progetto necessita di modifiche - - STIPULA CONCESSIONE con il promotore che accetta di apportare le modifiche richieste dalla PA con oneri a proprio carico; c) se il progetto necessita di modifiche ed il promotore non accetta - scorrimento graduatoria fino al concorrente che accetta e con cui si stipula la concessione.

A. COMMENTO ALLA PROCEDURA MONOFASICA

Il testo in commento ha tenuto conto delle osservazioni della Commissione europea e dell'esigenza di semplificazione della procedura, anche sulla scorta delle osservazioni degli operatori del settore, e introduce una sostanziale revisione delle norme del codice in materia di finanza di progetto, reintroducendo il diritto di prelazione soppresso dal secondo correttivo, limitatamente ad alcune ipotesi procedurali attivabili sia su iniziativa dell'amministrazione, mediante la pubblicazione di un bando, sia su iniziativa di soggetti privati mediante la formulazione di una proposta rivolta all'amministrazione aggiudicatrice (su questo vedi i successivi paragrafi). Viene espressamente disposto che la disciplina innovativa si applica alle procedure i cui bandi siano stati pubblicati dopo l'entrata in vigore del decreto.

In un parere espresso dal Consiglio di Stato (lo vedremo tra breve) è stato affermato che l'istituto del project financing, così come modificato, rischierebbe di essere una duplicazione dell'istituto della concessione. Ad avviso dell'Anci, in un commento espresso sul Dlgs 152[xxviii], la distinzione fra i due istituti risiede nel sistema di finanziamento dell'opera.

L'Anci ritiene, altresì, che, con la rivisitata procedura, vengano in qualche modo responsabilizzate le Stazioni Appaltanti perché devono scegliere discrezionalmente e motivare le due alternative previste dalla norma. Il baricentro della procedura viene spostato dall'imprenditore alla Stazione appaltante, poiché per le opere inserite nella programmazione triennale, l'amministrazione procede all'affidamento della concessione sulla base di un semplice studio di fattibilità, laddove con il comma 19 è il privato competente a presentare un progetto preliminare.

Scalera[xxix] osserva che la prima procedura ha l'indubbio vantaggio di una maggiore celerità rispetto alla successiva bifasica. La criticità manifesta di questa procedura è che è molto onerosa poiché comporta la presentazione nella prima fase della gara di tante proposte (preliminare, bozza convenzione, piano economico finanziario etc) quanti sono i concorrenti, conclude lo Scalera.

L'art.153, comma 1-14, ha recepito, osserva il Collevecchio, le osservazioni formulate dalla Commissione Europea nella messa in mora del 30.1.2008, sia sotto il profilo della pubblicità della gara, estesa a livello comunitario, sia per quanto concerne la posizione del promotore che partecipa alla gara in posizione di parità con altri concorrenti, ed anzi viene qualificato come "promotore" solo in caso di aggiudicazione della gara.

Le differenze della procedura di cui all'art. 153, co. 1-14 rispetto alla disciplina precedente, individuate dal Collevecchio, sono:

1) tutto ruota intorno alla gara unica bandita dalla amministrazione per la scelta del promotore. Viene meno ogni possibile posizione di privilegio del promotore che non solo partecipa alla gara in posizione di parità con altri operatori economici, ma diviene "promotore" proprio all'esito della vittoria della gara.

2) il bando ha come riferimento uno studio di fattibilità predisposto dalla amministrazione, anziché un progetto preliminare redatto dal promotore. Mentre prima l'iniziativa del promotore era più spiccata, con la presentazione da parte del promotore di una proposta che veniva scelta dall'amministrazione, con la nuova disciplina tale iniziativa si affievolisce, giacchè si inserisce in un contesto che assume come riferimento lo studio di fattibilità redatto dalla p.a. Nondimeno è sempre il promotore a predisporre il progetto preliminare che anzi costituisce uno dei principali documenti di cui consta l'offerta per la partecipazione alla gara.

3) La pubblicazione del bando avviene in ambito comunitario. Ciò risolve la censura della Commissione sulle norme che rendevano facoltativa la pubblicazione dell'avviso in ambito comunitario.

4) dopo la gara l'amministrazione pone in approvazione il progetto preliminare con le modalità di cui all'art. 97[xxx]. L'approvazione del progetto segue (e non precede), la gara. Nella procedura antecedente al "correttivo 3" dopo la gara rimaneva solo la procedura negoziata per individuare il concessionario; con la nuova disciplina la gara è invece seguita dalla procedura di approvazione del progetto.

5) viene meno la procedura negoziata. La scelta del concessionario avviene secondo la più semplice modalità dello "scorrimento": il promotore diviene concessionario se il progetto non necessita di modifiche progettuali, o se accetta le modifiche progettuali apportate in sede di approvazione. In caso contrario la p.a. chiederà ai concorrenti successivi in graduatoria l'accettazione delle modifiche.

B - LE MODIFICHE DA PARTE DELLA PA E LA POSIZIONE DEL PROMOTORE – IL CASO PORTO DI LIPARI

Rimane, dicono alcuni, una "posizione di vantaggio" del promotore perchè dovrebbe essere interpellato per primo divenendo concessionario in caso di accettazione delle modifiche; purtuttavia, tale possibilità di scelta è stata acquisita dal promotore con la vittoria di una gara in cui era posto in posizione di parità con gli altri operatori.

Secondo il Ricchi[xxxi], questa disposizione "tiene il promotore sotto pressione" per l'accettazione delle modifiche alla sua offerta e, soprattutto, solleva la PA dal "ricatto" della mancanza di aggiudicatari alternativi. Il potere regolatorio della PA di ottenere le modifiche dal promotore è fortificato dalla minaccia di poter perdere il contratto. Ricchi osserva come la sanzione sia necessaria specialmente quando la PA interviene sulla proposta riducendo le eventuali rendite ingiustificate, quando invece la richiesta di modifiche impone nuovi costi, il promotore non ha ragioni per rinunciare al contratto perchè il PEF viene obbligatoriamente riequilibrato.

La nuova disciplina all'art. 153, comma 10 risolve la gran parte del problema del c.d. rischio amministrativo[xxxii], imponendo l'attivazione obbligatoria della conferenza dei servizi[xxxiii] ai sensi dell'art. 97 del Codice, sul progetto preliminare presentato dal promotore anche ai fini della valutazione di impatto ambientale. Questo rischio è legato ai pareri, autorizzazioni, nulla osta comunque denominati che devono essere rilasciati da quegli enti della PA che presiedono la tutela di interessi pubblici specifici come quello ambientale, paesaggistico-territoriale, storico-artistico, della salute e della pubblica incolumità. Ricchi osserva che nel sistema previgente accadeva alla PA di esprimersi sulla conformità del progetto a questi differenti interessi imponendo delle prescrizioni in momenti successivi alla pubblicazione dell'avviso ex previgente art. 153, comma 3, del Codice; rischiando così di far saltare il PEF di ogni proposta e, dunque, il "banco" della finanza di progetto. Le prescrizioni onerose, portatrici di nuovi costi, che intervenivano successivamente alla presentazione delle proposte o che modificavano il lay-out progettuale, rendevano insensato il procedimento rivolto all'individuazione del miglior progetto, falsando, in particolari circostanze, la concorrenza, ed espandevano senza controllo i tempi del già lungo procedimento. Poiché la volontà della PA si manifestava "a rate", la soluzione era di provocare, prima della chiamata del mercato mediante l'avviso, le prescrizioni che i concorrenti dovevano tenere a mente quando presentavano le proposte.

La strategia operativa per far emergere la volontà della PA "in anticipo" rispetto alla presentazione delle offerte, si attua mediante l'uso tempestivo dell'accordo di programma e della conferenza di servizi o, meglio, delle conferenze di servizi[xxxiv]. La soluzione prospettata dal Codice, imponendo l'utilizzo della conferenza di servizi sul progetto preliminare del promotore, rimuove con forza di legge gran parte del rischio amministrativo, come abbiamo detto prima risolvibile solo in via di diligente prassi amministrativa, ma non risolve con pari vincolatività quello di efficienza della gara; gli aspiranti promotori presentano le proposte già potenzialmente confliggenti con le prescrizioni che verranno rese dalle varie autorità pubbliche.

I costi delle modifiche progettuali imposte dalla conferenza di servizi e dalla valutazione di impatto ambientale devono essere sostenute dal promotore stesso, ai sensi del comma 10, lett. c) dell'art. 153 del Codice. La norma accollando al promotore aggiudicatario il carico dei "sunk costs" di modifica del progetto, *lo fidelizza ancor di più*, dice Ricchi, nel suo proposito di proseguire nella gara e, inoltre, neutralizza la reazione di censura immediata che potrebbero generare quelle proposte non linea con la prassi largamente riconosciuta: in altre parole la PA può permettersi di scegliere anche quelle proposte di cui ha coscienza che avranno necessità di pesanti modifiche, richieste sia dalla stessa PA come dalle altre "anime" della PA che si pronunceranno in sede di conferenza di servizi, conclude Ricchi.

La nostra esperienza pratica nel seguire grandi proposte di project (ex comma 19) è esattamente opposta: facciamo ad es., riferimento al caso delle modifiche richieste dall'amministrazione comunale di Lipari alla società mista Porto di Lipari Spa, nata a seguito della vincita di un bando tra Condotte d'Acqua spa e il Comune di Lipari. Lo studio di fattibilità messo a gara nel 2006 prevedeva un investimento di 130 mln di euro per un porto turistico commerciale e per infrastrutture a terra.

La nuova amministrazione comunale, recependo il dissenso (in parte guidato) o interferenza territoriale, impose la riduzione dell'investimento a 70 mln di euro, levando gran parte dei posti barca e le infrastrutture previste nel progetto approvato dalla precedente amministrazione. Il risultato fu che il PEF non fu più positivo. Di qui la ricerca di finanziamenti comunitari che riequilibrassero il PEF, fatta pero a fine programmazione 2007-2014, ovvero ad impegni amministrativi già presi. La Condotte, a differenza di quello che sostiene Ricchi, non ha fatto mistero di volere abbandonare, pertanto, l'investimento costato migliaia di euro per anni di emolumenti agli amministratori della società mista e centinaia di migliaia di euro di costi progettuali.

L'Autorità chiarisce anch'essa così l'ambito delle modifiche : "L'articolo 153, comma 10, lett, e), fa riferimento a modifiche progettuali necessarie ai fini dell'approvazione del progetto": si ritiene che la formulazione della norma non contempli la possibilità, per l'amministrazione aggiudicatrice, di apportare essa stessa, ulteriori modifiche oltre a quelle richieste in sede di approvazione del progetto nell'ambito della conferenza di servizi. In merito alla facoltà dell'amministrazione di apportare modifiche al progetto preliminare la giurisprudenza (formatasi in base alla previgente normativa), ha ritenuto che la stessa fosse legittimata ad apportare al progetto preliminare prescelto, da porre a base di gara, unicamente "lievi correttivi" tali da non alterare il quadro finanziario proposto dal promotore; si è ritenuto pertanto, che il progetto non fosse modificabile nelle sue linee portanti, ma solo migliorabile in relazione ad elementi quantitativi, in virtù del principio di non modificabilità del progetto a base di gara".[xxxv] Il citato orientamento è riferibile, afortiori, alla nuova disciplina, in quanto le modifiche interverrebbero a valle della procedura di gara con il rischio, quindi, di alterare la pur condicio tra i concorrenti. In sostanza l'amministrazione non può rimettere in discussione le scelte fondamentali già effettuate con lo studio di fattibilità. Qualora in sede di approvazione del progetto preliminare, siano prescritte modifiche tali da comportare un aumento dei costi di realizzazione dell'intervento, l'amministrazione aggiudicatrice dovrà verificare, prima della stipula del contratto di concessione, che sussistano ancora i requisiti di qualificazione in capo al soggetto aggiudicatario. Laddove il promotore necessiti di possedere requisiti in misura maggiore a quelli inizialmente richiesti, si ritiene che egli possa integrare la propria compagine con nuovi soggetti che apportino ulteriori requisiti.

Si ritiene che l'inciso del comma 10, lett. e). relativo "all'onere del promotore di apportare le modifiche ai fini dell'approvazione del progetto", sia riferibile all'ipotesi in cui il promotore sia interessato alla stipula dei contratto. In tale fase, pertanto, il promotore è tenuto ad apportare le modifiche progettuali richieste senza alcun compenso, ai fini dell'approvazione del progetto stesso. L'unica voce, quindi, che, ai sensi del comma 10, non comporta alcun compenso aggiuntivo, è quella delle spese di progettazione inerenti le modifiche richieste e delle spese sostenute per la predisposizione delle offerte. Ciò significa, naturalmente, che qualsiasi altro incremento dei costi inerenti, sia la realizzazione delle opere. sia la gestione dei servizi, dovrà costituire oggetto di adeguamento del piano economico-finanziario, così come previsto dal comma 3. lettera a) della disposizione in esame.

Se, invece, il promotore non è più interessato alla stipula del contratto, può rifiutare di apportare le modifiche richieste.

Per quanto riguarda l'eventuale scorrimento della graduatoria si deve tenere presente che esso non è volto ad individuare una proposta diversa, ma un altro concorrente disposto ad uniformare la propria proposta a quella del promotore già selezionata. comprese le modifiche non accettate dal promotore stesso, Anche in questo caso, l'amministrazione aggiudicatrice dovrà verificare l' adeguatezza dei requisiti di qualificazione del concorrente al nuovo progetto prima della stipula della concessione. E' opportuno precisare che la stipula del contratto può avvenire solo dopo l'approvazione del progetto preliminare.

Si pone poi il problema del caso in cui né il promotore nè gli altri concorrenti accettino le modifiche progettuali.

Al riguardo si potrebbero prospettare due interpretazioni:.

a) l'amministrazione non può ulteriormente procedere:

b) l'amministrazione può acquisire il progetto preliminare, modificarlo ed adeguare il piano economico-finanziario, approvarlo ed indire una gara ex-articolo 143 del Codice.

Si ritiene preferibile la seconda ipotesi per due considerazioni: l'opera è di interesse pubblico, in quanto inserita nel programma triennale e non sembra che dal dettato normativo possa desumersi un divieto per tale acquisizione.

L'amministrazione aggiudicatrice deve, comunque, inserire una clausola inerente la facoltà di acquisire il progetto nel bando di gara.

E' opportuno che, qualora dovesse verificarsi il caso in cui né il promotore nè gli altri concorrenti accettino le modifiche progettuali, l'amministrazione, prima di procedere all'indizione della gara, approfondisca le motivazioni che hanno indotto i concorrenti a rifiutare le modifiche, in quanto ciò potrebbe essere indice di un'operazione non adeguatamente remunerativa per il mercato: in tal caso, dovrà, eventualmente, modificare il progetto ed il piano economico-finanziario"[xxxvi].

Il Comune di Lipari nel 2006 mise a bando la progettazione, realizzazione e gestione di un porto turistico-commerciale a mezzo della presentazione di uno studio di fattibilità e dei requisiti tecnico finanziari necessari alla realizzazione delle dette opere da realizzarsi con una società mista (sul modello STU). Nel 2007 la Condotte d'Acqua Spa si aggiudicò la gara, per gli effetti della quale costituì una società mista con il Comune di Lipari, la Porto di Lipari Spa.

Da allora e sino al momento della redazione di queste note, la Condotte d'Acqua ha sostenuto spese non indifferenti[xxxvii] per la progettazione tecnica e legale, sotto il coordinamento del brillante giurista Avv.Scoglio.

Al di là della originale e diversa scelta assunta per la società (S.P.V., con modello STU) di realizzazione delle opere, alquanto distaccata dalle forme usuali al project finance, il caso è caso modello in ordine alle possibili variazioni d'indirizzo politico latrici di deleteri sconvolgimenti al piano economico finanziario e, dunque, allo stesso intento imprenditoriale.

Orbene a Lipari, al contrario di ciò che pensa Ricchi, è successo che i "non lievi correttivi" apportati dall'amministrazione comunale hanno fatto saltare il PF per il progetto approvato dalla precedente amministrazione e in fase di conferenza dei servizi.

Tale richiesta di correttivi ha bloccato ormai da tre anni l'investimento iniziato 8 anni prima, ha fatto buttare via ingenti risorse aziendali al vincitore della gara, ha probabilmenta fatto avviare un contenzioso milionario (devastante) per l'amministrazione di Lipari e ha, con buona pace del Ricchi, *"fidelizzato all'incontrario"* l'azienda. Ovvero ha rafforzato il convincimento dell'azienda della estrema inaffidabilità del Sistema Italia rispetto a proposte di investimento in project finance. Il risultato finale: il quasi totale trasferimento delle attività della Condotte all'estero.

C - RIDIMENSIONAMENTO DEL PROMOTORE E CONSEGUENZE

La disciplina sopra descritta - che recepisce le osservazioni formulate dalla Commissione - sembra però ridimensionare la posizione del promotore[xxxviii], più vicino ad un operatore che si aggiudica una gara per la migliore offerta e sempre più lontano dalla figura peculiare propria del project financing di operatore che lancia una proposta di realizzazione di lavori (rientranti nella programmazione della p.a.) con un proprio progetto. A tal proposito il Consiglio di Stato, in sede consultiva, nel parere dell'Adunanza del 14.7.2008 sullo schema di decreto ha rilevato un appiattimento della procedura poc'anzi illustrata all'istituto della concessione - da cui sostanzialmente differisce solo perché in quest'ultima l'offerta comprende il progetto definitivo, anziché il preliminare – concludendo con *"l'invito alla amministrazione a prendere seriamente in considerazione la possibilità di sopprimerlo"*, tenuto anche conto che l'istituto non è previsto nelle direttive comunitarie.

Noi siamo dell'opinione che la superfetazione creata artificiosamente nel nostro sistema tramite l'istituto della finanza di progetto debba venire meno. Trattavasi di una classica concessione di costruzione e gestione prima dell'entrata in vigore della Merloni ter: tale deve tornare ad essere[xxxix]. L'istituto nato per i sistemi non scritti di common law si basa sull'assoluta flessibilità dinamica dello stesso rispetto ai mutamenti del mercato. Il fatto che le direttive comunitarie non riconoscano l'istituto del project financing assumendo, invece, come ovvio il sistema classico della concessione (si veda la nuova direttiva UE 23/2014 sulle concessioni) e legiferandolo in maniera approfondita comporta una conseguente disarmonia rispetto al diritto comunitario. Ritorneremo dopo su questo punto. Secondo noi, e lo Scalera[xi], il fatto che questa procedura preveda che laddove il migliore offerente non accetti le modifiche richieste dalla stazione appaltante sul progetto preliminare, si possa procedere allo scorrimento della graduatoria sino ad individuare il concorrente che accetti le condizioni del migliore offerente modificate dalla pa, crea vistose condizioni di illegittimità che certamente attireranno la bocciatura comunitaria. Si tratta, infatti, di un progetto preliminare diverso da quello prescelto con la prima procedura a condizioni economiche e contrattuali diverse sia da quelle della migliore offerta sia da quelle proposte dall'offerente; stando alle censure mosse dalla commissione all'art. 140 nel caso di scorrimento della graduatoria nell'ipotesi di fallimento si deve ipotizzare che le medesime censure potrebbero essere sollevate anche in questa procedura, in considerazione del rilievo tenuto dallo scorrimento anche in questo caso, come nello scorrimento in caso di fallimento. Lo scorrimento costituisce, infatti, una ipotesi di procedura negoziata non contemplata dalle direttive.

D - I TEMPI PER LE MODIFICHE: (L'AUTHORITY AMERICANA IN ITALIA?)

Ricchi commenta, poi, il fatto che la vigente disciplina consente di stabilire i limiti, i contenuti e il tempo di esercizio del potere di richiedere modifiche all'offerta. Nel previgente art. 155, comma 1, lett. a) del Codice, ciò era "solo ellitticamente presupposto, laddove la PA poneva a base di gara il progetto preliminare presentato dal promotore, eventualmente modificato sulla base delle determinazioni delle amministrazioni stesse". Tale incisività prescrittiva ha autorizzato alcune posizioni interpretative rigide, che non ammettevano sostanziali modifiche al progetto e soprattutto al PEF, la cui variazione era il sintomo che si stavano travalicando i limiti consentiti di esercizio del potere di variazione. Quella posizione, rendendo intangibile la proposta, generava due inefficienze:

1) la prima bloccava sine die i procedimenti di aggiudicazione le cui proposte erano sottoposte a richieste di modifica, perché i costi aggiuntivi non potevano trovare

accoglimento nel PEF;

2) la seconda, ancor più grave, non consentiva alla PA di modificare la proposta per centrare il pubblico interesse. La PA era obbligata nei fatti ad accettare una proposta mediocre piuttosto che azzerare una gara così complessa e dispendiosa".

La soluzione offerta dalla nuova formulazione dell'art. 153, comma 3, lett. a), commenta il Ricchi[xli], "non lascia dubbi riguardo la possibilità di apportare le modiche prescritte in sede di conferenza di servizi, disciplinate dagli artt. 14 bis e ss. della legge 7 agosto 1990, n. 241, per il richiamo del successivo comma 10, lett. c) all'art. 97 del Codice". E su questo punto ci dichiariamo d'accordo con il Ricchi. Anche se, laddove il progetto fosse stato concepito integralmente dalla pubblica amministrazione, come nei canonici bandi di concessione gestione, certamente il pubblico interesse sarebbe meglio tutelato e garantito piuttosto che ricorrere a forme esotiche come quella in analisi.

Il Ricchi però sbaglia laddove rincara la dose parlando di poteri regolatori modello Authority americana, strumentazione cultrale prima che amministrativa ignota, prima che all'ordinamento costituzionale ai sistemi mentali italici. "Neppure deve mettersi in dubbio la possibilità di richiedere modifiche progettuali e del PEF dalla stessa PA procedente in fase di approvazione del progetto: ciò sia per continuità con quella parte della giurisprudenza e dottrina[xlii] focalizzata sull'efficienza dell'azione amministrativa e sia, soprattutto, per l'esplicito richiamo normativo. La nuova disciplina sancisce una prescrizione di carattere generale, laddove al comma 3 si riferisce alle "modifiche eventualmente intervenute in fase di approvazione del progetto": queste, infatti, comprendono sia le eventuali richieste di modifica della stessa PA che, ai sensi del comma 10, quelle generate dalla conferenza di servizi".

"A questo punto", continua Ricchi secondo noi sbagliando, "si impone una riflessione supplementare proprio alla luce dei compiti regolatori della PA. Se dovessimo accettare la soluzione interpretativa che limita le richieste alle sole modifiche progettuali dell'amministrazione e a quelle emerse in conferenza di servizi -il PEF muta di conseguenza per mantenere il nuovo equilibrio economico-finanziario imposto dalle modifiche - la PA si esporrebbe alla circostanza di poter sottoscrivere un contratto di concessione comprensivo di cospicue rendite non giustificate dai rischi assunti dal concessionario. Il limite della procedura monofase risiede nell'impossibilità di sottoporre a confronto concorrenziale la proposta prescelta per ridurre gli ingiustificati margini di profitto[xliii]. Questo esito si evita se la PA si comporta come un'Autority[xliv]: con la capacità di valutare ed imporre, in fase di approvazione del progetto, l'eliminazione delle rendite, ad esempio ridimensionando i costi esposti di costruzione, i canoni richiesti alla PA per le opere fredde, il contributo pubblico in conto costruzione o gestione e procedere ad una più equa distribuzione dei rischi, etc, in altre parole far pagare meno alla collettività i servizi pubblici[xlv]. In una ricostruzione sistematica, la PA soddisfa il pubblico interesse non solo imponendo le modifiche progettuali ritenute opportune ma, anche, pagando al mercato il prezzo giusto per l'opera pubblica e per i servizi erogati alla collettività. Le concessioni sono un patrimonio pubblico e per tale motivo non possono essere svalutate con un corrispondente arricchimento ingiustificato del partner privato; a ragione di ciò è sufficiente richiamare il principio di rango comunitario sancito dall'art. 2 del Codice, laddove "l'affidamento e l'esecuzione di opere lavori pubblici, servizi e forniture, ai sensi del presente codice, deve garantire la qualità delle prestazioni e svolgersi nel rispetto dei principi di economicità...".

Su questo punto non siamo d'accordo con il Ricchi. Lo abbiamo già accennato, e lo specificheremo meglio con i motivi illustrati in altro punto, di seguito. Basti solo dire che dare in mano ad una Public Authority la rinegoziazione delle clausole contrattuali (per "eliminazione delle rendite, ridimensionando i costi esposti di costruzione, i canoni richiesti alla PA per le opere fredde, il contributo pubblico in conto costruzione o gestione e procedere ad una più equa distribuzione dei rischi", etc.) potrebbe essere fatale. Ovvero un'Authority che non ha seguito il procedimento dovrebbe in brevissimo tempo capirne contenuti e termini più delicati, far verifiche sui luoghi circa la domanda dei servizi o circa i costi, etc etc.. Significherebbe dire addio per sempre al project financing in Italia con un intasamento burocratico di tipo epocale e un'approssimazione nel giudicare che lascerebbe sì, in questo caso, grande spazio a possibili interventi corruttivi. Per non dire del fatto che le Autorità Amministrative Indipendenti non sono previste dalla Costituzione e tutt'ora si rapportano come terzo incomodo con Dipartimenti e Direzioni Generale dei Ministeri e Regioni (e chi scrive è stato presidente di un'autorità amministrativa indipendente regionale e ben conosce la inesistente collaborazione istituzionale profusa, nel caso, dagli apparati regionali).

Più logico ed amministrativamente fattibile sarebbe la creazione di un'unica stazione appaltante nazionale che si avvalga di Enti Locali e Regionali per l'espletamento delle procedure.

Sul fatto che la nuova disciplina non indichi il termine per la presentazione delle offerte, Ricchi commenta: "si devono evitare interpretazioni formalistiche e procedere avendo riguardo agli scopi che la PA si prefigge con la gara, i.e. stimolare la concorrenza e l'innovazione. Per questa ragione non potrà essere adottato il termine eccessivamente breve di 52 gg. dalla data di trasmissione del bando di gara, prescritto per l'assegnazione della concessione ad iniziativa pubblica, disciplinata dall'art. 144, comma 1 del Codice".

"Poiché l'aggiudicatario è scelto in una sola battuta, deve essere individuato un *termine sufficientemente ampio* per consentire alle imprese di aggregarsi ed accettare la sfida di produrre innovazione e al mercato creditizio di sostenere finanziariamente la proposta. Il termine minimo dovrebbe essere quello di 180 gg., collaudato dalla disciplina previgente nel procedimenti ad iniziativa privata: prima del secondo decreto correttivo del Codice, D.Lgs 113/07, tale termine era sostanzialmente il tempo intercorrente tra la data di approvazione del programma dei lavori pubblici e la scadenza del 30 giugno di ciascun anno per la presentazione delle proposte, dopo il D.Lgs. 113/07 esplicitamente "le proposte sono presentate entro 180 giorni dalla pubblicazione dell'avviso indicativo".

"Per analogia sistematica e a conferma dell'indicazione prospettata, il termine minimo di sei mesi per presentare le proposte dall'approvazione dell'elenco annuale è sancito dal nuovo comma 16 dello stesso art. 153 del Codice, con riguardo ad un ulteriore e diverso percorso di individuazione del promotore.

La riflessione sul tempo di presentazione delle offerte con riguardo ai contratti complessi non si esaurisce con la definizione del termine minimo, va estesa all'individuazione del termine appropriato per ciascuna gara. Si evidenzia al riguardo come la giusta mentalità regolatoria sia già indicata dall'art. 70, comma 1 del Codice, stabilendo infatti che le PA "nel fissare i termini per la ricezione delle offerte ... di partecipazione, ... tengono conto della complessità della prestazione oggetto del contratto e del tempo ordinariamente necessario per preparare le offerte, ed in ogni caso rispettano i termini minimi".

La definizione caso per caso del giusto termine è una misura regolatoria che permette di aprire le gare nazionali al mercato europeo, spesso bloccato da barriere all'entrata per termini eccessivamente ridotti, inadatti a presentare proposte credibili per progetti complessi (autostrade, metropolitane, ferrovie, aeroporti, etc.)[xlvi]. E' anche vero, però, che la mancata previsione di un termine minimo, al di là degli aspetti interpretativi analogici, potrebbe per contrapposto consentire ad alcune amministrazioni di porre barriere all'entrata per termini veramente ridotti. "A non fare non si sbaglia mai", direbbe qualcuno.

E - PROCEDURA E VALUTAZIONE OFFERTE

L'Autorità di Vigilanza con la determinazione del 14.01.2009 precisa: "Con riferimento alla procedura con gara unica, si deve, anzitutto, sottolineare che la norma non prevede indicazioni sull'utilizzo della procedura, aperta o ristretta. Al riguardo, alcune indicazioni sono, comunque, rinvenibili all'articolo 144 del Codice, che prevede l'esperibilità di entrambe le procedure per l'aggiudicazione della concessione di lavori pubblici ed all'articolo 55, comma 2, del Codice, alla stregua del quale le amministrazioni aggiudicatrici devono utilizzare di preferenza la procedura ristretta quando il contratto non ha ad oggetto la sola esecuzione, o quando il criterio di aggiudicazione è quello dell'offerta economicamente più vantaggiosa".

Andando al tema del momento valutativo delle offerte nel procedimento monofasico osserviamo che esso è determinante perché la scelta individua immediatamente l'aggiudicatario, salva la sua facoltà di recedere in caso di modifiche non gradite. Il criterio di valutazione delle proposte è stato sensibilmente modificato rispetto a quello che presidiava la dichiarazione di pubblico interesse: infatti, ai sensi dell'art. 153, comma 4 del Codice, "le amministrazioni aggiudicatrici valutano le offerte presentate con il criterio dell'offerta economicamente più vantaggiosa di cui all'art. 83". Il Legislatore pur facendo propri i vincoli imposti alla discrezionalità dall'offerta economicamente più vantaggiosa (OEV) ha comunque tenuto conto della specificità dei contratti complessi con due prescrizioni:

1) la prima, quella del 5 comma dell'art. 153 del Codice, riguarda gli elementi di giudizio. I tradizionali criteri di valutazione dell'OEV, elencati dalla lett. a) alla lett. o) dell'art. 83, comma 1 del Codice, sono stati estesi "agli aspetti relativi alla qualità del progetto preliminare presentato, al valore economico e finanziario del piano e al contenuto della bozza di convenzione". Questi criteri aggiuntivi di valutazione devono intendersi obbligatori e non esemplificativi, senza la possibilità di essere omessi secondo le circostanze, come invece è possibile per quelli indicati dall'art. 83 del Codice;

2) la seconda, inserita al comma 6 dell'art. 153 del Codice, impone che i criteri vengano inseriti nel bando "secondo l'ordine di importanza loro attribuita, in base alla quale si procede alla valutazione comparativa tra le diverse proposte". In questo caso sembra evidente l'intenzione di rendere prescrittiva l'indicazione contenuta nell' art. 83, comma 3 del Codice, in particolare di precisare "la ponderazione relativa da attribuire a ciascuno di essi, anche mediante una soglia espressa con un valore numerico determinato...".

Osserva il Ricchi che per i contratti complessi la ponderazione tra criteri è piuttosto critica e può dare dei risultati indesiderati; intuitivamente è illogico utilizzare dei rigidi metri di giudizio per comparare delle proposte diverse tra loro, la soluzione è di indicare solo l'"ordine decrescente di importanza".

Oggi viene disposta una combinazione tra le due prescrizioni. Essa costituisce un sistema flessibile di valutazione delle offerte, che introduce degli elementi che vincolano la discrezionalità della PA ma non al punto da indurla a commettere scelte indesiderate in nome della trasparenza.

Leggiamo il Ricchi: "Per comprendere il passo compiuto si noti come sia stato certamente abbandonato il criterio di massima discrezionalità che caratterizzava la dichiarazione di pubblico interesse nel sistema previgente. Infatti, il criterio dell'OEV costituiva solo una facoltà autovincolante della PA e la discrezionalità di scelta non era limitata ne dalla ponderazione dei criteri di valutazione delle offerte e neppure dall'indicazione dell'ordine decrescente dei criteri. C'era l'opportunità di esercitare una discrezionalità amministrativa pura[xlvii].

Il nuovo sistema, introducendo l'obbligatorietà dell'OEV e l'indicazione dell'ordine di importanza dei criteri, ha mantenuto per la PA la capacità di cogliere le proposte con soluzioni innovative. "Infatti", dice il Ricchi, "se la computazione dei criteri di valutazione venisse rigidamente indicata ex ante, ciò non permetterebbe di premiare in modo appropriato le proposte con caratteristiche il cui valore non era immaginato al momento della pre-determinazione. In questo modo la PA evita di essere costretta da ponderazioni fisse quando ancora non ha preso visione delle offerte che il mercato è stato capace di proporre; gli operatori economici puntano proprio sul valore dell'innovazione per assicurarsi l'aggiudicazione del contratto. Questa maggiore flessibilità nella valutazione, non esclude che la PA decida, comunque, di autovincolarsi ex ante, tramite la ponderazione dei criteri e l'assegnazione di pesi e punteggi, qualora si trovi più a suo agio nella gestione del procedimento.

Inoltre, in questo caso si sottolinea l'importanza della valutazione qualitativa sul progetto, sulla convenzione e sul PEF, perchè il giudizio su di essi consente di mirare alla sostanza dell'offerta. La necessità di dare questi giudizi aperti e determinanti per l'assegnazione finale del contratto, introduce fin da subito la competizione sul progetto, sulla convenzione e sul PEF".

"Nel regime previdente", conclude Ricchi "i concorrenti, al momento della presentazione delle proposte, trascuravano la definizione qualitativa di questi documenti fondamentali, che veniva rimessa alla successiva negoziazione, semprechè la PA fosse stata in grado di migliorarla". Ci sembra che le osservazioni di questo autore, ancorché esposte un po' confusamente, siano convincenti e condivisibili.

Crediamo insomma che i concorrenti oggi non possano più tenere atteggiamenti di opportunismo pre e post contrattuale, presentando progetti, convenzioni e PEF che occultino informazioni importanti o esponendo previsioni e dati di input non veridici o inserendo clausole vessatorie e depauperanti per la PA.

Il fatto che oggi ci sia un criterio di giudizio misto, sia ponderato che qualitativo, fa sì che il promotore corra il rischio di essere messo fuori gara per giudizi rivelatori di carenze di ogni tipo, dai dettagli ai requisiti strutturali. Tanto, siamo d'accordo con il Ricchi, comporterà l'innalzamento qualitativo delle offerte presentate.

Se da un lato sono stati introdotti degli elementi di flessibilità di valutazione delle offerte per catturare l'innovatività delle proposte, dall'altro si è cercato di ridurre al minimo la loro disomogeneità e ciò per la duplice ragione di renderle facilmente comparabili e allo stesso tempo di evitare al mercato il costo di redazione di proposte non bene allineate al pubblico interesse, che riscuoterebbero solo scarso apprezzamento[xlviii]. "Il comma 7 dell'art. 153 del Codice, dice appunto che ai futuri concorrenti deve essere offerta una potenziale matrice entro cui devono "disegnare" la propria offerta", dice il Ricchi.

F – ANCORA SUI DOCUMENTI PER L'OFFERTA

Lo Scalera asserisce che il contenuto obbligatorio delle offerte differisce rispetto alla previgente disciplina poiché adesso è più favorevole. "Ora è richiesto un minor numero di documenti, in particolare si tratta dello studio di inquadramento territoriale ed ambientale, dello studio di fattibilità, dell'indicazione delle garanzie offerte e dei criteri da far utilizzare alla PA nella valutazione delle proposte. Le ragioni di queste sottrazioni sono varie, mentre la richiesta dei criteri di valutazione delle offerte indicate dai promotori erano illogiche visto che la gara la conduceva la PA, invece è divenuta superflua l'indicazione delle garanzie perché l'attuale procedimento le impone obbligatoriamente. Lo studio di inquadramento territoriale ed ambientale e lo studio di fattibilità sono resi inutili dallo studio di fattibilità valido per tutti i concorrenti predisposto dalla PA e posto a base di gara. In questo modo la PA si assume la responsabilità ed il dominio di tutti quei dati necessari per redigere le offerte"[xlix]. Anche in questo caso è importante una precisazione, l'analisi della domanda effettiva da cui sono desunte le linee di ricavo di un progetto e i costi di realizzazione e manutenzione ma anche altre specificità dell'offerta, tradizionalmente contenuti nello studio di fattibilità predisposto dal promotore non più richiesto, devono comunque essere rappresentati e motivati nella relazione al PEF, specialmente quando si discostino da quelli indicati nello studio redatto dalla PA e posto a base di gara.

L'Autorità ha infine precisato che "Il piano economico-finanziario, ai sensi dell'articolo 143 comma 7 del Codice, deve prevedere la specificazione del valore residuo dell'investimento al netto dei previsti ammortamenti annuali, nonché l'eventuale valore residuo non ammortizzato al termine della concessione, qualora il piano non abbia previsto l'equilibrio economico-finanziario degli investimenti e della connessa gestione dei servizi.

Quest'ipotesi si verifica nel caso in cui il livello delle tariffe a carico dell'utenza ed il livello presunto della domanda dei servizi non siano sufficienti a coprire l'ammortamento dell'intero investimento, nel periodo di concessione previsto.

In tal caso, alla fine di tale periodo, l'amministrazione aggiudicatrice, ai sensi del menzionato articolo 143, comma 7, dovrà corrispondere al concessionario il valore residuo nell' entità indicata nel contratto di concessione".

PROCEDURA BIFASICA

Il 15 comma regolamenta la procedura bifasica con promotore e prevede che le amministrazioni aggiudicatrici, ferme restando le disposizioni relative al contenuto del bando previste dal comma 3, primo periodo, possono, in alternativa a quanto prescritto dal comma 3, lettere a) e b), procedere come segue: a) pubblicare un bando precisando che la procedura non comporta l'aggiudicazione al promotore prescelto, ma l'attribuzione allo stesso del diritto di essere preferito al migliore offerente individuato con le modalità di cui alle successive lettere del presente comma, ove il promotore prescelto intenda adeguare la propria offerta a quella ritenuta più vantaggiosa; b) provvedere alla approvazione del progetto preliminare in conformità al comma 10, lettera c); c) bandire una nuova procedura selettiva, ponendo a base di gara il progetto preliminare approvato e le condizioni economiche e contrattuali offerte dal promotore, con il criterio della offerta economicamente più vantaggiosa; d) ove non siano state presentate offerte valutate economicamente più vantaggiose rispetto a quella del promotore, il contratto è aggiudicato a quest'ultimo; e) ove siano state presentate una o più offerte valutate economicamente più vantaggiose di quella del promotore posta a base di gara, quest'ultimo può, entro quarantacinque giorni dalla comunicazione dell'amministrazione aggiudicatrice, adeguare la propria proposta a quella del migliore offerente, aggiudicandosi il contratto. In questo caso l'amministrazione aggiudicatrice rimborsa al migliore offerente, a spese del promotore, le spese sostenute per la partecipazione alla gara, nella misura massima di cui al comma 9, terzo periodo; f) ove il promotore non adegui nel termine indicato alla precedente lettera e) la propria proposta a quella del miglior offerente individuato in gara, quest'ultimo è aggiudicatario del contratto e l'amministrazione aggiudicatrice rimborsa al promotore, a spese dell'aggiudicatario, le spese sostenute nella misura massima di cui al comma 9, terzo periodo. Qualora le amministrazioni aggiudicatrici si avvalgano delle disposizioni del presente comma, non si applicano il comma 10, lettere d), e), il comma 11 e il comma 12, ferma restando l'applicazione degli altri commi che precedono.

TEMPI DELLA PROCEDURA BIFASICA

PRIMA FASE
1) BANDO:
- solo per la individuazione di un promotore cui spetta il diritto di prelazione
sulla base di uno studio di fattibilità per la presentazione di offerte con oneri totalmente o parzialmente a carico dei privati;
- non contiene riferimento ai requisiti del concessionario = sembra potersi ipotizzare che in questo caso il promotore non debba possedere sin da questa fase tutti i requisiti del concessionario;
- criterio offerta economicamente più vantaggiosa
2) Offerta = l'offerta da presentare in questa procedura consiste di un progetto preliminare + bozza convenzione, piano economico finanziario asseverato istituto bancario.
3) Approvazione del progetto preliminare prescelto e individuazione del promotore con diritto di prelazione
SECONDA FASE
1) Bando con a base il progetto preliminare del promotore approvato e con le condizioni economiche e contrattuali offerte dal promotore.
2) Se non sono presentate offerte economicamente più vantaggiose del promotore = aggiudicazione al promotore della concessione
2 bis) se sono presentate offerte più vantaggiose di quelle del promotore = egli può entro 45 giorni successivi adeguare la propria offerta e la concessione viene stipulata con il promotore con rimborso spese al migliore offerente.
2 ter) se egli non adegua, la concessione viene stipulata al migliore

offerente previo rimborso spese al promotore.

Ponendo a confronto le due procedure, la monofasica e la bifasica, deve evidenziarsi che:

- La prima ha l'indubbio vantaggio di una maggiore celerità;

- Entrambe sono molto onerose poiché comportano la presentazione nella prima fase della gara di tante proposte (preliminare, bozza convenzione, piano economico finanziario etc) quanti sono i concorrenti.

- Nella seconda procedura non si fa riferimento ai requisiti del concessionario, potendosi ipotizzare pertanto che possano partecipare anche soggetti non ancora in possesso di tali requisiti.

- La seconda procedura è molto lunga e soprattutto non è chiaro quando l'amministrazione possa optare per l'uno o l'altro offerente.

COMMENTO ALLA PROCEDURA BIFASICA

In prima versione lo schema di decreto non prevedeva procedure diverse rispetto a quella menzionata della gara unica. Successivamente all'art.153, co.15, è stata invece inserita una procedura alternativa di scelta del concessionario, nei seguenti termini: a) il promotore, individuato all'esito della gara, acquisisce un diritto di prelazione rispetto al miglior offerente in seguito individuato; b) approvazione del progetto preliminare in conformità all'art. 153, co.10, lett.c) (con onere del promotore di modificare il progetto ai fini dell'approvazione); c) nuova procedura selettiva ponendo a base di gara il progetto preliminare approvato e le condizioni offerte dal promotore; d) se le offerte non sono più vantaggiose di quella del promotore, quest'ultimo diventa concessionario; e) se vi sono invece offerte economicamente più vantaggiose di quella del promotore, quest'ultimo entro 45 giorni può adeguare la sua proposta, aggiudicandosi il contratto; f) in caso di mancato esercizio della prelazione da parte del promotore, il miglior offerente diventa concessionario.

Dunque la scelta del concessionario si svolge in due fasi: nella prima viene individuato il promotore (che presenta la migliore offerta); nella seconda viene individuata la migliore offerta sul progetto preliminare. A questo punto è riconosciuto il diritto di prelazione in favore del promotore, che può divenire concessionario adeguando la sua offerta a quella – eventualmente più vantaggiosa per la p.a – maturata nella seconda selezione.

Un importante filo conduttore lega le due procedure alternative previste rispettivamente dai commi 1-14 e dal comma 15 dell'art.153:

a) la previsione di una gara per la individuazione del promotore con riferimento ad uno studio di fattibilità predisposto dall'amministrazione; b) la successiva approvazione del progetto preliminare.

Come già riferito tali peculiarità, comuni alle due procedure, riducono l'ambito di iniziativa del promotore.

Per il resto le due procedure si differenziano, in quanto la procedura di cui all'art.15 presenta molti aspetti in comune con la disciplina previgente, giacchè da un lato prevede due fasi per la scelta del concessionario, dall'altro lato reintroduce il tanto discusso (da alcuni) diritto di prelazione in favore del promotore. Nella procedura alternativa si avverte il tentativo di trovare un equilibrio fra due esigenze non facilmente conciliabili: quella di recepire le osservazioni della Commissione (di eliminare posizioni di vantaggio del promotore), con quella di prevedere forme di incentivo per il promotore.[1]

Altra opinione più positiva è quella espressa da Ricchi: "Il procedimento bifasico, rispetto a quello monofasico, riduce l'ampiezza della discrezionalità esercitabile dalla PA nella conduzione della gara, in particolare introduce dei limiti alla richiesta di modifica dell'offerta del promotore e nelle modalità di esercizio dell'OEV nel successivo confronto concorrenziale. In ragione del fatto che la gara nella seconda fase consente di ridurre le rendite della proposta, le richieste di modifica dell'offerta al promotore dovrebbero limitarsi a quelle indicate dall'amministrazione procedente e a quelle emerse in conferenza dei servizi, sempre con i conseguenti adattamenti del PEF. La PA non potrebbe spingersi, salvo macroscopiche evidenze, a chiedere al promotore di diminuire i costi di costruzione dell'opera pubblica e dei servizi erogati alla collettività proprio perchè sarà la concorrenza ad adeguarli ai valori di mercato nella seconda fase. "Mentre, ai sensi dell'art. 153, comma 15 del Codice, il criterio dell'OEV per l'individuazione del promotore ricalca quello del procedimento monofase, invece ai sensi dello stesso comma 15, lett. c) del Codice, il modello di OEV, che presiede questa gara è strettamente disciplinato dell'art. 83 del Codice, senza la possibile estensione del giudizio sul valore del progetto, del PEF e della convenzione. Il disegno procedurale che emerge realizza una prima fase in cui la proposta del promotore viene modificata secondo le richieste della PA, costituendo una base unica per la successiva gara, poi nella seconda fase si realizza il confronto concorrenziale solo sugli aspetti riconducibili agli elementi economici. Si deve evidenziare come la competenza regolatoria della PA debba spingersi a creare le condizioni ideali di mercato, anche con lo studio del mercato prima di lanciare la gara e con l'abbattimento delle barriere all'entrata, per consentire di avere pressione concorrenziale nella seconda fase, altrimenti non si potrebbero conseguire i risultati di economicità nell'affidamento dei contratti pubblici tutelati dai principi di rango costituzionale"."[ii].

Invero la motivazione posta alla base della previsione del comma 15 sembra essere la seguente: posto che la censura della Commissione si incentrava sulla mancata partecipazione del promotore alla prima gara (con accesso diretto alla procedura negoziata), la previsione della gara unica con partecipazione degli operatori in condizione di parità soddisfa tutte le esigenze di par condicio. Nondimeno, il successivo diritto di prelazione non costituisce una indebita posizione di vantaggio, in quanto direttamente conseguita dalla vittoria della gara (come peraltro deve essere espressamente indicato dal bando). La successiva sentenza della Corte di Giustizia Europea del 21 febbraio 2008, c-412/04 ha poi comunque fatto risultare come infondate tutte le cautele sull'istituto della prelazione, istituto cardine e fondante il project financing. Sul tema vi ritorneremo tra breve.

Ponendo a confronto le due procedure, la monofasica e la bifasica, Scalera[iii] evidenzia che:

- La prima, la monofasica, ha l'indubbio vantaggio di una maggiore celerità;

- Entrambe sono molto onerose poiché comportano la presentazione nella prima fase della gara di tante proposte (preliminare, bozza convenzione, piano economico finanziario etc) quanti sono i concorrenti.

- Nella seconda, la bifasica, non si fa riferimento ai requisiti del concessionario, potendosi ipotizzare pertanto che possano partecipare anche soggetti non ancora in possesso di tali requisiti. L'Autorità ha poi però chiarito nel mese di gennaio 2009 che i partecipanti alla gara devono tutti avere i requisiti di concessionario sin dalla prima fase di guerra e qualora il progetto debba essere modificato, anche prima di indire la seconda gara[iii].

- La seconda procedura è molto lunga e soprattutto non è chiaro quando l'amministrazione possa optare per l'uno o l'altro offerente.

- A giudizio dello Scalera, nessuna delle due procedure è esente da censure comunitarie: la prima in particolare prevede che laddove il migliore offerente non accetti le modifiche richieste dalla stazione appaltante su progetto preliminare, si possa procedere allo scorrimento della graduatoria sino ad individuare il concorrente che accetti le condizioni del migliore offerente modificate dalla pa: si tratta dunque di un progetto preliminare diverso da quello prescelto con la prima procedura a condizioni economiche e contrattuali diverse sia da quelle della migliore offerta sia da quelle proposte dall'offerente; stando alle censure mosse dalla Commissione nel caso di scorrimento della graduatoria nell'ipotesi di fallimento si deve ipotizzare che le medesime censure potrebbero essere sollevate anche in questa procedura, in considerazione del rilievo che anche in questo caso, come per lo scorrimento in caso di fallimento, dove vi sono nuove e diverse condizioni lo scorrimento costituisce una ipotesi di procedura negoziata non contemplata dalle direttive. Stessa opinione per Astorri: egli definisce la procedura bifasica come "complicata, lunga, pericolosa. Conseguenza: è un sistema poco usato"[liv].

APPROFONDIMENTO: LA PRELAZIONE

Intendiamo con la presente rivedere la nostra precedente posizione espressa sul tema qualche anno fa[lv].

Lo facciamo ricordando un espressione del Pallottino sul tema della prelazione al promotore: "Il diritto di prelazione va comunque riconosciuto, altrimenti non vi sarebbe ragione di una normativa specifica per il promotore"[lvi] e ancora una del Mastelloni "Se non si offre un vantaggio a chi promuove iniziative queste non vengono proposte, non nascono, se non in casi percentualmente non significativi o per casi marginali, non particolarmente costosi[lvii]".

Sul problema della prelazione e dei rimedi finalizzati a mitigare gli effetti anticoncorrenziali di questa lo stesso Ricchi, forse contraddicendosi, sostiene:

"Queste riflessioni consentono di gestire al meglio la prelazione ora che è stata reintrodotta nel Codice e di segnalare l'importanza del rimedio approntato, disciplinato dal comma 15, lett. e) dell'art. 153 del Codice, per mitigare gli effetti anticoncorrenziali che genera. Infatti il concorrente aggiudicatario, che subisce l'esercizio della prelazione, deve ricevere una compensazione economica pari al costo sostenuto dal promotore per la predisposizione della proposta a base di gara nel limite del 2.5% dell'investimento. Poiché tale valore è di gran lunga superiore a quello sostenuto dal concorrente per migliorare l'offerta del promotore in questa seconda tornata, la compensazione dovrebbe essere uno stimolo efficace per indurre i concorrenti a partecipare anche in presenza della minaccia del diritto di prelazione. Nel caso in cui il promotore rinunci all'esercizio della prelazione, trascorsi 45 gg dalla comunicazione del vincitore, ha diritto di essere compensato dall'aggiudicatario delle spese di predisposizione della proposta.

Si segnala come il meccanismo di rimedio "all'anticoncorrenzialità della prelazione" sia parzialmente analogo a quello già sperimentato prima della Merloni-quater e come questo abbia generato comportamenti opportunistici rivolti all'accaparramento del premio per la sola partecipazione, presentando offerte migliorative minime rispetto alla proposta del promotore a base di gara".[viii]

PROCEDURA ADDITTIVA

Il sedicesimo comma prevede la procedura cosidetta "addittiva" dispondendo quanto segue: in relazione a ciascun lavoro inserito nell'elenco annuale di cui al comma 1, per il quale le amministrazioni aggiudicatrici non provvedano alla pubblicazione dei bandi entro sei mesi dalla approvazione dello stesso elenco annuale, i soggetti in possesso dei requisiti di cui al comma 8 possono presentare, entro e non oltre quattro mesi dal decorso di detto termine, una proposta avente il contenuto dell'offerta di cui al comma 9, garantita dalla cauzione di cui all'articolo 75, corredata dalla documentazione dimostrativa del possesso dei requisiti soggettivi e dell'impegno a prestare una cauzione nella misura dell'importo di cui al comma 9, terzo periodo, nel caso di indizione di gara ai sensi delle lettere a), b), c) del presente comma. Entro sessanta giorni dalla scadenza del termine di quattro mesi di cui al periodo precedente, le amministrazioni aggiudicatrici provvedono, anche nel caso in cui sia prevenuta una sola proposta, a pubblicare un avviso con le modalità di cui all'articolo 66 ovvero di cui all'articolo 122, secondo l'importo dei lavori, contenente i criteri in base ai quali si procede alla valutazione delle proposte. Le eventuali proposte rielaborate e ripresentate alla luce dei suddetti criteri e le nuove proposte sono presentate entro novanta giorni dalla pubblicazione di detto avviso; le amministrazioni aggiudicatrici esaminano dette proposte, unitamente alle proposte già presentate e non rielaborate, entro sei mesi dalla scadenza di detto termine. Le amministrazioni aggiudicatrici, verificato preliminarmente il possesso dei requisiti, individuano la proposta ritenuta di pubblico interesse, procedendo poi in via alternativa a: a) se il progetto preliminare necessita di modifiche, qualora ricorrano le condizioni di cui all'articolo 58 comma 2 indire un dialogo competitivo ponendo a base di esso il progetto preliminare e la proposta; b) se il progetto preliminare non necessita di modifiche, previa approvazione del progetto preliminare presentato dal promotore, bandire una concessione ai sensi dell'articolo 143, ponendo lo stesso progetto a base di gara ed invitando alla gara il promotore; c) se il progetto preliminare non necessita di modifiche, previa approvazione del progetto preliminare presentato dal promotore, procedere ai sensi del comma 15, lettere c), d), e), f), ponendo lo stesso progetto a base di gara e invitando alla gara il promotore.

Il 17 comma dispone che se il soggetto che ha presentato la proposta prescelta ai sensi del comma 16 non partecipa alle gare di cui alle lettere a), b) e c) del comma 16, l'amministrazione aggiudicatrice incamera la garanzia di cui all'articolo 75. Nelle gare di cui al comma 16, lettere a), b), c), si applica il comma 13. Il diciottesimo comma dispone che il promotore che non risulti aggiudicatario nella procedura di cui al comma 16, lettera a), ha diritto al rimborso, con onere a carico dell'affidatario, delle spese sostenute nella misura massima di cui al comma 9, terzo periodo. Al promotore che non risulti aggiudicatario nelle procedure di cui al comma 16, lettere b) e c), si applica quanto previsto dal comma 15, lettere e) ed f).

TEMPI DELLA PROCEDURA ADDITIVA

PRIMA FASE

Qui si ipotizza una procedura lunghissima:

1) se entro 6 mesi dalla approvazione elenco annuale non c'è bando si procederà alla presentazione della proposta entro i successivi 4 mesi +10 mesi
2) entro i successivi 60 gg le amministrazioni pubblicano un avviso+2 mesi
3) entro 6 mesi esame proposte in base avviso - + 6 mesi
4) presentazione proposte entro 90 gg + 3 mesi
5) verificato il possesso interessi la pa individua offerta pubblico interesse:
TOTALE = 21 mesi

Si tratta di una procedura in cui necessitano 21 mesi per arrivare ad individuare una proposta di pubblico interesse.

SECONDA FASE:

- a) Dialogo competitivo ex art. 58 se il progetto necessita di modifiche
- b) Se il progetto non necessita di modifiche:
1) concessione ex art. 143;
2) procedura del comma 15, invitando anche il promotore.

COMMENTO ALLA PROCEDURA ADDITIVA

Le procedure sinora esposte sono caratterizzate da un impulso della amministrazione che pubblica il bando di gara per la individuazione del promotore. Il "correttivo 3" contempla però ulteriori procedure di scelta del concessionario attivate da iniziativa di operatori privati. In particolare il comma 16 dell'art.153 prevede che, nei lavori inseriti nell'elenco annuale di cui al co.1, per i quali la p.a. non provveda alla pubblicazione dei bandi entro 6 mesi dall'approvazione dell'elenco, i soggetti privati possono presentare una proposta. Successivamente il procedimento prosegue nei seguenti termini:

- l'amministrazione provvede a pubblicare un avviso che prevede i criteri di valutazione delle proposte;

- le eventuali proposte rielaborate e le nuove proposte vengono valutate dalla amministrazione che individua quella ritenuta di pubblico interesse; - dopodichè la p.a. può procedere in via alternativa a: a) se il progetto preliminare necessità di modifiche, può indire un dialogo competitivo; b) se non necessita di modifiche, la p.a. approva il progetto preliminare e bandisce una concessione ai sensi dell'art.143, invitando alla gara il promotore, il quale ultimo è in possesso dei requisiti previsti dal regolamento per il concessionario; l'offerta ha il contenuto di cui al comma 9, e quindi è comprensiva di progetto preliminare, piano economico e bozza di convenzione. c) sempre se il progetto non necessita di modifiche, approva il preliminare e indice una gara cui invita il promotore, seguendo la procedura di cui al co.15, lett. c) d) e) f), vale a dire con diritto di prelazione del promotore di adeguare la sua offerta a quella eventualmente più vantaggiosa.

Tale procedura è intesa a conferire un impulso sia alla realizzazione di opere pubbliche previste negli atti di programmazione, sia alla iniziativa di operatori privati. Questi ultimi infatti possono promuovere l'iniziativa tutte le volte che la p.a. non pubblichi il bando entro 6 mesi dall'approvazione dell'elenco. Di fronte alla proposta formulata dall'operatore economico, la norma sembra prevedere un obbligo della p.a. di pubblicare l'avviso, così da innescare il procedimento diretto alla scelta del concessionario. Nella previsione del co.16 viene recuperato il ruolo del promotore come soggetto privato che effettivamente propone l'iniziativa con una propria offerta corredata da progetto preliminare; peraltro una mera verifica delle opere inserite nell'elenco, sulle quali la p.a. non ha emanato un bando, consente agli operatori privati di avere rilevanti margini di proposta. Indubbiamente lungo e complesso, invece, ci sembra il procedimento nella parte in cui prevede svariate formule alternative di scelta del concessionario una volta individuata la proposta di pubblico interesse.

Con riferimento alla terza procedura, l'additiva, Scalera ancora osserva che si tratta di una procedura lunghissima onerosa e senza certezze, che non avrà alcun effetto incentivante sull'utilizzo della finanza di progetto[lix].

LA PROCEDURA CON PROMOTORE PRIVATO (COMMA 19)

La procedura fissata con il comma 19 dell'art.153, più volte rivista prima in accoglimento della censura della Commissione poi con altri decreti (passando dalla proposta con studio di fattibilità alla proposta con progetto preliminare), costituisce il cardine dell'istituto della finanza di progetto e che lo differenzia rispetto alla concessione. In esso trova il giusto spazio di iniziativa progettuale la figura del promotore, trova spazio la tutela degli interessi collettivi ed, infine, funziona l'istituto della prelazione, per com'è giusto che sia.

Per gli effetti del comma 19 gli operatori economici possono presentare alle amministrazioni aggiudicatrici proposte relative alla realizzazione in concessione di lavori pubblici o di lavori di pubblica utilità, incluse le strutture dedicate alla nautica da diporto, non presenti nella programmazione triennale di cui all'articolo 128 ovvero negli strumenti di programmazione approvati dall'amministrazione aggiudicatrice sulla base della normativa vigente. La proposta contiene un progetto preliminare, una bozza di convenzione, il piano economico-finanziario asseverato da uno dei soggetti di cui al comma 9, primo periodo, e la specificazione delle caratteristiche del servizio e della gestione. Nel caso di strutture destinate alla nautica da diporto, il progetto preliminare deve definire le caratteristiche qualitative e funzionali dei lavori ed il quadro delle esigenze da soddisfare e delle specifiche prestazioni da fornire, deve contenere uno studio con la descrizione del progetto ed i dati necessari per individuare e valutare i principali effetti che il progetto può avere sull'ambiente e deve essere integrato con le specifiche richieste nei decreti del Ministero delle infrastrutture e dei trasporti 5 giugno 2009, nn. 10/09, 11/09 e 12/09, e successive modificazioni. Il piano economico-finanziario comprende l'importo delle spese sostenute per la predisposizione della proposta, comprensivo anche dei diritti sulle opere dell'ingegno di cui all'articolo 2578 del codice civile. La proposta é corredata dalle autodichiarazioni relative al possesso dei requisiti di cui al comma 21, dalla cauzione di cui all'articolo 75, e dall'impegno a prestare una cauzione nella misura dell'importo di cui al comma 9, terzo periodo, nel caso di indizione di gara. L'amministrazione aggiudicatrice valuta, entro tre mesi, il pubblico interesse della proposta. A tal fine l'amministrazione aggiudicatrice può invitare il proponente ad apportare al progetto preliminare le modifiche necessarie per la sua approvazione. Se il proponente non apporta le modifiche richieste, la proposta non può essere valutata di pubblico interesse. Il progetto preliminare, eventualmente modificato, é inserito nella programmazione triennale di cui all'articolo 128 ovvero negli strumenti di programmazione approvati dall'amministrazione aggiudicatrice sulla base della normativa vigente ed é posto in approvazione con le modalità indicate all'articolo 97; il proponente é tenuto ad apportare le eventuali ulteriori modifiche chieste in sede di approvazione del progetto; in difetto, il progetto si intende non approvato. Il progetto preliminare approvato é posto a base di gara per l'affidamento di una concessione, alla quale é invitato il proponente, che assume la denominazione di promotore. Nel bando l'amministrazione aggiudicatrice può chiedere ai concorrenti, compreso il promotore, la presentazione di eventuali varianti al progetto. Nel bando é specificato che il promotore può esercitare il diritto di prelazione. I concorrenti, compreso il promotore, devono essere in possesso dei requisiti di cui al comma 8, e presentare un'offerta contenente una bozza di convenzione, il piano economico-finanziario asseverato da uno dei soggetti di cui al comma 9, primo periodo, la specificazione delle caratteristiche del servizio e della gestione, nonché le eventuali varianti al progetto preliminare; si applicano i commi 4, 5, 6, 7 e 13, ovvero si prevede che le amministrazioni aggiudicatrici valutano le offerte presentate con il criterio dell'offerta economicamente più vantaggiosa, l'esame delle proposte é esteso agli aspetti relativi alla qualità del progetto preliminare presentato, al valore economico e finanziario del piano e al contenuto della bozza di convenzione; il bando indica i criteri, secondo l'ordine di importanza loro attribuita, in base ai quali si procede alla valutazione comparativa tra le diverse proposte; il disciplinare di gara, richiamato espressamente nel bando, indica, in particolare, l'ubicazione e la descrizione dell'intervento da realizzare, la destinazione urbanistica, la consistenza, le tipologie del servizio da gestire, in modo da consentire che le proposte siano presentate secondo presupposti omogenei; le offerte sono corredate dalla garanzia di cui all'articolo 75 e da un'ulteriore cauzione fissata dal bando in misura pari al 2,5 per cento del valore dell'investimento, come desumibile dallo studio di fattibilità posto a base di gara. Il soggetto aggiudicatario é tenuto a prestare la cauzione definitiva di cui all'articolo 113.

Se il promotore non risulta aggiudicatario, può esercitare, entro quindici giorni dalla comunicazione dell'aggiudicazione definitiva, il diritto di prelazione e divenire aggiudicatario se dichiara di impegnarsi ad adempiere alle obbligazioni contrattuali alle medesime condizioni offerte dall'aggiudicatario. Se il promotore non risulta aggiudicatario e non esercita la prelazione ha diritto al pagamento, a carico dell'aggiudicatario, dell'importo delle spese per la predisposizione della proposta nei limiti indicati nel comma 9. Se il promotore esercita la prelazione, l'originario aggiudicatario ha diritto al pagamento, a carico del promotore, dell'importo delle spese per la predisposizione dell'offerta nei limiti di cui al comma 9.

Con il comma 20 la proposta di cui al comma 19, primo periodo, viene estesa, in alternativa alla concessione, alla locazione finanziaria di cui all'articolo 160-bis.

Il comma 21 prevede che possono presentare le proposte di cui al comma 19, primo periodo, i soggetti in possesso dei requisiti di cui al comma 8, nonché i soggetti dotati di idonei requisiti tecnici, organizzativi, finanziari e gestionali, specificati dal regolamento, nonché i soggetti di cui agli articoli 34 e 90, comma 2, lettera b), eventualmente associati o consorziati con enti finanziatori e con gestori di servizi. La realizzazione di lavori pubblici o di pubblica utilità rientra tra i settori ammessi di cui all'articolo 1, comma 1, lettera c-bis), del decreto legislativo 17 maggio 1999, n. 153. Le camere di commercio, industria, artigianato e agricoltura, nell'ambito degli scopi di utilità sociale e di promozione dello sviluppo economico dalle stesse perseguiti, possono aggregarsi alla presentazione di proposte di realizzazione di lavori pubblici di cui al comma 1, ferma restando la loro autonomia decisionale.

Il comma 21-bis, introdotto dal D.L. 69/2013 in vigore dal 22/06/2013, convertito senza ulteriori modifiche dalla L 98/2013, prevede che al fine di assicurare adeguati livelli di bancabilità e il coinvolgimento del sistema bancario nell'operazione, si applicano in quanto compatibili le disposizioni contenute all'articolo 144, commi 3-bis, 3-ter e 3-quater. *Ovvero, 1) i* bandi e i relativi allegati, ivi compresi, a seconda dei casi, lo schema di contratto e il piano economico finanziario, sono definiti in modo da assicurare adeguati livelli di bancabilità dell'opera. Per le concessioni da affidarsi con la procedura ristretta, nel bando può essere previsto che l'amministrazione aggiudicatrice possa indire, prima della scadenza del termine di presentazione delle offerte, una consultazione preliminare con gli operatori economici invitati a presentare le offerte, al fine di verificare l'insussistenza di criticità del progetto posto a base di gara sotto il profilo della finanziabilità, e possa provvedere, a seguito della consultazione, ad adeguare gli atti di gara aggiornando il termine di presentazione delle offerte, che non può essere inferiore a trenta giorni decorrenti dalla relativa comunicazione agli interessati. Non può essere oggetto di consultazione l'importo delle misure di defiscalizzazione di cui all'articolo 18 della legge 12 novembre 2011, n. 183, e all'articolo 33 del decreto- legge 18 ottobre 2012, n. 179, convertito, con modificazioni, dalla legge 17 dicembre 2012, n. 221, nonché l'importo dei contributi pubblici, ove previsti.

2) Il bando può prevedere che l'offerta sia corredata dalla dichiarazione sottoscritta da uno o più istituti finanziatori di manifestazione di interesse a finanziare l'operazione, anche in considerazione dei contenuti dello schema di contratto e del piano economico-finanziario. 3) L'amministrazione aggiudicatrice prevede nel bando di gara che il contratto di concessione stabilisca la risoluzione del rapporto in caso di mancata sottoscrizione del contratto di finanziamento o in mancanza della sottoscrizione o del collocamento delle obbligazioni di progetto di cui all'articolo 157, entro un congruo termine fissato dal bando medesimo, comunque non superiore a ventiquattro mesi, decorrente dalla data di approvazione del progetto definitivo. Resta salva la facoltà del concessionario di reperire la liquidità necessaria alla realizzazione dell'investimento attraverso altre forme di finanziamento previste dalla normativa vigente, purché sottoscritte entro lo stesso termine. Nel caso di risoluzione del rapporto ai sensi del primo periodo, il concessionario non avrà diritto ad alcun rimborso delle spese sostenute, ivi incluse quelle relative alla progettazione definitiva. Il bando di gara può altresì prevedere che in caso di parziale finanziamento del progetto e comunque per uno stralcio tecnicamente ed economicamente funzionale, il contratto di concessione rimane valido rimanga valido limitatamente alla parte che regola la realizzazione e gestione del medesimo stralcio funzionale.

Il comma 22 stabilisce che limitatamente alle ipotesi di cui ai commi 16, 19 e 21, i soggetti che hanno presentato le proposte possono recedere dalla composizione dei proponenti in ogni fase della procedura fino alla pubblicazione del bando di gara purché tale recesso non faccia venir meno la presenza dei requisiti per la qualificazione. In ogni caso, la mancanza dei requisiti in capo a singoli soggetti comporta l'esclusione dei soggetti medesimi senza inficiare la validità della proposta, a condizione che i restanti componenti posseggano i requisiti necessari per la qualificazione.

COMMENTO ALLA PROCEDURA CON PROMOTORE: 1) SENZA VINCOLO DI LAVORI INSERITI NEGLI ATTI DI PROGRAMMAZIONE....

Astorri dice del comma 19 dell'art. 153 "Si tratta di una novità assoluta, che soddisfa le più importanti esigenze del privato e, ritengo, dovrebbe indurlo a partecipare (rectius promuovere)[ix]". Il co. 19 dell'art.153 disciplina, infatti, una questione molto sentita da una parte del mondo imprenditoriale, quella di poter presentare proposte di opere pubbliche senza essere necessariamente vincolati alle scelte di programmazione svolte "a monte" dalla amministrazione. La norma consente ai soggetti aventi i requisiti di cui al co.8 ed al co.20 di presentare alle amministrazioni aggiudicatrici, a mezzo di progetti preliminari, proposte relative a lavori non presenti negli atti di programmazione. La p.a. ricevente ha l'obbligo di valutare le proposte entro un termine di tre mesi e può adottare nell'ambito dei propri programmi i progetti di pubblico interesse, procedendo ad individuare una delle procedure di cui all'art.153 per l'individuazione del concessio nario e, nel caso che ci occupa (la procedura con promotore), prima a procedere alla richiesta di eventuali modifiche progettuali al promotore, poi all'inserimento della proposta nella propria programmazione, all'approvazione del progetto ex-art.97 e, infine, alla messa a bando. Dunque la norma obbliga la p.a. a valutare le proposte ricevute, mentre in precedenza era espressamente prevista l'insussistenza di qualsivoglia obbligo della p.a. di esame e di valutazione delle medesime proposte. E precisamente negli elenchi annuali di lavori di cui al comma 1.

L'Autorità di Vigilanza, con il recente intervento preso con la Determinazione n. 11. 1 del 14 gennaio 2009, ha precisato: "Tuttavia, deve considerarsi che l'articolo 2, comma 1, della legge n. 241/1990 prevede l'obbligo di conclusione del procedimento mediante un provvedimento espresso, nel caso in cui il procedimento consegua obbligatoriamente ad una istanza, c.d. iniziativa privata tipizzata. Dal combinato disposto dell'articolo 2 della legge n. 241/1990 e dell'articolo 153, comma 19, che prevede un obbligo di valutazione della pubblica amministrazione a seguito di presentazione di proposte da parte dei privati, appare quindi sussistente un obbligo per l'amministrazione aggiudicatrice di concludere il procedimento con un provvedimento espresso"."Infine, si ritiene opportuno precisare che, qualora siano presentati più studi di fattibilità (oggi con le modifiche approtate dal DL 70/11 progetti preliminari) riguardanti la stessa esigenza o bisogno, l'amministrazione procede alla scelta dello studio di fattibilità da inserire nel programma triennale applicando le regole previste dall'articolo 15, comma 12 del D.P.R. n. 554/1999"[lxi].

Le osservazioni della Commissione, poi dichiarate infondate dalla Corte di Giustizia Europea, sulla posizione di vantaggio del promotore hanno portato ad una profonda riflessione sulla disciplina dell'istituto. L'eliminazione di ogni profilo di differenziazione del promotore rispetto agli altri operatori ha rischiato infatti di rendere la finanza di progetto molto simile all'istituto della concessione, e comunque di disincentivare gli operatori da intraprendere iniziative, così svuotando l'istituto di alcune sue peculiari caratteristiche. La riforma, anziché ridimensionare l'istituto, sembra diretta a confermare e rilanciare la finanza di progetto[lxii]. Del resto l'istituto ha nel nostro paese larga applicazione sia in termini economici sia per quanto concerne i settori di attività, posto che la finanza di progetto, inizialmente utilizzata per i settori stradale ed energetico, è stata adottata anche per opere di tipi diverso (impianti fotovoltaici, impianti sportivi, cimiteri, parcheggi ecc.).

La riforma dell'istituto passa attraverso un equilibrio fra la gara unica di individuazione del promotore ed il ripristino della prelazione, fra modalità di iniziativa pubblica (ex commi 1-14 e 15) ed altre di iniziativa privata (ex commi 16 e 19), fra proposte inerenti ad opere inserite nella programmazione pubblica ed altre svincolate rispetto ad essa. L'intento della disciplina appare lodevole e condivisibile, anche alla luce dell'effettivo funzionamento ed applicazione della finanza di progetto nel nostro ordinamento. I dubbi riguardano invece la previsione di molteplici procedure di scelta del concessionario: il rischio diventa quello di una gestione più difficile da parte della p.a. procedente, capace anche di generare contenzioso.

Ci chiediamo che senso abbia la confusione fatta dal legislatore invece con le procedure monofasica, bifasica e additiva: non sarebbe meglio azzerare tutto e ricondurre tutto al contratto di concessione o alla finanza di progetto con promotore? Sarebbe una semplificazione che forse potrebbe incoraggiare investitori nazionali o esteri alla promozione o alla partecipazione alle gare.

Ma torniamo al comma 19 dell'art.153, tra tutti quello più interessante e latore di possibili sviluppi positivi per l'economia italiana.

COMMENTO ALLA PROCEDURA CON PROMOTORE: 2) PROMOTORE E PRELAZIONE

La figura del promotore (sponsor) è stata posta inizialmente nell'ordinamento con l'art.42 ter della legge della Regione Siciliana 29 aprile 1985, n. 21, introdotto dall'art. 21 della L.R. Siciliana n. 4/96[lxiii]. L'Italia adottò la figura del promotore e della connessa prelazione nel proprio ordinamento con la legge 1 agosto 2002, n. 166.

Da quel momento sono seguite polemiche sulla figura della prelazione che ripetiamo è consustanziale con la figura del promotore: non vi sarebbe motivo imprenditoriale altrimenti di affrontare ingenti spese di progettazione in carenza di alcun vantaggio rispetto ad una ordinaria concessione. A governi italiani di centro destra che patrocinavano la prelazione (L.166/2002) sono seguiti governi di centro sinistra che la abrogavano (d.lgs 113/2007). La procedura di infrazione comunitaria n.2001/2182, ex-art.226 del Trattato CE, cui prima si faceva cenno, è stata assunta con Prodi Presidente della Commissione Europea[lxiv]. Da essa tutte le polemiche che hanno fatto sì che, prima ancora della pronuncia della Corte di Giustizia Europea, l'Italia abrogasse la prelazione, salvo poi sapere che la Corte di Giustizia aveva ritenuto infondata la censura della Commissione.

In dottrina si ci è posto il problema della coerenza con l'ordinamento comunitario dell'istituto. Il De Rose[lxv] osservava che ancorchè non disciplinato dalla normativa europea, esso "trovava rispondenza sul piano dei principi. E' chiaro infatti che il PF rientra nella logica della liberalizzazione del mercato e, nei limiti generali della disciplina della concorrenza quale emerge dagli articoli 85 e 86 del Trattato, deve ritenersi che l'Unione Europea guardi con favore alle pratiche di PF come confermano del resto gli accenni che ad esso si fanno nel Libro verde sugli appalti pubblici europei del Commissario Monti". Lo stesso autore precisava che "il promotore della proposta in gara ha diritto alla prelazione sull'affidamento della concessione alle stesse condizioni della migliore offerta presentata in gara", "quanto alla compatibilità comunitaria della figura essa appare evidente dal momento che la procedura prevista per l'affidamento ricalca l'istituto della concessione di costruzione e gestione quale disciplinato dalla dir.93/37 sull'appalto di lavori".

Dall'altra parte 'Autorità di Vigilanza sul Lavori Pubblici con determinazione n. 27/2002 del 16/10/2002 specificava che le disposizioni della L.166/2002 "avrebbero la conseguenza di rischiare di limitare l'interesse del mondo produttivo a partecipare alla gara per l'individuazione dei due partecipanti alla prevista procedura negoziata, gara il cui risultato può essere vanificato con la prelazione". Due mesi dopo la Commissione Europea con lettera di messa in mora del 19 dicembre 2002 contestava al governo Italiano la norma qui in trattazione in riferimento a presunte violazioni del trattato di Roma nonché con riferimento alla Dir.93/37 CE.

Il Ricchi nel frattempo parlava di "giuste critiche contro la prelazione per gli effetti distorsivi sulla concorrenza" "l'incentivo rimaneva un'opzione possibile per la stazione concedente a condizione di correggere gli effetti distorsivi sul mercato, id est, la posizione anticoncorrenziale di cui era portatore"[lxvi].

Sulla scorta delle polemiche, anziché rigettare il rilievo contestandone l'infondatezza, il legislatore nazionale si è adeguato al dettato della Commissione con la legge 18 aprile 2005 n. 62. Già prima però la Commissione Europea aveva promosso la controversia innanzi alla Corte di Giustizia Europea. Il Governo Italiano oppose a Bruxelles solo di avere nel frattampo mutato la legge fatto di per sé non pertinente poiché la Corte si pronuncia sulla vecchia norma ancorchè abrogata. Come detto sopra, la Corte di Giustizia Europea con sentenza 21 febbraio 2008 c-412/04 rigettò le censure circa la prelazione notando che erano "generiche ed irricevibili dal momento che la Commissione non indicava alcuna norma europea violata dalle norme italiane". Con riferimento ad una parte della censura per gli articoli 43 e 49 del Trattato Ce la Corte osservava che "questi non prescrivono un obbligo generale di parità di trattamento ma contengono, come risulta dalla giurisprudenza, un divieto di discriminazione in base alla cittadinanza". Mastelloni in un suo scritto presentato in Sicilia[lxvii], regione ove lui ricorda è nato l'istituto del promotore con prelazione, spiega in termini pratici il carico progettuale che grava sul promotore. Al di là dei tecnicismi o delle ideologie, crediamo necessiti un bagno di realtà per comprendere le responsabilità e i costi a carico del promotore e la conseguente necessità della prelazione. Riportiamo, dunque, questa parte del suo intervento per intero: "...per pervenire a promuovere una operazione di PF si deve ideare l'iniziativa ed individuare, (...) anche tramite consulenti, l'esigenza effettiva ed i possibili modi per *soddisfarla; scegliere, poi, ove esistano e sia possibile, le eventuali modalità alternative di attuazione (...) che garantiscano il maggior rispetto dell'ambiente ed il più elevato livello estetico compatibili con le caratteristiche fisiche, le più idonee possibilità tecniche, le più vantaggiose condizioni e disponibilità economico-finanziarie, la gestione più economica ed il sistema giuridico più corretto; ove si debba attuare un'opera si devono individuare i luoghi e i terreni nei quali è meglio posizionarla, controllarne l'idoneità, anche statica, il regime dei vincoli e delle tutele, la situazione delle proprietà, la possibilità, i costi e i tempi dell'acquisizione (se possibile acquistando opzioni); si devono verificare gli eventuali problemi con la cittadini (in relazione a fenomeni nimby (Not In My Backyard) e con altri soggetti pubblici od aventi diritti, sopratutto se contrari o concorrenti; ove si prevedono conflitti ed opposizioni rilevanti, si debbono valutare esigenze, modi, costi e risultati di campagne di comunicazione. Fatto ciò si deve apportare le modifiche che siano state evidenziate nella procedura "circolare" di interrelazione tra le singole attività, effettuare quindi una più avanzata analisi dell'effettiva economicità poliennale dell'iniziativa, anche a seguito di esami (da parte di specialisti terzi) di marketing relativi sia all'opera che al territorio, con individuazione delle possibilità che l'opera si ripaghi o necessiti di contributi pubblici; individuare ed inserire nel piano economico finanziario tutti i costi relativi all'acquisizione dei terreni e dei diritti comunque necessari, alla costruzione e della gestione nel periodo di utilizzo – inclusi tutti i costi della manutenzione, quelli fiscali, tutte le coperture assicurative (a volte ignorate) e quelle dei rischi, la quantificazione delle potenziali perdite, diminuzioni di proventi e aumenti di costo e (secondo criteri di prudenza) i possibili proventi, comprensivi dei possibili valori e pagamenti relativi ad opere suppletive ed accessorie (es. affiti di negozi, ristoranti ed alberghi negli aeroporti o porti; vendita di immobili, etc) o costituenti comunque possibile mezzo di riequilibrio economico individuare quindi il migliore piano finanziario anche mediante pareri e proposte di banche e soggetti finanziari specializzati (fase oggi normata nell'art. 144 comma 3 bis per le concessioni a procedura ristretta). Pervenuti a questi punto, andrebbe revisionato, il precedente esame dei profili di diritto e il piano dei rischi (nel quale dovranno essee previsti i rischi giuridici, compresi quelli degli eventuali ricorsi dei contro interessati), e richiesti i pareri non ancora acquisiti che siano necessari. Va poi richiesto ai soggetti finanziari l'asseverazione del piano per il quale si dovranno fornire i dati che saranno ritenuti necessari...(...) Questo iter complesso e le correlate prestazioni se attuati da un imprenditore costano ancir di più di quanto costerebbero ad una PA, sia perchè effettuato senza utilizzare capacità a ciò istituzionalmente preposte e non diversamente impegnate, sia perchè l'imprenditore che mira al ripagamento mediante i proventi dell'opera , deve ricercare il miglior equilibrio tra costo di realizzazione e maggior risultato gestionale, ed il massimo risultato e la massima certezza sotto i profili sia tecnici che economici che finanziari, e deve quindi identificare, sviluppare ed esaminare i relativi dati ed analisi..."* Fin qui l'utile sintesi del Mastelloni. A riprova dell'assoluta utilità, anzi necessità, della promozione di iniziative di project financing da parte di privati ci permettiamo di osservare quanto segue: basta farsi una passeggiata in qualunque parte d'Italia, ed in particolare al Sud, per incontrare ruderi e resti di opere pubbliche, anche completate di recente, finanziate al 100% e realizzate a mezzo di appalti pubblici e che per vari motivi (progetto sproporzionato rispetto alla domanda di mercato, o senza collegamenti stradali, o posizionata in posto disagevole, o senza le dovute soluzioni tecniche, o con contratti che hanno fatto nascere contenziosi tra le parti, etc etc,...). Il costo sociale che riviene dal recupero di questo enorme cimitero italico di opere realizzate e devastate da vandalismi vari causa colpevole abbandono (solo in pochi chilometri, ad es., un palasport a Falcone e un area attrezzata in un parco sui Nebrodi, in Sicilia), è enorme. Ancora maggiore delle somme necessarie a realizzare le opere, finite a beneficio di ingegneri e società edili e a scapito della collettività.

Con la finanza di progetto la necessità assoluta della efficienza ed efficacia di gestione per ammortizzare le risorse ottenute con finanziamento bancario o con obbligazioni, fanno sì che mai e poi mai un concessionario si potrà mai permettere di abbandonare un'opera (salvo contenziosi estenuanti e more tempore il sicuro fallimento della propria attività imprenditoriale). Quanto sopra, lo riconosciamo, non è ascrivibile ad un'osservazione tecnico-giuridica propria di un saggio in materia, ma riteniamo opportuno aggiungerlo in un testo tecnico, poiché è una necessaria presa d'atto della realtà rispetto ad inutili e, talvolta, dannosi sofismi giuridici.

Tornando, invece, alla tecnica giuridica, chiediamoci per quali motivi la prelazione sarebbe costituzionalmente legittima. Una risposta la propone lo stesso Mastelloni:

"se non si offre un vantaggio a chi promuove l'iniziative queste non vengono proposte, non nascono, (...) impedire che si possa agire nella maggior parte dei casi pensando ad ipotesi di concorrenza pura (...), creare una dannosa staticità del mercato, rinunciare al potenziale di rilancio dell'economia, costituisce anche il contrario della ratio dell'Unione Europea e, uccidendo l'oggetto della concorrenza, e quindi la concorrenza, attua la maniera più grave di violarla" e ancora: *"gli stessi principi di uguaglianza e di giustizia non possono essere attuati (...) non solo quando lo Stato non attua quanto necessario per i cittadini, ma anche se esso acquisisce da privatl beni (quali la proposta del promotore comprensiva degli elementi prima citati) e nel consentire allo stesso privato di partecipare alla successiva procedura di affidamento del contratto, lo ponga sullo stesso piano degli altri partecipanti, violando i suoi originari diritti (inclusi quelli dell'ingegno) e rendendo pari fenomeni e condizioni diversi. Non vi è uguaglianza e giustizia se si tratta nella stessa maniera situazioni difformi, ponendo una equiparazione di situazioni obiettivamente diverse. Ed è evidente che se si valutasse nella stessa maniera il comportamento di chi ha ideato, progettato e proposto una iniziativa a quello di chi offisse un mero ribasso, o comunque un mero miglioramento dell'idea originaria, si produrrebbe una violazione del principio di eguaglianza, oltre che di giustizia: mentre non basta certo ad evitare questo problema la previsione di un possibile ripagamento dei costi nel limite del 2,5% (normalmente insufficiente a coprire tutti i costi nell'elaborazione di un vero project financing)".*[lxviii]*"*

Non vorremmo aggiungere altro. Ci basti solo specificare che il costo del 2,5% per costi dell'ingegno non è assolutamente nenche lontanamente sufficiente a coprire i costi per project financing con investimenti di piccolo importo (rimanendo ingente la produzione documentale: occorrerebbe ridurre l'ingente documentazione ad es. sotto i 50 mln di investimento). In secondo luogo, osserviamo che la crisi economico finanziaria che ormai dal 2008 investe l'Italia e, ora anche altri paesi Europei, quali la Francia e la stessa Germania, costringe, con la usuale spending review, ormai a rivedere i compiti specifici della mano pubblica rispetto a quelli fissati dagli "stati di diritto" del 1700, quelli imposti dalle rivoluzioni borghesi prima e dal socialismo nel 1800, quelli inventati dal fascismo nel 1900, in una nuova visione ove lo Stato non gestisca direttamente, ma, pur controllando chiari e circoscritti vincoli ambientali e culturali, agevoli ed incentivi le forze private, senza fungere da peso, o da zavorra come è successo in Italia nel corso degli ultimi 20 anni.

APPROFONDIMENTO: CARATTERISTICHE DEL PROPONENTE E DEL CONCESSIONARIO

Prima dell'entrata in vigore del regolamento ex-D.P.R. 554/1999 (oggi sostituito dal Dpr 207/2010), potevano assumere autonoma veste di promotori solo i soggetti ammessi alle gare, e le società di ingegneria; mentre la partecipazione alla promozione dell'opera da parte di enti finanziatori o di erogatori (pubblico o privati) di servizi interessati alla gestione della stessa risultava ammessa solo in forma associativa (associazione o consorzio) con i promotori costruttori[lxix]. I requisiti del proponente oggi sono fissati dal Regolamento vigente all'art.96 in questi termini: possono presentare le proposte di cui all'articolo 153, commi 19 e 20, del codice, oltre ai soggetti elencati negli articoli 34 e 90, comma 2, lettera b), del codice, i soggetti che svolgono in via professionale attività finanziaria, assicurativa, tecnico-operativa, di consulenza e di gestione nel campo dei lavori pubblici o di pubblica utilità e dei servizi alla collettività, che negli ultimi tre anni hanno partecipato in modo significativo alla realizzazione di interventi di natura ed importo almeno pari a quello oggetto della proposta.

Possono presentare proposte anche soggetti appositamente costituiti, nei quali comunque devono essere presenti in misura maggioritaria soci aventi i requisiti di esperienza e professionalità stabiliti nel comma 1. Al fine di ottenere l'affidamento della concessione, il proponente, al momento dell'indizione delle procedure di gara di cui all'articolo 153 del codice, deve comunque possedere, anche associando o consorziando altri soggetti, i requisiti previsti dall'articolo 95.

Con riferimento ai tratti caratterizzanti della figura del promotore-non costruttore delineati dall'art. 99, comma 1, (oggi art. 96 del DPR 207/10) l'Autorità per la Vigilanza sui lavori pubblici, con determinazione n. 20/2001 del 4 ottobre 2001, ha precisato che: "(...) nel caso si tratti di promotori non costruttori-gestori, il riferimento alla natura di opere in precedenza realizzate va considerato in senso ampio, poiché si tratta soprattutto di valutare le esperienze pregresse nel settore specifico di appartenenza del soggetto promotore. Dette esperienze possono anche derivare da interventi di natura diversa da quello oggetto della proposta, purché attestino la capacità in termini finanziari ovvero gestionali e di marketing del promotore stesso".

La citata determinazione prosegue evidenziando la correttezza di "un'interpretazione [n.d.r.: dell'art. 99, comma 1, oggi art. 96 del DPR 207/10] che consenta una maggiore apertura al mercato dei promotori, tanto più che, a garanzia dell'amministrazione è posta la necessità che il promotore stesso sia in possesso dei requisiti propri del concessionario al momento dell'indizione della gara, mentre al momento della presentazione della proposta appare sufficiente il possesso dei requisiti di cui all'art.99 del D.P.R. 554/1999.

Per quanto riguarda i requisiti che deve possedere il concessionario il regolamento all'articolo 95 così dispone: 1) I soggetti che intendono partecipare alle gare per l'affidamento di concessione di lavori pubblici, se eseguono lavori con la propria organizzazione di impresa, devono essere qualificati secondo quanto previsto dall'articolo 40 del codice e dall'articolo 79, comma 7, del presente regolamento, con riferimento ai lavori direttamente eseguiti ed essere in possesso dei seguenti ulteriori requisiti economico-finanziari e tecnico-organizzativi:

a) fatturato medio relativo alle attività svolte negli ultimi cinque anni antecedenti alla pubblicazione del bando non inferiore al dieci per cento dell'investimento previsto per l'intervento;

b) capitale sociale non inferiore ad un ventesimo dell'investimento previsto per l'intervento;

c) svolgimento negli ultimi cinque anni di servizi affini a quello previsto dall'intervento per un importo medio non inferiore al cinque per cento dell'investimento previsto per l'intervento;

d) svolgimento negli ultimi cinque anni di almeno un servizio affine a quello previsto dall'intervento per un importo medio pari ad almeno il due per cento dell'investimento previsto dall'intervento.

2. In alternativa ai requisiti previsti dal comma 1, lettere c) e d), il concessionario può incrementare i requisiti previsti dal medesimo comma, lettere a) e b), nella misura fissata dal bando di gara, comunque compresa fra 1,5 volte e tre volte. Il requisito

previsto dal comma 1, lettera b), può essere dimostrato anche attraverso il patrimonio netto.

3. Se il concessionario non esegue direttamente i lavori oggetto della concessione, deve essere in possesso esclusivamente degli ulteriori requisiti di cui al comma 1, lettere a), b), c) e d).

4. Qualora il candidato alla concessione sia costituito da un raggruppamento temporaneo di soggetti o da un consorzio, i requisiti previsti al comma 1 devono essere posseduti complessivamente, fermo restando che ciascuno dei componenti del raggruppamento possegga una percentuale non inferiore al dieci per cento dei requisiti di cui al comma 1, lettere a) e b).

5. Qualora, ai sensi dell'articolo 153 del codice, sia necessario apportare modifiche al progetto presentato dal promotore ai fini dell'approvazione dello stesso, il promotore, ovvero i concorrenti successivi in graduatoria che accettano di apportare le modifiche, devono comunque possedere, anche associando o consorziando altri soggetti, gli eventuali ulteriori requisiti, rispetto a quelli previsti dal bando di gara, necessari per l'esecuzione del progetto.

APPROFONDIMENTO: L'ASSEVERAZIONE

Il piano economico-finanziario viene asseverato da un istituto di credito o da società di servizi costituite dall'istituto di credito stesso ed iscritte nell'elenco generale degli intermediari finanziari, ai sensi dell'articolo 106 del decreto legislativo 1° settembre 1993, n. 385, o da una società di revisione ai sensi dell'articolo 1 della legge 23 novembre 1939, n. 1966. L'art.153 rimanda al regolamento per le indicazioni per chiarire e agevolare le attività di asseverazione ai fini della valutazione degli elementi economici e finanziari. Il regolamento dispone per come di seguito: l'asseverazione del piano economico-finanziario presentato dal concorrente ai sensi dell'articolo 153 del codice consiste nella valutazione degli elementi economici e finanziari, quali costi e ricavi del progetto e composizione delle fonti di finanziamento, e nella verifica della capacità del piano di generare flussi di cassa positivi e della congruenza dei dati con la bozza di convenzione.

La valutazione economica e finanziaria di cui al comma 4 deve avvenire almeno sui seguenti elementi, desunti dalla documentazione messa a disposizione ai fini dell'asseverazione:

a) prezzo che il concorrente intende chiedere all'amministrazione aggiudicatrice;

b) prezzo che il concorrente intende corrispondere all'amministrazione aggiudicatrice per la costituzione o il trasferimento dei diritti;

c) canone che il concorrente intende corrispondere all'amministrazione;

d) tempo massimo previsto per l'esecuzione dei lavori e per l'avvio della gestione;

e) durata prevista della concessione;

f) struttura finanziaria dell'operazione, comprensiva dell'analisi dei profili di bancabilità dell'operazione in relazione al debito indicato nel piano economico-finanziario;

g) costi, ricavi e conseguenti flussi di cassa generati dal progetto con riferimento alle tariffe.

Con la determinazione n. 14/2001 l'Autorità aveva chiarito che la rilevanza pubblicistica dell'attività di asseverazione, lungi dal modificare il rapporto tra l'istituto di credito ed il promotore, che resta di diritto privato, deve essere intesa "in relazione all'importanza che l'attività dell'istituto di credito riveste per l'operato della pubblica amministrazione in quanto quest'ultima trova una conferma ovvero un supporto per le sue autonome valutazioni, come previste nella procedura di finanza di progetto, nell'attestazione professionalmente qualificata che l'istituto di credito rilascia circa la correttezza del piano e la congruità degli elementi che lo compongono sotto il profilo economico-finanziario".

Con la Determinazione del 14 gennaio 2009 l'Autorità ha ancora chiarito: "Per quanto concerne i contenuti dell'asseverazione del piano economico-finanziario, l'articolo 153 fa rinvio al regolamento attuativo del Codice. Negli Atti di regolazione dell'Autorità n. 34 del 18 luglio 2000 e n. 14 del 5 luglio 2001 si è affermato che: l'amministrazione aggiudicatrice. pur nell'assoluta autonomia della propria valutazione sulla proposta, assume le proprie determinazioni senza rivalutare il contenuto dell'asseverazione, ma utilizzando la stessa come uno degli elementi su cui basare le successive decisioni: la verifica della congruità che deve essere effettuata dalla banca, riguarda la struttura finanziaria dell'opera, nonché i costi ed i ricavi da valutarsi con riferimento a quegli elementi che, per essere relativi ad accertamenti di fatto posti in essere dall'impresa, debbono darsi per veri e congrui non oggetto di possibile riesame, costituendo profili di scelta industriale propri dell'impresa stessa.

L'attività di asseverazione rappresenta pertanto la verifica di coerenza della struttura economico-finanziaria dell'intervento, Non rientra tra le attività di asseverazione la valutazione della correttezza dei dati utilizzati nel piano economico-finanziario quali, ad esempio, l'entità della domanda di servizio, la dimensione del bacino di utenza ed il costo di realizzazione dell'opera. Inoltre, l'attività di asseverazione non può essere considerata come impegno giuridico, da parte dell'istituto di credito, al successivo finanziamento a favore dcl promotore; si ritiene, infatti, che il legislatore abbia voluto distinguere i due diversi momenti dell'asscverazione e del finanziamento"[bcx].

Se è vero che il legislatore ha progressivamente (forse eccessivamente) allargato le maglie dei soggetti legittimati a rilasciare asseverazioni è vera anche la delicatezza del tema.

Imperatori scriveva: "Dal punto di vista giuridico, l'asseverazione si configura, quindi, come uno degli elementi, se non il più importante in considerazione delle evidenziate ripercussioni economiche, che devono corredare indeffetibilmente la proposta del promotore. Ne consegue, anzi, che la quasi totalità degli sviluppi giuridici condizionanti la successiva trama contrattuale rinviene il centro catalizzatore proprio nell'attiviità di asseverazione esercitata dall'ente creditizio[bxi]".

Oggi la norma, per contro, prevede che oltre agli istituti di credito o società di servizi costituite dall'istituto di credito stesso ed iscritte nell'elenco generale degli intermediari finanziari, ai sensi dell'articolo 106 del decreto legislativo 1° settembre 1993, n. 385, la asseverazione possa essere resa da una società di revisione ai sensi dell'articolo 1 della legge 23 novembre 1939, n. 1966. Temiamo che questa estensione possa essere latrice di brutte sorprese in termini di bancabilità e di garanzia per il mercato, investitori, creditori, etc.. Sarebbero, pertanto, urgenti specifiche misure per l'accreditamento e il controllo di tali società di revisione.

DETERMINE DELL'AUTORITA' (RINVIO)

Sul tema dell'asseverazione del project financing (in particolare sull'asseverazione del piano economico-finanziario da parte degli istituti di credito) si veda la determinazione 34/2000 del 18 luglio 2000 dell'Autorità per la Vigilanza sui Lavori Pubblici (ormai comunque superata).

Le persistenti difficoltà incontrate dai promotori nell'ottenere l'asseveramento da parte degli istituti di credito, unitamente all'esigenza di chiarire l'esatta portata della *rilevanza pubblicistica* conferita alla medesima attività con l'atto di regolazione n.34/2000, hanno indotto l'autorità ad intervenire con l'ulteriore atto di regolazione 14/2001.

L'Autorità è poi tornata sull'argomento del project financing (det.n.4/2002) fornendo alcuni chiarimenti in ordine:

— all'accesso agli atti relativi alle gare indette ex-art.155 della Legge;

— alle modifiche della composizione della compagine sociale del promotore;

— all'ambito oggettivo di applicazione della finanza di progetto.

Con particolare riferimento a quest'ultimo profilo, l'Autorità ha chiarito che l'istituto del project financing deve ritenersi utilizzabile anche da parte dei soggetti operanti nei c.d. settori speciali (sull'utilizzabilità della finanza di progetto con riferimento all'ipotesi di affidamento di una concessione di costruzione e gestione, nei settori speciali, si è favorevolmente espresso il TAR Sardegna con sent. 1288 del 30/11/2001).

L'autorità è poi tornata sul tema del project con riferimento allo studio di fattibilità, ma ne parleremo tra breve .

DURATA DELLA CONCESSIONE

Di norma la concessione ha una durata non superiore a 30 anni (comma 6, art. 143, D.Lgs. 163/2006 e s.m.i.), periodo entro il quale l'esito della valutazione dovrà indicare le modalità di ritorno dell'investimento da realizzare. Il periodo concessorio potrà essere comunque maggiore qualora, rispetto all'importo dei lavori e ai rischi collegati all'operazione, la stazione appaltante ne stabilisca una estensione, dandone motivata ragione al fine di garantire il perseguimento dell'equilibrio economico-finanziario degli investimenti. Per le nuove concessioni di importo superiore ad un miliardo di euro, la durata della concessione può essere stabilita fino a 50 anni (comma 8, art. 143, D.Lgs. 163/2006 e s.m.i.). Percorso analogo sull'estensione della durata della concessione si ha con il DL 95/2012 (spending review), dove nell'ambito delle politiche di razionalizzazione del patrimonio pubblico (art. 3) il legislatore ha previsto anche un'estensione a 50 anni della stessa.

L'Art. 3-bis della legge Legge 23 novembre 2001, n. 410 in ordine alla Valorizzazione e utilizzazione a fini economici dei beni immobili tramite concessione o locazione al primo comma, modificato dall'art. 3, comma 14, lettera a), legge n. 135 del 2012 di conversione del DL 95/12, prevede che i beni immobili di proprietà dello Stato (...) possono essere concessi o locati a privati, a titolo oneroso, ai fini della riqualificazione e riconversione dei medesimi beni tramite interventi di recupero, restauro, ristrutturazione anche con l'introduzione di nuove destinazioni d'uso finalizzate allo svolgimento di attività economiche o attività di servizio per i cittadini, ferme restando le disposizioni contenute nel codice dei beni culturali e del paesaggio, di cui al D.Lgs 42/2004 e successive modificazioni. Il comma 4 della stessa legge prevede che le concessioni sono assegnate con procedure ad evidenza pubblica, per un periodo di tempo commisurato al raggiungimento dell'equilibrio economico-finanziario dell'iniziativa e comunque non eccedente i cinquanta anni.

Notevoli passi in avanti, al fine di consolidare la stabilità temporale e l'equilibrio economico- finanziario conseguenziale ad un investimento, si stanno effettuando, inoltre, verso una concessione del diritto di superfice (sia per nuove opere, sia per investimenti su opere già esistenti) estendibile fino a 99 anni. In quest'ultimo caso potranno coesistere anche più regimi concessori: una "concessione principale" oggetto specifico del PPP, ed una "concessione accessoria", per lo sfruttamento economico di un'altra intrapresa in qualche modo legata funzionalmente alla prima; particolare attenzione andrà però dedicata alle possibili attività immobiliari a finalità speculative.

L'ISTITUTO DELLA CONCESSIONE

Il legislatore ha individuato, cogliendo ispirazione nella prassi operativa, nella concessione di costruzione e gestione la "cornice" giuridica delle operazioni di finanziamento privato di opere pubbliche. Nell'operare tale scelta, il legislatore ha però apportato al regime tradizionale dell'istituto, come esso emerge anche dalle ricostruzioni dottrinali e giurisprudenziali, le modifiche necessarie per adattare il medesimo alle caratteristiche del *project financing*.

Com'è noto, la stessa legge quadro definiva la concessione di costruzione e gestione come il contratto concluso fra un imprenditore ed una amministrazione aggiudicatrice, in cui la "controprestazione a favore del concessionario consiste unicamente nel diritto di gestire funzionalmente e di sfruttare economicamente tutti i lavori realizzati" (art.143 comma 3).

Le innovazioni introdotte dal legislatore alla disciplina della concessione di costruzione e gestione in generale (attraverso la novella operata con la 166/02) e in particolare con la disciplina del project financing, possono essere cosi schematizzate:

Al primo comma dell'art. 143 (modificato dall'art. 42, comma 2, lettera b), decreto-legge n. 201/2011 in vigore dal 06/12/2011, poi convertito senza modifiche dalla Legge di conversione 214/2011, in vigore dal 28/12/2011) si prevede le concessioni di lavori pubblici hanno, di regola, ad oggetto la progettazione definitiva, la progettazione esecutiva e l'esecuzione di opere pubbliche o di pubblica utilità, e di lavori ad essi strutturalmente e direttamente collegati, nonché la loro gestione funzionale ed economica eventualmente estesa, anche in via anticipata, ad opere o parti di opere in tutto o in parte già realizzate e direttamente connesse a quelle oggetto della concessione e da ricomprendere nella stessa. Qualora la stazione appaltante disponga del progetto definitivo ed esecutivo, ovvero del progetto definitivo, l'oggetto della concessione, quanto alle prestazioni progettuali, può essere circoscritto al completamento della progettazione, ovvero alla revisione della medesima, da parte del concessionario. Il terzo comma, già visto, prevede che la controprestazione a favore del concessionario consiste, di regola, unicamente nel diritto di gestire funzionalmente e di sfruttare economicamente tutti i lavori realizzati. Il 4 comma (modificato dall'art. 42, comma 2, lettera c), decreto-legge n. 201/2011 in vigore dal 06/12/2011, poi convertito senza modifiche dalla Legge di conversione 214/2011, in vigore dal 28/12/2011) recita che tuttavia, il soggetto concedente stabilisce in sede di gara anche un prezzo nonché, eventualmente, la gestione funzionale ed economica, anche anticipata, di opere o parti di opere già realizzate, qualora al concessionario venga imposto di praticare nei confronti degli utenti prezzi inferiori a quelli corrispondenti alla remunerazione degli investimenti e alla somma del costo del servizio e dell'ordinario utile di impresa, ovvero qualora sia necessario assicurare al concessionario il perseguimento dell'equilibrio economico-finanziario degli investimenti e della connessa gestione in relazione alla qualità del servizio da prestare. Nella determinazione del prezzo si tiene conto della eventuale prestazione di beni e servizi da parte del concessionario allo stesso soggetto aggiudicatore, relativamente all'opera concessa, secondo le previsioni del bando di gara. Il quinto prevede che le amministrazioni aggiudicatrici, previa analisi di convenienza economica, possono prevedere nel piano economico finanziario e nella convenzione, a titolo di prezzo, la cessione in proprietà o in diritto di godimento di beni immobili nella loro disponibilità o allo scopo espropriati la cui utilizzazione ovvero valorizzazione sia necessaria all'equilibrio economico-finanziario della concessione. Le modalità di utilizzazione ovvero di valorizzazione dei beni immobili sono definite dall'amministrazione aggiudicatrice unitamente alla approvazione ai sensi dell'articolo 97 del progetto posto a base di gara, e costituiscono uno dei presupposti che determinano l'equilibrio economico-finanziario della concessione. Nel caso di gara indetta ai sensi dell'articolo 153, le predette modalità di utilizzazione ovvero di valorizzazione sono definite dall'amministrazione aggiudicatrice nell'ambito dello studio di fattibilità. All'atto della consegna dei lavori il soggetto concedente dichiara di disporre di tutte le autorizzazioni, licenze, abilitazioni, nulla osta, permessi o altri atti di consenso comunque denominati previsti dalla normativa vigente e che detti atti sono legittimi, efficaci e validi. (comma così sostituito dall'art. 42, comma 1, decreto-legge n. 201/2011 in vigore dal 06/12/2011, poi convertito senza modifiche dalla Legge di conversione 214/2011, in vigore dal 28/12/2011, e successivamente così sostituito dalla Legge di conversione del D.L. 1/2012, Legge 24 marzo 2012 n. 27, in vigore dal 25/03/2012 - quindi modificato dal D.L. 69/2013 in vigore dal 22/06/2013, convertito senza ulteriori modifiche dalla L. 98/2013). Il sesto prevede che la concessione ha di regola durata non superiore a trenta anni (anche se l'ottavo comma prevede una significativa eccezione alle regola).

Il settimo comma (modificato dal D.Lgs. 113 del 31/07/2007 in vigore dal 01/08/2007, e successivamente così modificato dalla Legge di conversione del D.L. 1/2012, Legge 24 marzo 2012 n. 27, in vigore dal 25/03/2012) prevede che l'offerta e il contratto devono contenere il piano economico-finanziario di copertura degli investimenti e della connessa gestione per tutto l'arco temporale prescelto e devono prevedere la specificazione del valore residuo al netto degli ammortamenti annuali, nonché l'eventuale valore residuo dell'investimento non ammortizzato al termine della concessione, anche prevedendo un corrispettivo per tale valore residuo. Le offerte devono dare conto del preliminare coinvolgimento di uno o più istituti finanziatori nel progetto . L'ottavo comma che la stazione appaltante, al fine di assicurare il perseguimento dell'equilibrio economico-finanziario degli investimenti del concessionario, può stabilire che la concessione abbia una durata superiore a trenta anni, tenendo conto del rendimento della concessione, della percentuale del prezzo di cui ai commi 4 e 5 rispetto all'importo totale dei lavori, e dei rischi connessi alle modifiche delle condizioni di mercato. I presupposti e le condizioni di base che determinano l'equilibrio economico-finanziario degli investimenti e della connessa gestione, da richiamare nelle premesse del contratto, ne costituiscono parte integrante. Le variazioni apportate dalla stazione appaltante a detti presupposti o condizioni di base, nonché le norme legislative e regolamentari che stabiliscano nuovi meccanismi tariffari o che comunque incidono sull'equilibrio del piano economico finanziario, comportano la sua necessaria revisione, da attuare mediante rideterminazione delle nuove condizioni di equilibrio, anche tramite la proroga del termine di scadenza delle concessioni. In mancanza della predetta revisione il concessionario può recedere dal contratto. Nel caso in cui le variazioni apportate o le nuove condizioni introdotte risultino più favorevoli delle precedenti per il concessionario, la revisione del piano dovrà essere effettuata a favore del concedente. Al fine di assicurare il rientro del capitale investito e l'equilibrio economico-finanziario del Piano Economico Finanziario, per le nuove concessioni di importo superiore ad un miliardo di euro, la durata può essere stabilita fino a cinquanta anni (comma così sostituito dall'art. 42, comma 4, decreto-legge n. 201/2011 in vigore dal 06/12/2011, poi convertito senza modifiche dalla Legge di conversione 214/2011, in vigore dal 28/12/2011 – quindi modificato dal D.L. 69/2013 in vigore dal 22/06/2013, convertito senza ulteriori modifiche dalla L. 98/2013). Il comma 8-bis (introdotto dal D.L. 69/2013 in vigore dal 22/06/2013, quindi modificato dalla Legge di conversione n.98/2013 in vigore dal 21/08/2013) prevede che ai fini dell'applicazione delle disposizioni di cui al comma 8 del presente articolo, la convenzione definisce i presupposti e le condizioni di base del piano economico-finanziario le cui variazioni non imputabili al concessionario, qualora determinino una modifica dell'equilibrio del piano, comportano la sua revisione. La convenzione contiene inoltre una definizione di equilibrio economico finanziario che fa riferimento ad indicatori di redditività e di capacità di rimborso del debito, nonché la procedura di verifica e la cadenza temporale degli adempimenti connessi. Il 9 comma prevede che le amministrazioni aggiudicatrici possono affidare in concessione opere destinate alla utilizzazione diretta della pubblica amministrazione, in quanto funzionali alla gestione di servizi pubblici, a condizione che resti a carico del concessionario l'alea economico-finanziaria della gestione dell'opera. Il 10° che il concessionario partecipa alla conferenza di servizi finalizzata all'esame e all'approvazione dei progetti di loro competenza, senza diritto di voto. Resta ferma l'applicazione dell'articolo 14-quinquies della legge 7 agosto 1990, n. 241, e successive modificazioni, sul diritto di accesso e la trasparenza.

L'art. 144 al primo comma prevede che le stazioni appaltanti affidano le concessioni di lavori pubblici con procedura aperta o ristretta, utilizzando il criterio selettivo dell'offerta economicamente più vantaggiosa. Quale che sia la procedura prescelta, le stazioni appaltanti pubblicano un bando in cui rendono nota l'intenzione di affidare la concessione. Il già menzionato comma 3-bis (introdotto dall'art. 50, comma 1, lettera a) del D.L. n. 1 del 24/01/2012 in vigore dal 24/01/2012, convertito senza modificazioni dalla Legge di conversione 24 marzo 2012, n. 27, in vigore dal 25/03/2012 - quindi modificato dal D.L. 69/2013 in vigore dal 22/06/2013 e ulteriormente modificato dalla relativa Legge di conversione n.98/2013 in vigore dal 21/08/2013) prevede che i bandi e i relativi allegati, ivi compresi, a seconda dei casi, lo schema di contratto e il piano economico finanziario, sono definiti in modo da assicurare adeguati livelli di bancabilità dell'opera. Per le concessioni da affidarsi con la procedura ristretta, nel bando può essere previsto che l'amministrazione aggiudicatrice possa indire, prima della scadenza del termine di presentazione delle offerte, una consultazione preliminare con gli operatori economici invitati a presentare le offerte, al fine di verificare l'insussistenza di criticità del progetto posto a base di gara sotto il profilo della finanziabilità, e possa provvedere, a seguito della consultazione, ad adeguare gli atti di gara aggiornando il termine di presentazione delle offerte, che non può essere inferiore a trenta giorni decorrenti dalla relativa comunicazione agli interessati. Non può essere oggetto di consultazione l'importo delle misure di defiscalizzazione di cui all'articolo 18 della legge 12 novembre 2011, n. 183, e all'articolo 33 del decreto- legge 18 ottobre 2012, n. 179, convertito, con modificazioni, dalla legge 17 dicembre 2012, n. 221, nonché l'importo dei contributi pubblici, ove previsti. Il comma 3-ter prevede che il bando può prevedere che l'offerta sia corredata dalla dichiarazione sottoscritta da uno o più istituti finanziatori di manifestazione di interesse a finanziare l'operazione, anche in considerazione dei contenuti dello schema di contratto e del piano economico-finanziario (comma introdotto dal D.L. 69/2013 in vigore dal 22/06/2013, convertito senza ulteriori modifiche dalla L 98/2013). Il comma 3-quater dispone che l 'amministrazione aggiudicatrice prevede nel bando di gara che il contratto di concessione stabilisca la risoluzione del rapporto in caso di mancata sottoscrizione del contratto di finanziamento o in mancanza della sottoscrizione o del collocamento delle obbligazioni di progetto di cui all'articolo 157, entro un congruo termine fissato dal bando medesimo, comunque non superiore a ventiquattro mesi, decorrente dalla data di approvazione del progetto definitivo. Resta salva la facoltà del concessionario di reperire la liquidità necessaria alla realizzazione dell'investimento attraverso altre forme di finanziamento previste dalla normativa vigente, purché sottoscritte entro lo stesso termine. Nel caso di risoluzione del rapporto ai sensi del primo periodo, il concessionario non avrà diritto ad alcun rimborso delle spese sostenute, ivi incluse quelle relative alla progettazione definitiva. Il bando di gara può altresì prevedere che in caso di parziale finanziamento del progetto e comunque per uno stralcio tecnicamente ed economicamente funzionale, il contratto di concessione rimane valido rimanga valido limitatamente alla parte che regola la realizzazione e gestione del medesimo stralcio funzionale (comma anch'esso introdotto dal D.L. 69/2013 in vigore dal 22/06/2013 e ulteriormente modificato dalla relativa Legge di conversione n.98/2013 in vigore dal 21/08/2013). Il 4 comma al solito prevede che per la pubblicità dei bandi si applica l'articolo 66 ovvero l'articolo 122). L'art. 145 al comma 1 dispone che ai termini per la presentazione delle candidature e delle offerte si applica l'articolo 70, con esclusione del comma 9 e del comma 11. Il termine per la presentazione della domanda di partecipazione non può, in ogni caso, essere inferiore a cinquantadue giorni dalla data di spedizione del bando, salva l'applicazione dell'articolo 70, comma 8. Qualora il valore delle concessioni sia inferiore alla soglia fissata per i lavori pubblici dall'articolo 28, comma 1, lettera c), (5.278.000,00 euro) calcolata con i criteri di cui all'articolo 29, si applica l'articolo 122, comma 6. Il comma 1 dell'art. 146 dispone che fatto salvo quanto dispone l'articolo 147, la stazione appaltante può: a) imporre al concessionario di lavori pubblici di affidare a terzi appalti corrispondenti ad una percentuale non inferiore al 30% del valore globale dei lavori oggetto della concessione. Tale aliquota minima deve figurare nel bando di gara e nel contratto di concessione. Il bando fa salva la facoltà per i candidati di aumentare tale percentuale; b) invitare i candidati a dichiarare nelle loro offerte la percentuale, ove sussista, del valore globale dei lavori oggetto della concessione, che intendono appaltare a terzi. Il comma 1 dell'art. 147 dispone che possono essere affidati al concessionario in via diretta, senza l'osservanza delle procedure previste dal presente codice, i lavori complementari che non figurano nel progetto inizialmente previsto della concessione né nel contratto iniziale e che sono divenuti necessari, a seguito di una circostanza imprevista, per l'esecuzione dell'opera quale ivi descritta, a condizione che l'affidamento avvenga a favore dell'operatore economico che esegue l'opera, nelle seguenti ipotesi: a) quando i lavori complementari non possono essere tecnicamente o economicamente separati dall'appalto iniziale senza gravi inconvenienti per la stazione appaltante, oppure b) quando i lavori, quantunque separabili dall'esecuzione dell'appalto iniziale, sono strettamente necessari al suo perfezionamento. Il 2 comma dice che in ogni caso l'importo cumulato degli appalti aggiudicati per i lavori complementari non deve superare il cinquanta per cento dell'importo dell'opera iniziale oggetto della concessione. L'art. 148 disciplina la materia delle concessioni da parte di amministrazioni aggiudicatrici stabilendo che il concessionario che é un'amministrazione aggiudicatrice é tenuto a rispettare le disposizioni dettate dal presente codice per l'affidamento e l'esecuzione degli appalti pubblici di lavori, in relazione ai lavori che sono eseguiti da terzi.

L'art. 149 disciplina la materia delle concessioni da parte di amministrazioni non aggiudicatrici. Il 1 comma recita che concessionari che non sono amministrazioni aggiudicatrici, quando affidano appalti a terzi, ai sensi dell'articolo 146, applicano le disposizioni in materia di pubblicità previste dall'articolo 66 ovvero dall'articolo 122. Il 2 comma dispone che non é necessaria alcuna pubblicità se un appalto di lavori rientra in una delle ipotesi di cui all'articolo 57 ovvero nei casi di procedura negoziata senza previa pubblicazione di bando. Il 3 dice che fermo quanto disposto dall'articolo 253, comma 25, non si considerano come terzi le imprese che si sono raggruppate o consorziate per ottenere la concessione, né le imprese ad esse collegate. Se il concessionario ha costituito una società di progetto, in conformità all'articolo 156, non si considerano terzi i soci, alle condizioni di cui al comma 2 del citato articolo 156. Per «impresa collegata» si intende qualsiasi impresa su cui il concessionario può esercitare, direttamente o indirettamente, un'influenza dominante o qualsiasi impresa che può esercitare un'influenza dominante sul concessionario o che, come il concessionario, é soggetta all'influenza dominante di un'altra impresa per motivi attinenti alla proprietà, alla partecipazione finanziaria o alle norme che disciplinano l'impresa stessa. L'influenza dominante é presunta quando un'impresa si trova, direttamente o indirettamente, in una delle seguenti situazioni nei confronti di un'altra impresa: a) detiene la maggioranza del capitale sottoscritto dell'impresa; oppure b) dispone della maggioranza dei voti connessi alle partecipazioni al capitale dell'impresa; oppure c) può designare più della metà dei membri dell'organo di amministrazione, di direzione o di vigilanza dell'impresa. Il 6 comma indica che 'elenco completo di tali imprese é unito alla candidatura per la concessione. In ogni caso l'elenco é aggiornato in relazione alle modifiche intervenute nelle relazioni tra le imprese. Le amministrazioni aggiudicatrici che affidano le concessioni vigilano sul rispetto, da parte dei concessionari che non sono amministrazioni aggiudicatrici, delle disposizioni del presente articolo. L'art. 150 disciplina la materia della pubblicazione del bando da parte di amministrazioni non aggiudicatrici: 1. Nelle ipotesi di cui all'articolo 149, i concessionari che non sono amministrazioni aggiudicatrici pubblicano un bando di gara, con le modalità dell'articolo 66 ovvero dall'articolo 122. 2. I bandi contengono gli elementi indicati nel presente codice, le informazioni di cui all'allegato IX C e ogni altra informazione ritenuta utile dall'amministrazione aggiudicatrice, secondo il formato dei modelli di formulari adottati dalla Commissione. I termini per la ricezione delle candidature e per la ricezione delle offerte negli appalti aggiudicati dai concessionari che non sono amministrazioni aggiudicatrici sono fissati dall'art 151. Al primo comma si stabilisce che negli appalti di lavori affidati dai concessionari di lavori pubblici che non sono amministrazioni aggiudicatrici, questi fissano un termine per la ricezione delle domande di partecipazione non inferiore a trentasette giorni dalla data di spedizione del bando e un termine per la ricezione delle offerte non inferiore a quaranta giorni dalla data della spedizione del bando (nelle procedure aperte) ovvero dell'invito a presentare un'offerta (nelle procedure ristrette). Il 2 che fatto salvo il comma 1, sono applicabili i commi da 1 a 11 dell'articolo 70, in quanto compatibili.

LA DIRETTIVA 2014/23/UE SULLE CONCESSIONI

La direttiva 2014/23/CE sull'aggiudicazione dei contratti di concessione, disciplina organicamente un settore finora solo parzialmente regolato a livello UE. Da uno studio fatto dall'Ufficio studi della Camera dei Deputati traiamo ora una sintesi per illustrare per sommi capi i contenuti della direttiva che dovrà essere recepita entro l'aprile 2016.

L'aggiudicazione delle concessioni di lavori pubblici, infatti, è stata soggetta sinora alle norme di base della direttiva 2004/18/CE, mentre l'aggiudicazione delle concessioni di servizi con interesse transfrontaliero scontava un vero e proprio vuoto giuridico al quale era possibile sopperire solo mediante l'applicazione dei principi contenuti nei Trattati (libera circolazione delle merci, libertà distabilimento e libera prestazione di servizi, nonché i principi che ne derivano, come la parità di trattamento, la non discriminazione, il mutuo riconoscimento,la proporzionalità e la trasparenza).

I principali elementi della nuova direttiva sono:

⌐ il principio di libera amministrazione delle autorità pubbliche nazionali, in base al quale esse possono decidere il modo migliore per gestire l'esecuzione dei lavori e la prestazione dei servizi per garantire in particolare un elevato livello di qualità, sicurezza e accessibilità, la parità di trattamento e la promozione dell'accesso universale e dei diritti dell'utenza nei servizi pubblici, essendo altresì libere di espletare tali compiti direttamente,avvalendosi delle proprie risorse o in cooperazione con altre amministrazioni aggiudicatrici, o di conferirli a operatori economici esterni.

[è fatta salva la libertà, per gli Stati membri, di definire, in conformità del diritto dell'Unione, i servizi d'interesse economico generale, mentre la direttiva esclude dal suo campo di applicazione i servizi non economici d'interesse generale;

[è stabilita la definizione di concessione e la sua specificità rispetto a quella di appalto pubblico; per concessione deve intendersi un contratto a titolo oneroso, concluso per iscritto per mezzo del quale una o più amministrazioni aggiudicatrici o enti aggiudicatori affidano l'esecuzione di lavori o la fornitura e la gestione di servizi a uno o più operatori economici il cuicorrispettivo consiste unicamente nel diritto di gestire i lavori o i servizi che sono oggetto del contratto o in tale diritto accompagnato da un prezzo.L'aggiudicazione di una concessione di lavori o di servizi comportail trasferimento al concessionario di un rischio operativo legato alla gestione dei lavori o dei servizi, comprendente un rischio sul lato della domanda o sul lato dell'offerta, o entrambi; la parte del rischio trasferito al concessionario deve comportare una reale esposizione alle fluttuazioni del mercato, per cui ognipotenziale perdita stimata subita dal concessionario non sia puramente nominale o trascurabile;

[la direttiva si applica alle concessioni di lavori o di servizi il cui valore è pari o superiore a 5.186.000 euro (tuttavia, a partire dal 30 giugno 2013, ogni due anni la Commissione verifica che tale soglia corrisponda a quella stabilita nell'accordo sugli appalti pubblici dell'Organizzazione mondiale del commercio per le concessioni di lavori e se del caso procede alla sua revisione);

[le principali esclusioni dal campo di applicazione della direttiva riguardano:

⌈ - le concessioni aggiudicate in base a norme sugli appalti pubblici previste da un'organizzazione internazionale o da un'istituzione internazionale di finanziamento quando le concessioni in questione sono interamente finanziate da tale organizzazione o istituzione.

⌈ - le concessioni nei settori della difesa e della sicurezza di cui alla direttiva 2009/81/CE, disciplinati da norme procedurali specifiche in base a un accordo o ad una intesa internazionale conclusi tra uno o più Stati membri e uno o più paesi terzi;

⌈ - concessioni di servizi per :

- l'acquisizione , lo sviluppo , la produzione o coproduzione di programmi destinati a servizi di media audiovisivi o radiofonici che vengono assegnate dai fornitori di servizi di media audiovisivi o radiofonici, o concessioni per il tempo di trasmissione o messa a disposizione del programma, che vengono assegnate ai prestatori di media audiovisivi o radiofonici;

- protezione civile, protezione civile e di prevenzione pericolo i servizi che vengono forniti da organizzazioni non-profit o associazioni;

- servizi aventi ad oggetti campagne politiche.

Ulteriori specifiche esclusioni riguardano:

- le concessioni aventi ad oggetto servizi di arbitrato e di conciliazione ed altri servizi legali;

- concessioni nel settore delle acque, in particolare:

- le concessioni aggiudicate per: A) fornire o gestire reti fisse destinate alla fornitura di un servizio al pubblico in connessione con la produzione, iltrasporto o la distribuzione di acqua potabile; B) alimentare tali reti con acqua potabile (l'esclusione riguarda anche le concessioni aventi ad oggettoprogetti di ingegneria idraulica, irrigazione, drenaggio, in cui il volume d'acqua destinato all'approvvigionamento d'acqua potabile rappresenti più del 20% del volume totale d'acqua reso disponibile da tali progetti o impianti di irrigazione o drenaggio, o lo smaltimento o il trattamento delle acque reflue,qualora tali concessioni siano collegati alle attività sub a) e b)).

- le concessioni aggiudicate ad impresa collegata;

- le concessioni in house.

Da ultimo si ricorda che, ai sensi del Considerando 15 della direttiva, "taluni accordi aventi per oggetto il diritto di un operatore economico di gestire determinati beni o risorse del demanio pubblico, in regime di diritto privato o pubblico, qualiterreni o qualsiasi proprietà pubblica, in particolare nel settore dei porti marittimi o interni o degli aeroporti, mediante i quali lo Stato oppure l'amministrazione aggiudicatrice o l'ente aggiudicatore fissa unicamente le condizioni generali d'uso senza acquisire lavori o servizi specifici, non dovrebbero configurarsi come concessioni ai sensi della presente direttiva. Ciò vale di norma per i contratti di locazione di beni o terreni di natura pubblica che generalmente contengono i termini che regolano la presa di possesso da parte del conduttore, la destinazione d'uso del bene immobile, gli obblighi del locatore e del conduttore per quanto riguarda la manutenzione del bene immobile, la durata della locazione e la restituzione del possesso del bene immobile al locatore, il canone e le spese accessorie a carico del conduttore".

[Il Considerando citato dovrebbe quindi sancire l'esclusione dal campo di applicazione della direttiva delle concessioni aventi ad oggetto la gestione e lo sfruttamento economico di beni demaniali come ad esempio le spiagge (cosiddette c. balneari) e gli aerodromi.

[le concessioni hanno una durata limitata, secondo la stima fatta dalle autorità pubbliche in funzione dei lavori o servizi richiesti al concessionario. È in ogni caso stabilito che per le concessioni ultraquinquennali la durata massimadella concessione non supera il periodo di tempo in cui si può ragionevolmente prevedere che il concessionario recuperi gli investimenti effettuatinell'esecuzione dei lavori o dei servizi, insieme con un ritorno sul capitale investito tenuto conto degli investimenti necessari per conseguire gli obiettivi contrattuali specifici (gli investimenti presi in considerazione ai fini del calcolo comprendono sia quelli iniziali sia quelli in corso di concessione);

[la procedura di aggiudicazione deve rispettare i principi di parità di trattamento, di non discriminazione e di trasparenza; i criteri di aggiudicazione sono connessi all'oggetto della concessione e non attribuiscono una incondizionata libertà di scelta all'amministrazione aggiudicatrice o all'ente aggiudicatore; tali criteri devono assicurare una valutazione delle offerte in condizioni di concorrenza effettiva in modo da individuare un vantaggio economico complessivo per l'amministrazione aggiudicatrice o l'ente aggiudicatore; tali criteri possono anche essereambientali, sociali, o relativi all'innovazione; inoltre, nell'esecuzione dei contratti di concessione gli operatori economici devono rispettare gli obblighi vigenti in materia di diritto ambientale, sociale e del lavoro stabiliti dal diritto dell'Unione, il diritto nazionale, i contratti collettivi o dalle disposizioni ambientali, sociali e di diritto del lavoro previste da Convenzioni internazionali(l'elenco di tali Convenzioni è stabilito nell'allegato X della direttiva)

[le amministrazioni aggiudicatrici devono prendere misure adeguate per combattere frodi, favoritismi e corruzione e per prevenire efficacemente, identificare e risolvere i conflitti di interesse che possono sorgere in occasione dello svolgimento delle procedure di aggiudicazione di concessione.

[La direttiva regola la fattispecie del subappalto della concessione, stabilendo tra l'altro che l'osservanza da parte dei subappaltatori degli obblighi vigenti in materia di diritto ambientale, sociale e del lavoro, deve essere assicurato attraverso azioni appropriate da parte delle autorità nazionali competenti nell'ambito delle proprie responsabilità e competenze, come le agenzie di ispezione del lavoro o agenzie di protezione ambientale; la garanzia dell'applicazione di tali standard è garantita anche nel caso in cui diritto nazionale di uno Stato membro preveda un meccanismo di responsabilità solidale tra subappaltatori e il concessionario.

LA CONCESSIONE SERVIZI E LA DIRETTIVA UE 23/2014

L'Art. 30 del Codice tratta della concessione di servizi precedentemente regolata dall'artt. 3 e 17 della direttiva 2004/18 e dall'art. 3, co. 8 della legge n. 415/1998.
Il 1 comma dispone che salvo quanto disposto nell'articolo, le disposizioni del codice non si applicano alle concessioni di servizi.

Il 2 comma dice che nella concessione di servizi la controprestazione a favore del concessionario consiste unicamente nel diritto di gestire funzionalmente e di sfruttare economicamente il servizio. Il soggetto concedente stabilisce in sede di gara anche un prezzo, qualora al concessionario venga imposto di praticare nei confronti degli utenti prezzi inferiori a quelli corrispondenti alla somma del costo del servizio e dell'ordinario utile di impresa, ovvero qualora sia necessario assicurare al concessionario il perseguimento dell' equilibrio economico- finanziario degli investimenti e della connessa gestione in relazione alla qualità del servizio da prestare.

Il comma successivo stabilisce che la scelta del concessionario deve avvenire nel rispetto dei principi desumibili dal Trattato e dei principi generali relativi ai contratti pubblici e, in particolare, dei principi di trasparenza, adeguata pubblicità, non discriminazione, parità di trattamento, mutuo riconoscimento, proporzionalità, previa gara informale a cui sono invitati almeno cinque concorrenti, se sussistono in tale numero soggetti qualificati in relazione all' oggetto della concessione, e con predeterminazione dei criteri selettivi.

Sono, comunque, fatte salve discipline specifiche che prevedono forme più ampie di tutela della concorrenza. Restano ferme, purché conformi ai principi dell' ordinamento comunitario le discipline specifiche che prevedono, in luogo delle concessione di servizi a terzi, l' affidamento di servizi a soggetti che sono a loro volta amministrazioni aggiudicatrici.

Il 6 comma dispone che se un' amministrazione aggiudicatrice concede ad un soggetto che non é un' amministrazione aggiudicatrice diritti speciali o esclusivi di esercitare un' attività di servizio pubblico, l' atto di concessione prevede che, per gli appalti di forniture conclusi con terzi nell' ambito di tale attività, detto soggetto rispetti il principio di non discriminazione in base alla nazionalità.

Il 7 comma rinvia alle le disposizioni della parte IV per il contenzioso. Si applica, inoltre, in quanto compatibile l' articolo 143, comma 7 con riferimento al piano economico finanziario.

Con riferimento al servizio di concessione servizi per "illuminazione votiva" si veda quanto disposto dall'art.34 comma 26 del D.L. 179/2012 come convertito dalla L. 221/2012 in vigore dal 19/12/2012.

Una novità sta nella nuova direttiva 23/2014. L'art. 4 stabilisce che è salva la libertà, per gli Stati membri, di definire, in conformità del diritto dell'Unione, quali essi ritengano essere servizi d'interesse economico generale, in che modo tali servizi debbano essere organizzati e finanziati, in conformità delle regole sugli aiuti di Stato, e a quali obblighi specifici essi debbano essere soggetti. Parimenti, la detta direttiva non incide sulle modalità di organizzazione dei sistemi di sicurezza sociale da parte degli Stati membri.

I servizi non economici d'interesse generale non rientrano nell'ambito di applicazione della presente direttiva. Pertanto, se ci atteniamo al precedente ambito italiano di SIEG, i servizi interessati sarebbero quello del trasporto, dell'energia, dell'acqua (oggi esclusa dai SIEG dall'art.12) ,dei rifiuti, etc. I servizi culturali o di intrattenimento, secondo tale precedente classificazione italiana, non sarebbero pertanto regolati dalla nuova direttiva. Quelli sociali sarebbero solo in minima parte regolati dalla direttiva (si applicano le norme sulla pubblica evidenza), altrettanto quelli di ricerca e sviluppo, regolati dalla direttiva solo nei casi previsti dall'art.25, etc. Dovrebbero, pertanto, comunque applicarsi a tutte le concessioni di servizi i principi generali già previsti nell'art. 30 in esame ovvero trasparenza, adeguata pubblicità, non discriminazione, parità di trattamento, mutuo riconoscimento, proporzionalità.

E' interessante notare che nella nuova direttiva si da una definizione dell'istituto: nella prima parte non si discosta dall'attuale formula e recita: per concessione servizi si intende un contratto a titolo oneroso stipulato per iscritto in virtù del quale una o più amministrazioni aggiudicatrici o uno o più enti aggiudicatori affidano la fornitura e la gestione di servizi diversi dall'esecuzione di lavori di cui alla lettera a) ad uno o più operatori economici, ove il corrispettivo consista unicamente nel diritto di gestire i servizi oggetto del contratto o in tale diritto accompagnato da un prezzo.

La seconda parte precisa: "L'aggiudicazione di una concessione di lavori o di servizi comporta il trasferimento al concessionario di un rischio operativo legato alla gestione dei lavori o dei servizi, comprendente un rischio sul lato della domanda o sul lato dell'offerta, o entrambi. Si considera che il concessionario assuma il rischio operativo nel caso in cui, in condizioni operative normali, non sia garantito il recupero degli investimenti effettuati o dei costi sostenuti per la gestione dei lavori o dei servizi oggetto della concessione. La parte del rischio trasferita al concessionario comporta una reale esposizione alle fluttuazioni del mercato tale per cui ogni potenziale perdita stimata subita dal concessionario non sia puramente nominale o trascurabile.

UNA VEXATA QUAESTIO: IL VALORE E LA DURATA DELLA CONCESSIONE NELLA DIRETTIVA UE 23/2014

L'art. 8 della direttiva 23 poi stabilisce facendo chiarezza rispetto alla vaghezza del precedente art.30 che il valore di una concessione è costituito dal fatturato totale del concessionario generato per tutta la durata del contratto, al netto dell'IVA, stimato dall'amministrazione aggiudicatrice o dall'ente aggiudicatore, quale corrispettivo dei lavori e dei servizi oggetto della concessione, nonché per le forniture accessorie a tali lavori e servizi. Il 2 comma dice che tale valore stimato è valido al momento dell'invio del bando di concessione o, nei casi in cui non sia previsto detto bando, al momento in cui l'amministrazione aggiudicatrice o l'ente aggiudicatore avvia la procedura di aggiudicazione della concessione, per esempio, contattando gli operatori economici in relazione alle concessioni. Ai fini del comma 1, se il valore della concessione al momento dell'aggiudicazione è superiore di più del 20 % rispetto al valore stimato, la stima valida è il valore della concessione al momento dell'aggiudicazione.

Il 3 comma dice che il valore stimato della concessione è calcolato secondo un metodo oggettivo specificato nei documenti della concessione. Nel calcolo del valore stimato della concessione, le amministrazioni aggiudicatrici e gli enti aggiudicatori tengono conto, se del caso, in particolare dei seguenti elementi:

a) il valore di eventuali forme di opzione e di eventuali proroghe della durata della concessione;

b) gli introiti derivanti dal pagamento, da parte degli utenti dei lavori e dei servizi, di tariffe e multe diverse da quelle riscosse per conto dell'amministrazione aggiudicatrice o dell'ente aggiudicatore;

c) i pagamenti o qualsiasi vantaggio finanziario conferito al concessionario in qualsivoglia forma dall'amministrazione aggiudicatrice o dall'ente aggiudicatore o da altre amministrazioni pubbliche, incluse le compensazioni per l'assolvimento di un obbligo di servizio pubblico e le sovvenzioni pubbliche di investimento;

d) il valore delle sovvenzioni o di qualsiasi altro vantaggio finanziario in qualsivoglia forma conferiti da terzi per l'esecuzione della concessione;

e) le entrate derivanti dalla vendita di elementi dell'attivo facenti parte della concessione;

f) il valore dell'insieme delle forniture e dei servizi messi a disposizione del concessionario dalle amministrazioni aggiudicatrici o dagli enti aggiudicatori, purché siano necessari per l'esecuzione dei lavori o la prestazione dei servizi;

g) ogni premio o pagamento ai candidati o agli offerenti.

Il 4 comma recita che la scelta del metodo per il calcolo del valore stimato della concessione non può essere fatta con l'intenzione di escludere tale concessione dall'ambito di applicazione della presente direttiva. Una concessione non può essere frazionata allo scopo di evitare che rientri nell'ambito di applicazione della presente direttiva, a meno che ragioni oggettive lo giustifichino.

Quando un'opera o un servizio proposti possono dar luogo all'aggiudicazione di una concessione per lotti distinti, è computato il valore complessivo stimato della totalità di tali lotti.

Il 6 comma dice che quando il valore aggregato dei lotti è pari o superiore alla soglia di cui al presente articolo, la presente direttiva si applica all'aggiudicazione di ciascun lotto.

L'art. 18 della Direttiva regolamenta la durata delle concessioni. Per il 1 comma la durata delle concessioni è limitata. Essa è stimata dall'amministrazione aggiudicatrice o dall'ente aggiudicatore in funzione dei lavori o servizi richiesti al concessionario. Per le concessioni ultraquinquennali, la durata massima della concessione non supera il periodo di tempo in cui si può ragionevolmente prevedere che il concessionario recuperi gli investimenti effettuati nell'esecuzione dei lavori o dei servizi, insieme con un ritorno sul capitale investito tenuto conto degli investimenti necessari per conseguire gli obiettivi contrattuali specifici. Gli investimenti presi in considerazione ai fini del calcolo comprendono sia quelli iniziali sia quelli in corso di concessione.

L'attuale art. 153 del Codice accorpa i contenuti modificati degli artt. 154 e 155 previgenti e delinea il procedimento del promotore monofasico dal comma 1 al comma 14.

Le precisazioni riferite all'obbligo di predisposizione di uno studio di fattibilità prima di lanciare la gara, la possibile programmazione nell'elenco annuale delle opere pubbliche solo sulla base dello studio di fattibilità ex art. 128, comma 6 del Codice (per i lavori di importo inferiore ad 1.000.000,00 di euro), la necessità di condizionare la pubblicazione del bando, che da l'avvio alla selezione del promotore, alle modalità previste ex art. 66 o 122 del Codice, rispondono ad esigenze minime di individuazione degli obiettivi pubblici e di comunicazione al mercato europeo[lxxii.] Nella previgente disciplina questi standard erano stati messi in discussione dall'ambiguità delle disposizioni che consentivano interpretazioni elusive[lxxiii.] Infatti, nella pratica si riteneva che lo studio di fattibilità non dovesse essere predisposto dalla PA (oggi il comma 2-bis prevede espressamente che sia redatto dalla PA) o non dovesse essere approfondito adeguatamente in fase di programmazione, perché i concorrenti ne redigevano uno proprio al momento della presentazione della proposta[lxxiv.] Inoltre, il previgente art. 153, comma 3, prescrivendo la pubblicazione dell'avviso solo sui siti informatici di cui all'art. 66, comma 7 del Codice, consentiva di escludere la pubblicità in GURI e soprattutto in GUCE, perché l'avviso non veniva ritenuto un bando[lxxv.] I nuovi commi 2, 2 bis e 3 dell'art. 153 del Codice fugano ogni possibile equivoco sulla necessità di pubblicare un vero è proprio bando, utilizzando tutti i mezzi di pubblicità obbligatori che gli sono propri a seconda che il loro valore sia sopra o sottosoglia[lxxvi.]

Finalmente il Regolamento (DPR 207/2010) all'art. 14 ha disciplinato la materia disponendo quanto segue:

1. Lo studio di fattibilità si compone di una relazione illustrativa contenente:

a) le caratteristiche funzionali, tecniche, gestionali, economico-finanziarie dei lavori da realizzare;

b) l'analisi delle possibili alternative rispetto alla soluzione realizzativa individuata;

c) la verifica della possibilità di realizzazione mediante i contratti di partenariato pubblico privato di cui all'articolo 3, comma 15-ter, del codice;

d) l'analisi dello stato di fatto, nelle sue eventuali componenti architettoniche, geologiche, socio-economiche, amministrative;

e) la descrizione, ai fini della valutazione preventiva della sostenibilità ambientale e della compatibilità paesaggistica dell'intervento, dei requisiti dell'opera da progettare, delle caratteristiche e dei collegamenti con il contesto nel quale l'intervento si inserisce, con particolare riferimento alla verifica dei vincoli ambientali, storici, archeologici, paesaggistici interferenti sulle aree o sugli immobili interessati dall'intervento, nonché l'individuazione delle misure idonee a salvaguardare la tutela ambientale e i valori culturali e paesaggistici.

2. Qualora lo studio di fattibilità é posto a base di gara, ai sensi degli articoli 58 e 153 del codice, si compone dei seguenti elaborati, salva diversa motivata determinazione del responsabile del procedimento, anche con riferimento alla loro articolazione, in rapporto alla specifica tipologia e alla dimensione dei lavori da realizzare:

a) relazione illustrativa generale contenente:

1. l'inquadramento territoriale e socio-economico dell'area oggetto dell'intervento:

1.1. corografia, stralcio del piano regolatore generale comunale, verifica della compatibilità con gli strumenti urbanistici;

1.2. analisi dell'impatto socio-economico con riferimento al contesto produttivo e commerciale esistenti;

2. l'analisi della domanda e dell'offerta attuale e di previsione con riferimento:

2.1. al bacino d'utenza;

2.2. alla stima dei bisogni dell'utenza mediante utilizzo di parametri fisici riferiti alla specifica tipologia dell'intervento, quali i flussi di traffico e il numero di accessi;

2.3. all'individuazione, in termini quantitativi e di gradimento, dell'offerta attuale e di quella prevista nei medesimi settori dell'intervento;

3. l'analisi delle alternative progettuali:

3.1. individuazione delle alternative progettuali dal punto di vista delle scelte tecnologiche, organizzative e finanziarie;

3.2. matrice delle alternative progettuali;

4. lo studio dell'impatto ambientale riferito alla soluzione progettuale individuata e alle possibili soluzioni alternative:

4.1. analisi sommaria degli aspetti geologici, geotecnici, idraulici, idrogeologici, desunti dalle cartografie disponibili o da interventi già realizzati ricadenti nella zona;

4.2. verifica dei vincoli ambientali, storici, archeologici, paesaggistici interferenti sulle aree o sugli immobili interessati dall'intervento;

b) relazione tecnica contenente:

1. le caratteristiche funzionali e tecniche dei lavori da realizzare;

2. descrizione, ai fini della valutazione preventiva della sostenibilità ambientale e della compatibilità paesaggistica dell'intervento, dei requisiti dell'opera da progettare, delle caratteristiche e dei collegamenti con il contesto nel quale l'intervento si inserisce nonché delle misure idonee a salvaguardare la tutela ambientale i valori culturali e paesaggistici;

3. analisi sommaria delle tecniche costruttive e indicazione delle norme tecniche da applicare;

4. cronoprogramma;

5. stima sommaria dell'intervento secondo le modalità di cui all'articolo 22, comma 1, con l'individuazione delle categorie di cui all'allegato A e dei relativi importi, determinati mediante l'applicazione delle quote di incidenza delle corrispondenti lavorazioni rispetto al costo complessivo;

c) elaborati progettuali stabiliti dal responsabile del procedimento tra quelli previsti dall'articolo 21; d) elaborato tecnico-economico contenente:

1. la verifica della possibilità di realizzazione mediante concessione rispetto all'appalto;

2. analisi della fattibilità finanziaria (costi e ricavi) con riferimento alla fase di costruzione e, nel caso di concessione, alla fase di gestione;

3. analisi della fattibilità economica e sociale (analisi costi-benefici); 4. schema di sistema tariffario, nel caso di concessione; 5. elementi essenziali dello schema di contratto.

Con determinazione 11/1 del 14 gennaio 2009 l'Autorità di Vigilanza emise, poi, le Linee guida che riportiamo di seguito per intero.

"Nel Codice, all'articolo 128, già articolo 14 della legge n. 109/1994, lo studio di fattibilità (d'ora innanzi SdF), è descritto come strumento attuativo del programma triennale, nel quale devono riportarsi l'analisi delta stato di fatto sotto i profili storico-artistici, architettonici, paesaggistici, di sostenibilità ambientate, socio-economica, amministrativa e tecnica.

Si tratta, dunque, di uno strumento per sua natura ibrido, avente i contenuti sia della pianificazione territoriale ed economica sia del documento preliminare alla progettazione (cfr articolo 15, comma 5 del D.P.R. n. 554/1999); pertanto, lo studio di fattibilità ha caratteristiche diverse dal progetto preliminare.

Nel nuovo quadro normativo (articolo 153 del Codice), lo SdF assume un ulteriore funzione, in quanto sulla base di esso i concorrenti, in sede di offerta, elaborano la progettazione preliminare.

Il documento assume, quindi, una duplice valenza, quale elaborato per l'identificazione e quantificazione dei lavori strumentali al soddisfacimento dei bisogni delle amministrazioni aggiudicatrici nonché quale documento da porre a base di gara nei procedimenti di cui all'articolo 153 del Codice.

La redazione dello Sdf richiede, pertanto, una particolare attenzione nella sua stesura. Esso, infatti, deve essere in grado di trasformate l'iniziale idea-progetto in una specifica ipotesi di intervento, attraverso l'identificazione, la specificazione e la comparazione, ove possibile. di più alternative atte a cogliere modalità diverse di realizzazione dell'idea originaria e consentire all'autorità politico-amministrativa competente di assumere una decisione fondata e motivata. Allo stesso tempo deve anche avere contenuti sufficienti a poter indire una gara d'appalto e, quindi, poter prevedere nel bando i requisiti di partecipazione e l'importo dell' investimento.

Uno SdF dal contenuto completo ed attendibile assicura, da un lato, la simmetria delle informazioni tra i concorrenti, dall'altro. per quanto possibile, la sicurezza della bancabilità delle proposte dei concorrenti espresse nel piano economico-finanziario.

La significativa discordanza delle previsioni, si riflette direttamente nella futura fase di gestione economica dell'opera con rischi seri per il concessionario e l'amministrazione concedente per quanto riguarda la copertura finanziaria dell'intervento.

Tuttavia, in considerazione delle esigenze specifiche di ogni amministrazione, in relazione al singolo progetto e ai tempi a disposizione, lo SdF potrà essere aggiornato successivamente all'inserimento dello stesso negli strumenti di programmazione, al fine di porlo a base di gara ex articolo 153.

Si ritiene, infatti, che mentre ai fine di inserire un intervento in programmazione sia sufficiente avere predisposto uno Sdf che abbia un contenuto base esaustivo anche se non dettagliato, a base del bando di gara, ex articolo 153, commi I e 15 dei Codice, dovrà essere posto uno Sdf che consenta di definire tutti gli elementi del confronto concorrenziale fra gli offerenti, come richiesto dalla norma dell'articolo 153.

La redazione dello Sdf dovrà essere graduata in relazione alla tipologia e complessità dell'intervento da realizzare; il Responsabile del Procedimento, in relazione ad opere di medio-piccola dimensione o di natura non complessa. può adattare i contenuti dello Sdf indicati come necessari nelle presenti linee guida, con un grado di approfondimento minore delle singole voci, in analogia a quanto previsto per la progettazione di cui all'articolo 93 comma 2 del Codice.

1. TEMATICHE E CRITICITÀ NELLA SCELTA E IDENTIFICAZIONE DEI BISOGNI DELLA COMUNITA'

Al fine di redigere una programmazione triennale di lavori pubblici coerente con le effettive necessità della comunità, in una prima fase, è necessario prevedere la raccolta di tutti gli elementi occorrenti per la formazione di un quadro completo dei bisogni e delle esigenze della collettività. In tale ottica invero, l'articolo 11 del D.PR. n. 554/1999, trasfuso integralmente nel nuovo testo regolamentare, non dà indicazioni specifiche. In ogni caso dovranno essere valutati dall'amministrazione e per essa dal Responsabile del Procedimento, anche mediante attività di supporto, tre profili:

a) la domanda da soddisfare per la collettività di riferimento e le opportunità in atto;

b) i piani e le strategie proprie dell'amministrazione o di altri enti interessati o sovraordinati;

e) gli obblighi derivanti dalla normativa nazionale e comunitaria.

Va sottolineata la necessità di una quantificazione della domanda rivolta non solo al bacino di utenza generale (domanda potenziale), ma anche una quantificazione più dettagliata in funzione delle specifiche soluzioni tecnologiche e finanziarie prospettate. Tale identificazione della domanda, differenziata in rapporto alla dimensione ed al ruolo che ha l'amministrazione, non può essere generica, bensì deve basarsi su parametri finali facilmente riconoscibili e misurabili.

Le istanze individuate sono raccolte dal Responsabile del Procedimento con l'ausilio, ove necessario, di attività di supporto in un documento generale corredato da appendici documentali per formare un elenco generale e provvisorio di idee-progetto (da sottoporre eventualmente ad un vaglio dell'organo decisorio), sulla base del quale elaborare poi gli SdF.

Una volta elaborato lo SdF si procede alla formazione del piano triennale, in vista della sua approvazione, con l'eliminazione delle idee-progetto per le quali gli studi hanno dato un esito negativo o non sufficientemente positivo.

In conclusione, le fasi di scelta e l'identificazione dei fabbisogni si possono riassumere come segue;

a) ricognizione delle idee-progetto;

b) esame preliminare delle idee-progetto da sottoporre allo Sdf;

e) realizzazione dello Sdf;

ci) approvazione del Sdf con valore localizzativo e autorizzativo (cfr conferenza dei servizi di cui alla legge n. 241/1990).

2. LA SCELTA DEL MODELLO DI REALIZZAZIONE DELL'INTERVENTO: PARTENARIATO PUBBLICO PRIVATO O APPALTO

La realizzazione delle infrastrutture può avvenire o mediante la formula dell'appalto con risorse totalmente a carico dell'amministrazione, o mediante una delle formule di partenariato pubblico-privato (ex articolo 3, comma 15-ter - concessione di lavori, concessione di servizi, locazione finanziaria, finanza di progetto, affidamento a contraente generale, società miste).

Si rende necessario valutare preliminarmente, da parte delle amministrazioni pubbliche, se sia conveniente procedere ad una forma di Partenariato con il privato oppure.

diversamente, ricorrere ad un contratto di appalto più tradizionale. Tale analisi va effettuata in modo differenziato in rapporto alle caratteristiche e dimensione dell'intervento che si prevede debba essere realizzato ed alle risorse economiche disponibili.

La verifica del modello più adatto di Partenariato Pubblico Privato è una componente essenziale dello SdF, allo scopo di rilevare la presenza delle condizioni necessarie per la scelta migliore ed in particolare:

un quadro normativo e regolatorio compatibile con l'intervento

l'esistenza di rischi trasferibili al soggetto privato, con la contrattualizzazione delle rispettive responsabilità;

la capacità organizzativa e la presenza del know how della pubblica amministrazione per intraprendere un'operazione di Partenariato Pubblico Privato;

la possibilità di praticare un sistema di pagamenti da legare a prefissati livelli quantitativi e qualitativi in sede di gestione.;

la tariffabilità dei servizi da erogare e la verifica del consenso della collettività a pagare tali servizi alla pubblica amministrazione.

Un tale controllo potrebbe fornire elementi direttamente utilizzabili nella elaborazione del bando di gara in ordine, segnatamente, alle più consone modalità di scelta del partner privato.

La verifica della praticabilità del Partenariato Pubblico Privato va effettuata quando sono disponibili alcune informazioni sulle alternative per la realizzazione delle idee progetto, ma in ogni caso prima della conclusione dello Sdf poiché, ad esempio, un esito non favorevole al Partenariato potrebbe comportare anche la rinuncia alla procedura di messa in gara dello Sdf». Infatti il modello prescelto dovrà assicurare un ottimale metodo di approvvigionamento delle infrastrutture e dei servizi ed una migliore allocazione delle risorse pubbliche. Tutto ciò presuppone che: le procedure di aggiudicazione siano regolate attraverso meccanismi concorrenziali e competitivi; i rischi connessi alla costruzione e gestione dell'opera siano chiaramente identificati, valutati e posti in capo al soggetto più in grado di farsene carico; la corretta quantificazione dei costi connessi ai rischi da allocare riduce le asimmetrie informative attribuendo maggiore consapevolezza all'amministrazione.

Pertanto, l'approccio al Partenariato Pubblico Privato deve rappresentare un'attenta verifica e valutazione delle condizioni sopra esposte e delle opzioni di finanziamento concretamente disponibili per la pubblica amministrazione, incluse quelle tradizionali, con l'obiettivo di raggiungere la condizione ottimale dei costi complessivi del progetto e della qualità dei servizi erogati (Value fòr Money - VfM).

Se l'obiettivo di un procedimento di realizzazione di un intervento basato sullo schema di Partenariato Pubblico Privato è il perseguimento del VfM uno dei metodi più diffusi per misurarne l'entità è quello del Public Sector Comparator (PSC). Questo modello di valutazione si basa sul confronto del Valore Attuale Netto (VAN) dei costi e dei ricavi generati nelle due diverse soluzioni di appalto/concessione. La differenza fra i valori riportati, rappresenta la misura del VfM espresso in termini di risparmio sui costi di un alternativa rispetto all'altra (PPP e PSC-Public Sector Comparator).

Infine, sarebbe opportuno escludere dallo SdF, nel momento in cui esso diventa documento a base di gara, le parti o gli elaborati specifici attinenti alla verifica del modello di Partenariato Pubblico Privato.

3. IL CONTENUTO DELLO STUDIO DI FATTIBILITÀ

Il modello di Sdf di seguito prospettato costituisce non solo uno strumento che consente al decisore di esprimere valutazioni sulla bontà dell'idea-progetto, ma consente di indire una gara sulla base di elementi concreti. nel rispetto dei principi di trasparenza e della concorrenza tra gli operatori.

La definizione in concreto del suo contenuto va, tuttavia. ricercata nel bilanciamento di due esigenze contrapposte: da un lato. l'esigenza di avere uno Sdf affidabile e completo, tale da consentire di ottenere preliminari consensi dalle amministrazioni competenti, dall'altro. quella di non intaccare eccessivamente la creatività dei concorrenti garantendo ad essi la possibilità di apportare modifiche alla soluzione indicata nello studio stesso.

Ciò sarebbe più agevole qualora lo studio contenesse, ove possibile, l'indicazione di alcune alternative valide per la realizzazione dell'idea-progetto. In sintesi Sdf dovrebbe consentire di:

a) accertare la bontà della iniziale idea-progetto e la sua convenienza rispetto agli impieghi alternativi delle risorse;

b) individuare le modalità di realizzazione dell'idea originaria più realistiche e promettenti;

e) contenere gli elementi essenziali della progettazione necessari al rilascio dei pareri preliminari degli Enti interessati all'intervento.

Quanto agli aspetti autorizzatori, il corredo progettuale dello Sdf, ad esempio per le opere lineari e a rete, deve essere tale da individuare, anche solo su larga scala, le possibili alternative di localizzazione degli interventi e la individuazione delle prevedibili interferenze delle varie soluzioni; ciò consente di coinvolgere già in sede di conferenza dei servizi i gestori e di evitare in seguito situazioni di stallo nella ricerca di soluzioni alle interferenze.

Più delicato è il tema dell'impatto ambientale. Non infatti pensabile ritenere lo SdF idoneo ad ottenere la Valutazione di impatto ambientale (d'ora in poi VIA): i] nuovo Codice dell'ambiente prevede il suo rilascio sulla base del progetto definitivo. Pertanto il VIA dovrà essere acquisito successivamente dal promotore.

Tuttavia, poichè l'articolo 128 prevede già, seppure genericamente. di assicurare la sostenibilità ambientale della soluzione. occorre che lo SdF, ove necessario, contenga anche un esame dei maggiori potenziali impatti sull'ambiente, con l'indicazione della soluzione prescelta e delle eventuali alternative. Tale esame dovrà almeno consentire, in sede di conferenza, sia di assumere decisioni sulla obbligatorietà o meno del VIA, sia di definire l'insieme delle azioni e delle analisi da considerare nello studio di impatto ambientale (SIA) di norma facente parte degli elaborati costituenti il progetto preliminare.

4. ELEMENTI CARATTERIZZANTI LO STUDIO DI FATTIBILITA'

Lo Sdf relativo ad interventi realizzabili con risorse private, deve contenere, in modo differenziato rispetto alle caratteristiche e alla dimensione dell'intervento da realizzare, le seguenti analisi e documentazioni:

a) inquadramento territoriale e socio-economico dei progetto, struttura ed obiettivi.

In tale elaborato vanno delineate le caratteristiche urbanistiche e viarie dell'area potenzialmente interessata, al fine di valutare tutti gli impatti dell'intervento, prendendo in considerazione la compatibilità con gli strumenti urbanistici vigenti. Dovranno poi esser valutati gli impatti socio-economici nel contesto delle attività produttive e commerciali esistenti;

b) analisi della domanda attuale e prevista e specifiche dei gruppi di beneficiari.

Deve essere qui analizzato il bacino di utenza poiché l'analisi della domanda è fondamentale per la stessa scelta delle alternative e per il dimensionamento dell'intervento. In sostanza si tratta di quantificare i bisogni dei beneficiari dell'intervento con stima da basare, il più possibile, su unità fisiche quali ad esempio: numero di persone, metri cubi di rifiuti prodotti, numero di accessi. flussi di traffico, ecc. Nel caso la domanda potenziale sia insufficiente si deve abbandonare da subito il progetto e dirottare le risorse su altri bisogni:

c) analisi dell'offerta attuale e prevista

Deve essere analizzato io stato attuale dell'offerta nei medesimi settori oggetto di proposte e il grado di apprezzamento dei detti progetti da parte degli utenti.

L'analisi della domanda e dell'offèrta deve essere riferita allo stesso arco temporale e deve basarsi, per quanto possibile, su dati statistici desunti da pubblicazioni e/o studi di settore (studi demografici, ecc);

d) descrizione dell'investimento (localizzazione, dimensione, caratteristiche, costi di realizzazione, ecc.)

In una breve relazione si dovranno indicare i parametri fisici dell'intervento ed i relativi costi stimati;

e) analisi delle alternative possibili per realizzare l'idea originaria

Deve essere descritto l'insieme delle alternative tecnologiche, organizzative e finanziarie per l attuazione dell'idea-progetto, per i successivi confronti. Si parla in generale di matrice delle alternative progettuali nella quale vengono riportate per ciascuna soluzione le scelte tecnologiche, le scelte organizzative e le modalità di finanziamento dell'opera in modo tale che si abbia subito una visione sinottica comparativa tra le diverse soluzioni;

f) analisi dei costi gestionali in fase di esercizio

Devono essere descritti i costi monetari ed economici connessi alla gestione del progetto, secondo un possibile modello, per ciascuno degli anni in cui si manifestano gli effetti dell'intervento. È utile richiamare, nei modello gestionale, le norme che occorre rispettare per l'espletamento del servizio

g) analisi di fattibilità finanziaria (analisi costi e ricavi)

Deve essere individuato il flusso finanziario generato dalla gestione, ossia dai costi e dai ricavi, relativa al prodotto caratteristico dei progetto. Qui è svolta l'analisi dei rischi nel tempo delle varie alternative progettuali, con la cd. matrice dei rischi. La matrice in questione deve evidenziare l'allocazione del tipo di rischio e su chi ricade io stesso, sull'amministrazione, oppure sul partner privato oppure su entrambi con percentuali diverse;

h) analisi di fattibilità economica e sociale (analisi costi e benefici) e piano di monitoraggio

In tale ambito devono valutarsi i costi e i benefici di tutte le alternative progettuali valutando anche i benefici (o costi) non monetari di alcune categorie di opere. E' l'esempio di una opera di difesa idraulica il cui "prodotto caratteristico" è la riduzione del rischio idraulico. In questo caso i benefici diretti tendono a confondersi con quelli indiretti perché i! vantaggio è sia delle popolazioni residenti sia dell'intera collettività, Con l'analisi dei costi e benefici viene verificato il grado di utilità dell'opera per la collettività (riduzione dei tempi di percorrenza di una tratta stradale, l'"efficienza nello smaltimento dei rifiuti, ecc.), il livello di approfondimento del 'analisi in questione dipende ovviamente dalla dimensione dell'opera che si intende realizzare.

Ai fini del monitoraggio devono individuarsi gli elementi del c.d 'prodotto caratteristico" delle alternative. ogni alternativa deve culminare con l'individuazione dei parametri dei quali sia misurabile l'effetto diretto o indiretto, sulla collettività. Lo Sdf deve indicare gli elementi economici ovvero gli indicatori specifici con le rispettive unità fisiche, sui quali l'intervento è destinato ad incidere a vantaggio della comunità e ciò in modo non generico. Ad esempio, i metri cubi di rifiuti smaltiti; i quantitativi di rifiuti operati con la raccolta differenziata. il numero di accessi in una tangenziale a pedaggio; il numero di visitatori di un parco museale; i flussi di traffico di una tratta stradale; le degenze ospedaliere e i day hospital; gli slot di un aeroporto; gli utilizzatori di un complesso sportivo: le concentrazioni di gas tossici, i tempi di percorrenza, ecc.

Questa è ragionevolmente la sede per l'attuazione della verifica del modello di Partenariato Pubblico Privato.

1) descrizione ed analisi degli impatti ambientali di ciascuna alternativa

Per ciascuna alternativa dovranno anticiparsi tutti gli elementi significativi dell'impatto ambientale sufficienti per la elaborazione di un Sdf, ove necessario in funzione dell'importanza e complessità dell'opera. Poiché lo 5df non consente di redigere un vero e proprio SIA, si tratta di fornire una descrizione qualitativa della situazione ambientale esistente ed un quadro sintetico dei principali fattori di rischio/impatto ambientali e le priorità degli approfondimenti tecnici per gli sviluppi progettuali successivi;

2)   relazione sintetica intermedia

Il Responsabile del Procedimento ha la facoltà di interrompere lo Sdf se le alternative prospettate hanno scarsa possibilità di essere attuate, mediante provvedimento motivato:

3) elementi essenziali dello schema di convenzione

Corredo progettuale minimo

Il Responsabile del Procedimento stabilirà, in relazione alle caratteristiche dello specifico intervento, gli elaborati minimi conformemente all'articolo 15, comma 5 lett l,) del Dpr 554/1999 e del comma 2 dell'articolo 93 del d.lgs. n. 163/2006, tra quelli previsti per il progetto preliminare di cui all'articolo 18 dello stesso D. P. R. n. 554, necessari per l'individuazione delle categorie e classifiche del/e opere da realizzare e per le valutazioni dei costi di ciascuna alternativa, desumendoli o da un computo metrico estimativo di massima o da un calcolo sommario, applicando alle quantità dei lavori i costi unitari,o sulla base di parametri desumibili da interventi similari realizzati (di cui dovrà essere data prova di attendibilità). Sugli elaborati progettuali a corredo dello Sdf occorre tenere presente le disposizioni del comma 2 dell'articolo 18 del citato D.P.R. n.554/1999 sulla necessità di predisporre le indagini geologiche, geotecniche, idrologiche, idrauliche e sismiche per gli affidamenti delle concessioni di lavori pubblici.

Per quanto riguarda le modalità di predisposizione di alcuni documenti, quali, ad esempio, gli allegati tecnico-economici, la guida elaborata dai Nuclei Regionali di Valutazione e Verifica degli Investimenti Pubblici (NUVV) "Studi di fattibilità delle *opere pubbliche. Guida per la certificazione da parte dei Nuclei Regionali di Valutazione e Verifica degli Investimenti Pubblici ', fornisce numerose indicazioni a riguardo.*

5. DOCUMENTI COMPONENTI LO STUDIO DI FATTIBILITÀ

Lo Sdf, in relazione alle analisi sopra delineate, fatta salva diversa indicazione del Responsabile del Procedimento in rapporto alla dimensione e natura dell'intervento da sottoporre a studio, dovrà essere così strutturato:
a) relazione illustrativa contenente:

- o *l'inquadramento territoriale e socio-economico dell'area oggetto dell'intervento corografia, stralcio PRG, verifica della compatibilità con gli strumenti urbanistici ed i piani territoriali di coordinamento ecc,;*
- o *analisi dell'impatto socio-economico con riferimento al contesto produttivo c commerciale esistenti;*
- o *analisi della domanda e dell'offerta attuale e di previsione con riferimento:*
- o *al bacino d'utenza;*
- o *alle specifiche riguardante l'utenza;*
- o *ai servizi erogati dai diversi concessionari:*
- o *alla tipologia del servizio;*
- o *ai parametri fisici che caratterizzano il servizio (flussi di traffico, slot aeroportuali, numero di accessi, ecc);*

3) descrizione dell'intervento e analisi delle alternative relative alle possibili soluzioni realizzative dell'idea originaria:

- o *verifica della convenienza del modello di Partenariato Pubblico Privato rispetto alle procedure di appalto:*
- o *matrice delle alternative;*

4) studio della prefattibilità ambientale dell'intervento:

- o *analisi sommaria degli aspetti geologici, geotecnici, idraulici, idrogeologici desunti dalle cartografie disponibili (carte geologiche, PTC,*
- o *carte del rischio idraulico, ecc) o da interventi già realizzati ricadenti nella zona;*

o   verifica dei vincoli ambientali, storici, archeologici. paesaggistici interferenti sulle aree o sugli immobili interessati dall'intervento;

b) relazione tecnica contenente:

o   analisi sommaria delle tecniche costruttive (strutture, materiali. ecc.) e indicazione delle nuove tecniche da applicare;

o   cronoprogramma e piano di monitoraggio (delle opere e del servizio):

o   stima sommaria dell'intervento desumendola o da un computo metrico estimativo di massima o da un calcolo sommario, applicando alle quantità dei lavori, i costi unitari desumi da prezziari dell'amministrazione, o sulla base di parametri desumibili da interventi similari realizzati;

o   elaborati progettuali stabiliti dal RUP tra quelli previsti dall'articolo 22 del D.P.R, 554/99:

o   ai fini dello studio di prefattibilità ambientale (corredo minimo);

o   ai fini autorizzatori (corredo minimo);

o   ai fini dell'individuazione delle interferenze;

e) allegato tecnico-economico;

o   analisi della fattibilità finanziaria (costi e ricavi) con riferimento alle fasi di costruzione e gestione;

o   analisi della fattibilità economica e sociale (analisi costi-benefici);

o   schema di sistema tariffario;

d) elementi essenziali dello schema di convenzione.

6. L'AFFIDAMENTO DELLO STUDIO DI FATTIBILITA' E RELATIVI CORRISPETTIVI

Lo Sdf deve essere, di norma, redatto dagli Uffici Tecnici delle amministrazioni aggiudicatici; il ricorso a professionisti esterni è possibile solo in caso di carenze dell'organico ai sensi dell'articolo 90, comma 6 e dell'articolo 10, comma 7, per i servizi, del d.lgs. n. 163/2006.

Al concetto di "carenza dell'organico" va dato un significato stringente e sostanziale, in quanto lo Sdf rappresenta per l'amministrazione un elaborato a valenza strategica e non meramente professionale, come si intende per la progettazione. Qualora si tratti di uno studio particolarmente complesso, potrà farsi ricorso all'attività di *supporto, in particolare per gli aspetti economici, finanziari, delle indagini sui flussi, ecc.*

Merita, altresì, attenzione la procedura di selezione del soggetto, singolo o plurimo da incaricare per l'elaborazione dello Sdf. Ciò in quanto, il documento è formato sia da un servizio di ricerca o affine, compreso nell'Allegato II A del Codice, sia da una parte non secondaria di servizi di progettazione, rientrante nei particolari servizi di cui all'articolo 91 del Codice stesso: si tratta, infatti, di un contratto con diverse tipologie di servizi; il bando per l'affidamento dello Sdf dovrà indicare la qualificazione necessaria per le diverse prestazioni.

Il Responsabile del Procedimento provvederà a specificare nel bando, con ogni possibile chiarezza, tutte le prestazioni richieste per assicurare la interdisciplinarietà e l'integrazione delle competenze.

Un problema non secondario è l'individuazione dei criteri per fissare il corrispettivo da porre a base di gara. In linea generale il criterio dovrebbe essere basato sul tempo necessario alla prestazione.

Il costo di uno Sdf è a differenza delle progettazioni, riferibile solo in parte all'importo dei lavori, dipendendo principalmente dalla necessità di eseguire studi specifici sul progetto (di mercato. economici, ambientali. ecc.) a seconda della sua complessità.

Così, ad esempio, progetti di grande complessità per un elevato numero di servizi diversi, quali quelli nel settore ospedaliero, possono risultare più onerosi di progetti autostradali, di grande importo ma caratterizzati da un numero minore di servizi tariffati. Di contro, questi ultimi necessitano di complesse analisi di traffico tipiche del settore trasporti e dell'allocazione del rischio di mercato.

La stima del costo delle prestazioni dovrebbe, pertanto, essere calcolata sulla base del numero di giornate-uomo necessarie per il loro espletamento, all'interno, comunque, di un range di valore proporzionale all'importo dell'investimento.

I costi sostenuti per gli studi di fattibilità rientrano nelle spese tecniche di sviluppo del progetto, al pari delle spese per la progettazione, la consulenza legale e finanziaria"[lxxvii].

LE SOCIETA' DI PROGETTO (SPECIAL PURPOSE VEHICLE - S.P.V.)

L'art. 156 sulle Società di progetto, il vecchio art. 37-quinquies, legge n. 109/1994, ha subito qualche leggera modifica apportata dal D.lgs 152/08.

Il 1° comma dispone che il bando di gara per l'affidamento di una concessione per la realizzazione e/o gestione di una infrastruttura o di un nuovo servizio di pubblica utilità deve prevedere che l'aggiudicatario ha la facoltà, dopo l'aggiudicazione, di costituire una società di progetto in forma di società per azioni o a responsabilità limitata, anche consortile. Il bando di gara indica l'ammontare minimo del capitale sociale della società. In caso di concorrente costituito da più soggetti, nell'offerta è indicata la quota di partecipazione al capitale sociale di ciascun soggetto. Le predette disposizioni si applicano anche alla gara di cui all'articolo 153 (appena trattato). La società così costituita diventa la concessionaria subentrando nel rapporto di concessione all'aggiudicatario senza necessità di approvazione o autorizzazione. Tale subentro non costituisce cessione di contratto. Il bando di gara può, altresì, prevedere che la costituzione della società sia un obbligo dell'aggiudicatario.

Questo ultimo articolo è stato così sostituito dall'art. 1, comma 1, lettera gg), d.lgs. n. 152 del 2008.

A norma del secondo comma i lavori da eseguire e i servizi da prestare da parte delle società disciplinate dal comma 1 si intendono realizzati e prestati in proprio anche nel caso siano affidati direttamente dalle suddette società ai propri soci, sempre che essi siano in possesso dei requisiti stabiliti dalle vigenti norme legislative e regolamentari. Restano ferme le disposizioni legislative, regolamentari e contrattuali che prevedano obblighi di affidamento dei lavori o dei servizi a soggetti terzi.

A norma del 3° comma, per effetto del subentro di cui al comma 1, che non costituisce cessione del contratto, la società di progetto diventa la concessionaria a titolo originario e sostituisce l'aggiudicatario in tutti i rapporti con l'amministrazione concedente. Nel caso di versamento di un prezzo in corso d'opera da parte della pubblica amministrazione, i soci della società restano solidalmente responsabili con la società di progetto nei confronti dell'amministrazione per l'eventuale rimborso del contributo percepito. In alternativa, la società di progetto può fornire alla pubblica amministrazione garanzie bancarie e assicurative per la restituzione delle somme versate a titolo di prezzo in corso d'opera, liberando in tal modo i soci. Le suddette garanzie cessano alla data di emissione del certificato di collaudo dell'opera. Il contratto di concessione stabilisce le modalità per l'eventuale cessione delle quote della società di progetto, fermo restando che i soci che hanno concorso a formare i requisiti per la qualificazione sono tenuti a partecipare alla società e a garantire, nei limiti di cui sopra, il buon adempimento degli obblighi del concessionario sino alla data di emissione del certificato di collaudo dell'opera. L'ingresso nel capitale sociale della società di progetto e lo smobilizzo delle partecipazioni da parte di banche e altri investitori istituzionali che non abbiano concorso a formare i requisiti per la qualificazione possono tuttavia avvenire in qualsiasi momento.

Si è già detto che uno dei caratteri qualificanti del project financing è rappresentato dalla concentrazione del finanziamento in un centro di riferimento economico separato (giuridicamente e finanziariamente) dalle altre attività dei soggetti promotori, il che realizza il tipico effetto "fuori bilancio" dell'operazione di *project financing* rispetto ai debiti propri dei soggetti coinvolti nell'operazione. Dalla prassi risulta che lo strumento solitamente adottato per raggiungere tale effetto è costituito da una struttura societaria, cui vengono affidati i mezzi di finanziamento e la realizzazione del progetto.

Il legislatore non ha fatto altro che formalizzare la prassi seguita prevedendo che, dopo l'aggiudicazione, l'affidatario "possa" costituire una società di progetto secondo i tipi societari della società per azioni o a responsabilità limitata, anche consortile. Riconoscendo tale aspetto come connaturale alle operazioni di *project financing*, il legislatore ha prescritto che la possibilità di costituire un soggetto patrimonialmente autonomo sia sempre riconosciuta ai promotori dell'iniziativa, e che il bando di gara per l'affidamento di una concessione "deve" prevedere tale facoltà.

È invece lasciata alla discrezionalità dell'amministrazione aggiudicatrice la possibilità di stabilire "che la costituzione della società sia un obbligo dell'aggiudicatario".

L'articolo specifica che i lavori da eseguire e i servizi da prestare da parte delle società di progetto si intendono realizzati e prestati in proprio anche nel caso siano affidati direttamente dalle suddette società ai propri soci, sempre che essi siano in possesso dei requisiti stabiliti dalle vigenti norme legislative e regolamentari. Sono comunque fatte salve le disposizioni legislative, regolamentari e contrattuali, che prevedano obblighi di affidamento dei lavori o dei servizi a soggetti terzi.

I FINANZIATORI: CAPITALE DI RISCHIO E CAPITALE DI DEBITO

In un'operazione di project financing con l'espressione finanziatori si intendono, lato sensu, tutti i soggetti che concorrono all'iniziativa mettendo a disposizione del promotore i capitali necessari: quindi i sottoscrittori sia del capitale di rischio (azionisti della società di progetto) che del capitale di debito (mutui, obbligazioni e altri prestiti), anche se per questi ultimi è più corretto utilizzare l'espressione "investitori".

Le norme che urtilizzano l'espressione "finanziatori" si riferiscono alla categoria dei soggetti che forniscono capitale di debito: così nell'art.158, comma 2, ove si prevede un vincolo di destinazione delle somme corrisposte al concessionario in caso di revoca o risoluzione del rapporto concessorio; nell'art. 159, a proposito del subentro nel rapporto concessorio in caso di risoluzione per fatto imputabile al concessionario; infine, nell'art.160 relativamente al privilegio dei finanziatori sui beni mobili del concessionario.

Tra i fornitori di capitale di debito occupano una posizione preminente le banche le quali, data la rilevanza dell'impegno finanziario richiesto dalle opere infrastrutturali di interesse pubblico, si uniscono in un pool guidato da una grande banca commerciale internazionale che coordina l'opera di tutti i prestatori nelle varie fasi di avanzamento e conclusione delle trattative, provvede a rappresentarli nei confronti di terzi e propone agli altri partner le condizioni generali di prestito.

Più composita è invece la compagine degli investitori, ossia dei sottoscrittori del capitale di rischio della società di progetto. Tra questi meritano di essere menzionati:

a) gli stessi promotori;

b) i costruttori dell'opera;

c) i fornitori;

d) gli utenti del servizio erogato (si pensi ad esempio alla possibilità introdotta dall'art. 23 della legge n. 36 del 1994 in materia di risorse idriche);

e) istituti di credito;

f) mercati borsistici (se la società di progetto è quotata);

g) società assicurative;

h) fondi (fondi chiusi, fondi comuni di investimento, fondi pensione);

i) gli enti pubblici a vario titolo coinvolti.

I PROJECT BONDS (LE OBBLIGAZIONI)

Il tema delle obbligazioni è trattato dall'art. 157 sull'emissione di obbligazioni da parte delle società di progetto, il vecchio art. 37-sexies, della legge n. 109/1994. L'articolo è stato così sostituito dall'art. 41, comma 1, del D.L. n. 1 del 24/01/2012 in vigore dal 24/01/2012, e successivamente così modificato dalla Legge di conversione Legge 24 marzo 2012, n. 27, in vigore dal 25/03/2012. Altro intervento legislativo, al momento della redazione di questo testo, non ancora convertito in legge è stato quello operato dall'art.12 del D.L.12.09.2014, n. 133. Di seguito riportiamo i testi normativi per come integrati e modificati dal recente intervento normativo.

Il primo comma stabilisce che al fine di realizzare una singola infrastruttura o un nuovo servizio di pubblica utilità, le società di progetto di cui all'articolo 156 nonché le società titolari di un contratto di partenariato pubblico privato ai sensi dell'articolo 3, comma 15-ter[lxxviii], possono emettere obbligazioni e titoli di debito, anche in deroga ai limiti di cui agli articoli 2412 e 2483 del codice civile, purché destinati alla sottoscrizione da parte degli investitori qualificati come definiti ai sensi dell'articolo 100 del decreto legislativo 24 febbraio 1998, n. 58, fermo restando che sono da intendersi inclusi in ogni caso tra i suddetti investitori qualificati altresì le società ed altri soggetti giuridici controllati da investitori qualificati ai sensi dell'articolo 2359 del codice civile; detti obbligazioni e titoli di debito possono essere dematerializzati e non possono essere trasferiti a soggetti che non siano investitori qualificati come sopra definiti. In relazione ai titoli emessi ai sensi del presente articolo non si applicano gli articoli 2413, 2414-bis, commi 1 e 2, e da 2415 a 2420 del codice civile. Non si applicano cioè gli articoli circa la riduzione del capitale, sulla costtituzione della garanzie, sull'assemblea degli obbligazionisti, sulle impugnazioni delle deliberazioni, sul rappresentante comune e I suoi obblighi e poteri, etc..

Il secondo comma dispone che la documentazione di offerta deve riportare chiaramente ed evidenziare distintamente un avvertimento circa l'elevato profilo di rischio associato all'operazione.

Il 3° che le obbligazioni e i titoli di debito, sino all'avvio della gestione dell'infrastruttura da parte del concessionario ovvero fino alla scadenza delle obbligazioni e dei titoli medesimi, possono essere garantiti dal sistema finanziario, da fondazioni e da fondi privati, secondo le modalità definite con decreto del Ministro dell'economia e delle finanze, di concerto con il Ministro delle infrastrutture e dei trasporti.

Il 4° comma (modificato dalla L. 221/2012 in vigore dal 19/12/2012 di conversione del D.L. 179/2012) estende le disposizioni di cui ai commi 1, 2 e 3 anche alle società operanti nella gestione dei servizi di cui all'articolo 3-bis del decreto-legge 13 agosto 2011, n. 138, convertito, con modificazioni, dalla legge 14 settembre 2011, n. 148, alle società titolari delle autorizzazioni alla costruzione di infrastrutture facenti parte del Piano di sviluppo della rete di trasmissione nazionale dell'energia elettrica, alle società titolari delle autorizzazioni per la realizzazione di reti di comunicazione elettronica di cui al decreto legislativo 1° agosto 2003, n. 259, e alle società titolari delle licenze individuali per l'installazione e la fornitura di reti di telecomunicazioni pubbliche di cui all'articolo 6 del decreto del Presidente della Repubblica 19 settembre 1997, n. 318, come modificato dal decreto del Presidente, della Repubblica 1° agosto 2002, n. 211, nonché a quelle titolari delle autorizzazioni di cui all'articolo 46 de1 decreto-legge 1o ottobre 2007, n. 159, convertito, con modificazioni, dalla legge 29 novembre 2007, n. 222. Per le finalità relative al presente comma, il decreto di cui al comma 3 é adottato di concerto con il Ministro dello sviluppo economico.

Il comma 4-bis stabilisce che le garanzie, reali e personali e di qualunque altra natura incluse le cessioni di credito a scopo di garanzia che assistono le obbligazioni e i titoli di debito possono essere costituite in favore dei sottoscrittori o anche di un loro rappresentante che sarà legittimato a esercitare in nome e per conto dei sottoscrittori tutti i diritti, sostanziali e processuali, relativi alle garanzie medesime.

Il 4-ter aggiunge che le disposizioni di cui al presente articolo non pregiudicano quanto previsto all'articolo 176, comma 12, del Codice Contratti in relazione alla facoltà del contraente generale di emettere obbligazioni secondo quanto ivi stabilito. La disciplina dei project bond dunque si applica, dunque, a due macrotipologie, ovvero da un lato le prime due sopra elencate (comma 1 dell'articolo 157) che ricomprendono da un lato le società di progetto e quelle titolari di contratti di partenariato pubblico privato, e dall'altro quelle che prescindendo dalla titolarità di un contratto di partenariato sono o possono essere impegnate nella realizzazione delle infrastrutture in specifici settori (comma 4).

Il riferimento alle "società costituite al fine di realizzare e gestire una singola infrastruttura o un nuovo servizio di pubblica utilità", senza ulteriori precisazioni, induce a ritenere che anche le società di progetto costituite in forma di società a responsabilità limitata (e le società consortili a responsabilità limitata) possano accedere al prestito obbligazionario, rectius per le s.r.l. "titoli di debito", chiarendo un precedente divieto superato dallo stesso c.c., all'art.2483 [lxxix].

Senza che possa avere un rilievo esegetico decisivo, vale la pena osservare, sul piano della tecnica legislativa, che analoga deroga ai limiti soggettivi all'emissione di titoli obbligazionari è stata introdotta per le cooperative bancarie con una norma del T. U. in materia bancaria e creditizia, che si limita a disporre che le banche "comunque costituite" possono emettere obbligazioni (art. 12 D.Lgs. n. 385 del 1993)[lxxx].

Nella precedente formulazione si ammetteva la possibilità di superare i limiti previsti dal codice civile sotto la condizione che vi fosse una preventiva autorizzazione degli organi di vigilanza ed, inoltre, della costituzione di una ipoteca in funzione della copertura delle obbligazioni emesse. Ora è stata anche eliminata la condizione all'emissione per cui tali titoli dovessero essere garantiti pro- quota da ipoteca. Con la nuova formulazione, le obbligazioni (per le società per azioni) e i titoli di debito (per le società a responsabilità limitata) potranno essere emessi anche in misura complessivamente eccedente il doppio del capitale sociale, della riserva legale e delle riserve disponibili risultanti dall'ultimo bilancio approvato, nonché in deroga alle previsioni del proprio atto istitutivo.

E' stata inserita una previsione secondo la quale i project bond sono "destinati alla sottoscrizione da parte degli investitori qualificati come definiti ai sensi del regolamento di attuazione del decreto legislativo 24 febbraio 1998, n. 58". Inoltre, "detti obbligazioni e titoli di debito sono nominativi e non possono essere trasferiti a soggetti che non siano investitori qualificati come sopra definiti". Possibili sottoscrittori potranno dunque essere clienti professionali, privati o pubblici, tra cui intermediari bancari e creditizi, assicurazioni, società di intermediazione mobiliare, società di gestione del risparmio, fondi pensione, fondi di investimento, enti pubblici o a controllo pubblico, fondi sovrani... Enti pubblici possono dunque, in atto, investire in project bonds.

Le obbligazioni o titoli di debito sono nominativi (e non al portatore) in modo tale da consentire una completa tracciabilità tra i sottoscrittori iniziali e i successivi possessori che dovranno sempre essere investitori qualificati

. Dunque la norma è rivolta a soggetti autorizzati ad operare nei mercati finanziari e che sono in grado di valutare i rischi dell'operazione, in ragione primariamente al fatto che i project bond sono emessi per la realizzazione di un opera che non genera subito flussi di cassa e ad alto rischio.

L'elevato rischio dell'operazione può però essere mitigato dalla prestazione di garanzie e più precisamente secondo quanto disposto al comma 3 dello stesso articolo: "le obbligazioni e i titoli di debito, sino all'avvio della gestione dell'infrastruttura da parte del concessionario, possono essere garantiti dal sistema finanziario, da fondazioni e da fondi privati [...]". Si rimanda quindi la definizione delle modalità a un decreto del Ministro dell'economia e delle finanze, di concerto con il Ministro delle infrastrutture e dei trasporti. Si tratta del decreto interministeriale 7 agosto 2012 (pubblicato l'8 settembre 2012 in Gazzetta Ufficiale).

Il DL 133/2014 all'art. 13 ha aggiunto alcune modifiche normative sul tema dei project bonds e delle loro garanzie. All'articolo 2414 bis del codice civile è stato aggiunto il seguente comma: "Le garanzie, reali e personali e di qualunque altra natura e le cessioni di credito in garanzia, che assistono i titoli obbligazionari possono essere costituite in favore dei sottoscrittori delle obbligazioni o anche di un loro rappresentante che sarà legittimato a esercitare in nome e per conto dei sottoscrittori tutti i diritti, sostanziali e processuali, relativi alle garanzie medesime.".

A modifica dell'articolo 1 del decreto legge 22 giugno 2012 n. 83, convertito con modificazioni dalla legge 7 agosto 2012, n. 134, è stato previsto che garanzie di qualunque tipo, da chiunque e in qualsiasi momento prestate in relazione alle emissioni di obbligazioni e titoli di debito da parte delle società di cui all'articolo 157 del DLGS 12 aprile 2006, n. 163, nonché le relative eventuali surroghe, sostituzioni, postergazioni, frazionamenti e cancellazioni anche parziali, ivi comprese le cessioni di credito stipulate in relazione a tali emissioni, nonché i trasferimenti di garanzie anche conseguenti alla cessione delle predette obbligazioni e titoli di debito, sono soggetti alle imposte di registro, ipotecarie e catastali in misura fissa di cui rispettivamente al d.P.R. 26 aprile 1986, n. 131 e al decreto legislativo 31 ottobre 1990, n. 347. Il comma 4 del DL 83/12 è stato invece abrogato, ma su questo tra poco ci ritorniamo.

ANCORA SULL'ART. 157 – MODIFICHE ULTIME

Tre decreti legge (poi convertiti in legge) e un decreto interministeriale hanno apportato le modifiche. Il processo è durato un anno, dato che il primo provvedimento datato gennaio e l'ultimo dicembre 2012.
In ordine cronologico, le novità sono state introdotte dal:

1. decreto "cresci-Italia", decreto legge 24 gennaio 2012, n. 1, convertito con modificazioni, dalla legge 24 marzo 2012, n. 27;
2. decreto "sviluppo", decreto legge 22 giugno 2012, n. 83, convertito con modificazioni dalla legge. 7 agosto 2012, n. 134;
3. decreto interministeriale12 7 agosto 2012;
4. decreto "sviluppo bis", decreto legge 18 ottobre 2012, n. 179, convertito con modificazioni dalla legge 17 dicembre 2012, n. 221.

Il decreto "cresci-Italia" o "liberalizzazioni" è quello che ha determinato la nuova struttura del project bond, con particolare riferimento all'aspetto civilistico-amministrativo. Infatti, la prima tappa, datata gennaio 2012, ha previsto:

[la ridefinizione di una disciplina speciale per le obbligazioni emesse da società di progetto nonché da società titolari di un contratto di partenariato pubblico privato (PPP);

[la limitazione della sottoscrizione agli investitori qualificati (e non più istituzionali);

[la garanzia da parte del sistema finanziario delle obbligazioni nel periodo di costruzione, sino all'avvio della gestione dell'infrastruttura del concessionario ovvero fino alla scadenza delle obbligazioni e dei titoli medesimi;

[l'estensione della disciplina speciale alle società non titolari di un contratto di partenariato pubblico privato ma di autorizzazioni alla costruzione di reti di trasporto e stoccaggio gas e di energia elettrica.

[Allo stesso tempo, il decreto "sviluppo" ha esteso la possibilità di ricorrere al project bond, oltre che per la realizzazione dell'opera, anche per il rifinanziamento delle iniziali fonti di copertura.

Il decreto interministeriale dell'agosto 2012 ha precisato le modalità per la prestazione delle garanzie sui project bond, chiarendone finalità, ambito di applicazione, soggetti garanti e modalità operative (su questo tra poco ci torneremo).

Da ultimo, il decreto "sviluppo bis", dell'ottobre 2012 ha portato all'estensione della possibilità per l'emissione delle obbligazioni anche alle società in house di servizi pubblici e quelle di telecomunicazioni, fino ad allora escluse.

Circa le emissioni di titoli è interesante notare che nell'attuale ultimo comma dell'articolo 2410 del codice civile riformato si prevede che per ragioni che "interessano l'economia nazionale" si possa disporre di un'emissione superiore ai limiti codicistici previa autorizzazione governativa. Tanto consente, in casi speciali di infrastrutture di grande valenza, di chiedere al governo una specifica autorizzazione governativa. Questa è una norma estranea all'apparato normativo sul project ma può essere sempre utilizzata *ad adiuvandum.*

GARANZIE PER LE OBBLIGAZIONI

I possibili soggetti garanti del sistema finanziario sono elencati con precisione all'articolo 3 del decreto interministeriale 7 agosto 2012. Essi sono i seguenti:
banche italiane e comunitarie, nonché dalle banche extracomunitarie autorizzate ad operare in Italia con o senza stabilimento di succursale;
intermediari finanziari non bancari, purché iscritti nell'albo;

imprese di assicurazione autorizzate ovvero ammesse in regime di libera prestazione dei servizi all'attività di assicurazione relativa al ramo danni per le classificazioni 14 (Credito) e 15 (Cauzione);

⌐ Cassa Depositi e Prestiti S.p.a;

⌐ SACE S.p.A.;

⌐ Banca Europea degli Investimenti.

Il Sartori nota che "tra coloro che ora possono prestare garanzie non sono ricompresi enti propriamente pubblici o analoghi. Invero, le garanzie possono essere prestate da banche, intermediari finanziari e assicurazioni (seppur con la limitazione alle classi elencate), ovvero da soggetti economici del tutto privati e che sarebbero interessati all'operazione solo nell'ottica di valutazioni di tipo economico. Al di là di questi che hanno natura esclusivamente privatistica, compaiono però anche soggetti a "missione pubblica" come Cassa Depositi e Prestiti S.p.a. e SACE S.p.A., nonché la BEI, ovvero una istituzione finanziaria dell'Unione Europea"[lxxxi].

L'articolo 4 del decreto stabilisce le modalità per la prestazione delle garanzie. Prima le qualità che debbono avere e la condizione sotto la quale le stesse possono essere rilasciate.

Le garanzie (siano esse dirette o controgaranzie) che possono essere fornite in relazione ad una emissione di project bond devono essere "esplicite, irrevocabili, incondizionate e stipulate in forma scritta". Le garanzie dirette, plausibilmente potranno essere prestate dal sistema finanziario/creditizio tramite essenzialmente fideiussioni, mentre è verosimile che per le controgaranzie, eventualmente fornite dalla società o dai soci si possa ricorrere alla categoria ipotecaria o pignoratizia[lxxxii].

Tale nostra supposizione è stata confermata dal recentissimo art. 4-bis del DL 133/2014 che prevede che le garanzie, reali e personali e di qualunque altra natura incluse le cessioni di credito a scopo di garanzia che assistono le obbligazioni e i titoli di debito possono essere costituite in favore dei sottoscrittori o anche di un loro rappresentante che sarà legittimato a esercitare in nome e per conto dei sottoscrittori tutti i diritti, sostanziali e processuali, relativi alle garanzie medesime.

In secondo luogo, "[l]e garanzie sono rilasciate sulla base della valutazione del merito di credito del soggetto emittente e della adeguata sostenibilità economico finanziaria degli investimenti, tenendo conto della redditività potenziale dell'opera, anche sulla base del relativo piano economico finanziario". Questa condizione fa ragionevolmente supporre che le stesse saranno rilasciate con facilità ai soggetti che hanno un rating solido. Lo stesso dipende in ultima istanza non solo dalla bontà del progetto in sé e dalla sua capacità di generare flussi di cassa ma anche dalle modalità con cui è strutturata l'operazione in project financing[lxxxiii].

Si enunciano poi le tutele per coloro che rilasciano garanzie. Innanzitutto si specifica che la garanzia copre il rischio di inadempimento del debitore principale per capitale e interessi. La stessa può essere escussa a seguito del mancato pagamento di uno o più pagamenti dovuti a termini del regolamento del prestito ovvero in caso di dichiarazione di insolvenza dell'emittente o assoggettamento dell'emittente a fallimento o altra procedura concorsuale di liquidazione applicabile. Nel caso, il garante provvede all'adempimento nei confronti dei soggetti garantiti, nei limiti dell'importo massimo garantito, nei termini ed alle condizioni contrattuali convenuti. Inoltre, il documento per l'offerta (offering circular) agli investitori qualificati (o alle società ed altri soggetti giuridici controllati da investitori qualificati ai sensi dell'articolo 2359 del codice civile) dei project bond dovrà indicare non solo i soggetti garanti ma anche l'ammontare delle garanzie rilasciate da ciascuno. L'offering circular dovrà contenere precise informazioni anche su "quali soggetti garanti siano, o abbiano manifestato la disponibilità ad essere, anche, direttamente o indirettamente, investitori nei project bonds ovvero collocatori degli stessi ovvero finanziatori della società emittente". Si cita infine la Banca Europea degli Investimenti: "le garanzie possono operare autonomamente o congiuntamente con le iniziative assunte in materia dalle istituzioni europee, tra cui la «Project Bond Initiative», promossa dalla Commissione europea con il coinvolgimento della BEI, in modo da ottimizzare il merito di credito della singola emissione". Complementare con il project bond italiano, è la citata "Europe 2020 Project Bond initiative" della Commissione Europea e della Banca Europea degli Investimenti. Questa iniziativa, che ha terminato la sua fase pilota, ha avuto come obiettivo quello di sostenere e stimolare il finanziamento di grandi progetti infrastrutturali nel settore dei trasporti, dell'energia e della ICT. Tali investimenti e i relativi fabbisogni di finanziamento sono davvero di grande entità: secondo recenti stime della Commissione, nell'Unione Europea – per raggiungere gli obiettivi di Europa 2020 – sono necessari dai 1500 ai 2000 miliardi di euro.

Bassanini, Del Bufalo e Reviglio[lxxxiv], con riferimento ai project bond europei della "Europe 2020 Project Bond Initiative", ipotizzano la formazione, anche prima del 2020, di un mercato di project bond europei di 110- 200 miliardi di euro.

In Francia pochi giorni fa il Governo Francese ha annunciato il finanziamento di una grande infrastruttura digitale finanziata con l'emissione di bonds per 189 milioni di euro garantiti dalla BEI e dalla Commissione Europea.

Come innanzi detto, il recente DL 133/2014 all'art. 13 ha previsto alcune modifiche normative sul tema delle garanzie. All'articolo 2414 bis del codice civile è stato aggiunta la seguente previsione: "Le garanzie, reali e personali e di qualunque altra natura e le cessioni di credito in garanzia, che assistono i titoli obbligazionari possono essere costituite in favore dei sottoscrittori delle obbligazioni o anche di un loro rappresentante che sarà legittimato a esercitare in nome e per conto dei sottoscrittori tutti i diritti, sostanziali e processuali, relativi alle garanzie medesime".

FISCO E PROJECT BONDS

In prima fase, il legislatore non aveva previsto nessun tipo di agevolazione fiscale per i project bond. È stato con il decreto "sviluppo" di giugno 2012, che si è definito un nuovo regime fiscale all'emissione e sottoscrizione dei project bond, in particolare attraverso:

[l'applicazione ai project bond del regime di tassazione più favorevole previsto per i titoli del debito pubblico.

[l'equiparazione sotto il profilo del regime fiscale ai finanziamenti di progetto ordinari (soprattutto per la deducibilità degli oneri finanziari da parte della società di progetto);

[la previsione di un'imposizione fiscale su base fissa per le imposte d'atto (incluse quelle connesse alla costituzione di garanzie e del successivo eventuale trasferimento dei titoli).

Inoltre, nello stesso decreto legge si è tuttavia proceduto a limitare l'efficacia delle prime tre previsioni alle obbligazioni emesse nei tre anni successivi alla data di entrata in vigore del decreto (quindi giugno 2015). La stessa normativa è poi successivamente stata in parte modificata con il decreto del "fare", decreto legge 21 giugno 2013, n. 69, convertito con modificazioni dalla legge 9 agosto 2013, n. 98. Dicevamo della soggezione allo stesso regime fiscale previsto per i titoli del debito pubblico: ricordiamo che la condizione è che tali titoli siano sottoscritti da investitori qualificati (come definiti dal regolamento di attuazione del TUF) e che la successiva circolazione avvenga tra i medesimi soggetti. Gli interessi "sono assoggettati ad imposta sostitutiva del 12,5 per cento[lxxxv] se percepiti dai soggetti "nettisti", mentre sono esclusi dal prelievo se percepiti da soggetti "lordisti" residenti ed i percettori residenti in Paesi white list usufruiscono del previsto regime di esenzione"[lxxxvi]. A norma dell'articolo 3, comma 115, della legge 28 dicembre 1995, n. 549, dopo le parole: «diversi dalle banche» sono state aggiunte le seguenti: "e dalle società di cui all'articolo 157 del decreto legislativo 12 aprile 2006, n. 163", pertanto, circa la deducibilità degli interessi passivi, il decreto "sviluppo" ha previsto un trattamento paritetico a quello riservato alle banche. Di conseguenza, ora tali interessi sono deducibili indipendentemente dai tassi di rendimento assicurati (inoltre lo sono pressoché integralmente per le società di progetto) a norma del comma 5 dall'articolo 96 del TUIR. Con riferimento alle imposte indirette, le garanzie "di qualunque tipo da chiunque e in qualsiasi momento prestate", ma anche "le relative eventuali surroghe, postergazioni, frazionamenti e cancellazioni anche parziali, ivi comprese le cessioni di credito stipulate in relazione a tali emissioni, sono soggette alle imposte di registro, ipotecarie e catastali in misura fissa" e in particolare per un ammontare di 168 euro per ciascuna imposta applicabile. Nello stesso decreto, è stata però posta una limitazione temporale al regime fiscale appena delineato. Tali disposizioni si dovevano applicare limitatamente alle obbligazioni emesse nei tre anni successivi alla data di entrata in vigore del decreto (ovvero il 26 giugno 2015). Con il decreto del "fare", decreto legge 21 giugno 2013, n. 69, si è stabilita permanente la suddetta disciplina fiscale, mantenendo la limitazione temporale ai tre anni successivi alla data di entrata in vigore del precedente decreto esclusivamente alla previsione del comma 1, ovvero quella che equipara gli interessi delle obbligazioni di progetto emesse dalle società (di cui all'articolo 157) allo stesso regime fiscale previsto per i titoli del debito pubblico[lxxxvii].

Come prima specificato, a modifica dell'articolo 1 del decreto legge 22 giugno 2012 n. 83, convertito con modificazioni dalla legge 7 agosto 2012, n. 134, il recente DL 133/2014 "Sblocca Italia", ha previsto che che garanzie di qualunque tipo, da chiunque e in qualsiasi momento prestate in relazione alle emissioni di obbligazioni e titoli di debito da parte delle società di cui all'articolo 157 del DLGS 12 aprile 2006, n. 163, nonché le relative eventuali surroghe, sostituzioni, postergazioni, frazionamenti e cancellazioni anche parziali, ivi comprese le cessioni di credito stipulate in relazione a tali emissioni, nonché i trasferimenti di garanzie anche conseguenti alla cessione delle predette obbligazioni e titoli di debito, sono soggetti alle imposte di registro, ipotecarie e catastali in misura fissa di cui rispettivamente al d.P.R. 26 aprile 1986, n. 131 e al decreto legislativo 31 ottobre 1990, n. 347. Il comma 4 del DL 83/12 è stato invece abrogato.

INCENTIVAZIONI FISCALI E FINANZA DI PROGETTO

Al fine di incentivare la realizzazione di opere in project finance da tempo si è avviato un dibattito che proponeva di sostituire il prezzo erogato a fondo perduto o in contro gestione con incentivi fiscali, ritenuti più interessanti per I gruppi imprenditoriali e finanziari stranieri.

La normativa sopraccitata (art.33 del DL 18 ottobre 2012, n. 179) limita le incentivazioni fiscali ad opere di "rilevanza strategica nazionale", ovvero alle "grandi opere", di cui al capo IV del Codice, il cui importo sia superiore a 200 mln di euro.

Il recente DL 133/14 "Sblocca Italia" all'articolo 11 prevede che le parole "di rilevanza strategica nazionale" siano sostituite da "opere previste in piani o programmi approvati da amministrazioni pubbliche" il cui importo sia superiore non più a 200 mln di euro ma a 50 mln di euro.

E' stato poi inserito un comma 2-quinquies all'art.33 del DL 179/12 che recita: Il valore complessivo delle opere non di rilevanza strategica nazionale previste in piani o programmi approvati da amministrazioni pubbliche, cui vengono applicate le misure di cui ai commi 1 e 2-ter, non può superare l'importo di 2 miliardi di euro".

Pertanto, oggi in Italia è possibile ricevere incentivazioni fiscali (bonus o crediti di imposta) allorchè i lavori del project superino i 50 mln di euro, ma non superino l'importo di 2 mld di euro.

Un appunto finale: a norma dell'art.4 del Dlgs 88/11, si potrebbe in fase programmatica imputare la copertura della misura di incentivazione fiscale sul Fondo Sviluppo e Coesione, fondo che, per previsione dell'Accordo di Partenariato Italia 2014-2020, dovrebbe essere destinato a finanziare grandi infrastrutture. Tiene conto rilevare che, con riferimento a regimi di incentivazione fiscale rivolti a privati, i servizi della Commissione Europea hanno sempre frapposto difficoltà all'utilizzo di risorse dei fondi strutturali. In passato si è optato, pertanto, verso l'utilizzo di risorse del Fondo Sviluppo e Coesione per tali tipologie di intervento (ad es, in Sicilia con il Credito d'Imposta di cui alla LR 11/09 finanziato con risorse del FAS (oggi FSC) priorità 6 "Competitività e sviluppo delle attività produttive").

RIFORMA SOCIETARIA DEL 2003 E PROJECT FINANCING

La riforma del 2003 ha avuto qualche ripercussione positiva anche in termini di migliore fattibilità della finanza di progetto. Poco fa si faceva cenno all'autorizzazione governativa per l'emissione di titoli in deroga ai limiti civilistici ex-art.2410, ultimo comma, c.c., da utilizzare per grandi infrastrutture di rilevanza nazionale al fine di rafforzare le deroghe già consentite dalla normativa sul project.

E' stata, inoltre, data la possibilità per le società a responsabilità limitata di conferimento nel capitale di servizi previa prestazione di fideiussione a garanzia della stessa prestazione dei servizi. Tanto consentirà alle società di ingegneria o di progettazione economica di entrare nelle società di progetto a responsabilità limitata conferendo non tanto denaro o titoli o beni quanto il loro lavoro professionale necessario al fine della realizzazione dell'investimento. Altra importante novità: sarà possibile emettere azioni prive di valore nominale. Tanto costituisce la "istituzionalizzazione" del sovrapprezzo sulle azioni stesse. Tanto sarà possibile poiché non vincolati "psicologicamente" alla scrittura del valore nominale sulla cedola e sulla base dell'avviamento, dell'approvazione o della contrattualizzazione dell'investimento sotto forma di *project financing*. Dunque sarà possibile chiedere forti sovrapprezzi giustificati dall'entità delle opere da realizzare.

Altra grande novità utile per il *project financing* è la possibilità di avere azioni in senso non proporzionale ai conferimenti effettuati sul capitale della società di progetto. Tanto consentirà a una banca, ad esempio, di effettuare un finanziamento a medio/lungo termine e contemporaneamente acquisire una partecipazione superiore a quanto effettivamente conferito sul capitale sociale (nei sistemi anglosassoni tanto si realizza con il cosiddetto *good will*).[lxxxviii] Ciò, è ovvio, consentirà forti capitalizzazioni che provocheranno incognite in termini di garanzia sui crediti sociali ma per contro nuove opportunità. Certamente occorrerà affinare le previsioni attuali al fine di garantire meglio il rischio di credito delle banche che non volessero decidere di acquisire partecipazioni in *merchant banking*. Connessa all'ultima previsione è la possibilità di avere azioni con diverse partecipazioni alle perdite. Tanto in particolare per le banche consentirà di avere "azioni privilegiate" che, vista l'entità del parallelo impegno finanziario bancario, permetta alle stesse di partecipare alle società di progetto con una minore partecipazione alle eventuali perdite[lxxxix].

LA RISOLUZIONE DELLA FINANZA DI PROGETTO

L'art. 158, avente ad oggetto la risoluzione ovvero il vecchio art. 37-septies, della legge n. 109/1994, così norma al primo comma il tema: qualora il rapporto di concessione sia risolto per inadempimento del soggetto concedente ovvero quest'ultimo revochi la concessione per motivi di pubblico interesse, sono rimborsati al concessionario:

a) il valore delle opere realizzate più gli oneri accessori, al netto degli ammortamenti, ovvero, nel caso in cui l'opera non abbia ancora superato la fase di collaudo, i costi effettivamente sostenuti dal concessionario;

b) le penali e gli altri costi sostenuti o da sostenere in conseguenza della risoluzione;

c) un indennizzo, a titolo di risarcimento del mancato guadagno, pari al 10 per cento del valore delle opere ancora da eseguire ovvero della parte del servizio ancora da gestire valutata sulla base del piano economico-finanziario.

A norma del secondo comma, le somme di cui al comma 1 sono destinate prioritariamente al soddisfacimento dei crediti dei finanziatori del concessionario e dei titolari di titoli emessi ai sensi dell'articolo 157, limitatamente alle obbligazioni emesse successivamente alla data di entrata in vigore della presente disposizione e sono indisponibili da parte di quest'ultimo fino al completo soddisfacimento di detti crediti. (comma così modificato dalla Legge di conversione del D.L. 1/2012, Legge 24 marzo 2012, n. 27, in vigore dal 25/03/2012).

Il 3 comma stabilisce che l'efficacia della revoca della concessione è sottoposta alla condizione del pagamento da parte del concedente di tutte le somme previste dai commi precedenti.

A) La revoca per motivi di interesse pubblico

Per il caso di revoca per motivi di interesse pubblico il legislatore ha riconosciuto al concessionario una tutela per molti aspetti analoga a quella prevista dalla disciplina civilistica (art. 1671 cod. civ.) e pubblicistica (art.345, L.20 marzo 1865, n. 1865, n. 2248, all.F) per il recesso *ad nutum* del committente.

L'equiparazione tra recesso e revoca sotto il profilo della tutela del concedente sembra definitivamente escludere qualsiasi connotazione pubblicistica dell'atto dell'amministrazione, in linea con quell'indirizzo giurisprudenziale che, seppure ai limitati fini della determinazione della giurisdizione, afferma che il recesso dell'amministrazione si collega ad un atto avente carattere non autoritativo, ma paritetico, che lo legittima, e tale facoltà, anche se esercitata per i motivi tipici sottostanti alla revoca in senso tecnico, non interviene su un provvedimento a monte, ma è riconducibile all'art. 1671 cod. civ.[xc]

La tutela indennitaria riconosciuta al concessionario include sia il danno emergente che il lucro cessante.

La norma prevede anche il rimborso delle "penali e gli altri costi sostenuti o da sostenere in conseguenza della risoluzione". Pur facendo esplicito riferimento alla sola ipotesi di risoluzione, non pare che la norma escluda il rimborso di tali oneri anche nel caso di revoca, considerato che l'ultimo comma subordina l'efficacia della revoca al pagamento da parte del concedente di "tutte" le somme previste dai commi precedenti. Tale voce di indennizzo potrebbe rivelarsi particolarmente consistente nelle operazioni di project financing, nelle quali, oltre agli oneri finanziari che il concessionario può dover sostenere nei confronti degli appaltatori dei lavori o dei fornitori a seguito dell'impossibilità di eseguire il contratto, si aggiungono una serie di impegni e garanzie che il concessionario-promotore è tenuto ad assumere nei confronti dei finanziatori.

Infine si prevede a titolo di indennizzo per il mancato guadagno una somma pari al 10 per cento del valore delle opere ancora da eseguire ovvero della parte del servizio ancora da gestire valutata sulla base del piano economico-finanziario.

La fissazione di un limite forfetario del 10% all'indennizzo della perdita dell'utile sperato, come risulta dal piano economico-finanziario redatto dal promotore, potrebbe non rilevarsi sufficiente a coprire i danni derivanti dalla mancata realizzazione dell'iniziativa sponsorizzata, ma la certezza in ordine all'entità dell'indennizzo che l'amministrazione concedente è tenuta a corrispondere al concessionario in caso di revoca rende comunque possibile una predeterminazione economica del rischio, possibilità di non scarso rilievo al momento della valutazioni da parte dei finanziatori della convenienza economica-finanziaria dell'operazione di *project financing*. Da questo punto di vista, in un *project financing* è sempre preferibile la previsione di una liquidazione del danno in modo certo, piuttosto che la speranza di un risarcimento incerto nel *quantum*, seppure in ipotesi maggiore.[xci]

B) Risoluzione per inadempimento del concedente

L'ipotesi della risoluzione per inadempimento del concedente è equiparata, sotto il profilo della tutela indennitaria del concessionario, all'ipotesi di revoca per motivi di interesse pubblico. Vale quindi quanto finora osservato in ordine all'entità del danno indennizzabile.

Peraltro non può non suscitare perplessità la determinazione nella misura forfetaria del 10% del mancato guadagno. Se tale limitazione è giustificabile nel caso di recesso del committente[xcii], come previsto dal citato art.345 L.20 marzo 1865, n.2248, all.F, essa non può esserlo nel caso di risoluzione per inadempimento del concedente, in relazione alla quale operano, anche nel caso di appalti pubblici, i principi generali in materia di contratti sinallagmatici, compreso il diritto all'integrale risarcimento del danno. Come precisato dalla giurisprudenza, tale diritto sussiste anche quando l'amministrazione decida di paralizzare l'azione di risoluzione con l'esercizio del diritto potestativo di recesso unilaterale.[xciii]

C) Alterazioni nell'equilibrio economico-finanziario del rapporto concessorio e recesso dell'affidatario

Qualora nel corso del rapporto di concessione intervengano fatti modificativi delle condizioni di affidamento, tali da compromettere l'equilibrio economico-finanziario del rapporto concessorio, troverà applicazione il comma 8 dell'art.143, a norma del quale l'affidatario può recedere dal rapporto concessorio nel caso in cui intervengano variazioni dei presupposti e delle condizioni di base che determinano l'equilibrio economico-finanziario degli investimenti e della gestione, qualora l'amministrazione concedente non offra al concessionario le condizioni necessarie al ripristino di detto equilibrio.

La citata disposizione **individua tassativamente le cause** che possono dare luogo a "**revisione**" del rapporto concessorio o al **recesso** dell'affidatario nelle "variazioni apportate dall'amministrazione" ovvero nella sopravvenienza di "norme legislative e regolamentari che stabiliscano nuovi meccanismi tariffari o nuove condizioni per l'esercizio delle attività previste nella concessione": gli eventi che possono compromettere l'equilibrio economico-finanziario del rapporto concessorio, però, possono derivare anche da cause diverse dalle sole richieste del concedente o da mutazioni normative!

D) La tutela dei finanziatori

Considerando che l'elemento ricorrente nelle operazioni di *project financing* è la forte esposizione debitoria del promotore o, più frequentemente, della società di progetto (la quale può essere sottocapitalizzata), il legislatore ha previsto a tutela dei finanziatori esterni che le somme corrisposte a titolo di indennizzo siano destinate **prioritariamente** al soddisfacimento dei crediti dei finanziatori del concessionario e divengano disponibili da parte di quest'ultimo solo al completo soddisfacimento di detti crediti. Ciò significa, ad esempio, che nel caso di scioglimento e liquidazione della società di progetto, il rimborso ai soci è subordinato al completo rimborso dei finanziamenti.

Nella sostanza, con tale previsione, il legislatore ha formalizzato, seppure nella limitata ipotesi di rottura anticipata del rapporto concessorio, l'impegno che nella prassi il promotore assume nei confronti dei finanziatori di postergare la percezione di utili fino al completo rimborso del finanziamento (cd. *servizio del debito*).

La garanzia della soddisfazione con prededuzione sulle somme corrisposte dall'amministrazione concedente è diretta unicamente ai "finanziatori", intendendo con tale espressione i sottoscrittori del capitale di rischio. Sono quindi esclusi dalla garanzia i soggetti creditori ad altro titolo del concessionario, tra i quali soprattutto i realizzatori delle opere, i fornitori, i gestori del servizio per le pretese creditorie fondate sui rapporti di prestazione.

SUBENTRO

L'art. 159 norma con modifiche recentemente apportate dal D.Lgs 152/08 il subentro, di cui al vecchio art. 37-octies della legge n. 109/1994.

Per il 1 comma in tutti i casi di risoluzione di un rapporto concessorio per motivi attribuibili al soggetto concessionario, gli enti finanziatori ivi inclusi i titolari di obbligazioni e titoli similari emessi dal concessionario del progetto potranno impedire la risoluzione designando una società che subentri nella concessione al posto del concessionario e che verrà accettata dal concedente a condizione che: a) la società designata dai finanziatori abbia caratteristiche tecniche e finanziarie sostanzialmente corrispondenti a quelle previste nel bando di gara o negli atti in forza dei quali la concessione é stata affidata, avendo comunque riguardo alla situazione concreta del progetto ed allo stato di avanzamento dello stesso alla data del subentro; (lettera così modificata dall'art. 50, comma 1, lettera b) del D.L. n. 1 del 24/01/2012 in vigore dal 24/01/2012, convertito dalla Legge di conversione 24 marzo 2012, n. 27, in vigore dal 25/03/2012) b) l'inadempimento del concessionario che avrebbe causato la risoluzione cessi entro i novanta giorni successivi alla scadenza del termine di cui al comma 1-bis.

Il comma 1-bis dispone che la designazione di cui al comma 1 deve intervenire entro il termine individuato nel contratto o, in mancanza, assegnato dall'amministrazione aggiudicatrice nella comunicazione scritta agli enti finanziatori della intenzione di risolvere il contratto. Con decreto del Ministro delle infrastrutture, sono fissati i criteri e le modalità di attuazione delle previsioni di cui al comma 1. Il comma 2-bis prevede che l'articolo si applica alle società titolari di qualsiasi contratto di partenariato pubblico privato di cui all'articolo 3 comma 15-ter.

COMMENTO

Con la norma in commento il legislatore ha **formalizzato la prassi** di prevedere, nell'articolazione delle relazioni contrattuali di un'operazione di *project financing*, la possibilità, nel caso di disfunzioni più gravi, di **subentro dei finanziatori.**
Rispetto alla soluzione di garantire il finanziamento in modo tradizionale, la pratica dimostra che la vera e propria garanzia dei finanziatori, nel caso di negativo andamento dell'iniziativa, consiste nella possibilità di intervenire, prima che il progetto sia definitivamente compromesso, assumendone il controllo diretto o delegando un soggetto di fiducia, con il fine di mantenere il più possibile in vita i contratti del progetto. Si tratta di un fenomeno non del tutto sconosciuto nell'esperienza italiana recente, che conosce vicende in cui, per ragioni analoghe, le banche hanno assunto il controllo di imprese in crisi, nei limiti concessi dal Testo Unico in materia bancaria e creditizia.
Tale facoltà suole essere definita *step-in right*. Nella prassi il diritto di subentro dei finanziatori si fonda, in mancanza di previsioni normative espresse, sull'inserimento di clausole contrattuali che hanno l'effetto di obbligare il promotore alla cessione del contratto o, nel caso di società di progetto, attraverso la costituzione di un pegno sulle azioni con riserva di diritto di voto.

PRIVILEGIO SUI CREDITI

L'art. 160 dispone sul tema del privilegio sui crediti di cui al vecchio art. 37-nonies, della legge n. 109/1994.
Il primo comma, per come sostituito dall'articolo 2, comma 1, lettera mm), d.lgs. n. 152 del 2008, prevede che i crediti dei soggetti che finanziano o rifinanziano, a qualsiasi titolo, anche tramite la sottoscrizione di obbligazioni e titoli similari, la realizzazione di lavori pubblici, di opere di interesse pubblico o la gestione di pubblici servizi hanno privilegio generale, ai sensi degli articoli 2745 e seguenti del codice civile, sui beni mobili, ivi inclusi i crediti, del concessionario e delle società di progetto che siano concessionarie o affidatarie di contratto di partenariato pubblico privato o

contraenti generali ai sensi dell'articolo 176. Con il 2 comma si dispone che il privilegio, a pena di nullità, deve risultare da atto scritto. Nell'atto devono essere esattamente descritti i finanziatori originari dei crediti, il debitore, l'ammontare in linea capitale del finanziamento o della linea di credito, nonché gli elementi che costituiscono il finanziamento. Il 3 comma in tema di opponibilità ai terzi del privilegio sui beni prevece che essa è subordinata alla trascrizione, nel registro indicato dall'articolo 1524 comma 2 del codice civile, dell'atto dal quale il privilegio risulta. Della costituzione del privilegio è dato avviso mediante pubblicazione nel foglio annunzi legali; dall'avviso devono risultare gli estremi della avvenuta trascrizione. La trascrizione e la pubblicazione devono essere effettuate presso i competenti uffici del luogo ove ha sede l'impresa finanziata. Fermo restando quanto previsto dall'articolo 1153 del codice civile il privilegio può essere esercitato anche nei confronti dei terzi che abbiano acquistato diritti sui beni che sono oggetto dello stesso dopo la trascrizione prevista dal comma 3. Nell'ipotesi in cui non sia possibile far valere il privilegio nei confronti del terzo acquirente, il privilegio si trasferisce sul corrispettivo.

LOCAZIONE FINANZIARIA DI OPERE PUBBLICHE O DI PUBBLICA UTILITÀ

L'art. 160 bis dispone in ordine alla locazione finanziaria di opere pubbliche o di pubblica utilità. Il primo comma determina che per la realizzazione, l'acquisizione ed il completamento di opere pubbliche o di pubblica utilità i committenti tenuti all'applicazione del presente codice possono avvalersi anche del contratto di locazione finanziaria, che costituisce appalto pubblico di lavori, salvo che questi ultimi abbiano un carattere meramente accessorio rispetto all'oggetto principale del contratto medesimo. Il 2 stabilisce che nei casi di cui al comma 1, il bando, ferme le altre indicazioni previste dal presente codice, determina i requisiti soggettivi, funzionali, economici, tecnico-realizzativi ed organizzativi di partecipazione, le caratteristiche tecniche ed estetiche dell'opera, i costi, i tempi e le garanzie dell'operazione, nonché i parametri di valutazione tecnica ed economico-finanziaria dell'offerta economicamente più vantaggiosa. Il terzo stauisce che l'offerente di cui al comma 2 può essere anche una associazione temporanea costituita dal soggetto

132

finanziatore e dal soggetto realizzatore, responsabili, ciascuno, in relazione alla specifica obbligazione assunta, ovvero un contraente generale. In caso di fallimento, inadempimento o sopravvenienza di qualsiasi causa impeditiva all'adempimento dell'obbligazione da parte di uno dei due soggetti costituenti l'associazione temporanea di imprese, l'altro può sostituirlo, con l'assenso del committente, con altro soggetto avente medesimi requisiti e caratteristiche. L'adempimento degli impegni della stazione appaltante resta in ogni caso condizionato al positivo controllo della realizzazione ed alla eventuale gestione funzionale dell'opera secondo le modalità previste.

Il comma 4-bis dispone che il soggetto finanziatore, autorizzato ai sensi del decreto legislativo 1° settembre 1993, n. 385, e successive modificazioni, deve dimostrare alla stazione appaltante che dispone, se del caso avvalendosi delle capacità di altri soggetti, anche in associazione temporanea con un soggetto realizzatore, dei mezzi necessari ad eseguire l'appalto. Nel caso in cui l'offerente sia un contraente generale, di cui all'articolo 162, comma 1, lettera g), esso può partecipare anche ad affidamenti relativi alla realizzazione, all'acquisizione ed al completamento di opere pubbliche o di pubblica utilità non disciplinati dalla parte II, titolo III, capo IV, se in possesso dei requisiti determinati dal bando o avvalendosi delle capacità di altri soggetti. Il comma 4-ter indica che la stazione appaltante pone a base di gara un progetto di livello almeno preliminare. L'aggiudicatario provvede alla predisposizione dei successivi livelli progettuali ed all'esecuzione dell'opera. Il comma 4-quater dice che l'opera oggetto del contratto di locazione finanziaria può seguire il regime di opera pubblica ai fini urbanistici, edilizi ed espropriativi; l'opera può essere realizzata su area nella disponibilità dell'aggiudicatario.

CONTRATTO DI DISPONIBILITÀ

L'articolo 160-ter introduce l'istituto del Contratto di disponibilità, già disciplinato all'art. 3 comma 15 bis. Il comma è stato introdotto dall'art. 44, comma 1, lettera a) del D.L. n. 1 del 24/01/2012 in vigore dal 24/01/2012, convertito dalla Legge di conversione 24 marzo 2012, n. 27, in vigore dal 25/03/2012). Il "contratto di disponibilità" é il contratto mediante il quale sono affidate, a rischio e a spesa dell'affidatario, la costruzione e la messa a disposizione a favore dell'amministrazione aggiudicatrice di un'opera di proprietà privata destinata all'esercizio di un pubblico servizio, a fronte di un corrispettivo. Si intende per messa a disposizione l'onere assunto a proprio rischio dall'affidatario di assicurare all'amministrazione aggiudicatrice la costante fruibilità dell'opera, nel rispetto dei parametri di funzionalità previsti dal contratto, garantendo allo scopo la perfetta manutenzione e la risoluzione di tutti gli eventuali vizi, anche sopravvenuti.

Il comma 1 dell'art. 160-ter prevede che l'affidatario del contratto di disponibilità é retribuito con i seguenti corrispettivi, soggetti ad adeguamento monetario secondo le previsioni del contratto:

a) un canone di disponibilità, da versare soltanto in corrispondenza alla effettiva disponibilità dell'opera; il canone é proporzionalmente ridotto o annullato nei periodi di ridotta o nulla disponibilità della stessa per manutenzione, vizi o qualsiasi motivo non rientrante tra i rischi a carico dell'amministrazione aggiudicatrice ai sensi del comma 3;

b) l'eventuale riconoscimento di un contributo in corso d'opera, comunque non superiore al cinquanta per cento del costo di costruzione dell'opera, in caso di trasferimento della proprietà dell'opera all'amministrazione aggiudicatrice;

c) un eventuale prezzo di trasferimento, parametrato, in relazione ai canoni già versati e all'eventuale contributo in corso d'opera di cui alla precedente lettera b), al valore di mercato residuo dell'opera, da corrispondere, al termine del contratto, in caso di trasferimento della proprietà dell'opera all'amministrazione aggiudicatrice.

Il comma 2 dispone che l'affidatario assume il rischio della costruzione e della gestione tecnica dell'opera per il periodo di messa a disposizione dell'amministrazione aggiudicatrice. Il contratto determina le modalità di ripartizione dei rischi tra le parti, che possono comportare variazioni dei corrispettivi dovuti per gli eventi incidenti sul progetto, sulla realizzazione o sulla gestione tecnica dell'opera, derivanti dal sopravvenire di norme o provvedimenti cogenti di pubbliche autorità. Salvo diversa determinazione contrattuale e fermo restando quanto previsto dal comma 5, i rischi sulla costruzione e gestione tecnica dell'opera derivanti da mancato o ritardato rilascio di autorizzazioni, pareri, nulla osta e ogni altro atto di natura amministrativa sono a carico del soggetto aggiudicatore (comma integrato dalla L 134/2012 in vigore dal 12/08/2012 di conversione del D.L. 83/2012)

Per il 3 comma il bando di gara é pubblicato con le modalità di cui all'articolo 66 ovvero di cui all'articolo 122, secondo l'importo del contratto, ponendo a base di gara un capitolato prestazionale, predisposto dall'amministrazione aggiudicatrice, che indica, in dettaglio, le caratteristiche tecniche e funzionali che deve assicurare l'opera costruita e le modalità per determinare la riduzione del canone di disponibilità, nei limiti di cui al comma 6. Le offerte devono contenere un progetto preliminare rispondente alle caratteristiche indicate nel capitolato prestazionale e sono corredate dalla garanzia di cui all'articolo 75; il soggetto aggiudicatario é tenuto a prestare la cauzione definitiva di cui all'articolo 113. Dalla data di inizio della messa a disposizione da parte dell'affidatario é dovuta una cauzione a garanzia delle penali relative al mancato o inesatto adempimento di tutti gli obblighi contrattuali relativi alla messa a disposizione dell'opera, da prestarsi nella misura del dieci per cento del costo annuo operativo di esercizio e con le modalità di cui all'articolo 113; la mancata presentazione di tale cauzione costituisce grave inadempimento contrattuale. L'amministrazione aggiudicatrice valuta le offerte presentate con il criterio dell'offerta economicamente più vantaggiosa di cui all'articolo 83. Il bando indica i criteri, secondo l'ordine di importanza loro attribuita, in base ai quali si procede alla valutazione comparativa tra le diverse offerte. Gli oneri connessi agli eventuali espropri sono considerati nel quadro economico degli investimenti e finanziati nell'ambito del contratto di disponibilità.

Il 4 comma indica che al contratto di disponibilità si applicano le disposizioni previste dal presente codice in materia di requisiti generali di partecipazione alle procedure di affidamento e di qualificazione degli operatori economici.

Il comma 5 dispone che il progetto definitivo, il progetto esecutivo e le eventuali varianti in corso d'opera sono redatti a cura dell'affidatario; l'affidatario ha la facoltà di introdurre le eventuali varianti finalizzate ad una maggiore economicità di costruzione o gestione, nel rispetto del capitolato prestazionale e delle norme e provvedimenti di pubbliche autorità vigenti e sopravvenuti; il progetto definitivo, il progetto esecutivo e le varianti in corso d'opera sono ad ogni effetto approvati dall'affidatario, previa comunicazione all'amministrazione aggiudicatrice e, ove prescritto, alle terze autorità competenti. Il rischio della mancata o ritardata approvazione da parte di terze autorità competenti della progettazione e delle eventuali varianti é a carico dell'affidatario. L'amministrazione aggiudicatrice può attribuire all'affidatario il ruolo di autorità espropriante ai sensi del testo unico di cui al d.P.R. 8 giugno 2001, n. 327.

Per il 6 comma l'attività di collaudo, posta in capo alla stazione appaltante, verifica la realizzazione dell'opera al fine di accertare il puntuale rispetto del capitolato prestazionale e delle norme e disposizioni cogenti e può proporre all'amministrazione aggiudicatrice, a questi soli fini, modificazioni, varianti e rifacimento di lavori eseguiti ovvero, sempre che siano assicurate le caratteristiche funzionali essenziali, la riduzione del canone di disponibilità. Il contratto individua, anche a salvaguardia degli enti finanziatori e dei titolari di titoli emessi ai sensi dell'articolo 157 del presente decreto, il limite di riduzione del canone di disponibilità superato il quale il contratto é risolto. L'adempimento degli impegni dell'amministrazione aggiudicatrice resta in ogni caso condizionato al positivo controllo della realizzazione dell'opera ed alla messa a disposizione della stessa secondo le modalità previste dal contratto di disponibilità.

Con il comma 7 si chiudono le disposizioni dell'articolo 160-ter: le norme dell'articolo si applicano anche alle infrastrutture di cui alla parte II, titolo III, capo IV, ovvero ai grandi progetti. In tal caso l'approvazione dei progetti avviene secondo le procedure previste agli articoli 165 e seguenti.

Riteniamo che attraverso il criterio dell'offerta economicamente più vantaggiosa, debbano essere valutati sia l'offerta tecnica, ossia il progetto preliminare presentato dai concorrenti, sia l'offerta economica relativa al canone di disponibilità. Ciò anche in considerazione del rinvio espresso all'art. 83 del Codice, che annovera il prezzo tra le componenti da valutare in sede di aggiudicazione.

Il concorrente, singolo o raggruppato, dovrà essere in possesso, oltre che dei requisiti generali *ex* art. 38 del Codice, di attestazione SOA per l'esecuzione e la progettazione dell'opera, ed avvalersi di professionisti in possesso dei requisiti di qualificazione indicati nel bando, qualora tali requisiti non siano dimostrati attraverso la propria struttura tecnica; inoltre, il concorrente dovrà possedere i requisiti specifici relativi alla gestione tecnica dell'opera, ai fini della relativa messa a disposizione.

Mentre l'art. 160-*bis* prevede espressamente che la locazione finanziaria possa essere utilizzata per l'acquisizione, il completamento o la realizzazione di un'opera, la disciplina dell'art. 160-*ter* relativa al contratto di disponibilità non specifica alcunché al riguardo. Sul punto, si rileva che la base di gara per l'affidamento del contratto di disponibilità è costituita da un capitolato prestazionale, elemento che lascia supporre che la stazione appaltante debba fissare solo le caratteristiche prestazionali/funzionali dell'opera, lasciando all'aggiudicatario la facoltà di stabilire le specifiche modalità realizzative – opera *ex novo* o completamento/riqualificazione di opera esistente. Ciò è coerente con la *ratio* della disposizione, che intende fornire alle amministrazioni pubbliche uno strumento innovativo e flessibile e garantire al privato la piena esplicazione delle proprie capacità progettuali. Infine, si consideri che il comma 5, dell'art. 160-*ter* del Codice stabilisce che l'amministrazione aggiudicatrice possa attribuire all'affidatario il ruolo di autorità espropriante ai sensi del testo unico di cui al d.P.R. 8 giugno 2001, n. 327.

Altro tema è quello delle aree demaniali con riferimento al contratto di disponibilità. La AVCP ha preso posizione nel 2013: "Si pone, al riguardo, la questione delle aree demaniali, se, cioè, esse possano o meno essere destinate a costituire il sedime di opere che, pur destinate ad un pubblico servizio, rimangono di proprietà del privato. Tale aspetto va valutato in relazione al fatto che, al termine del contratto di disponibilità, il privato si troverebbe ad occupare un'area demaniale senza titolo.

Si deve, pertanto, ritenere che, stante il carattere privato dell'opera, il contratto di disponibilità non possa riguardare opere demaniali o da realizzarsi sul demanio pubblico, quali, ad esempio, strade, cimiteri, porti, carceri, mentre risulta compatibile con la realizzazione di aree immobiliari per collocarvi uffici pubblici, complessi direzionali, spazi espositivi, edilizia economica e popolare. Nella fattispecie in cui non è prevista l'acquisizione della proprietà dell'opera da parte dell'amministrazione, il contratto di disponibilità trova la sua ideale applicazione a quei contesti in cui effettivamente il servizio sia svolto per un periodo di tempo limitato. Viceversa, qualora sia previsto il riscatto finale, lo schema negoziale presenterà diverse analogie con il *leasing in construendo* e risulterà particolarmente adatto alla realizzazione di opere finalizzate allo svolgimento di servizi essenziali e continuativi"[xciv].

IL PROJECT FINANCING DEI SERVIZI (ART. 278 DEL REGOLAMENTO)

Il Regolamento (DPR 207/2010) ha introdotto una innovazione di non poco conto: il project financing nel settore dei servizi. Non è ancora perfettamente chiara quale sia la differenza tra la concessione servizi di cui all'art. 30 e questa nuova fattispcecie. Il primo comma prevede che ai fini dell'affidamento in finanza di progetto di contratti di concessione di servizi, soggetti privati possono presentare proposte che contengono uno studio di fattibilità, una bozza di convenzione, un piano economico - finanziario, asseverato dai soggetti indicati dall'articolo 153, comma 9, del codice, una specificazione delle caratteristiche del servizio e della gestione, nonché l'indicazione degli elementi di cui all'articolo 83, comma 1, del codice e delle garanzie offerte dal promotore all'amministrazione aggiudicatrice. Le proposte indicano, inoltre, l'importo delle spese sostenute per la loro predisposizione, nel limite di cui all'articolo 153, comma 9, ultimo periodo, del codice.

Il secondo comma dispone che qualora l'amministrazione aggiudicatrice si avvalga della facoltà di cui all'articolo 271 (a norma del quale ciascuna amministrazione aggiudicatrice può approvare ogni anno un programma annuale per l'acquisizione di beni e servizi relativo all'esercizio successivo, é ammessa la presentazione di proposte con riferimento a servizi non indicati nel programma. Le amministrazioni valutano le proposte entro sei mesi dal loro ricevimento e possono adottare, nell'ambito dei propri programmi, gli studi di fattibilità ritenuti di pubblico interesse; l'adozione non determina alcun diritto del proponente al compenso per le prestazioni compiute o alla gestione dei servizi. Ove le amministrazioni adottino gli studi di fattibilità, si applicano le disposizioni del presente articolo.

Il terzo comma dispone che la fattibilità delle proposte presentate é valutata, da parte delle amministrazioni aggiudicatrici, sotto il profilo della funzionalità, della fruibilità del servizio, della accessibilità al pubblico, del rendimento, del costo di gestione e di manutenzione, della durata della concessione, delle tariffe da applicare, della metodologia di aggiornamento delle stesse, del valore economico del piano e del contenuto della bozza di convenzione; é verificata, altresì, l'assenza di elementi ostativi alla loro realizzazione. In caso di pluralità di proposte, esse vengono valutate comparativamente nel rispetto dei principi di cui all'articolo 30, comma 3, del codice. A seguito della valutazione comparativa é individuato il promotore.

Il quarto che ai fini della scelta del concessionario, le amministrazioni aggiudicatrici procedono ad indire una gara informale ai sensi dell'articolo 30, comma 3, del codice, cui viene invitato anche il promotore, ponendo a base di gara la proposta presentata dallo stesso. Nella fase di scelta del concessionario, il promotore può adeguare la propria proposta a quella giudicata dall'amministrazione più conveniente. In tal caso il promotore risulterà affidatario della concessione. É fatto salvo l'articolo 30, comma 4, del codice.

Per tutto quanto non espressamente regolato dall'articolo si applicano le disposizioni del codice e del regolamento in quanto compatibili.

Il presente articolo si applica ai contratti di servizi di cui all'articolo 197, comma 3, del codice ovvero agli affidamenti di lavori, forniture e servizi nel settore dei beni culturali.

IL NUOVO COINVOLGIMENTO DEI TERZI NELLA PROGRAMMAZIONE: UN CONFRONTO TRA ART. 175 COMMA 13 E ART. 153 COMMA 19

E' stato migliorato il processo propositivo di inserimento nella programmazione di opere tramite il promotore da parte di terzi esterni all'amministrazione; infatti, i soggetti che possono presentare i suggerimenti da inserire negli atti programmatori, devono possedere dei requisiti di qualificazione molto più rigorosi a garanzia della serietà del loro impegno.

Questa modalità programmatoria, ora disciplinata dal comma 19 dell'art. 153 del Codice e dall'art. 175 comma 13, circoscrive i requisiti di qualificazione posseduti dagli operatori economici privati solo a quelli indicati al comma 8 e al comma 20, e non più genericamente riferibili a tutti soggetti pubblici e privati. Si noti come i soggetti pubblici non siano più menzionati, forse per evitare le interferenze reciproche nelle programmazioni tra amministrazioni pubbliche e per presa d'atto di scarso realismo della norma previgente[xcv].

L'art. 175 comma 13, ricordiamo, prevede che è facoltà dei soggetti di cui all'articolo 153, comma 20, presentare al soggetto aggiudicatore studi di fattibilità relativi alla realizzazione di infrastrutture inserite nel programma di cui all'articolo 161, non presenti nella lista di cui al comma 1 del presente articolo. Ai fini dell'inserimento dell'intervento nella lista di cui al comma 1, il soggetto aggiudicatore trasmette lo studio di fattibilità al Ministero, il quale, svolta l'istruttoria ai sensi dell'articolo 161, comma 1-quater, lo sottopone al CIPE per l'approvazione ai sensi del comma 2 del presente articolo.

Lo studio di fattibilità, redatto dai terzi qualificati, nel caso delle grandi opere ex-art.175 comma 13, e il progetto preliminare ai sensi dell'art. 153 comma 19, diventano i documenti da sottoporre alla PA ai fini dell'inserimento dell'opera nelle liste della programmazione pubblica dei grandi progetti o nella programmazione triennale nel caso dell'art. 153; le semplici proposte di intervento non sono più sufficienti perchè non garantiscono il necessario approfondimento e costringevano, comunque, la PA diligente a redigere lo studio di fattibilità. Rimane inalterato l'impianto autorizzatorio che da facoltà alla PA di decidere se accettare la proposta di inserimento nella programmazione, senza l'obbligo di corrispondere un prezzo anche in caso di accoglimento nella lista e di acquisizione dello studio di fattibilità del privato nel caso dei grandi progetti ex-art.175 comma 13 o in caso di inserimento nella propria programmazione e approvazione dello stesso progetto da mettere a gara a norma dell'art.153 comma 19. Inoltre, è stato imposto al Ministero delle Infrastrutture il termine sollecitatorio di 2 mesi (salvo proroga di un mese) per decidere se inserire nella lista dei grandi progetti gli studi di fattibilità proposti dai privati per poi inviare questi al CIPE al fine dell'approvazione della lista dei grandi progetti a norma dell'art. 175 comma 13 e comma 2 che rinviano all'art. 161 comma 1 quater: ciò a tutela dei privati che investono sulla redazione dello studio di fattibilità proprio per l'opportunità di vederlo accolto nei documenti programmatori in tempi certi, guadagnando così un lecito vantaggio competitivo sull'operazione successiva[xcvi].

Per gli effetti dell'art. 153 comma 19, anche nel project ordinario, è stato spostato il termine per la valutazione del progetto preliminare presentato da parte del privato. Esso è stato spostato da sei mesi a tre mesi. Nelle more la PA richiede al privato le modifiche necessarie al progetto preliminare, lo inserisce, ove il caso, nella propria programmazione, mette in approvazione lo stesso progetto e indice, ove approvato, la gara.

Al di là della partecipazione del privato alle procedure di programmazione rimane l'evidenza di una sperequazione ingiustificabile tra privati presentatori di proposte di grandi progetti e privati presentatori di progetti normali.

Laddove, infatti, si tratta di un'opera di preminente interesse nazionale l'esigenza che impone per le altre opere la progettazione preliminare svanisce. Siamo, dunque, di fronte ad una diversa regolazione di situazioni simili. Ma tra poco ne tratteremo più diffusamente in sede di proposte di modifica di legge.

PROGRAMMI PUBBLICI DI INVESTIMENTO E APPLICAZIONI DEL PROJECT FINANCING

La esperienza della programmazione comunitaria ultima, la 2007-2013, avrebbe dovuto dare luce ad esempi di opere realizzate con il cofinanziamento comunitario a titolo di prezzo. Questa era la previsione almeno dei documenti programmatici (QSN Italia 2007-2013 e nei vari PO regionali)[xcvii].

Per specifica, ad es., del Por Sicilia 2000-2006 sono stati privilegiati nell'accesso al finanziamento gli interventi da realizzare con il sistema del *project financing* nel settore infrastrutturale. Ad esempio, l'istruttoria del bando della misura 4.20 del Por "Infrastrutture turistiche di interesse regionale" ha bocciato le iniziative progettuali presentate dagli enti locali senza intervento del promotore a norma di legge.

Il quadro programmatorio per le infrastrutture è definito nei cosiddetti Apq (Accordi di programma quadro) comprendenti tanto finanza nazionale (Fondo Sviluppo e Coesione, FSC ex FAS) quanto comunitaria (Por, Poin e Pon). L'utilizzo delle risorse già finanziate sulla scorta programmatica degli Apq consente di dare termini importanti di sicurezza a privati e banche in ordine alla disponibilità del prezzo.[xcviii]

Nel considerando 59 del Reg. 1303/13 si legge che *"I partenariati pubblico privati (i cosidetti "PPP", tra essi il project financing) possono essere un mezzo efficace per realizzare operazioni che garantiscono il conseguimento di obiettivi di politiche pubbliche riunendo forme diverse di risorse pubbliche e private".*

Tanto ha fatto si che lo stesso regolamento intervenisse per normare la materia (artt. 62-64) per la migliore attuazione del PPP con i fondi strutturali.

Articolo 62

PPP

I fondi SIE possono essere utilizzati per sostenere operazioni PPP. Tali operazioni PPP sono conformi al diritto applicabile, in particolare in materia di aiuti di Stato e appalti pubblici.

Articolo 63

Beneficiario nell'ambito di operazioni PPP

1. In relazione a operazioni PPP e in deroga all'articolo 2, punto 10), un beneficiario può essere:

a) l'organismo di diritto pubblico che ha avviato l'operazione; o

b) un organismo di diritto privato di uno Stato membro (il "partner privato") che è o deve essere selezionato per l'ese cuzione dell'operazione.

2. L'organismo di diritto pubblico che ha avviato l'opera zione PPP può proporre che il partner privato, da selezionare previa approvazione dell'operazione, sia il beneficiario ai fini del sostegno dei fondi SIE. In tal caso, la decisione di approvazione è subordinata all'accertamento, da parte dell'autorità di gestione, che il partner privato selezionato soddisfi e si assuma tutti i corrispondenti obblighi di un beneficiario ai sensi del presente regolamento.

3. Il partner privato selezionato per attuare l'operazione può essere sostituito come beneficiario durante l'attuazione ove ciò sia richiesto ai sensi dei termini e delle condizioni del PPP, ovvero dell'accordo di finanziamento tra il partner privato e l'istituzione finanziaria che cofinanzia l'operazione. In tal caso il partner privato o l'organismo di diritto pubblico subentrante diviene il beneficiario, previo accertamento, da parte dell'autorità di gestione, che il partner subentrante soddisfi e si assuma tutte i corrispondenti obblighi di un beneficiario, ai sensi del presente regolamento.

4. Alla Commissione è conferito il potere di adottare atti delegati conformemente all'articolo 149 riguardo alle norme aggiuntive in materia di sostituzione di un beneficiario e alle relative responsabilità.

5. La sostituzione di un beneficiario non è da considerarsi un cambio di proprietà ai sensi dell'articolo 71, paragrafo 1, lettera b), se tale sostituzione rispetta le condizioni applicabili definite al paragrafo 3 del presente articolo e in un atto delegato adot tato ai sensi del paragrafo 4 del presente articolo.

Articolo 64

Sostegno alle operazioni PPP

1. Nel caso di un'operazione PPP in cui il beneficiario sia un organismo di diritto pubblico, le spese nell'ambito di un'opera zione PPP sostenute e pagate dal partner privato possono, in deroga all'articolo 65, paragrafo 2, essere considerate sostenute e pagate da un beneficiario e incluse in una richiesta di paga mento alla Commissione, a condizione che siano ottemperate le seguenti condizioni:

a) il beneficiario ha sottoscritto un accordo PPP con un partner privato;

b) l'autorità di gestione ha verificato che le spese dichiarate dal beneficiario siano state pagate dal partner privato e che l'operazione sia conforme al diritto dell'Unione e nazionale applicabile, nonché al programma e alle condizioni per il sostegno dell'operazione.

2. I pagamenti ai beneficiari eseguiti riguardo alle spese in cluse in una richiesta di pagamento a norma del paragrafo 1 sono corrisposti in un conto di garanzia aperto a tale scopo a nome del beneficiario.

3. I fondi versati nel conto di garanzia di cui al paragrafo 2 sono utilizzati per pagamenti conformemente all'accordo PPP, compreso ogni eventuale pagamento da effettuarsi in caso di cessazione dell'accordo PPP.

4. Alla Commissione è conferito il potere di adottare atti delegati conformemente all'articolo 149 riguardo ai requisiti minimi da includere negli accordi PPP, necessari per l'applica zione della deroga indicata nel paragrafo 1 del presente articolo, comprese le disposizioni legate alla risoluzione dell'accordo PPP e allo scopo di garantire una pista di controllo adeguata.

Il rilievo dato da ultimo alla materia dalla Commissione Europea consente nuove più precise opportunità al fine del moltiplicatore degli investimenti derivante dall'utilizzo delle risorse comunitarie con il project nonché nuove più forti opportunità in termini di gestione delle opere da realizzare. Il contributo comunitario, erogato a titolo di prezzo nei project, consente di potere fare finire la stagione delle opere realizzate con contributi pubblici al 100% e poi, salvo rare eccezioni, quasi mai gestite e mantenute in termini di efficienza ed efficacia aziendale.

Non solo. Si aprono possibilità di ulteriori forme di assistenza tecnica alle amministrazioni pubbliche sia quali soggetti pubblici direttamente beneficiari delle risorse comunitarie (in accordo con un partner privato realizzatore) tanto quali meri soggetti selezionatori di beneficiari privati. A mezzo di tale assistenza tecnica alle amministrazioni si potrà, pertanto, incentivare la progettazione, il reperimento di risorse finanziarie sui mercati e la realizzazione di opere pubbliche in project financing.

Sarebbe quanto mai opportuno che, in occasione della preparazione dell'Accordo di Partenariato o dei POR e dei PON il governo nazionale preveda lo specifico inserimento di misure specifiche rivolte ad incentivare (o rendere obbligatorio) l'utilizzo della finanza di progetto o dei contratti di PPP per l'accesso alle risorse dei fondi strutturali o nazionali. Occorrerebbe ovvero inserire misure per la creazione di un fondo di garanzia per rischi di credito e uno di garanzia per rischi di capitale specifico per le operazioni in finanza di progetto. Fino adesso vi è traccia solo di una mera citazione nei documenti programmatici (Accordo di Partenariato Italia 2014-2020). Occorrerebbe più precisione e dettaglio nella fase delicatissima della programmazione al fine di non fare perdere l'ennesima occasione al Sistema Italia.

NOSTRE PROPOSTE DI RIFORMA DELLA NORMATIVA SUI PROJECT BONDS

FONDO DI GARANZIA PER LE OBBLIGAZIONI E TITOLI DI DEBITO (PROJECT BOND) DELLA FINANZA DI PROGETTO

"Le risorse dell'Accordo di Partenariato Italia 2014-2020, di cui all'articolo 14 del Regolamento UE N.1303/2013, in coerenza con le previsioni dell'art.3 e ss. dell D.Lgs 31 maggio 2011, n. 88, possono essere destinate all'istituzione di un fondo di garanzia per la copertura del rischio relativo alla sottoscrizione di obbligazioni e titoli di debito relativi alla realizzazione di infrastrutture e nuovi servizi di pubblica utilità. Il funzionamento del fondo, la definizione dei criteri e delle tipologie degli interventi, nonché le modalità di selezione e di concessione, di gestione e di escussione delle

garanzie verranno disciplinati, nel rispetto dei principi e della normativa comunitaria, con decreto del Ministero dell'Economia e delle Finanze di concerto con il Ministero delle Infrastrutture e dei Trasporti, e, comunque, in coerenza con le indicazioni della Comunicazione della Commissione Europea del 19.10.2011, n. 660, a titolo "Europe 2020 Project Bond Initiative".

RELAZIONE TECNICA

Al fine di dare impulso all'attività economica, nel corso del 2012 sono state intraprese diverse misure volte a incrementare il coinvolgimento dei capitali privati per la realizzazione delle infrastrutture. In particolare, molti interventi hanno rivisto profondamente la regolamentazione del project financing e il relativo trattamento fiscale. I provvedimenti approvati a partire dal dicembre 2011, contengono oltre un centinaio di disposizioni per semplificare e accelerare le procedure di approvazione e realizzazione delle infrastrutture e degli insediamenti strategici sia sotto il profilo del finanziamento delle opere (con la rimodulazione del project bond), sia quello procedurale-gestionale, sia quello fiscale (con riferimento anche ai project bond).

All'interno di questo consistente corpus normativo, 3 decreti legge (poi convertiti in legge) e un decreto interministeriale sono gli atti di riferimento. Il processo di riassetto è durato quasi un anno, essendo il primo provvedimento datato gennaio e l'ultimo dicembre 2012.

In ordine cronologico, le novità sono state introdotte dal:

1. decreto "cresci-Italia", decreto legge 24 gennaio 2012, n. 1, convertito con modificazioni, dalla legge 24 marzo 2012, n. 27;
2. decreto "sviluppo", decreto legge 22 giugno 2012, n. 83, convertito con modificazioni dalla legge. 7 agosto 2012, n. 134;
3. decreto interministeriale12 7 agosto 2012;
4. decreto "sviluppo bis", decreto legge 18 ottobre 2012, n. 179, convertito con modificazioni dalla legge 17 dicembre 2012, n. 221.

Il decreto "cresci-Italia" o "liberalizzazioni" può considerarsi quello che ha innovato i caratteri generali del project bond, con particolare riferimento all'aspetto civilistico-amministrativo. Infatti, la prima tappa, datata gennaio 2012, ha previsto:

[la ridefinizione di una disciplina speciale per le obbligazioni emesse da società di progetto nonché da società titolari di un contratto di partenariato pubblico privato (PPP);

[la limitazione della sottoscrizione agli investitori qualificati (e non più istituzionali) o alle società ed altri soggetti giuridici controllati da investitori qualificati ai sensi dell'articolo 2359 del codice civile (a norma dell'art. 13 del DL 133/14 "Sblocca Italia");

[la garanzia da parte del sistema finanziario delle obbligazioni nel periodo di costruzione, sino all'avvio della gestione dell'infrastruttura del concessionario;

[l'estensione della disciplina speciale alle società non titolari di un contratto di partenariato pubblico privato ma di autorizzazioni alla costruzione di reti di trasporto e stoccaggio gas e di energia elettrica.

Allo stesso tempo, il decreto "sviluppo" ha esteso la possibilità di ricorrere al project bond, oltre che per la realizzazione dell'opera, anche per il rifinanziamento delle iniziali fonti di copertura.

Il decreto interministeriale dell'agosto 2012 ha precisato le modalità per la prestazione delle garanzie sui project bond, chiarendone finalità, ambito di applicazione, soggetti garanti e modalità operative. Da ultimo, il decreto "sviluppo bis", dell'ottobre 2012 ha portato all'estensione della possibilità per l'emissione delle obbligazioni anche alle società in house di servizi pubblici e quelle di telecomunicazioni, fino ad allora escluse.

Relativamente al Codice Contratti, la condizione prevista all'art. 157 è ora che i project bond siano "destinati alla sottoscrizione da parte degli investitori qualificati come definiti ai sensi del regolamento di attuazione del decreto legislativo 24 febbraio 1998, n. 58, o delle società ed altri soggetti giuridici controllati da investitori qualificati ai sensi dell'articolo 2359 del codice civile". Inoltre, "detti obbligazioni e titoli di debito possono essere dematerializzati e non possono essere trasferiti a soggetti che non siano investitori qualificati o alle società ed altri soggetti giuridici controllati da investitori qualificati ai sensi dell'articolo 2359 del codice civile (a norma dell'art. 13 del DL 133/14 "Sblocca Italia") come sopra definiti". Il numero di soggetti che potenzialmente possono investire in project bond sia ampia in quanto la categoria di "investitori qualificati" è più ampia di quella degli "investitori istituzionali" (era la categoria di investitori prevista dalla vecchia normativa). I possibili sottoscrittori potranno essere clienti professionali, privati o pubblici, tra cui intermediari bancari e creditizi, assicurazioni, società di intermediazione mobiliare, società di gestione del risparmio, fondi pensione, fondi di investimento, enti pubblici o a controllo pubblico, fondi sovrani, etc. Inoltre, l'articolo 157 precisa che le obbligazioni o titoli di debito sono nominativi (e non al portatore) in modo tale da consentire una completa tracciabilità tra i sottoscrittori iniziali e i successivi possessori che dovranno sempre essere investitori qualificati o società ed altri soggetti giuridici controllati da investitori qualificati (a norma dell'art. 13 del DL 133/14 "Sblocca Italia")

Enti pubblici possono dunque, in atto, investire in project bonds.

I rischi connessi alla costruzione e alla realizzazione dell'opera, potrebbero tuttavia costituire per gli investitori (dal momento che non sono presenti ancora flussi di cassa), un ostacolo alla sottoscrizione e conseguentemente la stessa emissione di project bond potrebbe trovare ostacoli. Per l'aspetto delle garanzie sui project bond, necessarie per mitigare tali rischi, in attuazione dell'articolo 157, il decreto 7 agosto 2012 ha chiarito le modalità per la prestazione delle stesse sulle obbligazioni e sui titoli di debito emesse da parte delle società di progetto.

Con la prestazione di garanzie i rischi non saranno assunti interamente da parte dei sottoscrittori delle obbligazioni e dei titoli di debito. Inoltre si pongonoin essere talune forme di tutela ai sottoscrittori incentivando così l'emissione e la sottoscrizione dei project bond.

I possibili soggetti garanti del sistema finanziario sono elencati con precisione all'articolo 3 del decreto 7 agosto 2012. Essi sono i seguenti:

    ⌈   banche italiane e comunitarie, nonché dalle banche extracomunitarie autorizzate ad operare in Italia con o senza stabilimento di succursale;

    ⌈   intermediari finanziari non bancari, purché iscritti nell'albo;

    ⌈   imprese di assicurazione autorizzate ovvero ammesse in regime di libera prestazione dei servizi all'attività di assicurazione relativa al ramo danni per le classificazioni 14 (Credito) e 15 (Cauzione);

    ⌈   Cassa Depositi e Prestiti S.p.a.;

[SACE S.p.A.;

[Banca Europea degli Investimenti.

Cassa Depositi e Prestiti nonché SACE, "soggetti a missione pubblica", possono, dunque, già prestare garanzie ai sottoscrittori.

Complementare con il project bond italiano, è la "Europe 2020 Project Bond initiative" della Com- missione Europea e della Banca Europea degli Investimenti. Questa iniziativa, che ha terminato la sua fase pilota, ha avuto come obiettivo quello di sostenere e stimolare il finanziamento di grandi progetti infrastrutturali nel settore dei trasporti, dell'energia e della ICT. Tali investimenti e i relativi fabbisogni di finanziamento sono davvero di grande entità: secondo recenti stime della Commissione, nell'Unione Europea – per raggiungere gli obiettivi di Europa 2020 – sono necessari dai 1500 ai 2000 miliardi di euro. Bassanini e Reviglio, con riferimento ai project bond europei della "Europe 2020 Project Bond Initiative", ipotizzano la formazione, anche prima del 2020, di un mercato di project bond europei di 110- 200 miliardi di euro.

In Francia pochi giorni fa il Governo Francese ha annunciato il finanziamento di una grande infrastruttura digitale finanziata con l'emissione di bonds per 189 milioni di euro garantiti dalla BEI e dalla Commissione Europea.

Con l'articolo qui proposto viene dato seguito in Italia ai positivi esperimenti fatti con i project bonds europei (in Spagna, Castor Project). L'articolo mira a garantire con fondi rotativi di garanzia rivolti ai privati o enti sottoscrittori di project bonds il rischio derivante dall'investimento. Si intende che, per la natura propria del fondo rotativo, costantemente reinvestito, e non speso (salvo escussioni), il fondo si accresce per poi tornare, ammortizzati gli investimenti, nella disponibilità delle Amministrazioni beneficiarie.

E' indubbio l'effetto moltiplicatore che esso provoca (nella sopraccitata infrastuttura digitale francese la garanzia BEI per 20 mln di euro garantisce un investimento di 189 mln euro).

Le infrastrutture continueranno ad essere finanziate dalle banche in prima battuta, ma dopo il termine della costruzione dell'opera (la fase più rischiosa), il prestito bancario potrà essere estinto con l'emissione di project bond sul mercato, con rischi mitigati dalle garanzie fornite dal budget dei fondi strutturali (ed eventualmente dalla partecipazione della Bei come sottoscrittore delle tranche dei bond o con lettere di credito o garanzie rilasciate anche tramite il connesso Fondo europei per gli investimenti).

Il ricorso ai fondi strutturali per coprire le prime perdite (ed eventualmente il ricorso alla Bei), e con cui si acquistano le tranche dei bonds, possono fare aumentare il rating (di project bond o di cartolarizzazioni) di uno o due gradini (vedi Sole 24 Ore del 16 luglio 2014 "Il traino della Bei sui project bond" di Isabella Bufacchi). Ultima annotazione tecnica: fondi rotativi di garanzia rivolti ad imprese gestiti da consorzi fidi e non, sono già finanziati ordinariamente dai fondi strutturali nei vari programmi operativi Italiani. Con l'articolo qui proposto vengono istituiti fondi di garanzia specifici per la copertura dei rischi derivanti dai bonds emessi per la realizzazione di infrastrutture.

ALTRE IPOTESI DI RIFORMA DELLA NORMATIVA SUL PROJECT

ABROGAZIONE DELLA PREVISIONE DEL PROGETTO PRELIMINARE NELLA PROMOZIONE EX-ART.153 COMMA 19
"Al comma 19 dell'Art. 153 del Decreto Legislativo 12 aprile 2006, n. 163 e s.m.i., al secondo periodo si sostuisce l'espressione "la proposta contiene un progetto preliminare," con "la proposta contiene uno studio di fattibilità,".
RELAZIONE TECNICA
La procedura con promotore (ex-art.153 comma 19) prevede che la proposta del proponente privato deve essere dotata di un progetto preliminare, oltre che di tutta la documentazione ivi indicata. Tale previsione risulta costosa e di pesante deterrenza rispetto alle possibili inizative di finanza di progetto di cui si deve nell'interesse della buona amministrazione aziendale del privato, come anche dell'interesse pubblico, prima dimostrare la sostenibilità e la fattibilità con idoneo studio di fattibilità, studio da elaborare secondi le indicazioni dell'art. 14 del Regolamento (DPR 207/2010) e delle linee guida dell'AVCP.
Già l'onere a carico del privato per la sola verifica della fattibilità (nel suo interesse innanzitutto) nel rispettare le indicazioni regolamentari e dell'AVCP risulta essere

ingente. Aggiungere anche l'onere di un progetto preliminare, risulta improbo poiché comporta una regolazione diversa di situazioni simili.

Singolarmente, infatti, l'art. 175 comma 13 del Dlgs 163/06 e s.m.i. prevede che è facoltà dei soggetti di cui all'articolo 153, comma 20, presentare al soggetto aggiudicatore studi di fattibilità relativi alla realizzazione di infrastrutture inserite nel programma di cui all'articolo 161, non presenti nella lista di cui al comma 1 dell'articolo 175. Ai fini dell'inserimento dell'intervento nella lista di cui al comma 1 dell'art. 175, il soggetto aggiudicatore trasmette lo studio di fattibilità al Ministero, il quale, svolta l'istruttoria ai sensi dell'articolo 161, comma 1-quater, lo sottopone al CIPE per l'approvazione ai sensi del comma 2 dell'articolo 161.

Laddove, dunque, si tratta di un'opera di preminente interesse nazionale, l'esigenza che impone per le altre opere la progettazione preliminare svanisce. Siamo, dunque, di fronte ad una diversa regolazione di situazioni simili, ancorchè con importi di investimento diversi.

Ancora, se si tratta di un amministrazione pubblica, questa stranamente può avviare la procedura con lo solo studio di fattibilità, a norma della procedura monofasica di cui all'art.153 comma 1 e ss., mentre l'iniziativa privata dovrebbe caricarsi rischi ingiustificati per un corretto regime economico aziendale, (salvo sospettare accordi sottobanco con amministrazioni garantenti il buon esito a fronte del rischio economico ingente).

Dunque, se si tratta di una grande opera di preminente interesse nazionale o di un iniziativa dall'Amministrazione aggiudicatrice si può avviare la procedura con il solo studio di fattibilità. Se si tratta di un privato questi deve affrontare costi ed oneri (ad alto rischio imprenditoriale) buttandosi direttamente nella progettazione preliminare senza avere svolto una debita verifica della fattibilità con le difficoltà correlate alla mancanza dei mezzi, delle strutture e dei dati in possesso delle amministrazioni a questo preposte per legge.

Si ravvisa nella norma, che con la presente proposta normativa si modifica, una logica punitrice dell'iniziativa privata che dovrebbe essere agevolata, pur con tutti i debiti controlli, e non appesantita da gravami illogici e senza senso.

La norma qui proposta, peraltro, ripristina la previsione di promozione ad iniziativa privata a mezzo della presentazione di studi di fattibilità ex-art.153 comma 19 modificata dal D.L. 13/05/2011 n. 70 in vigore dal 14/05/2011, convertito con la legge di conversione 12 luglio 2011, n. 106, in vigore dal 13/07/2011)

2. FONDI DI GARANZIA PER IL RISCHIO DI CREDITO BANCARIO E IL RISCHIO DI CAPITALE

1."*Presso il Ministero dell'Economia e delle Finanze è istituito un fondo di garanzia per la copertura del rischio bancario e del rischio di partecipazione al capitale relativo alla realizzazione di infrastrutture e nuovi servizi di pubblica utilità. Il funzionamento del fondo, la definizione dei criteri e delle tipologie degli interventi, nonché le modalità di selezione e di concessione, di gestione e di escussione della garanzia verranno disciplinati, nel rispetto dei principi e della normativa comunitaria, con decreto del Ministero dell'Economia e delle Finanze di concerto con il Ministero delle Infrastrutture e dei Trasporti;*

2. *"In prima fase di attuazione il finanziamento di tali garanzie sarà reperito attraverso risorse gestite dallo Stato e dalle Regioni a termini dell'Accordo di Partenariato Italia 2014-2020, normato dall'articolo 14 del Regolamento UE N.1303/2013, secondo le modalità fissate con decreto della Presidenza del Consiglio dei Ministri, di concerto con il Ministero delle Infrastrutture e dei Trasporti e con il Ministero dell'Economia e delle Finanze".*

La prima parte dell'intervento prevederebbe la promozione di strumenti di ingegneria finanziaria a sostegno dell'indebitamento bancario tramite fondi di garanzia di primo grado gestiti da intermediari finanziari (da individuare con bando) - o da consorzi che associno questi ultimi e istituti di credito – impegnati nel settore della finanza di progetto per opere da realizzarsi nei territori. Si tratta di realizzare operazioni di ingegneria finanziaria[xcix] che consentano di imputare somme a garanzia del rischio di credito a medio/lungo termine, a breve termine (per la gestione corrente) nonché del rischio di capitale, a vantaggio delle società di progetto. Basti pensare che 25 milioni di euro investiti in un fondo rotativo di garanzia mutualistica cofinanziato dal privato comportano una movimentazione finanziaria di ben 500 milioni di euro.[c]

La seconda parte dell'intervento dovrebbe prevedere la realizzazione di forme di supporto a sistemi di assicurazione del rischio di capitale (equities) delle imprese aderenti e non alle S.P.V., nella stessa ottica della garanzia del rischio per istituti di credito e compagnie assicurativee. Vi sono molte esperienze estere su questa tipologia di garanzia al rischio di capitale, esperienze quasi assenti in Italia.

In conclusione si ritiene di ribadire l'urgenza di mettere mano a una serie di interventi legislativi e finanziari che provvedano strumenti di garanzia e di sicurezza al marcato finanziario e dei capitali già di per sè fortemente restio a investire in Italia.[ci]

APPENDICE DOCUMENTALE

DLGS 163/06 E S.M.I. CAPO II - CONCESSIONI DI LAVORI PUBBLICI SEZIONE I - DISPOSIZIONI GENERALI

Art. 142. Ambito di applicazione e disciplina applicabile *(articoli 56, 57, 62, 63, direttiva 2004/18; Art. 2, legge n. 109/1994)*

1. Il presente capo disciplina le concessioni di lavori pubblici e gli appalti di lavori affidati dai concessionari di lavori pubblici. (comma modificato dal D.Lgs. 113 del 31/07/2007 in vigore dal 01/08/2007)

2. Sono escluse dal campo di applicazione del presente codice, le concessioni affidate nelle circostanze previste dagli articoli 17, 18, 22, 31. Ad esse si applica l'articolo 27.

3. Alle concessioni di lavori pubblici, nonché agli appalti di lavori pubblici affidati dai concessionari che sono amministrazioni aggiudicatrici, si applicano, salvo che non siano derogate nel presente capo, le disposizioni del presente codice.

4. I concessionari di lavori pubblici che non sono amministrazioni aggiudicatrici, per gli appalti di lavori affidati a terzi sono tenuti all'osservanza della sezione IV del presente capo. Si applicano, in tale ipotesi, in quanto compatibili, le disposizioni della parte I, parte IV, parte V, nonché le norme della parte II, titolo I, e titolo II in tema di pubblicità dei bandi, termini delle procedure, requisiti generali e qualificazione degli operatori economici, subappalto, progettazione, collaudo, piani di sicurezza, che non siano specificamente derogate dalla sezione IV del presente capo. (comma modificato dal D.Lgs. 113 del 31/07/2007 in vigore dal 01/08/2007)

Art. 143. Caratteristiche delle concessioni di lavori pubblici *(art. 19, commi 2, 2-bis, 2-ter, 2-quater, legge n. 109/1994; art. 87, comma 2, decreto del Presidente della Repubblica n. 554/1999).*

1. Le concessioni di lavori pubblici hanno, di regola, ad oggetto la progettazione definitiva, la progettazione esecutiva e l'esecuzione di opere pubbliche o di pubblica utilità, e di lavori ad essi strutturalmente e direttamente collegati, nonché la loro gestione funzionale ed economica eventualmente estesa, anche in via anticipata, ad opere o parti di opere in tutto o in parte già realizzate e direttamente connesse a quelle oggetto della concessione e da ricomprendere nella stessa. (comma così modificato dall'art. 42, comma 2, lettera b), decreto-legge n. 201/2011 in vigore dal 06/12/2011, poi convertito senza modifiche dalla Legge di conversione 214/2011, in vigore dal 28/12/2011)

2. Qualora la stazione appaltante disponga del progetto definitivo ed esecutivo, ovvero del progetto definitivo, l'oggetto della concessione, quanto alle prestazioni progettuali, può essere circoscritto al completamento della progettazione, ovvero alla revisione della medesima, da parte del concessionario.

3. La controprestazione a favore del concessionario consiste, di regola, unicamente nel diritto di gestire funzionalmente e di sfruttare economicamente tutti i lavori realizzati.

4. Tuttavia, il soggetto concedente stabilisce in sede di gara anche un prezzo nonché, eventualmente, la gestione funzionale ed economica, anche anticipata, di opere o parti di opere già realizzate, qualora al concessionario venga imposto di praticare nei confronti degli utenti prezzi inferiori a quelli corrispondenti alla remunerazione degli investimenti e alla somma del costo del servizio e dell'ordinario utile di impresa, ovvero qualora sia necessario assicurare al concessionario il perseguimento dell'equilibrio economico-finanziario degli investimenti e della connessa gestione in relazione alla qualità del servizio da prestare. Nella determinazione del prezzo si tiene conto della eventuale prestazione di beni e servizi da parte del concessionario allo stesso soggetto aggiudicatore, relativamente all'opera concessa, secondo le previsioni del bando di gara. (comma così modificato dall'art. 42, comma 2, lettera c), decreto-legge n. 201/2011 in vigore dal 06/12/2011, poi convertito senza modifiche dalla Legge di conversione 214/2011, in vigore dal 28/12/2011)

5. Le amministrazioni aggiudicatrici, previa analisi di convenienza economica, possono prevedere nel piano economico finanziario e nella convenzione, a titolo di prezzo, la cessione in proprietà o in diritto di godimento di beni immobili nella loro disponibilità o allo scopo espropriati la cui utilizzazione ovvero valorizzazione sia necessaria all'equilibrio economico-finanziario della concessione. Le modalità di utilizzazione ovvero di valorizzazione dei beni immobili sono definite dall'amministrazione aggiudicatrice unitamente alla approvazione ai sensi dell'articolo 97 del progetto posto a base di gara, e costituiscono uno dei presupposti che determinano l'equilibrio economico-finanziario della concessione. Nel caso di gara indetta ai sensi dell'articolo 153, le predette modalità di utilizzazione ovvero di valorizzazione sono definite dall'amministrazione aggiudicatrice nell'ambito dello studio di fattibilità. All'atto della consegna dei lavori il soggetto concedente dichiara di disporre di tutte le autorizzazioni, licenze, abilitazioni, nulla osta, permessi o altri atti di consenso comunque denominati previsti dalla normativa vigente e che detti atti sono legittimi, efficaci e validi. (comma così sostituito dall'art. 42, comma 1, decreto- legge n. 201/2011 in vigore dal 06/12/2011, poi convertito senza modifiche dalla Legge di conversione 214/2011, in vigore dal 28/12/2011, e successivamente così sostituito dalla Legge di conversione del D.L. 1/2012, Legge 24 marzo 2012 n. 27, in vigore dal 25/03/2012 - quindi modificato dal D.L. 69/2013 in vigore dal 22/06/2013, convertito senza ulteriori modifiche dalla L. 98/2013)

6. La concessione ha di regola durata non superiore a trenta anni.

7. L'offerta e il contratto devono contenere il piano economico-finanziario di copertura degli investimenti e della connessa gestione per tutto l'arco temporale prescelto e devono prevedere la specificazione del valore residuo al netto degli ammortamenti annuali, nonché l'eventuale valore residuo dell'investimento non ammortizzato al termine della concessione, anche prevedendo un corrispettivo per tale valore residuo. Le offerte devono dare conto del preliminare coinvolgimento di uno o più istituti finanziatori nel progetto. (comma modificato dal D.Lgs. 113 del 31/07/2007 in vigore dal 01/08/2007, e successivamente così modificato dalla Legge di conversione del D.L. 1/2012, Legge 24 marzo 2012 n. 27, in vigore dal 25/03/2012)

8. La stazione appaltante, al fine di assicurare il perseguimento dell'equilibrio economico-finanziario degli investimenti del concessionario, può stabilire che la concessione abbia una durata superiore a trenta anni, tenendo conto del rendimento della concessione, della percentuale del prezzo di cui ai commi 4 e 5 rispetto all'importo totale dei lavori, e dei rischi connessi alle modifiche delle condizioni di mercato. I presupposti e le condizioni di base che

determinano l'equilibrio economico-finanziario degli investimenti e della connessa gestione, da richiamare nelle premesse del contratto, ne costituiscono parte integrante. Le variazioni apportate dalla stazione appaltante a detti presupposti o condizioni di base, nonché le norme legislative e regolamentari che stabiliscano nuovi meccanismi tariffari o che comunque incidono sull'equilibrio del piano economico finanziario, comportano la sua necessaria revisione, da attuare mediante rideterminazione delle nuove condizioni di equilibrio, anche tramite la proroga del termine di scadenza delle concessioni. In mancanza della predetta revisione il concessionario può recedere dal contratto. Nel caso in cui le variazioni apportate o le nuove condizioni introdotte risultino più favorevoli delle precedenti per il concessionario, la revisione del piano dovrà essere effettuata a favore del concedente. Al fine di assicurare il rientro del capitale investito e l'equilibrio economico-finanziario del Piano Economico Finanziario, per le nuove concessioni di importo superiore ad un miliardo di euro, la durata può essere stabilita fino a cinquanta anni. (comma così sostituito dall'art. 42, comma 4, decreto-legge n. 201/2011 in vigore dal 06/12/2011, poi convertito senza modifiche dalla Legge di conversione 214/2011, in vigore dal 28/12/2011 – quindi modificato dal D.L. 69/2013 in vigore dal 22/06/2013, convertito senza ulteriori modifiche dalla L. 98/2013)

8-bis. Ai fini della applicazione delle disposizioni di cui al comma 8 del presente articolo, la convenzione definisce i presupposti e le condizioni di base del piano economico-finanziario le cui variazioni non imputabili al concessionario, qualora determinino una modifica dell'equilibrio del piano, comportano la sua revisione. La convenzione contiene inoltre una definizione di equilibrio economico finanziario che fa riferimento ad indicatori di redditività e di capacità di rimborso del debito, nonché la procedura di verifica e la cadenza temporale degli adempimenti connessi. (comma introdotto dal D.L. 69/2013 in vigore dal 22/06/2013, quindi modificato dalla Legge di conversione n.98/2013 in vigore dal 21/08/2013)

9. Le amministrazioni aggiudicatrici possono affidare in concessione opere destinate alla utilizzazione diretta della pubblica amministrazione, in quanto funzionali alla gestione di servizi pubblici, a condizione che resti a carico del concessionario l'alea economico-finanziaria della gestione dell'opera.

10. Il concessionario partecipa alla conferenza di servizi finalizzata all'esame e all'approvazione dei progetti di loro competenza, senza diritto di voto. Resta ferma l'applicazione dell'articolo 14-quinquies della legge 7 agosto 1990, n. 241, e successive modificazioni.

SEZIONE II - AFFIDAMENTO DELLE CONCESSIONI DI LAVORI PUBBLICI

Art. 144. Procedure di affidamento e pubblicazione del bando relativo alle concessioni di lavori pubblici (art. 58, direttiva 2004/18; art. 20, legge n. 109/1994; art. 84, decreto del Presidente della Repubblica n. 554/1999).

1. Le stazioni appaltanti affidano le concessioni di lavori pubblici con procedura aperta o ristretta, utilizzando il criterio selettivo dell'offerta economicamente più vantaggiosa.

2. Quale che sia la procedura prescelta, le stazioni appaltanti pubblicano un bando in cui rendono nota l'intenzione di affidare la concessione.

3. I bandi relativi alle concessioni di lavori pubblici contengono gli elementi indicati nel presente codice, le informazioni di cui all'allegato IX B e ogni altra informazione ritenuta utile, secondo il

formato dei modelli di formulari adottati dalla Commissione in conformità alla procedura di cui all'articolo 77, paragrafo 2, direttiva 2004/18.

3-bis. I bandi e i relativi allegati, ivi compresi, a seconda dei casi, lo schema di contratto e il piano economico finanziario, sono definiti in modo da assicurare adeguati livelli di bancabilità dell'opera. Per le concessioni da affidarsi con la procedura ristretta, nel bando può essere previsto che l'amministrazione aggiudicatrice possa indire, prima della scadenza del termine di presentazione delle offerte, una consultazione preliminare con gli operatori economici invitati a presentare le offerte, al fine di verificare l'insussistenza di criticità del progetto posto a base di gara sotto il profilo della finanziabilità, e possa provvedere, a seguito della consultazione, ad adeguare gli atti di gara aggiornando il termine di presentazione delle offerte, che non può essere inferiore a trenta giorni decorrenti dalla relativa comunicazione agli interessati. Non può essere oggetto di consultazione l'importo delle misure di defiscalizzazione di cui all'articolo 18 della legge 12 novembre 2011, n. 183, e all'articolo 33 del decreto- legge 18 ottobre 2012, n. 179, convertito, con modificazioni, dalla legge 17 dicembre 2012, n. 221, nonché l'importo dei contributi pubblici, ove previsti. (comma introdotto dall'art. 50, comma 1, lettera a) del D.L. n. 1 del 24/01/2012 in vigore dal 24/01/2012, convertito senza modificazioni dalla Legge di conversione 24 marzo 2012, n. 27, in vigore dal 25/03/2012 - quindi modificato dal D.L. 69/2013 in vigore dal 22/06/2013 e ulteriormente modificato dalla relativa Legge di conversione n.98/2013 in vigore dal 21/08/2013)

3-ter. Il bando può prevedere che l'offerta sia corredata dalla dichiarazione sottoscritta da uno o più istituti finanziatori di manifestazione di interesse a finanziare l'operazione, anche in considerazione dei contenuti dello schema di contratto e del piano economico-finanziario. (comma introdotto dal D.L. 69/2013 in vigore dal 22/06/2013, convertito senza ulteriori modifiche dalla L 98/2013)

3-quater. L'amministrazione aggiudicatrice prevede nel bando di gara che il contratto di concessione stabilisca la risoluzione del rapporto in caso di mancata sottoscrizione del contratto di finanziamento o in mancanza della sottoscrizione o del collocamento delle obbligazioni di progetto di cui all'articolo 157, entro un congruo termine fissato dal bando medesimo, comunque non superiore a ventiquattro mesi, decorrente dalla data di approvazione del progetto definitivo. Resta salva la facoltà del concessionario di reperire la liquidità necessaria alla realizzazione dell'investimento attraverso altre forme di finanziamento previste dalla normativa vigente, purché sottoscritte entro lo stesso termine. Nel caso di risoluzione del rapporto ai sensi del primo periodo, il concessionario non avrà diritto ad alcun rimborso delle spese sostenute, ivi incluse quelle relative alla progettazione definitiva. Il bando di gara può altresì prevedere che in caso di parziale finanziamento del progetto e comunque per uno stralcio tecnicamente ed economicamente funzionale, il contratto di concessione rimane valido rimanga valido limitatamente alla parte che regola la realizzazione e gestione del medesimo stralcio funzionale. (comma introdotto dal D.L. 69/2013 in vigore dal 22/06/2013 e ulteriormente modificato dalla relativa Legge di conversione n.98/2013 in vigore dal 21/08/2013)

4. Alla pubblicità dei bandi si applica l'articolo 66 ovvero l'articolo 122. (comma modificato dal D.Lgs. 113 del 31/07/2007 in vigore dal 01/08/2007)

Art. 145. Termini per la presentazione delle candidature e delle offerte (art. 59, direttiva 2004/18; art. 84, comma 2, decreto del Presidente della Repubblica n. 554/1999)

1. Ai termini per la presentazione delle candidature e delle offerte si applica l'articolo 70, con esclusione del comma 9 e del comma 11. Il termine per la presentazione della domanda di

partecipazione non può, in ogni caso, essere inferiore a cinquantadue giorni dalla data di spedizione del bando, salva l'applicazione dell'articolo 70, comma 8.

1-bis. Qualora il valore delle concessioni sia inferiore alla soglia fissata per i lavori pubblici dall'articolo 28, comma 1, lettera c), calcolata con i criteri di cui all'articolo 29, si applica l'articolo 122, comma 6. (comma aggiunto dal D.Lgs. 113 del 31/07/2007 in vigore dal 01/08/2007)

Art. 146. Obblighi e facoltà del concessionario in relazione all'affidamento a terzi di una parte dei lavori (art. 60, direttiva 2004/18; Art. 2, comma 3, legge n. 109/1994)

1. Fatto salvo quanto dispone l'articolo 147, la stazione appaltante può:

a) imporre al concessionario di lavori pubblici di affidare a terzi appalti corrispondenti ad una percentuale non inferiore al 30% del valore globale dei lavori oggetto della concessione. Tale aliquota minima deve figurare nel bando di gara e nel contratto di concessione. Il bando fa salva la facoltà per i candidati di aumentare tale percentuale;

b) invitare i candidati a dichiarare nelle loro offerte la percentuale, ove sussista, del valore globale dei lavori oggetto della concessione, che intendono appaltare a terzi.

Art. 147. Affidamento al concessionario di lavori complementari (art. 61, direttiva 2004/18; art. 2, comma 3, ultimo periodo, legge n. 109/1994)

1. Possono essere affidati al concessionario in via diretta, senza l'osservanza delle procedure previste dal presente codice, i lavori complementari che non figurano nel progetto inizialmente previsto della concessione né nel contratto iniziale e che sono divenuti necessari, a seguito di una circostanza imprevista, per l'esecuzione dell'opera quale ivi descritta, a condizione che l'affidamento avvenga a favore dell'operatore economico che esegue l'opera, nelle seguenti ipotesi:

a) quando i lavori complementari non possono essere tecnicamente o economicamente separati dall'appalto iniziale senza gravi inconvenienti per la stazione appaltante, oppure

b) quando i lavori, quantunque separabili dall'esecuzione dell'appalto iniziale, sono strettamente necessari al suo perfezionamento.

2. In ogni caso l'importo cumulato degli appalti aggiudicati per i lavori complementari non deve superare il cinquanta per cento dell'importo dell'opera iniziale oggetto della concessione.

SEZIONE III - APPALTI DI LAVORI AFFIDATI DAI CONCESSIONARI CHE SONO AMMINISTRAZIONI AGGIUDICATRICI

Art. 148. Disposizioni applicabili agli appalti aggiudicati dai concessionari che sono amministrazioni aggiudicatrici (art. 62, direttiva 2004/18; art. 2, legge n. 109/1994)

1. Il concessionario che é un'amministrazione aggiudicatrice é tenuto a rispettare le disposizioni dettate dal presente codice per l'affidamento e l'esecuzione degli appalti pubblici di lavori, in relazione ai lavori che sono eseguiti da terzi.

SEZIONE IV - APPALTI DI LAVORI AFFIDATI DAI CONCESSIONARI CHE NON SONO AMMINISTRAZIONI AGGIUDICATRICI

Art. 149. Disposizioni in materia di pubblicità applicabili agli appalti aggiudicati dai concessionari che non sono amministrazioni aggiudicatrici. *(art. 63, direttiva 2004/18; Art. 2, comma 3, legge n. 109/1994)*

1. I concessionari che non sono amministrazioni aggiudicatrici, quando affidano appalti a terzi, ai sensi dell'articolo 146, applicano le disposizioni in materia di pubblicità previste dall'articolo 66 ovvero dall'articolo 122. (comma sostituito dal D.Lgs. 113 del 31/07/2007 in vigore dal 01/08/2007)

2. Non é necessaria alcuna pubblicità se un appalto di lavori rientra in una delle ipotesi di cui all'articolo 57.

3. Fermo quanto disposto dall'articolo 253, comma 25, non si considerano come terzi le imprese che si sono raggruppate o consorziate per ottenere la concessione, né le imprese ad esse collegate. Se il concessionario ha costituito una società di progetto, in conformità all'articolo 156, non si considerano terzi i soci, alle condizioni di cui al comma 2 del citato articolo 156.

4. Per «impresa collegata» si intende qualsiasi impresa su cui il concessionario può esercitare, direttamente o indirettamente, un'influenza dominante o qualsiasi impresa che può esercitare un'influenza dominante sul concessionario o che, come il concessionario, é soggetta all'influenza dominante di un'altra impresa per motivi attinenti alla proprietà, alla partecipazione finanziaria o alle norme che disciplinano l'impresa stessa.

5. L'influenza dominante é presunta quando un'impresa si trova, direttamente o indirettamente, in una delle seguenti situazioni nei confronti di un'altra impresa:

a) detiene la maggioranza del capitale sottoscritto dell'impresa; oppure b) dispone della maggioranza dei voti connessi alle partecipazioni al capitale dell'impresa; oppure

c) può designare più della metà dei membri dell'organo di amministrazione, di direzione o di vigilanza dell'impresa.

6. L'elenco completo di tali imprese é unito alla candidatura per la concessione. In ogni caso l'elenco é aggiornato in relazione alle modifiche intervenute nelle relazioni tra le imprese.

7. Le amministrazioni aggiudicatrici che affidano le concessioni vigilano sul rispetto, da parte dei concessionari che non sono amministrazioni aggiudicatrici, delle disposizioni del presente articolo.

Art. 150. Pubblicazione del bando negli appalti aggiudicati dai concessionari che non sono amministrazioni aggiudicatrici. *(art. 64, direttiva 2004/18)*

1. Nelle ipotesi di cui all'articolo 149, i concessionari che non sono amministrazioni aggiudicatrici pubblicano un bando di gara, con le modalità dell'articolo 66 ovvero dall'articolo 122. (comma modificato dal D.Lgs. 113 del 31/07/2007 in vigore dal 01/08/2007)

2. I bandi contengono gli elementi indicati nel presente codice, le informazioni di cui all'allegato IX C e ogni altra informazione ritenuta utile dall'amministrazione aggiudicatrice, secondo il formato dei modelli di formulari adottati dalla Commissione.

Art. 151. Termini per la ricezione delle candidature e per la ricezione delle offerte negli appalti aggiudicati dai concessionari che non sono amministrazioni aggiudicatrici. *(art. 65, direttiva 2004/18)*

1. Negli appalti di lavori affidati dai concessionari di lavori pubblici che non sono amministrazioni aggiudicatrici, questi fissano un termine per la ricezione delle domande di partecipazione non inferiore a trentasette giorni dalla data di spedizione del bando e un termine per la ricezione delle offerte non inferiore a quaranta giorni dalla data della spedizione del bando (nelle procedure aperte) ovvero dell'invito a presentare un'offerta (nelle procedure ristrette). (comma modificato dal D.Lgs. 113 del 31/07/2007 in vigore dal 01/08/2007)

2. Fatto salvo il comma 1, sono applicabili i commi da 1 a 11 dell'articolo 70, in quanto compatibili.

CAPO III - PROMOTORE FINANZIARIO, SOCIETÀ DI PROGETTO E DISCIPLINA DELLA LOCAZIONE FINANZIARIA PER I LAVORI, E DEL CONTRATTO DI DISPONIBILITÀ (rubrica modificata dal d.lgs. 113 del 31/07/2007, e successivamente modificata dall'art. 44, comma 1, lettera c) del d.l. n. 1 del 24/01/2012 in vigore dal 24/01/2012, convertito dalla Legge di conversione 24 marzo 2012, n. 27, in vigore dal 25/03/2012)

Art. 152. Disciplina comune applicabile

1. Alle procedure di affidamento di cui al presente capo si applicano le disposizioni:

- della parte I (principi e disposizioni comuni e contratti esclusi in tutto o in parte dall'ambito di applicazione del codice);

- della parte II, titolo III, capo I (programmazione, direzione ed esecuzione dei lavori);

- della parte IV (contenzioso);

- della parte V (disposizioni di coordinamento, finali e transitorie).

2. Si applicano inoltre, in quanto non incompatibili con le previsioni del presente capo, le disposizioni del titolo I (contratti di rilevanza comunitaria) ovvero del titolo II (contratti sotto soglia comunitaria) della parte II (contratti pubblici relativi a lavori, servizi, forniture nei settori ordinari), a seconda che l'importo dei lavori sia pari o superiore alla soglia di cui all'articolo 28, ovvero inferiore.

3. Le disposizioni del presente capo si applicano, in quanto compatibili, anche ai servizi, con le modalità fissate dal regolamento.

Art. 153. Finanza di progetto

1. Per la realizzazione di lavori pubblici o di lavori di pubblica utilità, ivi inclusi quelli relativi alle strutture dedicate alla nautica da diporto, inseriti nella programmazione triennale e nell'elenco annuale di cui all'articolo 128, ovvero negli strumenti di programmazione formalmente approvati dall'amministrazione aggiudicatrice sulla base della normativa vigente, ivi inclusi i Piani dei porti, finanziabili in tutto o in parte con capitali privati, le amministrazioni aggiudicatrici possono, in alternativa all'affidamento mediante concessione ai sensi dell'articolo 143, affidare una concessione ponendo a base di gara uno studio di fattibilità, mediante pubblicazione di un bando finalizzato alla presentazione di offerte che contemplino l'utilizzo di risorse totalmente o parzialmente a carico dei soggetti proponenti.

2. Il bando di gara é pubblicato con le modalità di cui all'articolo 66 ovvero di cui all'articolo 122, secondo l'importo dei lavori, ponendo a base di gara lo studio di fattibilità predisposto dall'amministrazione aggiudicatrice o adottato ai sensi del comma 19.

2-bis. Lo studio di fattibilità da porre a base di gara è redatto dal personale delle amministrazioni aggiudicatrici in possesso dei requisiti soggettivi necessari per la sua predisposizione in funzione delle diverse professionalità coinvolte nell'approccio multidisciplinare proprio dello studio di fattibilità. In caso di carenza in organico di personale idoneamente qualificato, le amministrazioni aggiudicatrici possono affidare la redazione dello studio di fattibilità a soggetti esterni, individuati con le procedure previste dal presente codice. Gli oneri connessi all'affidamento di attività a soggetti esterni possono essere ricompresi nel quadro economico del progetto. (comma introdotto dal D.L. 83/2012 in vigore dal 26/06/2012 poi modificato in sede di conversione dalla L 134/2012 in vigore dal 12/08/2012)

3. Il bando, oltre al contenuto previsto dall'articolo 144, specifica:

a) che l'amministrazione aggiudicatrice ha la possibilità di richiedere al promotore prescelto, di cui al comma 10, lettera b), di apportare al progetto preliminare, da questi presentato, le modifiche eventualmente intervenute in fase di approvazione del progetto, anche al fine del rilascio delle concessioni demaniali marittime, ove necessarie, e che in tal caso la concessione é aggiudicata al promotore solo successivamente all'accettazione, da parte di quest'ultimo, delle modifiche progettuali nonché del conseguente eventuale adeguamento del piano economico-finanziario;

b) che, in caso di mancata accettazione da parte del promotore di apportare modifiche al progetto preliminare, l'amministrazione ha facoltà di chiedere progressivamente ai concorrenti successivi in graduatoria l'accettazione delle modifiche da apportare al progetto preliminare presentato dal promotore alle stesse condizioni proposte al promotore e non accettate dallo stesso.

4. Le amministrazioni aggiudicatrici valutano le offerte presentate con il criterio dell'offerta economicamente più vantaggiosa di cui all'articolo 83.

5. Oltre a quanto previsto dall'articolo 83 per il caso delle concessioni, l'esame delle proposte é esteso agli aspetti relativi alla qualità del progetto preliminare presentato, al valore economico e finanziario del piano e al contenuto della bozza di convenzione. Per quanto concerne le strutture dedicate alla nautica da diporto, l'esame e la valutazione delle proposte sono svolti anche con riferimento alla maggiore idoneità dell'iniziativa prescelta a soddisfare in via combinata gli interessi pubblici alla valorizzazione turistica ed economica dell'area interessata, alla tutela del paesaggio e dell'ambiente e alla sicurezza della navigazione.

6. Il bando indica i criteri, secondo l'ordine di importanza loro attribuita, in base ai quali si procede alla valutazione comparativa tra le diverse proposte. La pubblicazione del bando, nel caso di strutture destinate alla nautica da diporto, esaurisce gli oneri di pubblicità previsti per il rilascio della concessione demaniale marittima.

7. Il disciplinare di gara, richiamato espressamente nel bando, indica, in particolare, l'ubicazione e la descrizione dell'intervento da realizzare, la destinazione urbanistica, la consistenza, le tipologie del servizio da gestire, in modo da consentire che le proposte siano presentate secondo presupposti omogenei.

8. Alla procedura sono ammessi solo i soggetti in possesso dei requisiti previsti dal regolamento per il concessionario anche associando o consorziando altri soggetti, fermi restando i requisiti di cui all'articolo 38.

9. Le offerte devono contenere un progetto preliminare, una bozza di convenzione, un piano economico-finanziario asseverato da un istituto di credito o da società di servizi costituite dall'istituto di credito stesso ed iscritte nell'elenco generale degli intermediari finanziari, ai sensi dell'articolo 106 del decreto legislativo 1° settembre 1993, n. 385, o da una società di revisione ai sensi dell'articolo 1 della legge 23 novembre 1939, n. 1966, nonché la specificazione delle caratteristiche del servizio e della gestione, e dare conto del preliminare coinvolgimento di uno o più istituti finanziatori nel progetto; il regolamento detta indicazioni per chiarire e agevolare le attività di asseverazione ai fini della valutazione degli elementi economici e finanziari. Il piano economico-finanziario comprende l'importo delle spese sostenute per la predisposizione delle offerte, comprensivo anche dei diritti sulle opere dell'ingegno di cui all'articolo 2578 del codice civile. Tale importo non può superare il 2,5 per cento del valore dell'investimento, come desumibile dallo studio di fattibilità posto a base di gara. Nel caso di strutture destinate alla nautica da diporto, il progetto preliminare deve definire le caratteristiche qualitative e funzionali dei lavori ed il quadro delle esigenze da soddisfare e delle specifiche prestazioni da fornire, deve contenere uno studio con la descrizione del progetto ed i dati necessari per individuare e valutare i principali effetti che il progetto può avere sull'ambiente e deve essere integrato con le specifiche richieste nei decreti del Ministero delle infrastrutture e dei trasporti 5 giugno 2009, nn. 10/09, 11/09 e 12/09 e successive modificazioni.

10. L'amministrazione aggiudicatrice: a) prende in esame le offerte che sono pervenute nei termini indicati nel bando;

b) redige una graduatoria e nomina promotore il soggetto che ha presentato la migliore offerta; la nomina del promotore può aver luogo anche in presenza di una sola offerta;

c) pone in approvazione il progetto preliminare presentato dal promotore, con le modalità indicate all'articolo 97, anche al fine del successivo rilascio della concessione demaniale marittima, ove necessaria. In tale fase é onere del promotore procedere alle modifiche progettuali necessarie ai fini dell'approvazione del progetto, nonché a tutti gli adempimenti di legge anche ai fini della valutazione di impatto ambientale, senza che ciò comporti alcun compenso aggiuntivo, né incremento delle spese sostenute per la predisposizione delle offerte indicate nel piano finanziario;

d) quando il progetto non necessita di modifiche progettuali, procede direttamente alla stipula della concessione;

e) qualora il promotore non accetti di modificare il progetto, ha facoltà di richiedere progressivamente ai concorrenti successivi in graduatoria l'accettazione delle modifiche al progetto presentato dal promotore alle stesse condizioni proposte al promotore e non accettate dallo stesso.

11. La stipulazione del contratto di concessione può avvenire solamente a seguito della conclusione, con esito positivo, della procedura di approvazione del progetto preliminare e della accettazione delle modifiche progettuali da parte del promotore, ovvero del diverso concorrente aggiudicatario. Il rilascio della concessione demaniale marittima, ove necessaria, avviene sulla base del progetto definitivo, redatto in conformità al progetto preliminare approvato.

12. Nel caso in cui risulti aggiudicatario della concessione un soggetto diverso dal promotore, quest'ultimo ha diritto al pagamento, a carico dell'aggiudicatario, dell'importo delle spese di cui al comma 9, terzo periodo.

13. Le offerte sono corredate dalla garanzia di cui all'articolo 75 e da un'ulteriore cauzione fissata dal bando in misura pari al 2,5 per cento del valore dell'investimento, come desumibile dallo studio di fattibilità posto a base di gara. Il soggetto aggiudicatario é tenuto a prestare la cauzione definitiva di cui all'articolo 113. Dalla data di inizio dell'esercizio del servizio, da parte del concessionario é dovuta una cauzione a garanzia delle penali relative al mancato o inesatto adempimento di tutti gli obblighi contrattuali relativi alla gestione dell'opera, da prestarsi nella misura del 10 per cento del costo annuo operativo di esercizio e con le modalità di cui all'articolo 113; la mancata presentazione di tale cauzione costituisce grave inadempimento contrattuale.

14. Si applicano ove necessario le disposizioni di cui al decreto del Presidente della Repubblica 8 giugno 2001, n. 327, e successive modificazioni.

15. Le amministrazioni aggiudicatrici, ferme restando le disposizioni relative al contenuto del bando previste dal comma 3, primo periodo, possono, in alternativa a quanto prescritto dal comma 3, lettere a) e b), procedere come segue:

a) pubblicare un bando precisando che la procedura non comporta l'aggiudicazione al promotore prescelto, ma l'attribuzione allo stesso del diritto di essere preferito al migliore offerente individuato con le modalità di cui alle successive lettere del presente comma, ove il promotore prescelto intenda adeguare la propria offerta a quella ritenuta più vantaggiosa;

b) provvedere alla approvazione del progetto preliminare in conformità al comma 10, lettera c);

c) bandire una nuova procedura selettiva, ponendo a base di gara il progetto preliminare approvato e le condizioni economiche e contrattuali offerte dal promotore, con il criterio della offerta economicamente più vantaggiosa;

d) ove non siano state presentate offerte valutate economicamente più vantaggiose rispetto a quella del promotore, il contratto é aggiudicato a quest'ultimo;

e) ove siano state presentate una o più offerte valutate economicamente più vantaggiose di quella del promotore posta a base di gara, quest'ultimo può, entro quarantacinque giorni dalla comunicazione dell'amministrazione aggiudicatrice, adeguare la propria proposta a quella del migliore offerente, aggiudicandosi il contratto. In questo caso l'amministrazione aggiudicatrice rimborsa al migliore offerente, a spese del promotore, le spese sostenute per la partecipazione alla gara, nella misura massima di cui al comma 9, terzo periodo;

f) ove il promotore non adegui nel termine indicato alla precedente lettera e) la propria proposta a quella del miglior offerente individuato in gara, quest'ultimo é aggiudicatario del contratto e l'amministrazione aggiudicatrice rimborsa al promotore, a spese dell'aggiudicatario, le spese sostenute nella misura massima di cui al comma 9, terzo periodo. Qualora le amministrazioni aggiudicatrici si avvalgano delle disposizioni del presente comma, non si applicano il comma 10, lettere d) ed e), il comma 11 e il comma 12, ferma restando l'applicazione degli altri commi che precedono.

16. In relazione a ciascun lavoro inserito nell'elenco annuale di cui al comma 1, per il quale le amministrazioni aggiudicatrici non provvedano alla pubblicazione dei bandi entro sei mesi dalla approvazione dello stesso elenco annuale, i soggetti in possesso dei requisiti di cui al comma 8 possono presentare, entro e non oltre quattro mesi dal decorso di detto termine, una proposta avente il contenuto dell'offerta di cui al comma 9, garantita dalla cauzione di cui all'articolo 75, corredata dalla documentazione dimostrativa del possesso dei requisiti soggettivi e dell'impegno a prestare una cauzione nella misura dell'importo di cui al comma 9, terzo periodo, nel caso di indizione di gara ai sensi delle lettere a), b) e c) del presente comma. Entro sessanta giorni dalla scadenza del termine di quattro mesi di cui al periodo precedente, le amministrazioni aggiudicatrici provvedono, anche nel caso in cui sia pervenuta una sola proposta, a pubblicare un avviso con le modalità di cui all'articolo 66 ovvero di cui all'articolo 122, secondo l'importo dei lavori, contenente i criteri in base ai quali si procede alla valutazione delle proposte. Le eventuali proposte rielaborate e ripresentate alla luce dei suddetti criteri e le nuove proposte sono presentate entro novanta giorni dalla pubblicazione di detto avviso; le amministrazioni aggiudicatrici esaminano dette proposte, unitamente alle proposte già presentate e non rielaborate, entro sei mesi dalla scadenza di detto termine. Le amministrazioni aggiudicatrici, verificato preliminarmente il possesso dei requisiti, individuano la proposta ritenuta di pubblico interesse procedendo poi in via alternativa a:

a) se il progetto preliminare necessita di modifiche, qualora ricorrano le condizioni di cui all'articolo 58, comma 2, indire un dialogo competitivo ponendo a base di esso il progetto preliminare e la proposta;

b) se il progetto preliminare non necessita di modifiche, previa approvazione del progetto preliminare presentato dal promotore, bandire una concessione ai sensi dell'articolo 143, ponendo lo stesso progetto a base di gara ed invitando alla gara il promotore;

c) se il progetto preliminare non necessita di modifiche, previa approvazione del progetto preliminare presentato dal promotore, procedere ai sensi del comma 15, lettere c), d), e) ed f), ponendo lo stesso progetto a base di gara e invitando alla gara il promotore.

17. Se il soggetto che ha presentato la proposta prescelta ai sensi del comma 16 non partecipa alle gare di cui alle lettere a), b) e c) del comma 16, l'amministrazione aggiudicatrice incamera la garanzia di cui all'articolo 75. Nelle gare di cui al comma 16, lettere a), b) e c), si applica il comma 13.

18. Il promotore che non risulti aggiudicatario nella procedura di cui al comma 16, lettera a), ha diritto al rimborso, con onere a carico dell'affidatario, delle spese sostenute nella misura massima di cui al comma 9, terzo periodo. Al promotore che non risulti aggiudicatario nelle procedure di cui al comma 16, lettere b) e c), si applica quanto previsto dal comma 15, lettere e) ed f).

19. Gli operatori economici possono presentare alle amministrazioni aggiudicatrici proposte relative alla realizzazione in concessione di lavori pubblici o di lavori di pubblica utilità, incluse le strutture dedicate alla nautica da diporto, non presenti nella programmazione triennale di cui all'articolo 128 ovvero negli strumenti di programmazione approvati dall'amministrazione aggiudicatrice sulla base della normativa vigente. La proposta contiene un progetto preliminare, una bozza di convenzione, il piano economico-finanziario asseverato da uno dei soggetti di cui al comma 9, primo periodo, e la specificazione delle caratteristiche del servizio e della gestione. Nel caso di strutture destinate alla nautica da diporto, il progetto preliminare deve definire le caratteristiche qualitative e funzionali dei lavori ed il quadro delle esigenze da soddisfare e delle specifiche prestazioni da fornire, deve contenere uno studio con la descrizione del progetto ed i dati necessari per individuare e valutare i principali effetti che il progetto può avere sull'ambiente e deve essere integrato con le specifiche richieste nei decreti del Ministero delle infrastrutture e dei trasporti 5 giugno 2009, nn. 10/09, 11/09 e 12/09, e successive modificazioni. Il piano economico-finanziario comprende l'importo delle spese sostenute per la predisposizione della proposta, comprensivo anche dei diritti sulle opere dell'ingegno di cui all'articolo 2578 del codice civile. La proposta é corredata dalle autodichiarazioni relative al possesso dei requisiti di cui al comma 21, dalla cauzione di cui all'articolo 75, e dall'impegno a prestare una cauzione nella misura dell'importo di cui al comma 9, terzo periodo, nel caso di indizione di gara. L'amministrazione aggiudicatrice valuta, entro tre mesi, il pubblico interesse della proposta. A tal fine l'amministrazione aggiudicatrice può invitare il proponente ad apportare al progetto preliminare le modifiche necessarie per la sua approvazione. Se il proponente non apporta le modifiche richieste, la proposta non può essere valutata di pubblico interesse. Il progetto preliminare, eventualmente modificato, é inserito nella programmazione triennale di cui all'articolo 128 ovvero negli strumenti di programmazione approvati dall'amministrazione aggiudicatrice sulla base della normativa vigente ed é posto in approvazione con le modalità indicate all'articolo 97; il proponente é tenuto ad apportare le eventuali ulteriori modifiche chieste in sede di approvazione del progetto; in difetto, il progetto si intende non approvato. Il progetto preliminare approvato é posto a base di gara per l'affidamento di una concessione, alla quale é invitato il proponente, che assume la denominazione di promotore. Nel bando l'amministrazione aggiudicatrice può chiedere ai concorrenti, compreso il promotore, la presentazione di eventuali varianti al progetto. Nel bando é specificato che il promotore può esercitare il diritto di prelazione. I concorrenti, compreso il promotore, devono essere in possesso dei requisiti di cui al comma 8, e presentare un'offerta contenente una bozza di convenzione, il piano economico-finanziario asseverato da uno dei soggetti di cui al comma 9, primo periodo, la specificazione delle caratteristiche del servizio e della gestione, nonché le eventuali varianti al progetto preliminare; si applicano i commi 4, 5, 6, 7 e 13. Se il promotore non risulta aggiudicatario, può esercitare, entro quindici giorni dalla comunicazione dell'aggiudicazione definitiva, il diritto di prelazione e divenire aggiudicatario se dichiara di impegnarsi ad adempiere alle obbligazioni contrattuali alle medesime condizioni offerte dall'aggiudicatario. Se il promotore non risulta aggiudicatario e non esercita la prelazione ha diritto al pagamento, a carico dell'aggiudicatario, dell'importo delle spese per la predisposizione della proposta nei limiti indicati nel comma 9. Se il promotore esercita la prelazione, l'originario aggiudicatario ha diritto al pagamento, a carico del promotore, dell'importo delle spese per la predisposizione dell'offerta nei limiti di cui al comma 9.

20. La proposta di cui al comma 19, primo periodo, può riguardare, in alternativa alla concessione, la locazione finanziaria di cui all'articolo 160-bis.

21. Possono presentare le proposte di cui al comma 19, primo periodo, i soggetti in possesso dei requisiti di cui al comma 8, nonché i soggetti dotati di idonei requisiti tecnici, organizzativi, finanziari e gestionali, specificati dal regolamento, nonché i soggetti di cui agli articoli 34 e 90, comma 2, lettera b), eventualmente associati o consorziati con enti finanziatori e con gestori di servizi. La realizzazione di lavori pubblici o di pubblica utilità rientra tra i settori ammessi di cui all'articolo 1, comma 1, lettera c-bis), del decreto legislativo 17 maggio 1999, n. 153. Le camere di commercio, industria, artigianato e agricoltura, nell'ambito degli scopi di utilità sociale e di promozione dello sviluppo economico dalle stesse perseguiti, possono aggregarsi alla presentazione di proposte di realizzazione di lavori pubblici di cui al comma 1, ferma restando la loro autonomia decisionale.

21-bis. Al fine di assicurare adeguati livelli di bancabilità e il coinvolgimento del sistema bancario nell'operazione, si applicano in quanto compatibili le disposizioni contenute all'articolo 144, commi 3-bis, 3-ter e 3-quater. (comma introdotto dal D.L. 69/2013 in vigore dal 22/06/2013, convertito senza ulteriori modifiche dalla L 98/2013)

22. Limitatamente alle ipotesi di cui ai commi 16, 19 e 21, i soggetti che hanno presentato le proposte possono recedere dalla composizione dei proponenti in ogni fase della procedura fino alla pubblicazione del bando di gara purché tale recesso non faccia venir meno la presenza dei requisiti per la qualificazione. In ogni caso, la mancanza dei requisiti in capo a singoli soggetti comporta l'esclusione dei soggetti medesimi senza inficiare la validità della proposta, a condizione che i restanti componenti posseggano i requisiti necessari per la qualificazione.

Ai sensi dell'articolo 4 del presente codice, per quanto attiene alle strutture dedicate alla nautica da diporto, le regioni e le province autonome di Trento e di Bolzano adeguano la propria normativa ai principi previsti dal presente articolo.

(articolo sostituito dall'art. 1, comma 1, lettera ee), d.lgs. n. 152 del 11/09/2008 in vigore dal 17/10/2008, e successivamente così sostituito dalla Legge di conversione del D.L. 1/2012, Legge 24 marzo 2012, n. 27, in vigore dal 25/03/2012)

Art. 154. Valutazione della proposta (articolo abrogato dall'art. 1, comma 1, lettera ff), d.lgs. n. 152 del 11/09/2008 in vigore dal 17/10/2008)

Art. 155. Indizione della gara (articolo abrogato dall'art. 1, comma 1, lettera ff), d.lgs. n. 152 del 11/09/2008 in vigore dal 17/10/2008)

Art. 156. Società di progetto (art. 37-quinquies, legge n. 109/1994)

1. Il bando di gara per l'affidamento di una concessione per la realizzazione e/o gestione di una infrastruttura o di un nuovo servizio di pubblica utilità deve prevedere che l'aggiudicatario ha la facoltà, dopo l'aggiudicazione, di costituire una società di progetto in forma di società per azioni o a responsabilità limitata, anche consortile. Il bando di gara indica l'ammontare minimo del capitale sociale della società. In caso di concorrente costituito da più soggetti, nell'offerta è indicata la quota di partecipazione al capitale sociale di ciascun soggetto. Le predette disposizioni si applicano anche alla gara di cui all'articolo 153. La società così costituita diventa la concessionaria subentrando nel rapporto di concessione all'aggiudicatario senza necessità di approvazione o autorizzazione. Tale subentro non costituisce cessione di contratto. Il bando di gara può, altresì, prevedere che la costituzione della società sia un obbligo dell'aggiudicatario. (articolo sostituito dall'art. 1, comma 1, lettera gg), d.lgs. n. 152 del 11/09/2008 in vigore dal 17/10/2008)

2. I lavori da eseguire e i servizi da prestare da parte delle società disciplinate dal comma 1 si intendono realizzati e prestati in proprio anche nel caso siano affidati direttamente dalle suddette società ai propri soci, sempre che essi siano in possesso dei requisiti stabiliti dalle vigenti norme legislative e regolamentari. Restano ferme le disposizioni legislative, regolamentari e contrattuali che prevedano obblighi di affidamento dei lavori o dei servizi a soggetti terzi.

3. Per effetto del subentro di cui al comma 1, che non costituisce cessione del contratto, la società di progetto diventa la concessionaria a titolo originario e sostituisce l'aggiudicatario in tutti i rapporti con l'amministrazione concedente. Nel caso di versamento di un prezzo in corso d'opera da parte della pubblica amministrazione, i soci della società restano solidalmente responsabili con la società di progetto nei confronti dell'amministrazione per l'eventuale rimborso del contributo percepito. In alternativa, la società di progetto può fornire alla pubblica amministrazione garanzie bancarie e assicurative per la restituzione delle somme versate a titolo di prezzo in corso d'opera, liberando in tal modo i soci. Le suddette garanzie cessano alla data di emissione del certificato di collaudo dell'opera. Il contratto di concessione stabilisce le modalità per l'eventuale cessione delle quote della società di progetto, fermo restando che i soci che hanno concorso a formare i requisiti per la qualificazione sono tenuti a partecipare alla società e a garantire, nei limiti di cui sopra, il buon adempimento degli obblighi del concessionario sino alla data di emissione del certificato di collaudo dell'opera. L'ingresso nel capitale sociale della società di progetto e lo smobilizzo delle partecipazioni da parte di banche e altri investitori istituzionali che non abbiano concorso a formare i requisiti per la qualificazione possono tuttavia avvenire in qualsiasi momento.

(NB si veda anche quanto disposto dall'art.1 della L. 183/2011 in vigore dal 01/01/2012 e dall'art. 33 del D.L. 18/10/2012 n. 179 modificato dal D.L. 69/2013 e dalla relativa legge di conversione 98/2013 in vigore dal 21/08/2013)

Art. 157. Emissione di obbligazioni e di titoli di debito da parte delle società di progetto
(art. 37-sexies, legge n. 109/1994)

1.Al fine di realizzare una singola infrastruttura o un nuovo servizio di pubblica utilità, le società di progetto di cui all'articolo 156 nonché le società titolari di un contratto di partenariato pubblico privato ai sensi dell'articolo 3, comma 15-ter, possono emettere obbligazioni e titoli di debito, anche in deroga ai limiti di cui agli articoli 2412 e 2483 del codice civile, purché destinati alla sottoscrizione da parte degli investitori qualificati come definiti ai sensi dell'articolo 100 del decreto legislativo 24 febbraio 1998, n. 58, fermo restando che sono da intendersi inclusi in ogni caso tra i suddetti investitori qualificati altresì le società ed altri soggetti giuridici controllati *da investitori qualificati ai sensi dell'articolo 2359 del codice civile; detti obbligazioni e titoli di debito possono essere dematerializzati e non possono essere trasferiti a soggetti che non siano investitori qualificati come sopra definiti. In relazione ai titoli emessi ai sensi del presente articolo non si applicano gli articoli 2413, 2414-bis, commi 1 e 2, e da 2415 a 2420 del codice civile.*

2. la documentazione di offerta deve riportare chiaramente ed evidenziare distintamente un avvertimento circa l'elevato profilo di rischio associato all'operazione.

3 le obbligazioni e i titoli di debito, sino all'avvio della gestione dell'infrastruttura da parte del concessionario ovvero fino alla scadenza delle obbligazioni e dei titoli medesimi, possono essere garantiti dal sistema finanziario, da fondazioni e da fondi privati, secondo le modalità definite con decreto del Ministro dell'economia e delle finanze, di concerto con il Ministro delle infrastrutture e dei trasporti.

4. Le disposizioni di cui ai commi 1, 2 e 3 si applicano anche alle società operanti nella gestione dei servizi di cui all'articolo 3-bis del decreto-legge 13 agosto 2011, n. 138, convertito, con modificazioni, dalla legge 14 settembre 2011, n. 148, alle società titolari delle autorizzazioni alla costruzione di infrastrutture facenti parte del Piano di sviluppo della rete di trasmissione nazionale dell'energia elettrica, alle società titolari delle autorizzazioni per la realizzazione di reti di comunicazione elettronica di cui al decreto legislativo 1° agosto 2003, n. 259, e alle società titolari delle licenze individuali per l'installazione e la fornitura di reti di telecomunicazioni pubbliche di cui all'articolo 6 del decreto del Presidente della Repubblica 19 settembre 1997, n. 318, come modificato dal decreto del Presidente, della Repubblica 1° agosto 2002, n. 211, nonché a quelle titolari delle autorizzazioni di cui all'articolo 46 de1 decreto-legge 1o ottobre 2007, n. 159, convertito, con modificazioni, dalla legge 29 novembre 2007, n. 222. Per le finalità relative al presente comma, il decreto di cui al comma 3 é adottato di concerto con il Ministro dello sviluppo economico. (comma modificato dalla L. 221/2012 in vigore dal 19/12/2012 di conversione del D.L. 179/2012)

(Articolo così sostituito dall'art. 41, comma 1, del D.L. n. 1 del 24/01/2012 in vigore dal 24/01/2012, e successivamente così modificato dalla Legge di conversione Legge 24 marzo 2012, n. 27, in vigore dal 25/03/2012)

(NB si veda anche quanto disposto dall'art.1 del D.L. 83/2012, in vigore dal 26/06/2012, convertito con modifiche dalla L. 134/2012 in vigore dal 12/08/2012)

Art. 158. Risoluzione *(art. 37-septies, legge n. 109/1994)*

1.Qualora il rapporto di concessione sia risolto per inadempimento del soggetto concedente ovvero quest'ultimo revochi la concessione per motivi di pubblico interesse, sono rimborsati al concessionario:

a) il valore delle opere realizzate più gli oneri accessori, al netto degli ammortamenti, ovvero, nel caso in cui l'opera non abbia ancora superato la fase di collaudo, i costi effettivamente sostenuti dal concessionario;

b) le penali e gli altri costi sostenuti o da sostenere in conseguenza della risoluzione;

c) un indennizzo, a titolo di risarcimento del mancato guadagno, pari al 10 per cento del valore delle opere ancora da eseguire ovvero della parte del servizio ancora da gestire valutata sulla base del piano economico-finanziario.

2. Le somme di cui al comma 1 sono destinate prioritariamente al soddisfacimento dei crediti dei finanziatori del concessionario e dei titolari di titoli emessi ai sensi dell'articolo 157, limitatamente alle obbligazioni emesse successivamente alla data di entrata in vigore della presente disposizione e sono indisponibili da parte di quest'ultimo fino al completo soddisfacimento di detti crediti. (comma così modificato dalla Legge di conversione del D.L. 1/2012, Legge 24 marzo 2012, n. 27, in vigore dal 25/03/2012)

3. L'efficacia della revoca della concessione é sottoposta alla condizione del pagamento da parte del concedente di tutte le somme previste dai commi precedenti.

Art. 159. Subentro (art. 37-octies, legge n. 109/1994)

1. In tutti i casi di risoluzione di un rapporto concessorio per motivi attribuibili al soggetto concessionario, gli enti finanziatori ivi inclusi i titolari di obbligazioni e titoli similari emessi dal concessionario del progetto potranno impedire la risoluzione designando una società che subentri nella concessione al posto del concessionario e che verrà accettata dal concedente a condizione che: (comma modificato dall'articolo 2, comma 1, lettera ll), d.lgs. n. 152 del 11/09/2008 in vigore dal 17/10/2008)

a) la società designata dai finanziatori abbia caratteristiche tecniche e finanziarie sostanzialmente corrispondenti a quelle previste nel bando di gara o negli atti in forza dei quali la concessione é stata affidata, avendo comunque riguardo alla situazione concreta del progetto ed allo stato di avanzamento dello stesso alla data del subentro; (lettera così modificata dall'art. 50, comma 1, lettera b) del D.L. n. 1 del 24/01/2012 in vigore dal 24/01/2012, convertito dalla Legge di conversione 24 marzo 2012, n. 27, in vigore dal 25/03/2012)

b) l'inadempimento del concessionario che avrebbe causato la risoluzione cessi entro i novanta giorni successivi alla scadenza del termine di cui al comma 1-bis. (lettera sostituita dall'articolo 2, comma 1, lettera ll), d.lgs. n. 152 del 11/09/2008 in vigore dal 17/10/2008)

1-bis. La designazione di cui al comma 1 deve intervenire entro il termine individuato nel contratto o, in mancanza, assegnato dall'amministrazione aggiudicatrice nella comunicazione scritta agli enti finanziatori della intenzione di risolvere il contratto. (comma introdotto dall'articolo 2, comma 1, lettera ll), d.lgs. n. 152 del 11/09/2008 in vigore dal 17/10/2008)

2. Con decreto del Ministro delle infrastrutture, sono fissati i criteri e le modalità di attuazione delle previsioni di cui al comma 1.

2-bis. Il presente articolo si applica alle società titolari di qualsiasi contratto di partenariato pubblico privato di cui all'articolo 3, comma 15-ter. (comma introdotto dall'articolo 2, comma 1, lettera ll), d.lgs. n. 152 del 11/09/2008 in vigore dal 17/10/2008)

Art. 160. Privilegio sui crediti (art. 37-nonies, legge n. 109/1994)

1. I crediti dei soggetti che finanziano o rifinanziano, a qualsiasi titolo, anche tramite la sottoscrizione di obbligazioni e titoli similari la realizzazione di lavori pubblici, di opere di interesse pubblico o la gestione di pubblici servizi hanno privilegio generale sui beni mobili ivi inclusi i crediti del concessionario ai sensi degli articoli 2745 e seguenti del codice civile. (comma sostituito dall'articolo 2, comma 1, lettera mm), d.lgs. n. 152 del 11/09/2008 in vigore dal 17/10/2008)

2. Il privilegio, a pena di nullità, deve risultare da atto scritto. Nell'atto devono essere esattamente descritti i finanziatori originari dei crediti, il debitore, l'ammontare in linea capitale del finanziamento o della linea di credito, nonché gli elementi che costituiscono il finanziamento.

3. L'opponibilità ai terzi del privilegio sui beni é subordinata alla trascrizione, nel registro indicato dall'articolo 1524, comma 2, del codice civile, dell'atto dal quale il privilegio risulta. Della costituzione del privilegio é dato avviso mediante pubblicazione nel foglio annunzi legali; dall'avviso devono risultare gli estremi della avvenuta trascrizione. La trascrizione e la pubblicazione devono essere effettuate presso i competenti uffici del luogo ove ha sede l'impresa finanziata.

4. Fermo restando quanto previsto dall'articolo 1153 del codice civile, il privilegio può essere esercitato anche nei confronti dei terzi che abbiano acquistato diritti sui beni che sono oggetto dello stesso dopo la trascrizione prevista dal comma 3. Nell'ipotesi in cui non sia possibile far valere il privilegio nei confronti del terzo acquirente, il privilegio si trasferisce sul corrispettivo.

Art. 160-bis. Locazione finanziaria di opere pubbliche o di pubblica utilità

1. Per la realizzazione, l'acquisizione ed il completamento di opere pubbliche o di pubblica utilità i committenti tenuti all'applicazione del presente codice possono avvalersi anche del contratto di locazione finanziaria, che costituisce appalto pubblico di lavori, salvo che questi ultimi abbiano un carattere meramente accessorio rispetto all'oggetto principale del contratto medesimo. (comma modificato dall'articolo 2, comma 1, lettera nn), d.lgs. n. 152 del 11/09/2008 in vigore dal 17/10/2008)

2. Nei casi di cui al comma 1, il bando, ferme le altre indicazioni previste dal presente codice, determina i requisiti soggettivi, funzionali, economici, tecnico-realizzativi ed organizzativi di partecipazione, le caratteristiche tecniche ed estetiche dell'opera, i costi, i tempi e le garanzie dell'operazione, nonché i parametri di valutazione tecnica ed economico-finanziaria dell'offerta economicamente più vantaggiosa.

3. L'offerente di cui al comma 2 può essere anche una associazione temporanea costituita dal soggetto finanziatore e dal soggetto realizzatore, responsabili, ciascuno, in relazione alla specifica obbligazione assunta, ovvero un contraente generale. In caso di fallimento, inadempimento o sopravvenienza di qualsiasi causa impeditiva all'adempimento dell'obbligazione da parte di uno dei due soggetti costituenti l'associazione temporanea di imprese, l'altro può sostituirlo, con l'assenso del committente, con altro soggetto avente medesimi requisiti e caratteristiche.

4. L'adempimento degli impegni della stazione appaltante resta in ogni caso condizionato al positivo controllo della realizzazione ed alla eventuale gestione funzionale dell'opera secondo le modalità previste.

4-bis. Il soggetto finanziatore, autorizzato ai sensi del decreto legislativo 1° settembre 1993, n. 385, e successive modificazioni, deve dimostrare alla stazione appaltante che dispone, se del caso avvalendosi delle capacità di altri soggetti, anche in associazione temporanea con un soggetto realizzatore, dei mezzi necessari ad eseguire l'appalto. Nel caso in cui l'offerente sia un contraente generale, di cui all'articolo 162, comma 1, lettera g), esso può partecipare anche ad affidamenti relativi alla realizzazione, all'acquisizione ed al completamento di opere pubbliche o di pubblica utilità non disciplinati dalla parte II, titolo III, capo IV, se in possesso dei requisiti determinati dal bando o avvalendosi delle capacità di altri soggetti. (comma aggiunto dall'articolo 2, comma 1, lettera nn), d.lgs. n. 152 del 11/09/2008 in vigore dal 17/10/2008)

4-ter. La stazione appaltante pone a base di gara un progetto di livello almeno preliminare. L'aggiudicatario provvede alla predisposizione dei successivi livelli progettuali ed all'esecuzione dell'opera. (comma aggiunto dall'articolo 2, comma 1, lettera nn), d.lgs. n. 152 del 11/09/2008 in vigore dal 17/10/2008)

4-quater. L'opera oggetto del contratto di locazione finanziaria può seguire il regime di opera pubblica ai fini urbanistici, edilizi ed espropriativi; l'opera può essere realizzata su area nella disponibilità dell'aggiudicatario. (comma aggiunto dall'articolo 2, comma 1, lettera nn), d.lgs. n. 152 del 11/09/2008 in vigore dal 17/10/2008)

(articolo aggiunto dal D.Lgs. 113 del 31/07/2007 in vigore dal 01/08/2007)

Art. 160-ter Contratto di disponibilità

1. L'affidatario del contratto di disponibilità é retribuito con i seguenti corrispettivi, soggetti ad adeguamento monetario secondo le previsioni del contratto:

a) un canone di disponibilità, da versare soltanto in corrispondenza alla effettiva disponibilità dell'opera; il canone é proporzionalmente ridotto o annullato nei periodi di ridotta o nulla disponibilità della stessa per manutenzione, vizi o qualsiasi motivo non rientrante tra i rischi a carico dell'amministrazione aggiudicatrice ai sensi del comma 3;

b) l'eventuale riconoscimento di un contributo in corso d'opera, comunque non superiore al cinquanta per cento del costo di costruzione dell'opera, in caso di trasferimento della proprietà dell'opera all'amministrazione aggiudicatrice;

c) un eventuale prezzo di trasferimento, parametrato, in relazione ai canoni già versati e all'eventuale contributo in corso d'opera di cui alla precedente lettera b), al valore di mercato residuo dell'opera, da corrispondere, al termine del contratto, in caso di trasferimento della proprietà dell'opera all'amministrazione aggiudicatrice.

2. L'affidatario assume il rischio della costruzione e della gestione tecnica dell'opera per il periodo di messa a disposizione dell'amministrazione aggiudicatrice. Il contratto determina le modalità di ripartizione dei rischi tra le parti, che possono comportare variazioni dei corrispettivi dovuti per gli eventi incidenti sul progetto, sulla realizzazione o sulla gestione tecnica dell'opera, derivanti dal sopravvenire di norme o provvedimenti cogenti di pubbliche autorità. Salvo diversa determinazione contrattuale e fermo restando quanto previsto dal comma 5, i rischi sulla costruzione e gestione tecnica dell'opera derivanti da mancato o ritardato rilascio di autorizzazioni, pareri, nulla osta e ogni altro atto di natura amministrativa sono a carico del soggetto aggiudicatore. (comma integrato dalla L 134/2012 in vigore dal 12/08/2012 di conversione del D.L. 83/2012)

3. Il bando di gara é pubblicato con le modalità di cui all'articolo 66 ovvero di cui all'articolo 122, secondo l'importo del contratto, ponendo a base di gara un capitolato prestazionale, predisposto dall'amministrazione aggiudicatrice, che indica, in dettaglio, le caratteristiche tecniche e funzionali che deve assicurare l'opera costruita e le modalità per determinare la riduzione del canone di disponibilità, nei limiti di cui al comma 6. Le offerte devono contenere un progetto preliminare rispondente alle caratteristiche indicate nel capitolato prestazionale e sono corredate dalla garanzia di cui all'articolo 75; il soggetto aggiudicatario é tenuto a prestare la cauzione definitiva di cui all'articolo 113. Dalla data di inizio della messa a disposizione da parte dell'affidatario é dovuta una cauzione a garanzia delle penali relative al mancato o inesatto adempimento di tutti gli obblighi contrattuali relativi alla messa a disposizione dell'opera, da prestarsi nella misura del dieci per cento del costo annuo operativo di esercizio e con le modalità di cui all'articolo 113; la mancata presentazione di tale cauzione costituisce grave inadempimento contrattuale. L'amministrazione aggiudicatrice valuta le offerte presentate con il criterio dell'offerta economicamente più vantaggiosa di cui all'articolo 83. Il bando indica i criteri, secondo l'ordine di importanza loro attribuita, in base ai quali si procede alla valutazione comparativa tra le diverse offerte. Gli oneri connessi agli eventuali espropri sono considerati nel quadro economico degli investimenti e finanziati nell'ambito del contratto di disponibilità.

4. Al contratto di disponibilità si applicano le disposizioni previste dal presente codice in materia di requisiti generali di partecipazione alle procedure di affidamento e di qualificazione degli operatori economici.

5. Il progetto definitivo, il progetto esecutivo e le eventuali varianti in corso d'opera sono redatti a cura dell'affidatario; l'affidatario ha la facoltà di introdurre le eventuali varianti finalizzate ad una maggiore economicità di costruzione o gestione, nel rispetto del capitolato prestazionale e delle norme e provvedimenti di pubbliche autorità vigenti e sopravvenuti; il progetto definitivo, il progetto esecutivo e le varianti in corso d'opera sono ad ogni effetto approvati dall'affidatario, previa comunicazione all'amministrazione aggiudicatrice e, ove prescritto, alle terze autorità competenti. Il rischio della mancata o ritardata approvazione da parte di terze autorità competenti della progettazione e delle eventuali varianti é a carico dell'affidatario. L'amministrazione aggiudicatrice può attribuire all'affidatario il ruolo di autorità espropriante ai sensi del testo unico di cui al d.P.R. 8 giugno 2001, n. 327. (comma integrato dalla L 134/2012 in vigore dal 12/08/2012 di conversione del D.L. 83/2012)

6. L'attività di collaudo, posta in capo alla stazione appaltante, verifica la realizzazione dell'opera al fine di accertare il puntuale rispetto del capitolato prestazionale e delle norme e disposizioni cogenti e può proporre all'amministrazione aggiudicatrice, a questi soli fini, modificazioni, varianti e rifacimento di lavori eseguiti ovvero, sempre che siano assicurate le caratteristiche funzionali essenziali, la riduzione del canone di disponibilità. Il contratto individua, anche a salvaguardia degli enti finanziatori e dei titolari di titoli emessi ai sensi dell'articolo 157 del presente decreto il limite di riduzione del canone di disponibilità superato il quale il contratto é risolto. L'adempimento degli impegni dell'amministrazione aggiudicatrice resta in ogni caso condizionato al positivo controllo della realizzazione dell'opera ed alla messa a disposizione della stessa secondo le modalità previste dal contratto di disponibilità.
7. Le disposizioni del presente articolo si applicano anche alle infrastrutture di cui alla parte II, titolo III, capo IV. In tal caso l'approvazione dei progetti avviene secondo le procedure previste agli articoli 165 e seguenti.

172

(Articolo introdotto dall'art. 44, comma 1, lettera d) del D.L. n. 1 del 24/01/2012 in vigore dal 24/01/2012, e così modificato dalla Legge di conversione 24 marzo 2012, n. 27, in vigore dal 25/03/2012)

CAPO IV - LAVORI RELATIVI A INFRASTRUTTURE STRATEGICHE E INSEDIAMENTI PRODUTTIVI SEZIONE I -INFRASTRUTTURE E INSEDIAMENTI PRODUTTIVI (estratto)

Art. 161. Oggetto e disciplina comune applicabile (art. 1, commi da 1 a 6, d.lgs. n. 190/2002)

1. Il presente capo regola la progettazione, l'approvazione dei progetti e la realizzazione delle infrastrutture strategiche di preminente interesse nazionale, nonché l'approvazione secondo quanto previsto dall'articolo 179 dei progetti degli insediamenti produttivi strategici e delle infrastrutture strategiche private di preminente interesse nazionale, individuati a mezzo del programma di cui al comma 1 dell'articolo 1 della legge 21 dicembre 2001, n. 443. Nell'ambito del programma predetto sono, altresì, individuate, con intese generali quadro tra il Governo e ogni singola regione o provincia autonoma, le opere per le quali l'interesse regionale é concorrente con il preminente interesse nazionale. Per tali opere le regioni o province autonome partecipano, con le modalità indicate nelle stesse intese, alle attività di progettazione, affidamento dei lavori e monitoraggio, in accordo alle normative vigenti e alle eventuali leggi regionali allo scopo emanate. Rimangono salve le competenze delle province autonome di Trento e Bolzano previste dallo statuto speciale e relative norme di attuazione.

1-bis. Nell'ambito del programma di cui al comma 1, il Documento di finanza pubblica individua, su proposta del Ministro delle infrastrutture e dei trasporti, l'elenco delle infrastrutture da ritenersi prioritarie sulla base dei seguenti criteri generali:

a) coerenza con l'integrazione con le reti europee e territoriali; b) stato di avanzamento dell'iter procedurale; c) possibilità di prevalente finanziamento con capitale privato.

(comma aggiunto dal D.Lgs. 113 del 31/07/2007 in vigore dal 01/08/2007, successivamente così sostituito dall'art. 41, comma 1, decreto-legge n. 201/2011 in vigore dal 06/12/2011, poi convertito senza modifiche dalla Legge di conversione 214/2011, in vigore dal 28/12/2011)

1-ter. Per le infrastrutture individuate nell'elenco di cui al comma 1-bis sono indicate: a) le opere da realizzare;

b) il cronoprogramma di attuazione; c) le fonti di finanziamento della spesa pubblica; d) la quantificazione delle risorse da finanziare con capitale privato.

(comma aggiunto dal D.Lgs. 113 del 31/07/2007 in vigore dal 01/08/2007, successivamente così sostituito dall'art. 41, comma 1, decreto-legge n. 201/2011 in vigore dal 06/12/2011, poi convertito senza modifiche dalla Legge di conversione 214/2011, in vigore dal 28/12/2011)

1-quater. Al fine di favorire il contenimento dei tempi necessari per il reperimento delle risorse relative al finanziamento delle opere di cui al presente capo e per la loro realizzazione, per ciascuna infrastruttura i soggetti aggiudicatori presentano al Ministero lo studio di fattibilità, redatto secondo modelli definiti dal Cipe e comunque conformemente alla normativa vigente. Il Ministero, entro sessanta giorni dalla comunicazione, anche avvalendosi del supporto dell'Unità tecnica di finanza di progetto di cui all'articolo 7 della legge 17 maggio 1999, n. 144 e, nel caso, sentito il soggetto di cui all'articolo 163, comma 4, lettera b), verifica l'adeguatezza dello studio di fattibilità, anche in ordine ai profili di bancabilità dell'opera; qualora siano necessarie integrazioni allo stesso, il termine è prorogato di trenta giorni. A questo fine la procedura di Valutazione Ambientale Strategica, e la Valutazione di Impatto Ambientale, sono coordinate con i tempi sopra indicati. (comma introdotto dall'art. 41, comma 1, decreto-legge n. 201/2011 in vigore dal 06/12/2011, poi convertito senza modifiche dalla Legge di conversione 214/2011, in vigore dal 28/12/2011)

2. L'approvazione dei progetti delle infrastrutture e insediamenti di cui al comma 1 avviene d'intesa tra lo Stato e le regioni nell'ambito del CIPE allargato ai presidenti delle regioni e province autonome interessate, secondo le previsioni della legge 21 dicembre 2001, n. 443, e dei successivi articoli del presente capo.

3. Le procedure di aggiudicazione delle infrastrutture di cui al comma 1 sono regolate dalle disposizioni del presente capo.

4. Le amministrazioni aggiudicatrici statali e i loro concessionari applicano, per le proprie attività contrattuali e organizzative, relative alla realizzazione delle infrastrutture di cui al comma 1, le norme del presente capo.

5. Le regioni, le province, i comuni, le città metropolitane, gli enti pubblici dagli stessi dipendenti e i loro concessionari applicano, per le proprie attività rientranti in materie oggetto di legislazione concorrente, relative alla realizzazione delle infrastrutture di cui al comma 1, le norme del presente capo fino alla entrata in vigore di una diversa norma regionale, da emanarsi nel rispetto dei principi fondamentali della legge 21 dicembre 2001, n. 443. Sono fatte salve le competenze dei comuni, delle città metropolitane, delle province e delle regioni in materia di progettazione, approvazione e realizzazione delle infrastrutture e insediamenti produttivi diversi da quelli di cui al comma 1.

6. Salvo quanto previsto dalla legge 21 dicembre 2001, n. 443 e dal presente capo, ai contratti alle opere di cui all'articolo 162, comma 1, si applicano, in quanto non derogate dalla disciplina ivi dettata, le disposizioni:

- della parte I (principi e disposizioni comuni e contratti esclusi in tutto o in parte dall'ambito di applicazione del codice);

- della parte II, titolo I (contratti di rilevanza comunitaria); - della parte II, titolo III, capo I (programmazione, direzione ed esecuzione dei lavori); - della parte II, titolo III, capo II (concessione di lavori pubblici); - della parte II, titolo III, capo III (promotore finanziario e società di progetto); - della parte IV (contenzioso); - della parte V (disposizioni di coordinamento, finali e transitorie).

6-bis. Per consentire il monitoraggio finanziario delle opere di cui al presente capo con il ricorso al SIOPE (Sistema informativo delle operazioni degli enti pubblici), tutti i soggetti responsabili di dette opere, anche diversi dalle pubbliche amministrazioni come definite secondo i criteri di contabilità nazionale SEC 95, dovranno procedere per i loro pagamenti in base alle procedure previste per il SIOPE e dovranno provvedere a far riportare anche il CUP (Codice unico di progetto) sui mandati informatici utilizzati per il pagamento dei fornitori. (comma aggiunto dal D.Lgs. 113 del 31/07/2007 in vigore dal 01/08/2007)

Art. 162. Definizioni rilevanti per le infrastrutture strategiche e gli insediamenti produttivi (art. 1, comma 7, d.lgs. n. 190/2002; Art. 2, d.lgs. n. 189/2005)

1. Salve le definizioni di cui all'articolo 3, ai fini di cui al presente capo:

a) programma é il programma delle infrastrutture e degli insediamenti produttivi strategici di preminente interesse nazionale, di cui all'articolo 1 della legge 21 dicembre 2001, n. 443;

b) Ministero é il Ministero delle infrastrutture;

c) infrastrutture e insediamenti produttivi sono le infrastrutture e insediamenti produttivi inseriti nel programma;

d) opere per le quali l'interesse regionale concorre con il preminente interesse nazionale sono le infrastrutture, individuate nel programma di cui all'articolo 161 comma 1, non aventi carattere interregionale o internazionale, per le quali sia prevista, nelle intese generali quadro di cui al citato articolo 161, comma 1, una particolare partecipazione delle regioni o province autonome alle procedure attuative. Hanno carattere interregionale o internazionale le opere da realizzare sul territorio di più regioni o Stati, ovvero collegate funzionalmente ad una rete interregionale o internazionale;

e) fondi, indica le risorse finanziarie - integrative dei finanziamenti pubblici, anche comunitari e privati allo scopo stimati disponibili - che la legge finanziaria annualmente destina alle attività di progettazione, istruttoria e realizzazione delle infrastrutture inserite nel programma;

f) CIPE é il Comitato interministeriale per la programmazione economica, integrato con i presidenti delle regioni e province autonome di volta in volta interessate dalle singole infrastrutture e insediamenti produttivi;

g) affidamento a contraente generale é il contratto di cui all'articolo 3, comma 7, con il quale viene affidata la progettazione e realizzazione con qualsiasi mezzo di una infrastruttura rispondente alle esigenze specificate dal soggetto aggiudicatore. Il contraente generale si differenzia dal concessionario di opere pubbliche per l'esclusione dalla gestione dell'opera eseguita ed é qualificato per specifici connotati di capacità organizzativa e tecnico-realizzativa, per l'assunzione dell'onere relativo all'anticipazione temporale del finanziamento necessario alla realizzazione dell'opera in tutto o in parte con mezzi finanziari privati, per la libertà di forme nella realizzazione dell'opera, per la natura prevalente di obbligazione di risultato complessivo del rapporto che lega detta figura al soggetto aggiudicatore e per l'assunzione del relativo rischio. I contraenti generali non sono soggetti aggiudicatori ai sensi del presente capo;

h) finanziamento senza rivalsa o con rivalsa limitata é il finanziamento, superiore a 5 milioni di euro, che viene concesso ad un contraente generale o concessionario, senza rivalsa o con rivalsa limitata nei confronti dello stesso contraente generale o concessionario, ovvero nei confronti dei soci della società di progetto.

Art. 174. Concessioni relative a infrastrutture (art. 7, d.lgs. n. 190/2002)

1. Il concessionario assume a proprio carico il rischio di gestione dell'opera. Il prezzo eventualmente da accordare al concessionario e la durata della concessione sono determinati, nel bando di gara, sulla base del piano economico finanziario e costituiscono, come previsto al successivo articolo 177, comma 4, parametri di aggiudicazione della concessione. Nella determinazione del prezzo si tiene conto dell'eventuale prestazione di beni e servizi da parte del concessionario allo stesso soggetto aggiudicatore, relativamente all'opera concessa, secondo le previsioni del bando di gara.

2. Le procedure di appalto del concessionario e i rapporti dello stesso concessionario con i propri appaltatori o con il proprio contraente generale, sono regolate esclusivamente dalle:

- norme regolanti gli appalti del concessionario di cui agli articoli da 146 a 151; - norme di qualificazione degli appaltatori e subappaltatori di cui al regolamento; - verifiche antimafia, da espletarsi nei confronti degli affidatari e subaffidatari di lavori.

I rapporti tra concessionario e appaltatore o contraente generale sono rapporti di diritto privato disciplinati dal contratto e dalle norme del codice civile.

3. I rapporti di collegamento del concessionario con le imprese esecutrici dei lavori sono individuati e regolati dall'articolo 149, comma 3. L'elenco limitativo di tali imprese é unito alle candidature per la concessione. Tale elenco é aggiornato in funzione delle modifiche che intervengono successivamente nei collegamenti tra le imprese. Ove il concessionario si avvalga per la realizzazione delle opere, di un contraente generale, ai rapporti tra concessionario e contraente generale si applicano i commi 7, 8 e 9 dell'articolo 176. Ove il contraente generale sia un'impresa collegata al concessionario, deve assicurare il subaffidamento a terzi delle quote ad essi riservate in sede di gara ovvero ai sensi del comma 4; il subaffidamento delle quote predette dovrà avvenire con la procedura prevista per gli appalti del concessionario dagli articoli da 146 a 151.

4. É fatto divieto alle amministrazioni aggiudicatrici, di procedere ad estensioni dei lavori affidati in concessione al di fuori delle ipotesi consentite dall'articolo 147, previo aggiornamento degli atti convenzionali sulla base di uno schema predisposto dal Ministro delle infrastrutture. Di tale aggiornamento deve essere data comunicazione al Parlamento.

4-bis. Al fine di assicurare adeguati livelli di bancabilità e il coinvolgimento del sistema bancario nell'operazione, si applicano, in quanto compatibili, le disposizioni contenute all'articolo 144, commi 3-bis, 3-ter e 3-quater. (comma introdotto dal D.L. 69/2013 in vigore dal 22/06/2013, convertito senza ulteriori modifiche dalla L 98/2013)

5. (comma abrogato dall'art. 1, comma 1, lettera ii), d.lgs. n. 152 del 11/09/2008 in vigore dal 17/10/2008)

Art. 175 (Finanza di progetto) (art. 8, d.lgs. n. 190/2002)

1. Il Ministero pubblica sul sito informatico di cui al decreto del Ministro dei lavori pubblici in data 6 aprile 2001, pubblicato nella Gazzetta Ufficiale n. 100 del 2 maggio 2001, nonché nella Gazzetta Ufficiale italiana e dell'Unione europea, la lista delle infrastrutture inserite nel programma di cui all'articolo 161, comma 1, per le quali i soggetti aggiudicatori intendono ricorrere alle procedure della finanza di progetto disciplinate dal presente articolo. Nella lista é precisato, per ciascuna infrastruttura, l'ufficio del soggetto aggiudicatore presso il quale gli interessati possono ottenere le informazioni ritenute utili.

2. Ai fini dell'inserimento dell'intervento nella lista, i soggetti aggiudicatori rimettono lo studio di fattibilità al Ministero, che ne cura l'istruttoria secondo quanto previsto dall'articolo 161, comma 1-quater. Il Ministero sottopone lo studio di fattibilità al CIPE, che si esprime con la partecipazione dei presidenti delle regioni e province autonome eventualmente interessate e, in caso di valutazione positiva, indica, fra l'altro, le eventuali risorse pubbliche destinate al progetto, che devono essere disponibili a legislazione vigente. Dette risorse devono essere mantenute disponibili per i progetti approvati sino alla loro realizzazione.

3. Il Ministero aggiorna la lista di cui al comma 1, indicando gli interventi i cui studi di fattibilità sono stati approvati dal CIPE.

4. Il soggetto aggiudicatore, entro novanta giorni dalla data in cui diventa efficace la delibera CIPE di approvazione dello studio di fattibilità, provvede alla pubblicazione del bando di gara sulla base dello studio di fattibilità.

5. Il bando, oltre a quanto previsto dall'articolo 177, deve specificare che:

a) le offerte devono contenere un progetto preliminare che, oltre a quanto previsto nell'allegato tecnico XXI, deve evidenziare, con apposito adeguato elaborato cartografico, le aree impegnate, le relative eventuali fasce di rispetto e le occorrenti misure di salvaguardia; deve, inoltre, indicare ed evidenziare anche le caratteristiche prestazionali, le specifiche funzionali ed i costi dell'infrastruttura da realizzare, ivi compreso il costo per le eventuali opere e misure compensative dell'impatto territoriale e sociale; una bozza di convenzione, un piano economico-finanziario asseverato ai sensi dell'articolo 153, comma 9, nonché dare conto del preliminare coinvolgimento nel progetto di uno o più istituti finanziatori. Il piano economico-finanziario comprende l'importo delle spese sostenute per la predisposizione dell'offerta, comprensivo anche dei diritti sulle opere dell'ingegno di cui all'articolo 2578 del codice civile. Tale importo non può superare il 2,5 per cento del valore dell'investimento, come desumibile dallo studio di fattibilità posto a base di gara;

b) il soggetto aggiudicatore richiede al promotore prescelto ai sensi del comma 6 di apportare al progetto preliminare, ed eventualmente allo schema di convenzione e al piano economico finanziario, da esso presentati, le modifiche eventualmente intervenute in fase di approvazione del progetto preliminare da parte del CIPE. In tal caso la concessione é definitivamente aggiudicata al promotore solo successivamente all'accettazione, da parte di quest'ultimo, delle modifiche indicate. In caso di mancata accettazione da parte del promotore delle modifiche indicate dal CIPE, il soggetto aggiudicatore ha facoltà di chiedere ai concorrenti successivi in graduatoria l'accettazione, entro trenta giorni dalla richiesta, delle modifiche da apportare al progetto preliminare presentato dal promotore alle stesse condizioni proposte a quest'ultimo e non accettate dallo stesso. In caso di esito negativo o di una sola offerta, il soggetto aggiudicatore ha facoltà di procedere ai sensi dell'articolo 177, ponendo a base di gara il progetto preliminare predisposto dal promotore, aggiornato con le prescrizioni del CIPE.

c) il promotore, o eventualmente altro concorrente prescelto ai sensi della lettera b), ai fini dell'aggiudicazione definitiva della concessione, deve dare adeguato conto dell'integrale copertura finanziaria dell'investimento, anche acquisendo la disponibilità di uno o più istituti di credito a concedere il finanziamento previsto nel piano economico-finanziario correlato al progetto preliminare presentato dal promotore ed eventualmente adeguato a seguito della deliberazione del CIPE.

5-bis. Al fine di assicurare adeguati livelli di bancabilità e il coinvolgimento del sistema bancario nell'operazione, si applicano, in quanto compatibili, le disposizioni contenute all'articolo 144, commi 3-bis, 3-ter e 3-quater. (comma introdotto dal D.L. 69/2013 in vigore dal 22/06/2013, convertito senza ulteriori modifiche dalla L 98/2013)

6. In parziale deroga a quanto stabilito dall'articolo 177, il soggetto aggiudicatore valuta le offerte presentate con il criterio dell'offerta economicamente più vantaggiosa, redige una graduatoria e nomina promotore il soggetto che ha presentato la migliore offerta; la nomina del promotore può aver luogo anche in presenza di una sola offerta. L'esame delle offerte é esteso agli aspetti relativi alla qualità del progetto preliminare presentato, al valore economico e finanziario del piano e al contenuto della bozza di convenzione.

7. Le offerte sono corredate dalle garanzie e dalle cauzioni di cui all'articolo 153, comma 13, primo periodo.

8. L'offerta del promotore é vincolante per il periodo indicato nel bando, comunque non inferiore a un anno dalla presentazione dell'offerta.

9. Il soggetto aggiudicatore promuove, ove necessaria, la procedura di valutazione di impatto ambientale e quella di localizzazione urbanistica, ai sensi dell'articolo 165, comma 3. A tale fine, il promotore integra il progetto preliminare con lo studio d'impatto ambientale e quant'altro necessario alle predette procedure.

10. Il progetto preliminare, istruito ai sensi dell'articolo 165, comma 4, é approvato dal CIPE ai sensi dell'articolo 169-bis, unitamente allo schema di convenzione ed al piano economico finanziario. La mancata approvazione del progetto preliminare da parte del CIPE non determina alcun diritto in capo all'offerente con riguardo alle prestazioni e alle attività già svolte.

11. Il soggetto aggiudicatore procede all'aggiudicazione e alla stipula del contratto di concessione nei termini e alle condizioni di cui al comma 5, lettere b) e c). Nel caso in cui risulti aggiudicatario della concessione un soggetto diverso dal promotore, quest'ultimo ha diritto al pagamento, a carico dell'aggiudicatario definitivo, dell'importo delle spese sostenute per la predisposizione dell'offerta ed al rimborso dei costi sostenuti per le integrazioni di cui al comma 9.

12. Il soggetto aggiudicatario é tenuto agli adempimenti previsti dall'articolo 153, comma 13, secondo e terzo periodo.

13. É facoltà dei soggetti di cui all'articolo 153, comma 20, presentare al soggetto aggiudicatore studi di fattibilità relativi alla realizzazione di infrastrutture inserite nel programma di cui all'articolo 161, non presenti nella lista di cui al comma 1 del presente articolo. Ai fini dell'inserimento dell'intervento nella lista di cui al comma 1, il soggetto aggiudicatore trasmette lo studio di fattibilità al Ministero, il quale, svolta l'istruttoria ai sensi dell'articolo 161, comma 1-quater, lo sottopone al CIPE per l'approvazione ai sensi del comma 2 del presente articolo. L'inserimento dell'intervento nella lista non determina alcun diritto del proponente al compenso per le prestazioni compiute o alla realizzazione degli interventi proposti.

14. I soggetti di cui all'articolo 153, comma 20, possono presentare al soggetto aggiudicatore proposte relative alla realizzazione di infrastrutture inserite nel programma di cui all'articolo 161, non presenti nella lista di cui al comma 1 del presente articolo. Il soggetto aggiudicatore può riservarsi di non accogliere la proposta ovvero di interrompere il procedimento, senza oneri a proprio carico, prima che siano avviate le procedure di cui al sesto periodo del presente comma. La proposta contiene il progetto preliminare redatto ai sensi del comma 5, lettera a), lo studio di impatto ambientale, la bozza di convenzione, il piano economico-finanziario asseverato da uno dei soggetti di cui all'articolo 153, comma 9, primo periodo, nonché l'indicazione del contributo pubblico eventualmente necessario alla realizzazione del progetto e la specificazione delle caratteristiche del servizio e della gestione. Il piano economico-finanziario comprende l'importo di cui all'articolo 153, comma 9, secondo periodo; tale importo non può superare il 2,5 per cento del valore dell'investimento. La proposta é corredata delle autodichiarazioni relative al possesso dei requisiti di cui all'articolo 153, comma 20, della cauzione di cui all'articolo 75, e dell'impegno a prestare una cauzione nella misura dell'importo di cui all'articolo 153, comma 9, terzo periodo, nel caso di indizione di gara. Il soggetto aggiudicatore promuove, ove necessaria, la procedura di impatto ambientale e quella di localizzazione urbanistica, ai sensi dell'articolo 165, comma 3, invitando eventualmente il proponente ad integrare la proposta con la documentazione necessaria alle predette procedure. La proposta viene rimessa dal soggetto aggiudicatore al Ministero, che ne cura l'istruttoria ai sensi dell'articolo 165, comma 4. Il progetto preliminare é approvato dal CIPE ai sensi dell'articolo 169-bis, unitamente allo schema di convenzione e al piano economico-finanziario. Il soggetto aggiudicatore ha facoltà di richiedere al proponente di apportare alla proposta le modifiche eventualmente intervenute in fase di approvazione da parte del CIPE. Se il proponente apporta le modifiche richieste assume la denominazione di promotore e la proposta é inserita nella lista di cui al comma 1 ed é posta a base di gara per l'affidamento di una concessione ai sensi dell'articolo 177, cui partecipa il promotore con diritto di prelazione, di cui é data evidenza nel bando di gara. Se il promotore non partecipa alla gara, il soggetto aggiudicatore incamera la cauzione di cui all'articolo 75. I concorrenti devono essere in possesso dei requisiti di cui all'articolo 153, comma 8. Si applica l'articolo 153, commi 4 e 19, tredicesimo, quattordicesimo e quindicesimo periodo. Il soggetto aggiudicatario é tenuto agli adempimenti previsti dall'articolo 153, comma 13, secondo e terzo periodo. (comma così sostituito dall'art. 42, comma 1, del D.L. n. 1 del 24/01/2012 in vigore dal 24/01/2012, e ulteriormente modificato dalla Legge di conversione 24 marzo 2012, n. 27, in vigore dal 25/03/2012) (Articolo così sostituito, anche nella rubrica, dalla Legge di conversione 214/2011, in vigore dal 28/12/2011, che ha convertito con modificazioni l'art. 41 del D.L. 201/2011 introducendo il comma 5-bis. – ai sensi dell'art. 41 comma 5-ter del D.L. 201/11 le disposizioni di cui al comma 5-bis non si applicano alle procedure già avviate alla data di entrata in vigore della legge di conversione del presente decreto, per le quali continuano ad applicarsi le disposizioni di cui all'articolo 175 del codice di cui al decreto legislativo 12 aprile 2006, n. 163, nella formulazione vigente prima della medesima data)

DETERMINAZIONE N.4 DEL 22 MAGGIO 2013 - AVCP

Linee guida sulle operazioni di leasing finanziario e sul contratto di disponibilità
(pubblicata nella Gazzetta Ufficiale n. 134 del 10/06/2013)

1. Le ragioni dell'intervento dell'Autorità

Il legislatore nazionale è intervenuto più volte, nel corso degli ultimi anni, sulle fattispecie contrattuali ascrivibili alla cd. public-private partnership (PPP) sia per la possibilità di integrare *le competenze del settore pubblico e del settore privato sia in considerazione delle ridotte risorse finanziarie a disposizione delle stazioni appaltanti.*

In particolare, si evidenziano l'introduzione nel sistema dei contratti pubblici del contratto di locazione finanziaria (o leasing finanziario), inserito nel d.lgs. 12 aprile 2006, n. 163 (nel seguito, Codice) all'art. 160-bis, dall'art. 2, comma 1, lett. pp), d.lgs. 31 luglio 2007, n. 113 e, più recentemente, la previsione del contratto di disponibilità, introdotto nel Codice all'art. 160-ter dall'art. 44, d.l. 24 gennaio 2012, n. 1, come modificato dalla l. 24 marzo 2012, n. 27 e, successivamente, dal d.l. 22 giugno 2012, n. 83, convertito dalla l. 7 agosto 2012, n. 134.

L'attuale assetto normativo prevede, dunque, una serie di strumenti di partenariato pubblico-privato (cfr. art. 3, comma 15-ter del Codice), che vanno dai contratti di concessione finanziati sia in corporate financing sia in project financing, al contratto di disponibilità e al leasing. Con riferimento alle opere con tariffazione a carico dell'amministrazione, che rappresentano il principale ambito di riferimento di questo documento, i primi due sono riconducibili al modello internazionale DBFO (design, build, finance and operate); il terzo al modello BLT (build, lease and transfert). Indipendentemente dal modello finanziario sottostante, ai fini della riconduzione dell'operazione nell'alveo del PPP, occorre strutturare il contratto in modo tale che i rischi siano allocati alla parte che è meglio in grado di controllarli.

L'applicazione di questi strumenti contrattuali ha posto dubbi di carattere interpretativo connessi, soprattutto, ad aspetti delicati del disegno di gara, quali, ad esempio, la tipologia di soggetti ammessi alle procedure competitive, la ripartizione dei rischi tra pubblico e privato, la corretta strutturazione delle operazioni dal punto di vista tecnico ed economico-finanziario.

Il presente documento si pone, pertanto, l'obiettivo di chiarire alcune questioni interpretative concernenti gli strumenti contrattuali sopra richiamati e di fornire alle stazioni appaltanti indicazioni operative sui principali aspetti dell'iter di affidamento. Tali indicazioni tengono conto delle osservazioni e dei contributi pervenuti dai partecipanti al tavolo tecnico all'uopo costituito dall'Autorità nel 2012.

2. Il ricorso al leasing immobiliare in costruendo

La locazione finanziaria è il contratto mediante il quale un locatore acquista un bene conforme alle esigenze del locatario e poi lo concede in locazione al medesimo, svolgendo così una funzione di intermediario finanziario; alla scadenza contrattuale il locatario utilizzatore può scegliere tra la restituzione del bene, ovvero il suo acquisto, mediante corresponsione del prezzo di riscatto. L'articolo 160-bis del Codice consente ai committenti pubblici di avvalersi di tale forma di finanziamento per la realizzazione, acquisizione e completamento delle opere pubbliche o di pubblica utilità.

Con il contratto di leasing immobiliare in costruendo, pertanto, una parte si obbliga a costruire, finanziandone il costo, un bene immobile rispondente ad esigenze funzionali dell'altra, di durata almeno pari a quella di vigenza del contratto, a fronte del versamento di canoni periodici; la controparte assume, altresì, il diritto di riscatto, preordinato ad ottenere la piena proprietà dell'opera alla scadenza del contratto.

L'articolo 160-bis disciplina solo la locazione finanziaria per la realizzazione di opere pubbliche, e non si occupa di altri settori di possibile utilizzo di tale tipologia contrattuale (si veda, oltre, paragrafo 4). Come più volte posto in rilievo dalla giurisprudenza contabile, il leasing immobiliare per la realizzazione di opere pubbliche costituisce un'opportunità di coinvolgimento di capitali privati, a patto che vengano mantenute ferme le caratteristiche essenziali del contratto, che la realizzazione riguardi un'opera suscettibile di proprietà privata e che l'ente pubblico abbia la facoltà di riscattare il bene al termine del contratto.

Il ricorso al leasing immobiliare, in quanto forma di PPP, richiede una preventiva analisi di costi-benefici e di compatibilità con le norme per il coordinamento della finanza pubblica, atta a soppesarne la complessiva convenienza e la sostenibilità finanziaria sui bilanci futuri (cfr. ex multis Corte dei conti, sez. Emilia Romagna, n. 5/2012; sez. Veneto, n. 360/2011).

Ciò implica una valutazione preliminare di convenienza, da effettuarsi in base ai consueti parametri di efficienza, efficacia ed economicità dell'azione amministrativa, fra il ricorso al partenariato pubblico privato in generale (project financing, leasing, concessione), il leasing in costruendo in particolare ed altre forme di finanziamento. A tal fine, dovrà essere condotta una verifica tecnica, anche mediante il calcolo del costo finanziario complessivo dell'operazione programmata, che deve essere certo e definito fin dal momento dell'aggiudicazione; detto costo, come meglio precisato nel paragrafo 2.5, è sostanzialmente individuato nel canone di leasing, che include ogni elemento di costo atteso dell'operazione, e nel corrispettivo per il riscatto finale.

Quanto all'impatto sul bilancio pubblico, con specifico riguardo al leasing immobiliare, si rammenta che, affinché l'intervento possa essere qualificato off balance, è necessario fare riferimento ai criteri contenuti nelle decisioni Eurostat, cui rinvia l'art. 3, comma 15-ter del Codice. Come rammentato nelle determinazioni dell'Autorità n. 2 del 2010 e n. 6 del 2011, per potersi ritenere che l'intervento realizzato tramite operazioni di leasing immobiliare sia considerabile quale partenariato pubblico-privato ai fini dell'impatto sulla contabilità pubblica, e, in particolare, per non essere incluso nel calcolo del disavanzo e del debito pubblico, rispetto ai tre rischi classificati dall'Eurostat (ossia di costruzione, di domanda e di disponibilità), almeno due – normalmente quelli di costruzione e di domanda/disponibilità negli interventi relativi alla realizzazione di opere pubbliche – devono pienamente sussistere in modo sostanziale e non solo formale a carico del privato (cfr., ad esempio, Corte dei conti, sez. Lombardia, n. 107/2012)1.

In ogni caso, la corretta allocazione dei rischi è un elemento cruciale del leasing immobiliare in costruendo sia sotto il profilo della qualificazione dell'operazione come partenariato pubblico-privato sia per assicurare l'esecuzione e la fruizione dell'opera nei tempi e secondo le modalità pattuite. Il contratto dovrà disciplinare, pertanto, in maniera espressa detto profilo.

2.1. L'oggetto del contratto

Il primo e fondamentale aspetto che preme evidenziare attiene al carattere unitario dell'istituto. Il profilo è ampiamente dibattuto in dottrina ed in giurisprudenza: secondo un primo indirizzo, prevalente nella giurisprudenza della Corte di Cassazione, si sarebbe in presenza di un collegamento funzionale tra due diversi contratti (si veda, in tal senso, Cassazione civile, sezione III, sentenza n.

---

1 Rileva sul punto la copiosa giurisprudenza contabile (cfr., in particolare, Corte dei conti, sezioni riunite in sede di controllo, n. 49/2011; Corte dei Conti, sez. regionale di controllo per il Piemonte n. 127/2012) circa la contabilizzazione delle operazioni di leasing finanziario immobiliare alla luce delle regole di finanza pubblica e delle indicazioni derivanti dalla determinazione Eurostat dell'11 febbraio 2004 (cfr. anche Eurostat, "Manual on Government Deficit and Debt, Implementation of ESA95"). 5003 dell'8 marzo 2005 e TAR Brescia, sez. II, sentenza n. 1675 del 5 maggio 2010). Secondo un diverso orientamento, si tratterebbe, invece, di una figura contrattuale unitaria, qualificata in termini di contratto plurilaterale (così, ad esempio, la Cassazione civile, sezione II, sentenza del 26 gennaio 2000, n. 854). Al riguardo, si rammenta che il criterio distintivo tra contratto unico e contratto collegato non è dato da elementi formali, quali l'unità o la pluralità dei documenti contrattuali, o dalla contestualità delle stipulazioni, bensì dall'elemento sostanziale dell'unicità o pluralità degli interessi perseguiti (si veda, in tal senso, da ultimo Cassazione civile, Sezione II del 26 marzo 2010, n. 7305). Inoltre, la tematica della unitarietà o meno della fattispecie nell'ambito della contrattualistica pubblica si connota diversamente, rispetto all'ambito privatistico, oltre che sotto il profilo della tipicità della disciplina, anche per l'ulteriore e decisivo profilo della procedura da utilizzare.

In proposito, si ritiene che l'interpretazione sistematica degli indici normativi deponga a favore della ricostruzione in termini unitari del leasing pubblico. In primo luogo, in tal senso milita l'analisi dell'elemento funzionale del contratto, che trova la sua ragione economico-sociale nell'obiettivo di realizzare lavori pubblici avvalendosi della possibile sinergia tra un soggetto costruttore e un soggetto finanziatore. L'art. 3, comma 15–bis, del Codice qualifica, infatti, la locazione finanziaria come contratto di partenariato pubblico-privato, definendola come contratto avente ad oggetto la prestazione di servizi finanziari e l'esecuzione di lavori. Lo stesso art. 160-bis del Codice qualifica la locazione finanziaria come appalto di lavori; ove, invece, i lavori abbiano carattere meramente accessorio, l'oggetto principale del contratto sarà costituito dai servizi finanziari. La mera accessorietà dei lavori rispetto ai servizi appare, peraltro, come un'ipotesi residuale e, escluso il caso della realizzazione ex novo dell'opera, potrebbe astrattamente concernere soltanto il caso del completamento di un'opera già esistente. Nei casi dubbi, il profilo deve essere valutato in base al criterio funzionale fissato dall'art. 14, comma 3, del Codice: pertanto, vi sarà prevalenza dei servizi se, quand'anche l'importo dei lavori sia superiore al cinquanta per cento, questi ultimi, in base alle specifiche caratteristiche dell'appalto, si presentino come meramente accessori rispetto all'oggetto principale dello stesso.

In entrambi le ipotesi, tuttavia, il contratto da stipularsi e, più in generale, l'operazione economico- finanziaria deve essere considerata e trattata unitariamente (unica gara e unico contratto) tra una pubblica amministrazione ed un soggetto (eventualmente riunito in associazione temporanea) realizzatore e finanziatore. In secondo luogo, merita osservare come il Codice prefiguri l'esperimento di una gara unica. Così, ad esempio, il comma 2 dell'art. 160-bis del Codice espressamente si riferisce al singolare ("bando di gara"), come del resto il successivo comma 4-ter.

Si osserva che, a fronte di una unica gara, la stipulazione di due diversi contratti – che deriverebbe dall'accoglimento della tesi del collegamento negoziale – creerebbe inevitabilmente difficoltà gestionali di rapporti tra l'ente pubblico ed i contraenti, nonché indebolirebbe la cointeressenza dei medesimi sul risultato finale, determinando una parcellizzazione delle situazioni giuridiche e, di conseguenza, degli interessi in gioco.

A favore della tesi dell'unitarietà della figura contrattuale depone, altresì, quanto statuito dall'art. 160-bis, comma 2, del Codice, che richiede che il bando precisi i requisiti tecnico – realizzativi del concorrente e le caratteristiche progettuali dell'opera. Questa previsione porterebbe ad escludere la possibilità di considerare la gara per il leasing in costruendo come una gara avente ad oggetto un appalto di servizio di finanziamento, con la scelta a valle del soggetto realizzatore rimessa direttamente all'aggiudicatario – soggetto finanziatore. Un ulteriore argomento a sostegno della tesi, si può rinvenire nella disciplina di cui al comma 3 della norma in esame, in relazione al raggruppamento temporaneo, che prevede la facoltà di sostituzione da parte di ciascuno dei soggetti del raggruppamento temporaneo non soltanto in caso di fallimento, ma anche in tutti i casi di "sopravvenienza di qualsiasi causa impeditiva". Tale previsione sembra potersi giustificare proprio nell'ottica dell'unico contratto stipulato. Quest'ultimo, infatti, in mancanza di un sostituto si scioglierebbe in danno anche al contraente cui non è attribuibile l'inadempimento.

Deve, pertanto, concludersi che il legislatore ha considerato unica sia la procedura ad evidenza pubblica di selezione dell'operatore economico sia il successivo e conseguente contratto stipulato con la stazione appaltante, una volta terminata la fase di selezione del concorrente. Il carattere unitario del contratto di appalto consente di qualificare l'intera prestazione secondo la logica del risultato, caratterizzata dalla consegna a regola d'arte di un'opera finanziata e finita, propedeutica a legittimare il diritto alla controprestazione del pagamento dei canoni di locazione. In questo contesto, il servizio finanziario, che assume, di norma, carattere accessorio al risultato complessivo dell'operazione, in ogni caso non può essere considerato come mera prestazione o assimilato a semplice contratto separato di finanziamento, alternativo, ad esempio, ad un contratto di mutuo. In sostanza, l'istituto del leasing in costruendo va inquadrato come complessiva prestazione di risultato, non assimilabile ad una mera sommatoria di contratto di finanziamento e di contratto d'appalto di lavori pubblici.

A fronte di una causa contrattuale unitaria, è tuttavia necessario che nel contratto siano puntualmente disciplinate e distinte le obbligazioni, di natura eterogenea, poste a carico di ciascuna parte, soprattutto in considerazione dei connessi profili in tema di responsabilità.

2.2. La procedura di gara

Per quanto concerne la procedura di gara, attesa la qualificazione normativa come contratto di appalto di lavori con una componente, di regola, accessoria di servizi, possono trovare applicazione tutte le procedure contemplate dal Codice per l'esecuzione di opere pubbliche o di pubblica utilità, con le relative norme in tema di pubblicità e termini (cfr. art. 54 del Codice).

Peraltro, dal momento che l'art. 160-bis prevede, quale criterio di aggiudicazione, quello dell'offerta economicamente più vantaggiosa di cui all'art. 83 del Codice, vale quanto stabilito dall'art. 55, comma 2, secondo cui le stazioni appaltanti, in tal caso, "utilizzano di preferenza le procedure ristrette". Inoltre, l'art. 160-bis, comma 2, prevede che il bando determini "i parametri di valutazione tecnica ed economico-finanziaria dell'offerta economicamente più vantaggiosa". Con dizione sintetica, la medesima disposizione demanda alla definizione ex ante nel bando di gara, da parte della stazione appaltante, dei requisiti soggettivi, funzionali, economici, tecnico-realizzativi ed organizzativi di partecipazione, delle caratteristiche tecniche ed estetiche dell'opera, dei costi, dei tempi e delle garanzie dell'operazione.

Con specifico riguardo alla strutturazione della gara, secondo il comma 4-ter dell'art. 160-bis, la stazione appaltante deve porre a base di gara un progetto di livello almeno preliminare, mentre spetta all'aggiudicatario provvedere alla predisposizione dei successivi livelli progettuali oltre che all'esecuzione dell'opera. In tal caso, applicandosi il criterio di aggiudicazione dell'offerta economicamente più vantaggiosa, appare necessario che il progetto preliminare contenga tutti gli elementi che, a giudizio dell'amministrazione, sono ritenuti indispensabili e non soggetti a variazione, nonché i requisiti minimi delle varianti di cui all'art. 76 del Codice. L'utilizzo dell'espressione "almeno" sta a significare che la stazione appaltante potrebbe porre a base di gara un progetto definitivo o addirittura esecutivo. E' ammissibile, inoltre, ai fini di una corretta gestione della gara, da svolgersi con l'offerta economicamente più vantaggiosa, chiedere al *concorrente, in sede di offerta, la presentazione di un progetto definitivo, secondo quanto previsto dall'articolo 53, comma 1, lettera c) del Codice.*

Nel caso in cui la progettazione definitiva ed esecutiva siano rimesse al soggetto realizzatore, nel silenzio della norma, in analogia con quanto disposto per l'appalto integrato di cui all'art. 53, comma 2, lett. b) e c), del Codice, è necessario predeterminare i requisiti del progettista nel bando di gara. Il concorrente, quindi, dovrà essere in possesso di attestazione SOA per l'esecuzione e la progettazione dell'opera ed avvalersi di professionisti in possesso dei requisiti di qualificazione indicati nel bando, qualora non in possesso di tali requisiti attraverso la propria struttura.

Occorre, infine, rammentare quanto disposto dall'art. 153, comma 20, del Codice secondo il quale la proposta di cui al comma 19, primo periodo, del medesimo articolo può riguardare, in alternativa alla concessione, la locazione finanziaria di cui all'articolo 160-bis.

2.2.1. La disponibilità delle aree

Quanto alla questione attinente alla disponibilità delle aree sulle quali eseguire l'opera (cfr. art. 160- bis), è del tutto evidente che l'individuazione delle aree stesse e la relativa proprietà potranno incidere sui costi dell'operazione. Al riguardo, appare preferibile che la stazione appaltante individui ex ante un'area di sua proprietà ovvero un'area da sottoporre ad esproprio, sulla quale far costruire l'opera, prevedendo la successiva costituzione del diritto di superficie in favore dell'aggiudicatario. Nel caso si optasse per la concessione dell'area in diritto di superficie, "potrebbe ammettersi l'utilizzo di questo strumento purché il diritto reale sia concesso per un periodo considerevolmente più lungo rispetto a quello previsto per il contratto di locazione finanziaria, cosicché nel momento in cui spira il termine del contratto di leasing il bene conservi un apprezzabile valore di mercato che, al contrario, verrebbe meno ove vi fosse coincidenza tra scadenza del contratto di locazione finanziaria e diritto di superficie. Infatti, in quest'ultimo caso, nel momento in cui cessa il diritto di superficie l'ente pubblico non solo riacquista la piena proprietà dell'area ma anche quella dell'opera realizzata sulla stessa, indipendentemente dall'esercizio del diritto di opzione e, addirittura, anche nel caso in cui non intendesse esercitare l'opzione" (Corte dei conti, deliberazione 49/CONTR/11).

Diversamente, la disponibilità delle aree dovrebbe formare oggetto di apposita valutazione in sede di gara in base alla fissazione di requisiti minimi delle stesse (quali, ad esempio, la localizzazione, il grado di rispondenza della stessa alle specifiche finalità pubbliche per cui deve essere realizzata, il livello di urbanizzazione delle zone circostanti, ecc.). Una simile opzione potrebbe, tuttavia, alterare la piena comparabilità delle offerte; inoltre, le procedure di esproprio che si renderebbero eventualmente necessarie, a causa degli iter complessi e costosi, potrebbero avere un impatto negativo sulla possibilità che l'operazione si sviluppi nell'ambito di un quadro amministrativo, economico e finanziario certo.

In alternativa, la stazione appaltante potrebbe valutare l'opportunità di esperire un'apposita procedura per l'individuazione dell'area su cui far realizzare l'opera.

2.3. I soggetti a cui può essere affidato il contratto

Secondo il comma 3 dell'art. 160-bis del Codice, l'offerente "può essere anche una associazione temporanea costituita dal soggetto finanziatore e dal soggetto realizzatore, responsabili, ciascuno, in relazione alla specifica obbligazione assunta, ovvero un contraente generale". Prima facie, la dizione impiegata ("può essere anche una associazione temporanea (...)"), unitamente a quanto stabilito dal successivo comma 4-bis, secondo cui "il soggetto finanziatore, autorizzato ai sensi del decreto legislativo 1° settembre 1993, n. 385, e successive modificazioni, deve dimostrare alla stazione appaltante che dispone, se del caso avvalendosi delle capacità di altri soggetti, anche in associazione temporanea con un soggetto realizzatore, dei mezzi necessari ad eseguire l'appalto", sembrerebbe prefigurare la possibilità che il soggetto finanziatore possa partecipare individualmente alla gara, assicurando la disponibilità dei mezzi necessari a realizzare l'opera mediante il ricorso all'avvalimento ex art. 49 del Codice. In realtà, una simile evenienza mal si concilia con la qualificazione del leasing in costruendo quale appalto di lavori, nei termini già ricordati, e con i caratteri propri dell'avvalimento disciplinato dall'art. 49 del Codice (cfr. determinazione dell'Autorità n. 2 del 2012, "L'avvalimento nelle procedure di gara"), soprattutto con riferimento al profilo della responsabilità solidale ai sensi del citato art. 49, comma 4. In proposito, la giurisprudenza amministrativa, muovendo dalla constatazione che l'art. 160-bis contempla l'accostamento di prestazioni – la costruzione ed il finanziamento – assolutamente distanti tra loro, ancorché coordinate e rese complementari dal legislatore per soddisfare le esigenze delle amministrazioni pubbliche, ha ritenuto che "il regime della solidarietà sia incompatibile con l'avvalimento atipico e che, nel silenzio della norma, operi la deroga alla regola generale di cui all'art. 49, con conseguente responsabilità frazionata dei due soggetti coinvolti" (T.A.R. Lombardia Brescia 5 maggio 2010, n. 1675).

In base a quanto sopra considerato, deve escludersi che il soggetto finanziatore possa partecipare individualmente alla gara, dovendosi ritenere che l'art. 160-bis imponga la contemporanea presenza di due soggetti, realizzatore e finanziatore. Con riguardo alle caratteristiche del raggruppamento, l'art. 160-bis, comma 3, introduce un regime derogatorio rispetto alla disciplina generale dettata dall'art. 37 del Codice. Dispone, infatti, che finanziatore e costruttore sono "responsabili, ciascuno, in relazione alla specifica obbligazione assunta", in deroga a quanto affermato dall'art. 37, comma 5, del Codice secondo cui "l'offerta dei concorrenti raggruppati o dei consorziati determina la loro responsabilità solidale nei confronti della stazione appaltante, nonché nei confronti del subappaltatore e dei fornitori. Per gli assuntori di lavori scorporabili e, nel caso di servizi e forniture, per gli assuntori di prestazioni secondarie, la responsabilità è limitata all'esecuzione delle prestazioni di rispettiva competenza, ferma restando la responsabilità solidale del mandatario".

Il sistema delineato dal legislatore risulta coerente con la natura ontologicamente differente che connota i due soggetti del raggruppamento in esame: il soggetto finanziatore, per poter svolgere legalmente la sua attività, deve rispondere ai requisiti fissati dal d.lgs. 1° settembre 1993, n. 385, Testo unico delle leggi in materia bancaria e creditizia (nel seguito, TUB); il costruttore deve essere necessariamente un soggetto qualificato ai sensi dell'art. 40 del Codice e non può essere un finanziatore, secondo quanto previsto dalla disciplina bancaria.

Accanto al raggruppamento temporaneo, il terzo comma dell'art. 160-bis prevede che a ricoprire il ruolo di offerente possa essere anche un contraente generale di cui all'art. 162, comma 1, lett. g) del Codice. Viene, in tal modo, ampliato l'ambito di operatività del contraente generale anche alle opere pubbliche o di pubblica utilità che non sono considerate strategiche e di preminente interesse nazionale. L'art. 160-bis, comma 4-bis, precisa, infatti, che il contraente generale "può partecipare anche ad affidamenti relativi alla realizzazione, all'acquisizione ed al completamento di opere pubbliche o di pubblica utilità non disciplinati dalla parte II, titolo III, capo IV, se in possesso dei requisiti determinati dal bando o avvalendosi delle capacità di altri soggetti". Tuttavia, la formulazione della norma pone dubbi circa il fatto che il contraente generale possa concorrere alla procedura di gara in forma individuale, cioè senza la contestuale partecipazione del soggetto finanziatore. Si osserva, al riguardo, che *l'affidamento a contraente generale come unica controparte contrattuale dell'amministrazione mal si concilierebbe con la ricostruzione del leasing in costruendo come vicenda contrattuale unitaria, basata sulla contemporanea partecipazione di un soggetto finanziatore e di un soggetto esecutore.*

Una simile eventualità, inoltre, incontrerebbe un ulteriore ostacolo nella legislazione bancaria e creditizia, che impone a chi svolge attività di finanziamento l'iscrizione a determinati albi o elenchi, previa autorizzazione e controllo della Banca d'Italia, secondo le disposizioni del TUB a cui, tra l'altro, fa espresso riferimento lo stesso comma 4 dell'art.160-bis.

Sul punto occorre, altresì, considerare che, in base a quanto stabilito dall'art. 162, comma 1, lett. g), del Codice, il contraente generale è qualificato "per l'assunzione dell'onere relativo all'anticipazione temporale del finanziamento necessario alla realizzazione dell'opera in tutto o in parte con mezzi finanziari privati", cioè si distingue per la particolare capacità di anticipare gli oneri del finanziamento, ma non già di provvedere al vero e proprio finanziamento, attività che è pur sempre demandata ad un soggetto finanziatore autorizzato.

Nel caso del leasing, l'applicazione di un simile meccanismo (che posticipa ad un momento successivo alla conclusione della gara l'individuazione del soggetto finanziatore) non è scevra da rilevanti criticità, in quanto mal si adatta alla struttura contrattuale unitaria della fattispecie, come sopra delineata.

Pur auspicando un chiarimento normativo sul punto, data l'obiettiva ambiguità della norma, si ritiene preferibile che il contraente generale partecipi alla procedura di gara in associazione con un soggetto finanziatore.

2.4. La valutazione delle offerte

Per l'affidamento del contratto di locazione finanziaria, in base a quanto previsto dall'art. 160-bis, comma 2, del Codice, il bando determina i requisiti soggettivi, funzionali, economici, tecnico- realizzativi ed organizzativi di partecipazione, le caratteristiche tecniche ed estetiche dell'opera, i costi, i tempi e le garanzie dell'operazione, nonché i parametri di valutazione tecnica ed economico- finanziaria dell'offerta economicamente più vantaggiosa. La stazione appaltante deve preliminarmente indicare i requisiti soggettivi per la partecipazione alla gara che, in base a quanto precedentemente illustrato, dovranno necessariamente riferirsi sia alla progettazione ed esecuzione dei lavori sia alla prestazione del servizio finanziario.

Il confronto competitivo deve essere incentrato sul criterio dell'offerta economicamente più vantaggiosa, in relazione al quale il bando di gara dovrà specificare gli elementi migliorativi di carattere tecnico-progettuale ed economico-finanziario, nonché i relativi pesi ponderali. Relativamente agli aspetti tecnico-progettuali, potranno essere valutati quelli indicati in via esemplificativa dall'art. 83, comma 1, del Codice, quali, ad esempio, il pregio tecnico, le caratteristiche estetiche e funzionali, le caratteristiche ambientali, il servizio di assistenza tecnica e di manutenzione, i tempi di completamento e di consegna dell'opera. Specialmente nel caso di realizzazione ex novo di un'opera, potranno essere valorizzati quegli elementi in grado di ridurre i costi futuri di utilizzazione della stessa quali, ad esempio, particolari soluzioni tecnico-realizzative e l'impiego di materiali idonei al contenimento dei consumi energetici.

Per quanto attiene agli elementi di carattere economico-finanziario, è necessario che la stazione appaltante elabori, innanzitutto, un prospetto dettagliato contenente la stima dei costi che prevede di dover sostenere, unitamente agli elementi/parametri per il calcolo degli oneri di natura finanziaria. Si ritiene che, tra le voci di costo, figurino almeno le seguenti:

- *il costo di realizzazione dell'opera;*

- *il costo della progettazione definitiva e/o esecutiva, qualora a base di gara sia posto un progetto di livello inferiore;*

- *gli oneri finanziari (interessi sul capitale prestato);*

- *gli oneri di preammortamento, relativi agli interessi sulle somme anticipate dal finanziatore al costruttore fino alla consegna definitiva dell'opera;*

- *le spese di manutenzione dell'immobile, eventualmente inserite all'interno di un servizio più ampio e articolato di facility management;*

- *il prezzo per il riscatto finale;*

- *gli oneri fiscali (ad esempio, l'IVA da aggiungere al canone di locazione);*

le altre spese amministrative e tecniche (ad esempio, spese notarili, commissioni bancarie, spese di istruttoria, spese assicurative, ecc.). elementi/parametri dell'operazione finanziaria vanno certamente considerati: la scelta in ordine al tasso di interesse, fisso o variabile;

lo spread che il soggetto finanziatore applicherà sui tassi di mercato di riferimento (IRS per il fisso o Euribor per il variabile); la durata dell'operazione (numero delle rate); la periodicità dei canoni (mensile, bimestrale, semestrale, ecc.);

la possibilità di switch del tasso di interesse (ad esempio, da variabile a fisso).

Una delle prime decisioni che la stazione appaltante deve assumere riguarda la scelta tra un tasso d'interesse fisso per tutta la durata del contratto e un tasso variabile in base alle condizioni di mercato, eventualmente accompagnato dalla possibilità di "switch" al tasso fisso. Benché il tasso variabile possa risultare in fase iniziale più conveniente per la stazione appaltante, l'opzione del tasso fisso appare quella più idonea a garantire la certezza dei costi dell'intera operazione e ad evitare potenziali rischi finanziari per l'amministrazione derivanti dalla variabilità dei tassi d'interesse nel corso della durata contrattuale. In tale direzione, vanno i pronunciamenti della Corte dei conti, che, come ricordato, individua quali elementi caratterizzanti del leasing immobiliare in costruendo la durata, il canone e il prezzo di riscatto prefissati (cfr. Corte dei conti, sez. regionale Piemonte, n. 82/2010 del 24 novembre 2010 e sez. contr. Lombardia, n. 87/DEL/2008 del 13 novembre 2008). La Corte ha, in particolare, affermato che "il canone periodico è fisso per tutta la durata del contratto: solo in caso di varianti in corso d'opera richieste dall'ente pubblico, che comportassero maggiori costi di costruzione, potrà essere richiesto ed accettato un incremento del canone. Al contrario, in caso di vizi o difformità tali da comportare una riduzione del valore dell'opera, potrà aversi una riduzione del canone secondo le modalità stabilite nel bando di gara o nell'annesso capitolato" (Corte dei conti, deliberazione 49/CONTR/11).

2.5. La scelta degli elementi di valutazione economica

La scelta degli elementi da sottoporre al confronto concorrenziale deve avvenire tenendo in considerazione le specifiche esigenze della stazione appaltante (relative, ad esempio, alla durata del finanziamento ed all'onere di riscatto finale), ma anche gli elementi di maggiore interesse per la determinazione della convenienza economica complessiva dell'operazione, tra i quali, in particolare, il tasso d'interesse ed il canone periodico da corrispondere all'aggiudicatario (cfr. Corte dei conti, deliberazione 49/CONTR/11).

Dall'analisi di alcuni bandi di gara risulta che sono spesso oggetto di valutazione, anche se non sempre presenti in maniera simultanea: il costo dei lavori, lo spread sul finanziamento, lo spread sul preammortamento ed il canone periodico; talvolta vengono valutati anche la durata del finanziamento ed il prezzo per il riscatto finale.

Una prassi riscontrata è quella di richiedere ai concorrenti un'offerta separata sui due elementi principali che contribuiscono a determinare il costo finale dell'opera, ovvero il ribasso sul costo dei lavori e lo spread sul finanziamento. La valutazione indipendente di questi due elementi, soprattutto in presenza di altre voci di natura economico/finanziaria, quali la durata del finanziamento o il prezzo di riscatto, non assicura sempre la selezione dell'offerta complessivamente più conveniente. Ciò può avvenire sia a causa del carattere "relativo" o "interdipendente" delle formule solitamente utilizzate per l'assegnazione dei relativi punteggi sia per effetto della definizione del piano finale di ammortamento e, cioè, in conseguenza della trasformazione delle singole voci di offerta nel canone periodico da corrispondere per la durata contrattuale, che potrebbe portare ex post ad un onere complessivo (rata periodica x numero delle rate previste) superiore rispetto ad altre combinazioni di costo e tasso offerte in gara.

Tale considerazione porta in evidenza i vantaggi, in termini di semplicità e trasparenza nella valutazione e comparazione delle offerte, derivanti dalla richiesta ai concorrenti di un'offerta/ribasso sul canone, basata su un tasso d'interesse fisso ed invariabile per tutta la durata contrattuale, quale unico elemento economico da porre a base di gara e nel quale dovrebbero essere ricompresi tutti i costi attesi dell'operazione, quali i costi di progettazione e costruzione, gli interessi sul capitale prestato, gli oneri di preammortamento, i costi di manutenzione e tutte le altre voci di spesa suscettibili di ribasso. Le componenti ed il procedimento adottato per la determinazione del canone a base d'asta dovrebbero essere accuratamente dettagliati in uno studio di fattibilità economico-finanziario e nel relativo piano di ammortamento, dai quali si possa ricavare in modo evidente il contributo, nonché la congruità, rispetto ai valori di mercato, delle singole voci di costo.

Per quanto attiene ai parametri di natura finanziaria, le amministrazioni devono evidenziare i valori dello spread e del tasso d'interesse fisso di riferimento (IRS) adottati per determinare il canone a base di gara. Lo stesso tasso fisso IRS di riferimento dovrà essere utilizzato dai concorrenti per formulare la proposta di canone, esplicitando nell'offerta il valore dello spread ad esso applicato. Poiché il lasso di tempo che intercorre tra la presentazione delle offerte e la consegna dell'opera può essere piuttosto lungo, le stazioni appaltanti potrebbero prevedere l'aggiornamento del canone offerto in gara in base al valore del tasso di interesse di mercato IRS effettivamente in vigore nel giorno della consegna dell'opera, tenendo fermi ed immutati tutti gli altri elementi dell'offerta. Il canone così aggiornato sarà, da quel momento, fisso ed invariabile per tutta la durata contrattuale. L'aggiornamento del tasso IRS eviterebbe al contraente l'accollo degli eventuali oneri relativi alla stipula di contratti a copertura del rischio di fluttuazione dei tassi d'interesse nel periodo considerato, ai quali potrebbe conseguire un'offerta di canone più elevata.

Nel bando di gara devono essere, altresì, fissati i due parametri economici rimanenti ovvero la durata del finanziamento (numero delle rate) ed il prezzo per il riscatto finale dell'opera.

2.6. Il controllo da parte della stazione appaltante

Al fine di garantire l'efficienza complessiva dell'operazione, è necessario che le stazioni appaltanti predispongano adeguati meccanismi di controllo relativi all'intero ciclo di realizzazione dell'opera ed alla fase di gestione della stessa. Con riguardo alla progettazione, compete alla stazione appaltante l'approvazione dei livelli progettuali eventualmente demandati all'aggiudicatario e lo svolgimento della verifica della compatibilità del progetto con i requisiti funzionali, tecnici ed estetici, i costi ed i tempi di realizzazione, indicati nel bando di gara. Il necessario riferimento, in proposito, è alla disciplina di cui al Titolo II, capo II, del d.P.R. 5 ottobre 2010, n. 207 (nel seguito, "Regolamento") relativamente alla verifica del progetto.

A tal fine, si reputa necessario che il contratto preveda espressamente modalità e tempistiche di approvazione, al fine di prevenire l'insorgere di controversie o ritardi. In fase esecutiva, il comma 4 dell'art. 160-bis dispone che l'adempimento degli impegni della stazione appaltante resta, in ogni caso, condizionato al positivo controllo della realizzazione ed alla eventuale gestione funzionale dell'opera secondo le modalità previste.

Il Codice ed il Regolamento non dettano una disciplina specifica con riguardo alla direzione dei lavori realizzati mediante locazione finanziaria. Attesa la qualificazione alla stregua di appalto di lavori, si ritiene debba trovare applicazione l'art. 130, comma 1, del Codice che assegna alla stazione appaltante il compito di nominare un direttore dei lavori.

Al riguardo, si rileva che la partecipazione attiva del committente nella fase di controllo sullo svolgimento dei lavori, oltre a qualificarsi come attività "di garanzia" nei confronti del realizzatore e del finanziatore, potrebbe ridurre il rischio di contestazioni per eventuali vizi o non conformità dell'opera al termine dei lavori, attraverso la richiesta di appositi correttivi (cfr., sul punto, T.A.R. Lombardia, Brescia, 5 maggio 2010, n. 1675).

Parimenti, i tempi di realizzazione e di consegna, nonché la qualità del bene, devono essere prefissati e resi certi da specifiche clausole contrattuali: l'opera deve essere consegnata "chiavi in mano", ossia completa in ogni sua parte, funzionante, comprensiva di impianti e allacciamenti, inclusi permessi e autorizzazioni. Si rammenta, sul punto, che il comma 3 dell'art. 160-bis riconosce a ciascuno dei componenti dell'associazione temporanea la possibilità, in corso di esecuzione, di sostituire l'altro, con l'assenso del committente, con altro soggetto avente medesimi requisiti e caratteristiche non soltanto in caso di fallimento, ma anche in ipotesi di "inadempimento o sopravvenienza di qualsiasi causa impeditiva all'adempimento dell'obbligazione".

La norma sottolinea la necessità di collaborazione tra il soggetto finanziatore e il soggetto realizzatore durante l'esecuzione del contratto, attribuendo, a ciascuno di essi, un potere di vigilanza e controllo reciproco sull'adempimento delle rispettive obbligazioni, che può condurre finanche alla proposta di sostituzione; detta collaborazione è, del resto, preordinata alla realizzazione dell'opera a regola d'arte e, in sostanza, è necessaria per la buona riuscita dell'operazione.

Il contratto deve, altresì, disciplinare espressamente il regime delle manutenzioni, ordinarie e straordinarie, eventualmente inserendo anche la gestione del facility management, nonché regolamentare la fattispecie del mancato collaudo o dell'intervenuta impossibilità di usufruire del bene per cause non imputabili all'amministrazione. Al fine di garantire standard minimi di fruibilità dell'opera e di incentivare il contraente a realizzare la stessa a regola d'arte, è opportuno che il contratto includa il servizio di manutenzione ordinaria.

Resta fermo che l'adempimento dell'obbligazione principale posta a carico della stazione appaltante, consistente nel pagamento del canone, è correlato alla realizzazione dell'opera in conformità al progetto approvato ed al mantenimento degli standard di fruibilità e qualità dell'opera contrattualmente definiti; l'assetto contrattuale deve, infatti, comportare un adeguato trasferimento del rischio di disponibilità in capo alla controparte privata. Quest'ultimo deve essere tradotto in termini di obbligazioni contrattuali, prevedendo idonei strumenti di controllo e monitoraggio in capo alla stazione appaltante a cui sia correlata l'applicazione di penali in caso di mancato rispetto degli standard pattuiti.

3. Il leasing immobiliare costruito

Accanto alla realizzazione ed al completamento, l'art. 160-bis ammette il ricorso al leasing per l'acquisizione di opere pubbliche o di pubblica utilità. Secondo l'orientamento sino ad oggi espresso dall'Autorità (cfr. in particolare la deliberazione n. 78 del 7 ottobre 2009) viene, in tal caso, in evidenza la componente di finanziamento puro e, nel silenzio dell'art. 160-bis, lo schema negoziale è da ricondursi a quanto previsto dall'art. 19 del Codice. Il citato articolo dispone che il Codice non si applica ai contratti pubblici aventi per oggetto l'acquisto o la locazione, quali che siano le modalità finanziarie, di terreni, fabbricati esistenti o altri beni immobili, mentre i contratti di servizi finanziari, conclusi anteriormente, contestualmente o successivamente all'acquisto o alla locazione, rientrano, a prescindere dalla loro forma, nel campo di applicazione del Codice. La menzionata disposizione, quindi, sottrae all'applicazione del Codice dei contratti l'acquisto di immobili esistenti, indipendentemente dalle modalità di finanziamento, mentre vi assoggetta i contratti aventi ad oggetto i relativi servizi finanziari di cui all'allegato II A del Codice. Ciò posto, l'Autorità ha ritenuto, pertanto, sussistente un obbligo di espletamento di una procedura ad evidenza pubblica secondo la disciplina degli appalti pubblici di servizi per la selezione della società di leasing.

Quanto alle modalità per l'individuazione dell'immobile esistente, la stessa è sottratta all'applicazione del Codice in virtù del disposto dell'art. 19 citato, fermo restando il rispetto dei principi generali di economicità, efficacia, imparzialità, parità di trattamento, trasparenza e proporzionalità.

Nell'ipotesi in cui vi sia la necessità di realizzare sull'immobile individuato lavori accessori di adeguamento, allo scopo di rendere lo stesso idoneo alla destinazione d'uso programmata, tali lavori potrebbero, indifferentemente, essere affidati successivamente all'avvenuto perfezionamento del contratto di leasing con autonoma procedura ad evidenza pubblica ovvero essere posti sin dal principio a carico della società di leasing, attraverso una gara avente ad oggetto un tipo contrattuale misto (leasing e appalto di lavori), con prevalenza dei servizi finanziari sui lavori dato il carattere meramente accessorio che in tal caso rivestono questi ultimi.

4. Il leasing mobiliare

L'inquadramento giuridico degli appalti di fornitura in regime di locazione finanziaria (si pensi, ad esempio, agli autoveicoli e/o alle dotazioni informatiche o apparecchiature mediche) non *rientra nel campo di applicazione dell'art. 160-bis del Codice (cfr., sul punto, parere AVCP 10 dicembre 2008, n. 252).*

Al fine di qualificare un appalto di fornitura in termini di leasing finanziario, "è necessario che l'appalto in questione sia diretto, in via immediata, all'utilizzazione del bene fornito per un periodo di tempo prefissato dietro pagamento di un canone periodico e, mediatamente, a far acquisire la proprietà del bene medesimo"2.

In generale, nel leasing finanziario per appalti di forniture, analogamente al leasing in costruendo, la prestazione principale dovrebbe essere costituita dalla fornitura e non dal finanziamento, sia

2 Cfr. sul punto quanto rilevato dalla Corte dei Conti: "Va ancora precisato che i contratti di leasing possono avere una differente struttura potendo prevalere l'aspetto finanziario o quello operativo. Nel leasing finanziario la componente di erogazione di credito prevale sulla fornitura di un servizio o messa a disposizione di un bene e pertanto questi contratti possono risolversi in forme alternative di finanziamento per la realizzazione di opere pubbliche attraverso il partenariato pubblico–privato. Con il leasing finanziario, se usato propriamente, la parte prevalente dei rischi (controllo dei lavori, ecc.) e dei benefici inerenti ai beni che costituiscono l'oggetto dell'investimento dovrebbero restare a carico dell'ente pubblico, per cui viene in maggior rilievo l'aspetto finanziario dell'operazione. Viceversa, nel caso in cui i rischi restino a carico della società di leasing (leasing operativo) assume preminenza la messa a disposizione dell'ente pubblico di un bene da questo utilizzabile, cioè il contratto è essenzialmente operativo" (deliberazione Corte dei Conti - Sez. riunite in sede di controllo, n. 49/2011/CONT). perché logicamente è l'acquisizione dei prodotti ad essere l'obiettivo del committente sia perché, di norma, il peso economico dei beni messi a disposizione degli utilizzatori supera il valore della remunerazione dei servizi finanziari offerti dalla società di leasing (che acquista il bene desiderato e lo mette a disposizione dell'utilizzatore).

Trattandosi di un contratto misto, ai sensi del combinato disposto dell'art. 15 del Codice e dell'art. 275 del Regolamento, i soggetti che partecipano devono essere in possesso dei requisiti economico- finanziari e tecnico-organizzativi relativi sia alle prestazioni principali che a quelle accessorie e, dunque, relativi sia alle prestazioni di fornitura sia a quelle di servizi.

Nel caso del leasing finanziario mobiliare, ciò non può che avvenire mediante il ricorso al raggruppamento temporaneo di concorrenti, giacché, da un lato, i soggetti che producono beni non sono autorizzati all'esercizio dell'attività bancaria e, dall'altro, gli operatori che lo sono non possono svolgere altre attività di impresa; si tratterebbe, quindi, di un'ipotesi di raggruppamento verticale (eventualmente anche misto) obbligatorio. La stipula di un contratto unico trilaterale e la natura di raggruppamento verticale dell'aggiudicatario consentirebbe anche di articolare il regime della responsabilità in modo congruente rispetto alla tipologia di rischio assunto da ciascun partecipante. In particolare, sarebbe consentito alla società di leasing di limitare la propria responsabilità agli aspetti relativi ai servizi finanziari, senza però frustrare l'interesse della stazione appaltante ad ottenere la fornitura così come richiesta ed offerta dall'aggiudicatario e i servizi di assistenza post-vendita (manutenzione, sostituzione di eventuali pezzi difettosi, etc.) che normalmente si accompagnano alla fornitura dei beni (si pensi, ancora una volta, agli autoveicoli e/o alle dotazioni hardware). Nulla vieta, quindi, ai componenti del raggruppamento – a latere del contratto trilaterale sottoscritto con il committente – di strutturare un sistema di garanzie che, attesa la differente responsabilità assunta, possa consentire alla società di leasing di vedersi adeguatamente tutelata rispetto agli eventuali inadempimenti del fornitore (consegna di beni non conformi all'offerta, mancata o ritardata prestazione dei servizi post-vendita, etc.) e dalle conseguenze negative che tali inadempimenti possano comportare (applicazione di penali da detrarre dai canoni a scadere, risoluzione del contratto, etc..).

Quanto alla valutazione dell'offerta economica, occorre rendere le offerte effettivamente confrontabili ed evitare, al contempo, che, nel caso di utilizzo del criterio dell'offerta economicamente più vantaggiosa, alcuni elementi qualitativi dell'offerta di leasing finiscano per "anticipare" l'esame di alcuni aspetti di carattere economico. La stazione appaltante deve fornire nel bando di gara tutte le informazioni necessarie per una corretta e consapevole formulazione delle offerte economiche (come la durata del contratto, la periodicità delle rate del canone, l'eventuale "maxicanone" iniziale, la quotazione di riscatto), che saranno formulate in termini di ribasso sul canone dei beni oggetto della fornitura posto a base di gara.

Al fine di proteggere la stazione appaltante dai rischi derivanti dall'obbligo di procedere, comunque, al pagamento delle rate di canone di leasing, anche in presenza di inadempimenti del fornitore (mancate o ritardate consegne, mancata rispondenza dei beni consegnati a quelli offerti, difettosità dei beni anche derivante da vizi occulti, mancata, inesatta o ritardata prestazione dei servizi post-vendita, etc.), si suggerisce la previsione nel contratto di leasing di clausole risolutive espresse, collegate, alla difettosità dei prodotti forniti e/o al ritardato/mancato adempimento delle obbligazioni post-vendita. In tal caso, la società di leasing potrebbe utilmente tutelarsi dalle conseguenze dell'inadempimento ascrivibile al fornitore mediante la costruzione – a latere del contratto di leasing e tra i componenti del raggruppamento – di un adeguato sistema di garanzie.

5. Il contratto di disponibilità

Il contratto di disponibilità, disciplinato dall'art. 160-ter del Codice ed annoverato dall'art. 3, comma 15-ter tra i contratti di partenariato pubblico-privato, è il contratto mediante il quale sono affidate, a rischio ed a spese dell'affidatario, la costruzione e la messa a disposizione a favore dell'amministrazione aggiudicatrice di un'opera di proprietà privata destinata all'esercizio di un pubblico servizio, a fronte di un corrispettivo (cfr. art. 3, comma 15-bis.1). Per messa a disposizione, si intende l'onere assunto a proprio rischio dall'affidatario di assicurare all'amministrazione aggiudicatrice la costante fruibilità dell'opera, nel rispetto dei parametri di funzionalità previsti dal contratto, garantendo la perfetta manutenzione e la risoluzione di tutti gli eventuali vizi, anche sopravvenuti.

La Corte dei conti – sezione regionale di controllo per la Puglia – deliberazione n. 66/PAR/2012, ha osservato al riguardo che "il contratto di disponibilità potrebbe confondersi con il leasing operativo o di godimento, il quale ha ad oggetto la messa a disposizione del conduttore di un bene che di solito è nella disponibilità del locatore, il quale si obbliga a fornire altresì i servizi connessi alla perfetta efficienza del bene stesso (...) dietro pagamento dei canoni; i quali, diversamente dal leasing finanziario, non contengono alcuna porzione di prezzo ma sono ragguagliati al valore di utilizzazione del bene".

In base al comma 1 dell'art. 160-ter, l'affidatario del contratto di disponibilità si remunera, infatti, mediante i seguenti corrispettivi:

a) un canone di disponibilità, da versare soltanto in corrispondenza alla effettiva disponibilità dell'opera; il canone è proporzionalmente ridotto o annullato nei periodi di ridotta o nulla disponibilità della stessa per manutenzione, vizi o qualsiasi motivo non rientrante tra i rischi a carico dell'amministrazione aggiudicatrice, ai sensi del comma 3;

b) l'eventuale riconoscimento di un contributo in corso d'opera, comunque non superiore al cinquanta per cento del costo di costruzione, in caso di trasferimento della proprietà all'amministrazione aggiudicatrice;

c) un eventuale prezzo di trasferimento, parametrato, in relazione ai canoni già versati e all'eventuale contributo in corso d'opera di cui alla precedente lettera b), al valore di mercato residuo dell'opera, da corrispondere, al termine del contratto, in caso di trasferimento della proprietà all'amministrazione aggiudicatrice.

A fronte di tali modalità di remunerazione, l'affidatario assume il rischio della costruzione e della gestione tecnica dell'opera per il periodo di messa a disposizione dell'amministrazione aggiudicatrice. Più in particolare, ai sensi del comma 2 del citato art. 160-ter, il contratto deve determinare le modalità di ripartizione dei rischi tra le parti, che possono comportare variazioni dei corrispettivi dovuti per gli eventi incidenti sul progetto, sulla realizzazione o sulla gestione tecnica dell'opera, derivanti dal sopravvenire di norme o provvedimenti cogenti di pubbliche autorità. Salvo diversa determinazione contrattuale, i rischi sulla costruzione e gestione tecnica dell'opera derivanti da mancato o ritardato rilascio di autorizzazioni, pareri, nulla osta e ogni altro atto di natura amministrativa sono a carico della amministrazione aggiudicatrice.

Con riguardo al procedimento, la disposizione in esame prevede che il bando di gara sia pubblicato con le modalità di cui all'art. 66 ovvero di cui all'art. 122 del Codice, secondo l'importo del contratto (sotto o sopra soglia di rilevanza comunitaria), ponendo a base di gara un capitolato prestazionale, predisposto dall'amministrazione aggiudicatrice. L'articolo in esame non individua la procedura di gara da seguire, ma, essendo il criterio di aggiudicazione quello dell'offerta economicamente più vantaggiosa (comma 3), si tratterà di preferenza di una procedura ristretta. Nonostante il silenzio della norma sul punto, si ritiene che, attraverso il criterio dell'offerta economicamente più vantaggiosa, debbano essere valutati sia l'offerta tecnica, ossia il progetto preliminare presentato dai concorrenti, sia l'offerta economica relativa al canone di disponibilità. Ciò anche in considerazione del rinvio espresso all'art. 83 del Codice, che annovera il prezzo tra le componenti da valutare in sede di aggiudicazione.

Con riguardo alla qualificazione, è espressamente previsto (art. 160-ter, comma 4) che al contratto di disponibilità si applicano le disposizioni del Codice in materia di requisiti generali di partecipazione alle procedure di affidamento e di qualificazione degli operatori economici. Dalla chiara formulazione della norma si evince, quindi, che il concorrente, singolo o raggruppato, dovrà essere in possesso, oltre che dei requisiti generali ex art. 38 del Codice, di attestazione SOA per l'esecuzione e la progettazione dell'opera, ed avvalersi di professionisti in possesso dei requisiti di qualificazione indicati nel bando, qualora tali requisiti non siano dimostrati attraverso la propria struttura tecnica; inoltre, il concorrente dovrà possedere i requisiti specifici relativi alla gestione tecnica dell'opera, ai fini della relativa messa a disposizione.

L'eventuale raggruppamento temporaneo potrà comprendere anche l'istituto finanziatore. In merito all'individuazione delle categorie e classifiche da richiedere ai fini della partecipazione, non avendo l'amministrazione alcun ruolo nella progettazione – che è totalmente rimessa al privato – dovrà farsi riferimento al valore presunto dell'opera, come risultante dai contenuti del capitolato prestazionale che deve indicare, in dettaglio, le caratteristiche tecniche e funzionali che l'opera da costruire deve assicurare, insieme alle modalità per determinare la riduzione del canone di disponibilità. In merito alla fase di affidamento, si evidenzia che le offerte devono contenere un progetto preliminare rispondente alle caratteristiche indicate nel capitolato prestazionale e sono corredate dalla garanzia provvisoria di cui all'art. 75; il soggetto aggiudicatario è tenuto a prestare la cauzione definitiva di cui all'art. 113. In merito alla fase di esecuzione, il comma 5 dell'art. 160-ter prescrive che il progetto definitivo, il progetto esecutivo e le eventuali varianti in corso d'opera siano redatti a cura dell'affidatario, al quale è riconosciuta la facoltà di introdurre eventuali varianti finalizzate ad una maggiore economicità di costruzione o gestione, nel rispetto del capitolato prestazionale e delle norme e provvedimenti di pubbliche autorità vigenti e sopravvenuti; il progetto definitivo, il progetto esecutivo e le varianti in corso d'opera sono ad ogni effetto approvati dall'affidatario, previa comunicazione all'amministrazione aggiudicatrice e, ove prescritto, alle terze autorità competenti. Il rischio della mancata o ritardata approvazione da parte di terze autorità competenti della progettazione e delle eventuali varianti è a carico dell'affidatario.

Secondo il comma 6, l'attività di collaudo, posta in capo alla stazione appaltante, "verifica la realizzazione dell'opera al fine di accertare il puntuale rispetto del capitolato prestazionale e delle norme e disposizioni cogenti e può proporre all'amministrazione aggiudicatrice, a questi soli fini, modificazioni, varianti e rifacimento di lavori eseguiti ovvero, sempre che siano assicurate le caratteristiche funzionali essenziali, la riduzione del canone di disponibilità".

Pertanto, il collaudatore non verifica la rispondenza dell'opera al progetto, così come avviene, in generale, per le opere pubbliche, bensì la rispondenza della stessa al capitolato prestazionale che, in base al comma 5 del medesimo art. 160-ter, fissa le sole caratteristiche tecniche e funzionali che deve assicurare l'opera.

Quindi, l'amministrazione, in fase di collaudo, recupera il potere di controllo sull'opera, potendo proporre modificazioni, varianti o rifacimenti ai lavori eseguiti, ovvero riduzioni del canone di disponibilità in relazione all'accertata ridotta fruibilità. E' da evidenziare che, mentre l'art. 160-bis prevede espressamente che la locazione finanziaria possa essere utilizzata per l'acquisizione, il completamento o la realizzazione di un'opera, la disciplina dell'art. 160-ter relativa al contratto di disponibilità non specifica alcunché al riguardo. Sul punto, si rileva che la base di gara per l'affidamento del contratto di disponibilità è costituita da un capitolato prestazionale, elemento che lascia supporre che la stazione appaltante debba fissare solo le caratteristiche prestazionali/funzionali dell'opera, lasciando all'aggiudicatario la facoltà di stabilire le specifiche modalità realizzative – opera ex novo o completamento/riqualificazione di opera esistente. Ciò è coerente con la ratio della disposizione, che intende fornire alle amministrazioni pubbliche uno strumento innovativo e flessibile e garantire al privato la piena esplicazione delle proprie capacità progettuali.

Infine, si consideri che il comma 5, dell'art. 160-ter del Codice stabilisce che l'amministrazione aggiudicatrice possa attribuire all'affidatario il ruolo di autorità espropriante ai sensi del testo unico di cui al d.P.R. 8 giugno 2001, n. 327. Si pone, al riguardo, la questione delle aree demaniali, se, cioè, esse possano o meno essere destinate a costituire il sedime di opere che, pur destinate ad un pubblico servizio, rimangono di proprietà del privato. Tale aspetto va valutato in relazione al fatto che, al termine del contratto di disponibilità, il privato si troverebbe ad occupare un'area demaniale senza titolo.

Si deve, pertanto, ritenere che, stante il carattere privato dell'opera, il contratto di disponibilità non possa riguardare opere demaniali o da realizzarsi sul demanio pubblico, quali, ad esempio, strade, cimiteri, porti, carceri, mentre risulta compatibile con la realizzazione di aree immobiliari per collocarvi uffici pubblici, complessi direzionali, spazi espositivi, edilizia economica e popolare4. Nella fattispecie in cui non è prevista l'acquisizione della proprietà dell'opera da parte dell'amministrazione, il contratto di disponibilità trova la sua ideale applicazione a quei contesti in cui effettivamente il servizio sia svolto per un periodo di tempo limitato. Viceversa, qualora sia previsto il riscatto finale, lo schema negoziale presenterà diverse analogie con il leasing in costruendo e risulterà particolarmente adatto alla realizzazione di opere finalizzate allo svolgimento di servizi essenziali e continuativi.

5.1. Il canone di disponibilità

Il contratto di disponibilità, come confermato dalla definizione dell'istituto contenuta nell'art. 3, comma 15-bis del Codice e dal comma 1 dell'art. 160-ter, è un contratto sinallagmatico: l'amministrazione aggiudicatrice è, infatti, tenuta a corrispondere, un canone di disponibilità all'operatore privato a fronte della effettiva disponibilità dell'opera. Per espressa disposizione normativa (cfr. art. 160-ter, comma 1), il canone di disponibilità, come del resto gli ulteriori eventuali corrispettivi previsti dalla norma, è soggetto a rivalutazione monetaria, diversamente dalle rate di mutuo e dai canoni di leasing. Le amministrazioni devono porre particolare attenzione all'operazione di rivalutazione monetaria, ed in particolare, devono applicarla solo a quei fattori remunerativi del canone che risultano essere influenzati dalla dinamica dell'inflazione.

Il canone, dunque, è il corrispettivo per la messa a disposizione di un'opera perfettamente funzionante, per tutta la durata contrattuale. Come per il leasing finanziario, la stazione appaltante deve effettuare una puntuale analisi di tutte le spese previste, per assicurarsi adeguati e costanti livelli di fruibilità dell'opera, tenendo conto, quindi, dei costi relativi alla progettazione e alla costruzione e di quelli relativi alla manutenzione ordinaria e straordinaria.

Il quadro complessivo delle spese previste fornisce alla stazione appaltante gli elementi utili per la definizione del canone periodico da porre a base di gara, sul quale richiedere ai concorrenti un ribasso ai fini della valutazione dell'offerta economica. Qualora fosse prevista l'opzione del riscatto finale, il canone avrebbe una natura mista, comprenderebbe cioè, in analogia al leasing finanziario, due componenti: una per la messa a disposizione dell'opera ed una per il finanziamento finalizzato all'acquisto. In tal caso, oltre a stabilire la somma per il trasferimento finale dell'opera, la stazione appaltante dovrebbe quantificare le due componenti soprattutto ai fini della eventuale riduzione del canone e della risoluzione del contratto, nel caso lo stesso scendesse al di sotto della soglia prefissata. Potrebbe valutarsi, infatti, l'opportunità che la riduzione riguardi solamente la componente di disponibilità, direttamente collegata alla fruibilità dell'opera e non anche quella di finanziamento, che assolve alla diversa funzione dell'acquisto finale del bene. In ogni caso, il contratto dovrebbe specificare se la riduzione si applica ad entrambe le componenti oppure solo a quella di disponibilità.

Si ritiene possibile prevedere un canone di disponibilità fisso, giacché ciò non impedisce che lo stesso sia decurtato in caso di impossibilità d'uso parziale o totale dell'opera e, cioè, in funzione dell'effettivo livello di fruibilità dell'opera (cfr. art. 160-ter, comma 3 del Codice).

5.2. Il contributo in corso d'opera e l'eventuale trasferimento finale

La remunerazione dell'affidatario può avvenire anche attraverso un contributo in corso d'opera, comunque non superiore al cinquanta per cento del costo della costruzione della stessa, in caso di trasferimento della proprietà all'amministrazione aggiudicatrice (art. 160-ter, comma 1, lett.b). La previsione di un limite quantitativo si collega alle condizioni elaborate da Eurostat al fine di considerare l'investimento off-balance e comporta talune specifiche conseguenze sul piano operativo.

In primo luogo, deve ritenersi che il trasferimento della proprietà in capo all'amministrazione aggiudicatrice debba coincidere con il momento del collaudo/consegna, in considerazione dell'evidente pregiudizio in cui incorrerebbe il privato qualora si prevedesse il trasferimento della proprietà dell'opera all'amministrazione aggiudicatrice nella fase iniziale di esecuzione del contratto ovvero in una fase anticipata rispetto alla conclusione dello stesso.

In secondo luogo, qualora sia previsto un contributo pubblico, soprattutto se di importo consistente, la previsione contrattuale ed il conseguente esercizio del riscatto finale non si configura più come una mera opzione quanto, piuttosto, come un obbligo in capo all'amministrazione. Si rammenta che, in ogni caso, l'art. 160-ter, comma 1, lett. c) prevede che il contratto possa stabilire un eventuale prezzo di trasferimento, parametrato al valore di mercato residuo dell'opera, tenendo conto dei canoni già versati e dell'eventuale contributo in corso d'opera.

5.3. La riduzione del canone di disponibilità

L'art. 160-ter del Codice prevede che il canone sia proporzionalmente ridotto o annullato nei periodi di ridotta o nulla disponibilità dell'opera per manutenzione, vizi o qualsiasi motivo non rientrante tra i rischi a carico dell'amministrazione aggiudicatrice. Le modalità per la determinazione della riduzione del canone devono essere stabilite nel capitolato prestazionale.

La riduzione del canone risponde a precise esigenze di tutela delle parti interessate e degli utenti finali del servizio che viene erogato mediante l'opera realizzata. Considerato che il contratto non avrà una durata limitata, bensì impegnerà le parti per un periodo medio-lungo, al fine di ottenere le più ampie garanzie circa il rispetto degli standard fissati nel contratto, nonché di prevenire possibili controversie con l'affidatario, prima della stipula del contratto, la stazione appaltante dovrà effettuare un'attenta e puntuale analisi di tutti i rischi connessi alla gestione dell'opera. Tale analisi servirà a tenere ben distinti i rischi che possono essere controllati direttamente dal contraente e che, quindi, dovrebbero tradursi in fattispecie da associare alla riduzione del canone, da quelli che invece sfuggono alla sua sfera di controllo. Ad esempio, eventuali criticità connesse all'erogazione dei servizi idrico-energetici possono essere attribuite a difetti o malfunzionamenti sia delle opere e degli allacci realizzati dall'affidatario sia degli impianti e delle strutture che fanno capo al soggetto gestore della rete. Solo la prima circostanza appare idonea a costituire un'ipotesi di riduzione del canone, in quanto associata ad elementi che rientrano nel pieno controllo dell'affidatario.

Il contratto dovrà prevedere puntualmente in che misura andrà abbattuto il canone. Nell'esempio precedente, qualora si accertasse che l'interruzione o riduzione della fornitura di energia sia addebitabile al contraente, si potrebbe prevedere una riduzione del canone di una certa percentuale o di una somma monetaria proporzionale al tempo (ad esempio, il numero giorni) di interruzione/riduzione delle forniture.

Il livello di fruibilità dell'opera potrà essere, altresì, condizionato da cause di forza maggiore, indipendenti dal comportamento delle parti contraenti. Tali evenienze andranno ben disciplinate nel contratto, dovendo la stazione appaltante chiarire se il canone sarà ridotto anche per cause di forza maggiore, in modo tale da permettere ai concorrenti in gara di formulare un'offerta che tenga conto dei più elevati rischi di gestione dell'opera.

Si tenga presente che la stazione appaltante può tutelarsi da eventuali difetti o malfunzionamenti anche attraverso un idoneo sistema di penali, sulle quali è anche previsto l'obbligo di costituzione di una garanzia pari al 10% del costo annuo operativo di esercizio, ai sensi del comma 3 dell'art. 160- ter.

Ciò conferisce all'amministrazione committente una certa flessibilità nello scegliere quali fattispecie sanzionare con l'uno o con l'altro strumento. Poiché le penali si configurano più come meccanismi "deterrenti" dei possibili inadempimenti del contraente, il loro livello non può essere sproporzionato rispetto alla violazione contrattuale cui si riferiscono; appare preferibile che le stesse siano destinate a regolamentare difetti e criticità di minore rilevanza, lasciando alla riduzione del canone gli aspetti di maggiore rilievo, fermo restando che dovranno comunque essere garantite le caratteristiche funzionali essenziali dell'opera.

5.4. La soglia di risoluzione del contratto

L'ipotesi della risoluzione di cui all'art. 160-ter, comma 6, è posta a tutela sia dei soggetti finanziatori, come espressamente previsto dalla norma stessa, i quali vedrebbero pregiudicata la remunerazione del capitale investito, sia della stessa amministrazione, che si troverebbe a dover offrire un servizio pubblico senza avere a disposizione le strutture adeguate al suo svolgimento.

A tale proposito, si evidenzia una apparente contraddittorietà dei dati normativi. Infatti, da un lato, la norma prevede che il canone può essere ridotto o annullato per i periodi di ridotta o nulla disponibilità dell'opera (comma 1, lett. a) dell'art. 160-ter), dall'altro, chiarisce che il contratto individua il limite di riduzione del canone di disponibilità, superato il quale lo stesso è risolto (comma 6 dell'art. 160-ter).

In realtà, si deve ritenere che l'annullamento del canone di cui al comma 1, lett. a), dell'art. 160-ter del Codice si riferisce a periodi limitati di indisponibilità del bene collegati, ad esempio, ad attività di manutenzione dell'opera o vizi/difetti "superabili", come indicato dalla stessa norma; l'art. 160- ter, comma 6, riguarda, invece, il mancato rispetto del capitolato prestazionale e delle norme e disposizioni cogenti, accertato in sede di collaudo, al quale può conseguire una riduzione del canone ovvero la risoluzione del contratto qualora la riduzione sia tale che il canone, così rideterminato, risulti inferiore a quello corrispondente alla soglia di risoluzione fissata nel contratto. La riduzione del canone, ovvero nel caso estremo, la risoluzione del contratto, sarebbero giustificati dalla consegna di un'opera avente vizi rilevanti/strutturali ovvero caratteristiche e qualità complessivi inferiori a quelli richiesti nel capitolato prestazionale.

La circostanza che la soglia di risoluzione del contratto sia citata nella parte relativa alle operazioni di collaudo non deve far ritenere che il contratto possa essere risolto solo in caso di difetti emersi in tale sede: la norma deve essere intesa nel senso di fornire le più ampie garanzie alla stazione appaltante, per cui si deve concludere che la soglia sia vincolante anche dopo il collaudo, in fase di gestione tecnica, nel corso della quale l'affidatario deve garantire la piena fruibilità dell'opera realizzata.

In ogni caso, l'individuazione della soglia di risoluzione risulta cruciale per le sorti del rapporto contrattuale. In linea di principio, la stazione appaltante deve trovare il giusto equilibrio tra due esigenze contrapposte: da un lato, avere la garanzia di una gestione efficiente dell'opera e, dall'altro, evitare che si giunga alla risoluzione del contratto per malfunzionamenti o criticità di lieve entità. Poiché la soglia costituisce lo spartiacque tra la prosecuzione del rapporto tra le parti e la sua cessazione, la stazione appaltante deve chiaramente indicarla nel contratto, come *previsto dall'art. 160-ter, comma 6, anche al fine di consentire ai potenziali concorrenti la formulazione di un'offerta economica in funzione dei rischi effettivi di gestione dell'opera.*

L'amministrazione potrebbe anche valutare l'opportunità di prevedere, in luogo o in combinazione con la riduzione del canone, di richiedere una polizza fideiussoria che copra i rischi della mancata o incompleta messa a disposizione del bene – opzione che potrebbe risultare particolarmente vantaggiosa, soprattutto in periodi di crisi e stagnazione economica.

Infine, la stazione appaltante dovrà attentamente disciplinare le modalità ed i tempi per l'effettiva risoluzione del contratto. Nel caso in cui l'opera sia destinata alla produzione di servizi continuativi ed essenziali – quali, ad esempio, quelli erogati da ospedali, scuole o carceri – e non sia prevista l'opzione del riscatto finale, la cessazione del rapporto contrattuale deve avvenire in modo tale da non incidere negativamente sullo svolgimento degli stessi. Al fine di evitare interruzioni o carenze, appare estremamente importante che il contratto fornisca adeguate garanzie alla stazione appaltante e, nello specifico, preveda modalità e tempistiche che permettano l'individuazione di un'altra opera/struttura idonea allo svolgimento del servizio. Tale problema, naturalmente, si pone anche alla scadenza naturale del contratto, ma in quella circostanza la stazione appaltante avrà a disposizione il tempo necessario per programmare l'eventuale passaggio alla nuova struttura.

MASSIME ESTRATTE DALLA GIURISPRUDENZA

Argomento: **Promotore**
Consiglio di Stato, Sezione V - Sentenza 08/02/2011 n. 843
d.lgs 163/06 Articoli 153 - Codici 153.1
Nella procedura di project financing l'amministrazione deve valutare le proposte progettuali in funzione dell'interesse pubblico perseguito, giudicando la loro idoneità a dare attuazione ad un programma non definito nei suoi contenuti progettuali. Come stabilito dall'Adunanza Plenaria del Consiglio di Stato 15 aprile 2010 n.2155, occorre tenere distinte la fase preliminare dell'individuazione del promotore e la successiva fase selettiva finalizzata all'affidamento della concessione. Mentre quest'ultima presenta i caratteri della gara soggetta ai principi comunitari e nazionali dell'evidenza pubblica, la scelta del promotore, ancorché procedimentalizzata, "è connotata da amplissima discrezionalità amministrativa , essendo intesa non già alla scelta della migliore fra una pluralità di offerte sulla base di criteri tecnici ed economici preordinati, ma alla valutazione stessa di un interesse pubblico che giustifichi, alla stregua della programmazione delle opere pubbliche, l'accoglimento della proposta formulata dall'aspirante promotore." Il modus procedendi che caratterizza la finanza di progetto è improntato alla logica della collaborazione, in funzione del perseguimento del pubblico interesse, tra promotore ed amministrazione che ispira tutta la fase preliminare di scelta e di approvazione della proposta di project financing da sottoporre poi a pubblica gara. Non può quindi parlarsi di una "cristallizzazione" negli atti di gara delle caratteristiche e dei contenuti del progetto da realizzare, tenuto conto che i limiti della proposta risiedono esclusivamente nel rispetto dei parametri atti a garantire una certa omogeneità alle offerte progettuali, consistenti nell'ubicazione e nella descrizione dell'intervento da realizzare, nella destinazione urbanistica, nella consistenza e nella tipologia del servizio da gestire. Quello della bancabilità dell'intervento

attraverso la costituzione del diritto di superficie non costituisce un limite alla proposta, bensì un rimedio già previsto dalla legge per facilitare l'intervento. La concessione di un diritto di superficie di aree di proprietà dell'amministrazione può essere calcolato come forma di concorso dell'ente concedente. In considerazione della natura dell'ente, la concessione del diritto di superficie resta comunque sottoposta ai limiti dell'indisponibilità del bene, ai sensi dell'art. 5 comma 2 d.lgs. n. 502 del 1992, secondo cui i beni mobili ed immobili delle aziende ospedaliere utilizzati per i loro fini istituzionali costituiscono patrimonio indisponibile e sono soggetti alla disciplina dell'art. 828, secondo comma del codice civile (Cass. SS.UU. 14.11.2003, n. 17295). In mancanza di una specifica clausola che preveda come causa di esclusione la mancata presentazione, unitamente alla proposta, dell'asseverazione, il Consiglio di Stato ha stabilito, sotto la vigenza dell'art. 37-bis della legge n. 109/1994, a proposito della possibilità di integrazione, che la trasmissione successiva di un'asseverazione "non esorbita dall'alveo proprio della potestà di integrazione attribuita all'amministrazione giudicatrice, dacché l'adempimento in discorso non postula alcun intervento sul contenuto del piano economico-finanziario posto a corredo della proposta e, dunque, essa può sicuramente sopravvenire ai sensi del comma 2- ter anche dopo il completo spirare del termine finale di presentazione". Del tutto similmente all'integrazione disposta dall'amministrazione, può quindi considerarsi ammissibile l'integrazione operata sua sponte dal proponente, a maggior ragione quando risulti che la richiesta di asseverazione era già stata inoltrata all'Istituto bancario al momento della presentazione della proposta L'asseverazione del piano economico finanziario da parte di Istituto bancario attesta la correttezza e la congruità delle poste utilizzate per la sua elaborazione e fornisce una positiva valutazione sugli elementi economici (costi e ricavi del progetto) e finanziari (composizione delle fonti di finanziamento) verificandone l'equilibrio in relazione ai flussi di cassa generati dal progetto, esclusivamente sulla base dei dati forniti dall'impresa, essendo rimessa all'amministrazione la valutazione di merito circa la congruità della proposta, la correttezza e la validità degli elementi che sorreggono il piano e la sua idoneità allo scopo.

Corte Costituzionale - Sentenza 05/01/2011 n. 7 d.lgs 163/06 Articoli 153 - Codici 153.1

La disciplina della finanza di progetto, a livello statale, si inserisce nell'ambito della disciplina generale dei contratti pubblici, caratterizzandosi come un particolare metodo di affidamento dell'opera pubblica, alternativo rispetto a quello della concessione (disciplinata dall'art. 143 del Codice dei contratti pubblici), nel quale la gara pubblica è basata su uno studio di fattibilità dell'opera e prevede la pubblicazione di un bando finalizzato alla presentazione di offerte che contemplino l'utilizzo di risorse totalmente o parzialmente a carico dei soggetti proponenti. La peculiarità di tale sistema, pertanto, risiede nella sua idoneità a stimolare, per i lavori pubblici o di pubblica utilità finanziabili in tutto o in parte con capitali privati, un contributo di idee da parte dell'imprenditoria privata, nell'individuazione delle modalità di realizzazione tecnica dell'opera pubblica, sia attraverso la predisposizione, da parte del promotore, dello studio di fattibilità, sia nel corso del procedimento, attraverso le eventuali modifiche. La procedura, disciplinata dal legislatore statale, modificata dal d.lgs. 11 settembre 2008, n. 152 (cd. terzo decreto correttivo), si articola in tre possibili varianti: una procedura a iniziativa pubblica, con gara unica previo bando e senza prelazione per il promotore (art. 153, commi da 1 a 14); una procedura ad iniziativa pubblica, con gara doppia previo bando e con prelazione, detta "bifase" (art. 153, comma 15); una procedura ad iniziativa privata, con gara doppia previo avviso, ad esito alternativo (art. 153, comma 16). Tutte le predette modalità di individuazione del contraente, ivi compresa quella ad iniziativa privata, presuppongono che la valutazione di pubblica utilità dell'opera sia già stata previamente effettuata dall'amministrazione aggiudicatrice a monte, in sede di programmazione triennale di cui all'art. 128 dello stesso codice dei contratti. Tale norma, infatti, prevede esplicitamente che l'attività di realizzazione dei lavori di cui al codice dei contratti, il cui importo sia superiore a 100.000 euro, debba svolgersi sulla base di un programma triennale e che questo costituisce momento attuativo di studi di fattibilità e di identificazione e quantificazione dei bisogni che possono essere soddisfatti, in particolare, tramite la realizzazione di lavori finanziabili con capitali privati, in quanto suscettibili di gestione economica. La norma, inoltre, predispone un sistema di pubblicità di tale attività di programmazione, mediante affissione dello schema di programma triennale e dei suoi aggiornamenti nella sede delle amministrazioni aggiudicatrici per almeno sessanta giorni consecutivi ed eventualmente mediante pubblicazione sul profilo di committente della stazione appaltante. Al contrario, la fattispecie disciplinata dal comma 19 dell'art. 153 comporta una alternativa al suddetto procedimento, caratterizzandosi per il fatto di prevedere un meccanismo di affidamento di opere e lavori la cui corrispondenza ai bisogni dell'amministrazione, e la cui finanziabilità con capitale privato, non sia stata ancora valutata dall'amministrazione. Si tratta, dunque, di un'iniziativa privata non solo nella fase progettuale ma addirittura nella sua genesi, nella quale il soggetto privato si fa promotore, prima ancora che di una possibile soluzione tecnica ad un problema, della stessa valutazione di pubblica utilità delle opere. L'iniziativa disciplinata dall'art. 153, comma 19, del d.lgs. n. 163 del 2006 si caratterizza, rispetto alle altre tre forme di realizzazione della finanza di progetto, per la sua idoneità ad integrare e coadiuvare l'attività di programmazione dell'amministrazione aggiudicatrice. L'ente pubblico si avvale dell'iniziativa privata e del contributo di idee e di capitali privati non solo per la realizzazione delle sue finalità, ma anche per la loro stessa individuazione. Lo studio di fattibilità presentato ai sensi del comma 19, al pari delle altre procedure per la realizzazione della finanza di progetto, in caso di valutazione positiva, da parte dell'amministrazione, della pubblica utilità dell'opera, finisce con il costituire l'unica base della gara successiva e il solo termine di confronto delle eventuali altre offerte. La presentazione di uno studio di fattibilità non compreso nella programmazione triennale attribuisce al proponente un indiscutibile vantaggio nella successiva gara per l'affidamento dell'opera stessa, dal momento che egli è il primo ad aver approfondito gli aspetti tecnici, amministrativi e finanziari del problema; ed anzi, proprio per effetto della mancata previsione della pubblica utilità dell'opera, può dirsi che egli acquisisce un vantaggio verosimilmente ancora maggiore rispetto agli eventuali concorrenti. Pertanto, si deve ritenere che la presentazione dello studio di fattibilità, di cui all'art. 153, comma 19, pur cadendo in un momento antecedente alla fase dell'evidenza pubblica, costituisce parte integrante di quest'ultima.

TAR Genova, Sezione I - Sentenza 03/11/2010 n. 1036
d.lgs 163/06 Articoli 153 - Codici 153.1
Fra gli elementi caratterizzanti la c.d. finanza di progetto è che il programma al quale occorre dare attuazione non è ancora definito nei suoi contenuti progettuali. Sono infatti tali contenuti che dovranno costituire l'oggetto della proposta, ed essi dovranno essere messi a fuoco proprio attraverso tale proposta, che dovrà essere concepita ed articolata in funzione dell'interesse

pubblico che la programmazione è rivolta a realizzare. Il compito della PA sarà appunto quello di valutare se il progetto proposto abbia o meno i contenuti necessari a soddisfare l'interesse pubblico in funzione del quale il programma è stato concepito. Tale valutazione non può, pertanto, essere espressione della discrezionalità tecnica, propria delle commissioni giudicatrici, bensì, costituisce la manifestazione della volontà del titolare stesso della cura dell'interesse pubblico cui l'intervento è preordinato, analogamente a quanto avviene - per le procedure ordinarie - con la scelta (ovvero l'approvazione) del progetto, sul quale interverrà la gara. Si è, dunque, nell'ambito della tipica discrezionalità amministrativa, governata, per quanto non espressamente previsto dalla norma speciale, dalla disciplina generale sul procedimento amministrativo.

Consiglio di Stato, Sezione V - Sentenza 15/09/2009 n. 5503
d.lgs 163/06 Articoli 153 - Codici 153.1
il sistema di realizzazione di opere pubbliche costituito dalla finanza di progetto comporta espressamente la valutazione della vantaggiosità dell'offerta, a sua volta ricavabile dal piano economico-finanziario. In tale tipo di valutazione viene in rilievo anzitutto il principio di equilibrio come accade anche nelle concessioni di lavori pubblici, ed espresso essenzialmente, nel meccanismo in parola, dalla capacità di (auto)finanziamento (C.d.S IV n. 2979 del 2008). A tali valutazioni, ben sottolineate dalla giurisprudenza (C.d.S., V, n. 3916 del 2002) non solo, secondo il Collegio, non risulta estranea, ma è logicamente conferente ogni valutazione (considerata di interesse pubblico) sulla effettiva e concreta redditività dell'operazione a fronte di prezzi che si collochino al di sopra di medie di mercato e siano quindi in grado di negativamente influenzare le entrate previste dal piano. Tali elementi, invero, costituiscono componenti oggettive proprio di quell'equilibrio della gestione che spetta all'amministrazione di valutare e che a sua volta costituisce componente della vantaggiosità della proposta che la norma impone di esaminare e che non a caso indica il "valore economico e finanziario del piano". Perché quest'ultimo operi nei sensi qui descritti è tuttavia necessario che lo stesso, secondo quanto previste dal più volte citato articolo 37 bis della legge n. 109 del 1994, sia "asseverato da un istituto di credito o da società di servizi costituite dall'istituto di credito stesso ed iscritte nell'elenco generale degli intermediari finanziari, ai sensi dell'articolo 106 del testo unico delle leggi in materia bancaria e creditizia, di cui al decreto legislativo 1° settembre 1993, n. 385, o da una società di revisione ai sensi dell'articolo 1 della legge 23 novembre 1939, n. 1966". Si tratta di requisito essenziale per la corretta valutazione del progetto perché pur integrando e giammai sostituendo le valutazioni dell'amministrazione (C.d.S., V, n. 6727 del 2006), l'asseverazione costituisce l'utile presupposto per un primo esame del progetto. Ne consegue come non fosse consentita l'integrazione della documentazione in epoca successiva a quella indicata nell'avviso pubblico stesso.

Consiglio di Stato, Sezione V - Sentenza 28/05/2009 n. 3319
d.lgs 163/06 Articoli 153 - Codici 153.1
Come è stato efficacemente rilevato dalla giurisprudenza (C.d.S., sez. V, 25 gennaio 2005, n. 142) in tema di project financing, l'interesse a veder prescelto il proprio progetto di opera pubblica, e quindi di assumere la posizione del promotore nella relativa procedura, ancorché sia individuabile concettualmente come distinto dall'interesse alla concessione di eseguire l'opera stessa, contiene ed implica anche l'interesse all'aggiudicazione della concessione che, in definitiva, rappresenta il vero "bene della vita" cui tende il presentatore del progetto. Si è in

presenza, invero, di un procedimento contraddistinto da una indiscutibile unitarietà, logico –
giuridica del tutto coerente e ragionevole con la stessa natura del project financing, quale
tecnica finanziaria che consente la realizzazione di opere pubbliche senza oneri finanziari per
la pubblica amministrazione e che si sostanzia in un'operazione economico – finanziaria idonea
ad assicurare utili che consentono il rimborso del prestito e/o finanziamento e gestione proficua
dell'attività (così C.d.S., sez. VI, 9 giugno 2005, n. 3043). Come di recente chiarito dalla
giurisprudenza di questo Consiglio (cfr. C.d.S., sez. IV, 26 gennaio 2009, nn. 391 e 392), nella
fase che si compie con la selezione del progetto da dichiarare di pubblico interesse, uno degli
elementi di tale progetto (il piano economico – finanziario) è destinato a diventare l'elemento
fondamentale per lo svolgimento della successiva gara ad evidenza pubblica, ed in particolare
per la selezione dell'offerta economicamente più vantaggiosa; ad avviso di tale giurisprudenza,
che la Sezione condivide, decisiva sarebbe la constatazione secondo cui un simile accesso
consentirebbe, quanto meno al richiedente (cui non risulta interdetta la partecipazione alla fase
di gara ad evidenza pubblica per la individuazione della offerta economicamente più
vantaggiosa), di conoscere non solo i valori degli elementi necessari del piano economico –
finanziario del progetto posto a base di gara per la determinazione dell'offerta, ma addirittura gli
elementi costitutivi del piano economico – finanziario stesso (analisi dei prezzi, dei costi, le
modalità di gestione dell'opera, l'eventuale ammortamento degli oneri finanziari, etc) del
progetto posto a base di gara, alterando sicuramente la procedura ad evidenza pubblica e
violando, in particolare, il principio della par condicio degli offerenti. Ciò in quanto tale specifica
conoscenza (non prevista dalla legge) consentirebbe in tesi di avere, rispetto agli ordinari tempi
della gara pubblica, un maggiore lasso di tempo per formulare eventualmente un'offerta
migliorativa di quella ricavabile dal presentato piano economico – finanziario. E ciò senza
contare che, in tal modo, la par condicio sarebbe sicuramente alterata nei confronti dello stesso
promotore, la cui offerta – sostanzialmente contenuta nel predetto piano economico finanziario
– non è modificabile se non in pejus (a favore cioè della sola amministrazione).

Consiglio di Stato, Sezione V - Sentenza 23/03/2009 n. 1741
d.lgs 163/06 Articoli 153 - Codici 153.1
E' jus receptum che la procedura di scelta del promotore, pur dovendo articolarsi come
confronto concorrenziale tra più proposte, non è soggetta, in linea generale, alle regole rigorose
di una vera e propria gara, essendo al contrario caratterizzata da maggiore elasticità e libertà
da formalismi (cfr., da ultimo, Consiglio di Giustizia Amministrativa per la Regione Siciliana –
sez. giurisdizionale, 29/1/2007 n. 7, secondo cui "l'esame delle proposte e la scelta del
promotore non sono vincolati per legge alle rigide forme dell'evidenza pubblica"). Le stesse
disposizioni in tema di PEF, del resto, individuano con assoluta chiarezza e inequivocità gli
elementi sui quali deve cadere la valutazione di fattibilità della/delle proposta/e, senza stabilire
alcun ordine decrescente di importanza, trattandosi di valutazione globale della "fattibilità" delle
medesime sotto una pluralità di profili che rispecchiano la complessità degli elementi da
considerare nell'ambito di un peculiare sistema di realizzazione delle opere pubbliche o di
pubblica utilità nel quale viene in gioco la "credibilità" della proposta sotto il profilo tecnico,
economico e finanziario; la conclusione è che "non possono quindi istituirsi analogie o
parallelismi di sorta tra una gara d'appalto a licitazione privata con aggiudicazione all'offerta
economicamente più vantaggiosa (in cui, proprio in vista dell'aggiudicazione del contratto, è
imprescindibile che gli elementi valutativi siano graduati dalla lex specialis di gara in ordine

d'importanza), o anche di un appalto concorso, ed una procedura selettiva intesa a individuare una proposta in project financing.

TAR Torino, Sezione II - Sentenza 31/12/2008 n. 3519
d.lgs 163/06 Articoli 153 - Codici 153.1

La dichiarazione di pubblico interesse assume, nel quadro della complessa procedura in cui si articola il project financing, una veste pregiudiziale, essendo strumentale al passaggio ad una fase ulteriore e successiva (cfr. C.d.S., sez. V, 10 novembre 2005 n. 6287). Ne deriva l'infondatezza della tesi prospettata dalla ricorrente secondo la quale la dichiarazione di pubblico interesse adottata dalla Giunta del comune di Costigliole d'Asti, con la deliberazione n. 159 del 06.12.2004, ha natura di accordo sostituivo del provvedimento finale, ai sensi dell'art. 11 della legge 1990 n. 241. In particolare, nella procedura in esame, che – come già ricordato – ha carattere unitario, il provvedimento finale è costituito dall'aggiudicazione dell'opera al soggetto vincitore, che assumerà la veste di concessionario; tuttavia, il contenuto dell'aggiudicazione non è determinato dalla dichiarazione di pubblico interesse, ma dipende dallo svolgimento delle fasi della procedura successive alla dichiarazione medesima, la cui funzione precipua consiste nella valutazione della fattibilità e dell'utilità, in termini di interesse pubblico, di una proposta, consentendo, in caso di esito positivo, il passaggio alle ulteriori fasi della procedura. Del resto, tale dichiarazione non determina neppure il contenuto del bando relativo alla gara finalizzata all'individuazione di coloro che dovranno negoziare, insieme al proponente, l'aggiudicazione della concessione, come adombrato dalla società ricorrente.

TAR Venezia, Sezione I - Sentenza 17/09/2008 n. 2880
d.lgs 163/06 Articoli 153 - Codici 153.1

Il piano economico-finanziario presentato dal promotore assume una specifica valenza nella disciplina del c.d. project financing" in quanto deputato a costituire, sia pure con le eventuali modifiche apportate dalla stazione appaltante, uno degli elementi costitutivi della futura lex specialis della gara finalizzata ad individuare il soggetto attuatore del progetto: tant'è che l'anzidetto art. 37-bis della L. 109 del 1994 e – ora – l'art. 153 del D.L.vo 163 del 2006 dispongono che il piano economico-finanziario sia "asseverato da un istituto di credito o da società di servizi costituite dall'istituto di credito stesso ed iscritte nell'elenco generale degli intermediari finanziari, ai sensi dell'art. 106 del testo unico delle leggi in materia bancaria e creditizia, di cui al D.L.vo 1° settembre 1993, n. 385, o da una società di revisione ai sensi dell'art. 1 della L. 23 novembre 1939 n. 1966".

TAR Napoli, Sezione III - Sentenza 22/07/2008 n. 7219
d.lgs 163/06 Articoli 153 - Codici 153.1

Il presupposto imprescindibile, dunque, come evidenzia correttamente la ricorrente, affinchè una proposta di project financing possa essere validamente presentata da un promotore ed essere eventualmente dichiarata di pubblico interesse dall'Amministrazione, ai sensi dell'art. 37 ter della legge 109/94, è che l'opera cui la proposta stessa si riferisce sia specificamente contemplata in uno strumento programmatorio debitamente e legittimamente approvato. Questo al fine, evidentemente, di evitare la presentazione estemporanea di progetti relativi ad opere per le quali l'Amministrazione già non abbia autonomamente e preventivamente valutato la necessità e il relativo interesse pubblico realizzativo nel settore di riferimento. Ciò è tanto vero che in caso di mancata programmazione i soggetti interessati possono bensì proporre "proposte di intervento", ai sensi dell'art. 37 bis già citato, ma solo ai limitati fini dell'inserimento delle stesse negli atti di programmazione.

TAR Napoli, Sezione I - Sentenza 29/11/2007 n. 15613
d.lgs 163/06 Articoli 153 - Codici 153.1

Il piano economico finanziario nell'ambito del project financing costituisce nucleo essenziale dell'offerta e come tale non è suscettibile di integrazione; al riguardo deve richiamarsi l'orientamento secondo cui "a quanto appena considerato deve aggiungersi che le indicazioni in parola sono, appunto, contenuti strutturali della proposta e non elementi meramente estrinseci e formali e, quindi, in relazione ad essi non è concepibile alcuna regolarizzazione di sorta. Siffatte indicazioni costituiscono il nucleo centrale della proposta e necessariamente postulano la preventiva effettuazione di accurate valutazioni di convenienza tecnico-finanziaria dell'offerta imprenditoriale che ne è oggetto, indefettibilmente riservate alle scelte di ogni candidato a promotore in funzione della specifica propensione al rischio. Rispetto ad essi non è dunque ammissibile un integrazione postuma che si risolverebbe, a ben vedere, in una nuova proposta, vieppiù formulata dopo lo spirare dei termini di presentazione. In questo senso si traggono, del resto, significative conferme dallo stesso tenore letterale del comma 2-ter, lett. b), dell'art. 37-bis , che espressamente riferisce la verifica di completezza, nonché l'eventuale dettagliata richiesta di integrazione, ai soli «documenti».In altre parole, la legge indubbiamente contempla un'ampia possibilità di integrazione, sotto il profilo formale, della documentazione già tempestivamente prodotta, ma certamente non consente all'amministrazione aggiudicatrice di sollecitare un proponente ad articolare il contenuto minimo essenziale della sua offerta. Non ha senso pertanto invocare il principio di massima collaborazione partecipativa tra pubblica amministrazione e proponenti, effettivamente sotteso alla disposizione in commento. Se infatti tale impronta teleologica contribuisce a spiegare la ratio della lata regolarizzazione prevista dal comma 2-ter, sicuramente essa non vale ad estendere il portato precettivo della disposizione oltre l'ambito segnato dalla nitida distinzione dei ruoli tra soggetto pubblico aggiudicatore e privato offerente"(Consiglio di Stato V Sezione 19 aprile 2005 n. 1082; TAR Puglia Bari Sezione I, 19 aprile 2007 n. 1087); e che il potere di integrazione non possa tradursi nella possibilità di esibizione postuma di documentazione da prodursi entro termini perentori è principio già espresso in giurisprudenza a proposito della allegazione successiva di atti a corredo della domanda di partecipazione a gare di appalto, in quanto lesiva dei canoni di trasparenza e par condicio; relativamente al secondo motivo di ricorso, deve ritenersi immune dalle censure proposte l'ammissione della società controinteressata, in primo luogo perché, come ritenuto dall'Autorità di Vigilanza, nessuna rilevanza può assumere, né sotto il profilo formale, né sostanziale, la circostanza per cui l'asseverazione sia contenuta in un atto distinto dal piano economico finanziario, ciò che conta essendo unicamente l'univoca afferenza a questo, requisito che non ha costituito oggetto di specifica contestazione; né rilevanza può avere la prospettata mancata iscrizione al casellario informatico della società controinteressata ai fini dell'ammissione, non essendo una tale prescrizione imposta a pena di esclusione dal procedimento di procect financing.

TAR Milano, Sezione I - Sentenza 21/04/2010 n. 1111
d.lgs 163/06 Articoli 154 - Codici 154.1

Nel "project financing", la procedura di scelta del promotore, pur dovendosi articolare come confronto concorrenziale tra più proposte, non è soggetta, in linea generale, alle regole rigorose di una vera e propria gara. Tale fase è caratterizzata da un altissimo livello di discrezionalità da parte dell'Amministrazione aggiudicatrice la quale, dopo aver valutato le proposte presentate, provvede ad individuare quella che ritiene di pubblico interesse, sulla base di valutazioni di fattibilità strettamente connesse a scelte interne di carattere economico e tecnico, sindacabili in sede giurisdizionale solo sotto il profilo della manifesta illogicità, irrazionalità, contraddittorietà e degli errori di fatto. La valutazione de qua è connotata da un carattere informale e discrezionale, non richiedendosi un'analitica motivazione articolata per ciascuno dei profili indicati, essendo invece sufficiente una valutazione unitaria e globale che di essi comunque tenga conto.

Consiglio di Stato, Sezione V - Sentenza 15/09/2009 n. 5503
d.lgs 163/06 Articoli 154 - Codici 154.1

il sistema di realizzazione di opere pubbliche costituito dalla finanza di progetto comporta espressamente la valutazione della vantaggiosità dell'offerta, a sua volta ricavabile dal piano economico-finanziario. In tale tipo di valutazione viene in rilievo anzitutto il principio di equilibrio come accade anche nelle concessioni di lavori pubblici, ed espresso essenzialmente, nel meccanismo in parola, dalla capacità di (auto)finanziamento (C.d.S IV n. 2979 del 2008). A tali valutazioni, ben sottolineate dalla giurisprudenza (C.d.S., V, n. 3916 del 2002) non solo, secondo il Collegio, non risulta estranea, ma è logicamente conferente ogni valutazione (considerata di interesse pubblico) sulla effettiva e concreta redditività dell'operazione a fronte di prezzi che si collochino al di sopra di medie di mercato e siano quindi in grado di negativamente influenzare le entrate previste dal piano. Tali elementi, invero, costituiscono componenti oggettive proprio di quell'equilibrio della gestione che spetta all'amministrazione di valutare e che a sua volta costituisce componente della vantaggiosità della proposta che la norma impone di esaminare e che non a caso indica il "valore economico e finanziario del piano". Perché quest'ultimo operi nei sensi qui descritti è tuttavia necessario che lo stesso, secondo quanto previste dal più volte citato articolo 37 bis della legge n. 109 del 1994, sia "asseverato da un istituto di credito o da società di servizi costituite dall'istituto di credito stesso ed iscritte nell'elenco generale degli intermediari finanziari, ai sensi dell'articolo 106 del testo unico delle leggi in materia bancaria e creditizia, di cui al decreto legislativo 1° settembre 1993, n. 385, o da una società di revisione ai sensi dell'articolo 1 della legge 23 novembre 1939, n. 1966". Si tratta di requisito essenziale per la corretta valutazione del progetto perché pur integrando e giammai sostituendo le valutazioni dell'amministrazione (C.d.S., V, n. 6727 del 2006), l'asseverazione costituisce l'utile presupposto per un primo esame del progetto. Ne consegue come non fosse consentita l'integrazione della documentazione in epoca successiva a quella indicata nell'avviso pubblico stesso.

TAR Napoli, Sezione III - Sentenza 22/07/2008 n. 7219
d.lgs 163/06 Articoli 154 - Codici 154.1

Il presupposto imprescindibile, dunque, come evidenzia correttamente la ricorrente, affinchè una proposta di project financing possa essere validamente presentata da un promotore ed essere eventualmente dichiarata di pubblico interesse dall'Amministrazione, ai sensi dell'art. 37 ter della legge 109/94, è che l'opera cui la proposta stessa si riferisce sia specificamente contemplata in uno strumento programmatorio debitamente e legittimamente approvato. Questo al fine, evidentemente, di evitare la presentazione estemporanea di progetti relativi ad opere per le quali l'Amministrazione già non abbia autonomamente e preventivamente valutato *la necessità e il relativo interesse pubblico realizzativo nel settore di riferimento. Ciò è tanto vero che in caso di mancata programmazione i soggetti interessati possono bensì proporre "proposte di intervento", ai sensi dell'art. 37 bis già citato, ma solo ai limitati fini dell'inserimento delle stesse negli atti di programmazione.*

Consiglio di Stato, Sezione V - Sentenza 20/05/2008 n. 2355
d.lgs 163/06 Articoli 154 - Codici 154.1

In materia di finanza di progetto, una valutazione comparativa delle varie proposte, con applicazione di principi che reggono le procedure concorsuali nel caso che si presentino più proposte, non esclude che l'amministrazione possa valutare le singole proposte ed eventualmente scartarle, quando ritiene che esse, singolarmente considerate, già non siano rispondenti ai parametri di valutazione indicati dalla norma ovvero non corrispondano all'interesse pubblico. L'amministrazione, inoltre, non è tenuta ad effettuare obbligatoriamente una stima d'insieme della singola proposta, valutandola in relazione a tutti i parametri elencati nell'art. 37, ter, comma 1, della legge n. 109 del 1994 e mediando, quindi, tali valutazioni. E' infatti sufficiente la valutazione negativa di uno solo dei parametri indicati dalla norma a legittimare l'esclusione di una proposta.

TAR Venezia, Sezione I - Sentenza 07/04/2010 n. 1295
d.lgs 163/06 Articoli 155 - Codici 155.1

Nell'ambito di una procedura concorsuale non trova applicazione la di cui all'art. 10-bis della legge 7 agosto 1990 n. 241, istituto che trova applicazione, per espressa previsione contenuta nella ridetta norma, nei soli procedimenti avviati a istanza di parte, quale certamente non può considerarsi una procedura di project financing. Nell'ambito di una procedura di project financing, la valutazione dell'Amministrazione si articola in una duplice fase: una valutazione di idoneità tecnica della proposta e all'esito una valutazione di rispondenza della stessa al pubblico interesse. E' soprattutto in questa seconda fase che massimo è il margine di discrezionalità riservato alla Pubblica amministrazione, trattandosi di giudizio coinvolgente la valutazione comparativa degli interessi che essa assume rilevanti in un determinato momento storico. Pertanto, una proposta pur giudicata idonea e fattibile sotto il profilo tecnico, potrà essere respinta in quanto ritenuta non conforme al pubblico interesse, a seguito della predetta valutazione comparativa. L'orientamento cui si fa qui riferimento si muove attraverso le seguenti coordinate (cfr., per tutte, Cons. Stato, Sez. V, 10 novembre 2005 n. 6287): a) nella procedura di project financing si apprezza l'alto grado di discrezionalità che compete al gestore del programma, nella valutazione della rispondenza della proposta al pubblico interesse; b) è quindi compito dell'Amministrazione procedente valutare se il progetto proposto abbia i contenuti necessari a soddisfare l'interesse pubblico, in funzione del quale il programma dei lavori non definito nei suoi contenuti progettuali possa avere attuazione, di talché la non coerenza del piano finanziario determina l'irrealizzabilità della proposta da valutare, rendendola inidonea allo scopo; c) ne deriva che essa può esercitare il potere, riconosciutole dalla legge (art 37 bis della legge n. 109/1994), di chiedere in corso di procedura integrazioni e chiarimenti a tutte le proponenti nel rispetto dei principi di par condicio e trasparenza; d) in conclusione, nelle procedure di affidamento di lavori mediante il sistema del project financing va individuato nella coerenza e sostenibilità del piano economico finanziario il nucleo centrale dell'offerta, la cui congruenza è indispensabile per il giudizio di affidabilità della proposta nel suo complesso.

TAR Cagliari, Sezione I - Sentenza 18/09/2008 n. 1783
d.lgs 163/06 Articoli 155 - Codici 155.1

Quanto all'applicabilità del principio di pubblicità anche nelle procedure di project financing, occorre rilevare che l'art. 152 del codice dei contratti prevede che in tali procedure «si applicano le disposizioni della parte I» in cui rientra l'art. 2 che indica i principi di trasparenza e di pubblicità come principi assoluti dei procedimenti di affidamento dei contratti pubblici. E' chiaro che anche nelle procedure di selezione del promotore finanziario (al pari di quanto si afferma per le procedure in cui il criterio di aggiudicazione è costituito dall'offerta economicamente più vantaggiosa) la regola della pubblicità delle sedute deve trovare applicazione esclusivamente con riguardo alla fase dell'ammissibilità delle proposte, come si è già detto. Mentre debbono svolgersi in forma non pubblica le sedute in cui vengono effettuate le valutazioni comparative della qualità tecnica delle proposte presentate, in ossequio al principio di imparzialità che implica la sottrazione a pressioni esterne della formazione e della manifestazione di tali valutazioni. In questa fase potranno aversi apporti dei partecipanti solo se espressamente richiesti dall'amministrazione aggiudicatrice.

TAR Firenze, Sezione II - Sentenza 18/10/2007 n. 3282
d.lgs 163/06 Articoli 155 - Codici 155.1

Una delle principali peculiarità del project financing consiste nella previsione di un procedimento volto all'affidamento della concessione di carattere sostanzialmente unitario, anche se articolato in due fasi distinte: 1) una prima fase rivolta alla individuazione del soggetto promotore; 2) una seconda fase tesa alla selezione del soggetto al quale dovrà essere affidato l'incarico realizzativo. A propria volta questa seconda fase è distinta in due ulteriori sottofasi: a) nella prima, mediante licitazione privata, si provvede alla selezione dei soggetti o del soggetto con i quali negoziare successivamente con il promotore il contratto di concessione, ai sensi dell'art. 37 quater, primo comma, lett. a), della legge n. 109 del 1994; b) la seconda fase consiste nella procedura negoziata tra il promotore e gli offerenti individuati a seguito dell'espletamento della fase precedente. La sostanziale unitarietà di tale iter è stata rilevata dalla giurisprudenza (cfr. Cons. Stato, Sez. V, 20 ottobre 2004 n. 6847), secondo cui le norme sul project financing disciplinano la realizzazione di opere pubbliche su iniziativa del promotore secondo un procedimento complesso articolato in varie fasi, che trovano momento culminante nell'aggiudicazione della concessione mediante una procedura negoziata da svolgere fra il promotore ed i soggetti presentatori delle due migliori offerte selezionati mediante apposita gara, ovvero, nel caso in cui alla gara abbia partecipato un solo soggetto, fra quest'ultimo ed il promotore (cfr. anche Cons. Stato, Sez. V, 5 settembre 2002 n. 4468). Risulta evidente, allora, che il Legislatore, pur privilegiando la figura del promotore, direttamente ammesso alla negoziazione finale, attraverso le previsioni di gara pone al centro di tale istituto le regole sull'evidenza pubblica, in ossequio alla tutela della concorrenza, e nel rispetto dei principi comunitari. Da quanto sopra consegue che il project financing non rappresenta un istituto autonomo e sottratto ai principi in materia di affidamento dei lavori pubblici, ma un sistema di realizzazione di questi ultimi che si basa sulle comuni norme che regolano la concessione, con la peculiare caratteristica secondo la quale il soggetto che sarà individuato come concessionario all'esito della procedura negoziata non può essere sottoposto a regole diverse a seconda della circostanza che si tratti del promotore o di uno dei soggetti selezionati a seguito della licitazione privata. La procedura negoziale ha, infatti, un'indubbia natura concorsuale fra soggetti preselezionati nelle diverse fasi della procedura complessa. Come tale, pertanto, non si sottrae ai principi di par condicio nonchè di economicità e speditezza delle operazioni concorsuali. Quanto al primo aspetto, in particolare, appare evidente come i concorrenti debbano essere posti nelle stesse condizioni di partecipazione al confronto, anche sotto il profilo degli oneri procedurali concernenti la dimostrazione del possesso dei requisiti per l'aggiudicazione, posti a garanzia dell'Amministrazione (cfr. Cons. Stato, Sez. V, 10 febbraio 2004 n. 495).

Corte Costituzionale - Sentenza 01/08/2008 n. 322
d.lgs 163/06 Articoli 118, 160, 56, 86, 90 - Codici 118.1, 160.bis, 56.1, 86.1, 90.1

Va dichiarata la illegittimità costituzionale degli articoli 6, comma 1, 7, commi 2 e 3, 8, 22, 24, 29, 32, 43, comma 1, della legge della Regione Veneto 20 luglio 2007, n. 17 (Modifiche alla legge regionale 7 novembre 2003, n. 27, «Disposizioni generali in materia di lavori pubblici di interesse regionale e per le costruzioni in zone classificate sismiche») Nel settore degli appalti pubblici, l'eventuale «interferenza» della disciplina statale con competenze regionali «si atteggia in modo peculiare, non realizzandosi normalmente in un intreccio in senso stretto con ambiti materiali di pertinenza regionale, bensì [mediante] la prevalenza della disciplina statale su ogni altra fonte normativa» (sentenza n. 401 del 2007). La normativa regionale censurata dallo Stato contiene una disciplina diversa da quella del codice citato per quanto attiene ai seguenti oggetti: affidamento dei servizi tecnici relativi all'architettura e all'ingegneria (artt. 6, comma 1, e 7, commi 2 e 3) riferibile all'ambito della legislazione sulle «procedure di affidamento»; verifica e validazione del progetto (art. 8), inerente all'ambito della «progettazione»; offerte anomale (art. 22) e procedura negoziata (art. 24), relative all'ambito delle procedure di affidamento; subappalti (art. 29), relativi ad analoga materia disciplinata dal codice dei contratti pubblici; leasing immobiliare (art. 32), relativo in parte all'ambito della «progettazione», in parte alla «esecuzione dei contratti» e comunque rientrante, insieme all'istituto del subappalto, nella materia «ordinamento civile»; verifica preventiva dell'interesse archeologico (art. 43), inerente a «contratti relativi alla tutela dei beni culturali». Per tutti questi oggetti, la disciplina dettata dalla Regione produce una erosione dell'area coperta da obblighi di gara. Essa, infatti, lascia le stazioni appaltanti libere di scegliere le modalità di affidamento degli incarichi di ingegneria e architettura comportanti un compenso inferiore a 40 mila euro, così riducendo il confronto concorrenziale nell'affidamento di tali servizi; consente che una deliberazione della Giunta regionale detti i criteri e le modalità di affidamento degli incarichi di ingegneria e architettura comportanti un compenso compreso tra 40 mila euro e la soglia comunitaria, nonché sulle forme di pubblicità dei medesimi e sui criteri di verifica e validazione dei progetti, incidendo in tal modo sulle regole di mercato; restringe l'ambito entro cui la stazione appaltante deve verificare la congruità delle offerte anomale; consente il ricorso alla trattativa privata senza necessità di previa pubblicazione di un bando di gara, limitando così il confronto concorrenziale; riduce la sospensione del pagamento alla sola somma non corrisposta al subappaltatore; restringe il numero di soggetti che possono aspirare a vedersi affidare l'esecuzione dei lavori aventi ad oggetto la costruzione degli immobili mediante l'introduzione dell'istituto del leasing immobiliare; lascia le stazioni appaltanti libere per quanto concerne l'affidamento degli incarichi aventi ad oggetto le indagini archeologiche, attribuite senza confronto concorrenziale. La normativa regionale, dunque, detta una disciplina difforme da quella nazionale in materie riservate alla competenza legislativa esclusiva dello Stato in base all'art. 117, secondo comma, Cost., riducendo, da un lato, l'area alla quale si applicano le regole concorrenziali dirette a consentire la piena esplicazione del mercato nel settore degli appalti pubblici a tutti gli operatori economici («tutela della concorrenza») e alterando, dall'altro, le regole contrattuali che disciplinano i rapporti privati («ordinamento civile») (sentenze nn. 431 e 401 del 2007 e n. 282 del 2004).

MASSIME ESTRATTE DALL'AVCP

Parere di Precontenzioso n. 207 del 19/12/2012 - rif. PREC 183/12/L d.lgs 163/06 Articoli 153 - Codici 153.1
> *Integrazione documentale - art. 153, comma 9, del Codice dei contratti pubblici - In una procedura di affidamento in "project financing" , è causa di esclusione dalla gara la presentazione della asseverazione, di cui il comma 9 dell'art. 153 del Codice dei contratti pubblici, rilasciata da un soggetto diverso da un istituto di credito, da società di servizi costituite dall'istituto di credito stesso e iscritte nell'Elenco generale degli intermediari finanziari ex art. 106 TUB, o da una società di revisione.*

Parere di Precontenzioso n. 175 del 24/10/2012 - rif. PREC 161/12/S d.lgs 163/06 Articoli 153, 49 - Codici 153.1, 49.1
> *E' legittima l'esclusione del concorrente dalla procedura di affidamento, mediante finanza di progetto, della concessione del servizio votivo cimiteriale per omessa presentazione della documentazione inerente l'avvalimento per violazione dell'art. 49 del D.lgs. n. 163/2006. Infatti, La documentazione elencata nel citato articolo 49 - che deve essere obbligatoriamente esibita dal concorrente in sede di offerta (cfr. Parere n. 100 del 09.06.2011) - risponde, da un lato, a canoni sostanziali di imparzialità e tutela della concorrenza tra gli operatori e, dall'altro, all'esigenza di consentire all'amministrazione di effettuare una corretta qualificazione dei concorrenti da ammettere alle successive fasi valutative dell'offerta, nel rispetto del principio di speditezza e non inutilità dell'azione amministrativa.*

Parere sulla Normativa del 19/09/2012 - rif. AG 14/12 d.lgs 163/06 Articoli 153 - Codici 153.1
> *Richiesta di parere ai sensi del Regolamento interno sulla istruttoria dei quesiti giuridici – INPS – Valorizzazione tramite project financing degli immobili adibiti a centri vacanze –Legittimità della prosecuzione della procedura in assenza del promotore- Durante una procedura di project financing svolta ai sensi dell'art. 153 D. Lgs. 2006 n. 163/2006, e sottoposta all'abrogato art. 155, qualora si verifichi il fallimento del promotore, l'iter non può proseguire legittimamente con una procedura negoziata che ponga a base di gara il progetto preliminare del promotore fallito (cfr. anche TAR Toscana, I, 15 marzo 2012, n. 541).*

Deliberazione n. 64 del 27/06/2012 - rif. Fascicolo n. 493/2012 d.lgs 163/06 Articoli 153, 30 - Codici 153.1, 30.1
> *È legittimo affidare il servizio di ripristino delle condizioni di sicurezza e viabilità post incidente a costo zero per gli Enti locali titolari delle strade mediante finanza di progetto, potendo ricondursi la concessione di tale servizio nell'ambito di applicazione dell'art. 278 del D.P.R. n. 207/2010.*

Deliberazione n. 44 del 20/04/2011 - rif. Fasc. n. 1350/2010 d.lgs 163/06 Articoli 153 - Codici 153.1
> *L'art. 153, comma 19, D.Lgs. 163/06, prevede la possibilità per i soggetti privati di presentare all'amministrazione in qualsiasi momento, anche al di fuori della fase di programmazione, proposte consistenti in uno studio di fattibilità per la realizzazione e la gestione di opere in concessione. Pertanto laddove l'amministrazione, procedendo obbligatoriamente alla valutazione nel termine di sei mesi dal ricevimento della proposta, reputi l'opera di interesse pubblico, la inserisce nel programma ed avvia la*

procedura di gara secondo le modalità di cui al medesimo articolo; preferibilmente ex comma 15 (cfr. Determina AVCP n. 1/09). A tal fine giova evidenziare che quest'ultimo inciso serve espressamente ad individuare il promotore a valle di una procedura ad evidenza pubblica, mediante la pubblicazione di un avviso, e solo all'esito comparativo delle proposte eventualmente pervenute individuare quella di pubblico interesse.
Inoltre, va evidenziato che il recepimento dello studio di fattibilità da parte del comune non determina a favore del proponente alcun diritto a compensi ovvero all'affidamento della realizzazione o gestione dell'opera.

Deliberazione n. 11 del 26/01/2011 - rif. d.lgs 163/06 Articoli 153 - Codici 153.1

L'istituto della Finanza di Progetto ha, come caratteristica qualificante, la copertura finanziaria degli investimenti sulla base di un progetto in quanto tale, prendendo in considerazione la sua validità, la sua corretta gestione e quindi la sua capacità di produrre reddito per un determinato periodo di tempo (cfr. Atto di regolazione AVCP n. 34/2000). Pertanto, a differenza del tradizionale appalto, tale istituto è basato essenzialmente sull'equilibrio finanziario ed economico dell'iniziativa e, segnatamente, sulle prospettive reddituali e sui flussi di cassa attesi dalla gestione.

Deliberazione n. 44 del 08/07/2010 - rif. Fasc. 545/10 d.lgs 163/06 Articoli 153, 155 - Codici 153.1, 155.1

Una procedura di project financing che rimetta al promotore la gestione dell'attività di progettazione e di realizzazione di un'opera pubblica a cui non sono collegati rilevanti flussi di cassa (base per l'erogazione dei fondi necessari da parte dei finanziatori), non risulta coerente con i principi sottesi dalla normativa vigente in materia di finanza di progetto. In tale ipotesi, la qualità ed l'adeguatezza dell'opera da realizzare non costituirà un elemento fondamentale ai fini della remuneratività del progetto, con conseguente alterazione della concorrenza nel mercato degli appalti di lavori e minor tutela per la stazione appaltante.

Parere di Precontenzioso n. 83 del 30/07/2009 - rif. Prec 52/09/L d.lgs 163/06 Articoli 153 - Codici 153.1

La richiesta al soggetto promotore di versare la cauzione di cui all'art. 155, comma 2 del d. lgs. 12 aprile 2006, n. 163, pari all'importo del 2,5% del valore dell'investimento è giustificata dalla necessità di corrispondere ai concorrenti alla gara il rimborso di cui al comma 1, lett. a) dell'art. 155 in caso di vittoria del promotore, solo qualora la S.A. proceda all'individuazione dei due migliori offerenti nella gara medesima mediante procedura disciplinata dall'art. 53, comma 2, lett. c) del D.Lgs. n. 163/2006.

Determinazione n. 3 del 20/05/2009 - rif. d.lgs 163/06 Articoli 153 - Codici 153.1

Non massimabile

Deliberazione n. 37 del 22/04/2009 d.lgs 163/06 Articoli 153, 197 - Codici 153.1, 197.1

E' conforme al disposto dell'art. 197, comma 3, del D.Lgs. 12 aprile 2006, n. 163 la concessione a privati della gestione temporanea di beni culturali sottoposti a tutela ai sensi del D.Lgs. 22 gennaio 2004 n. 42, mediante l'istituto del project financing, essendo la fruizione pubblica di tali beni compatibile con la gestione privata di una parte minoritaria degli stessi (Consiglio di Stato 11 luglio 2008, n. 3507).

Deliberazione n. 32 del 08/04/2009 d.lgs 163/06 Articoli 153 - Codici 153.1

Con determinazione 1/2009 l'Autorità ha chiarito che il nuovo art. 153 D.Lgs. 12 aprile 2006, n.163 si applica alle procedure i cui bandi siano pubblicati dopo il 17 ottobre 2008, e che "la nuova disciplina prescrive espressamente la pubblicazione del bando di gara anche sulla GURI e sulla GUCE in relazione all'importo a base di gara".

Parere sulla Normativa del 12/03/2009 - rif. AG 5-09 d.lgs 163/06 Articoli 153, 83 - Codici 153.1, 83.1

Nella procedura di project financing, ai sensi dell'art. 144, comma 1, del D.Lgs. 12 aprile 2006, n. 163 trova applicazione la disciplina generale di cui all'articolo 83 in relazione al criterio dell'offerta economicamente più vantaggiosa. Tale criterio di aggiudicazione postula che il progetto o l'offerta tecnica devono essere valutati dalla commissione di gara prima di conoscere il contenuto dell'offerta economica, onde evitare che la valutazione del primo sia influenzata, in modo effettivo o solo potenziale, da motivi di economicità dell'offerta e per far sì che il peso reciproco delle due valutazioni (quella tecnica e quella economica) sia esso stesso oggetto di autonoma valutazione.

Parere di Precontenzioso n. 25 del 26/02/2009 - rif. PREC271/08/L d.lgs 163/06 Articoli 153 - Codici 153.1

La richiesta al soggetto promotore di versare la cauzione di cui all'art. 155, comma 2 del d. lgs. 12 aprile 2006, n. 163, pari all'importo del 2,5% del valore dell'investimento è giustificata dalla necessità di corrispondere ai concorrenti alla gara il rimborso di cui al comma 1, lett. a) dell'art. 155 in caso di vittoria del promotore, solo qualora la S.A. proceda all'individuazione dei due migliori offerenti nella gara medesima mediante procedura disciplinata dall'art. 53, comma 2, lett. c) del D.Lgs. n. 163/2006.

Determinazione n. 1 del 14/01/2009 - rif. d.lgs 163/06 Articoli 153 - Codici 153.1

Non massimabile

Deliberazione n. 59 del 17/12/2008 d.lgs 163/06 Articoli 126, 153 - Codici 126.1, 153.1

L'omessa indicazione del costo stimato di ciascun intervento, sia nel programma che nell'avviso successivamente emanato non appare conforme alla disciplina positiva. Il programma dei lavori pubblici non rappresenta una mera elencazione di opere, essendo stabilito (dall'art. 14 della legge 109/1994) che esso costituisce "momento attuativo di studi di fattibilità e di identificazione e quantificazione dei propri bisogni ..." e che tali studi "individuano i lavori strumentali al soddisfacimento dei predetti bisogni, indicano le caratteristiche funzionali, tecniche, gestionali ed economico-finanziarie degli stessi e contengono l'analisi dello stato di fatto di ogni intervento nelle sue eventuali componenti storico-artistiche, architettoniche, paesaggistiche, e nelle sue componenti di sostenibilità ambientale, socio-economiche, amministrative e tecniche". Pertanto, per ciascun intervento, devono essere indicate le finalità, la localizzazione, eventuali problematiche di ordine ambientale, paesaggistico ed urbanistico, la stima dei costi, le eventuali risorse disponibili. Non è conforme al dettato normativo un avviso indicativo nel quale non siano riportati gli elementi essenziali indicati dall'art. 80 del DPR 554/99, in particolare l'importo dei lavori, la tipologia delle commesse, la località dell'esecuzione dell'intervento. L'inserimento di un intervento nella programmazione triennale dei lavori pubblici dell'amministrazione vale solo a rendere pubblica l'intenzione di riservare al finanziamento privato determinati interventi e non può essere considerato equipollente all'emanazione dell'avviso indicativo. Prevedere termini diversi per la presentazione delle offerte, rispetto a quelli normativamente stabiliti, può determinare una restrizione della partecipazione ed alterare le regole della concorrenza. Anche se al momento della emanazione dell'avviso la normativa regionale vigente (legge 109/1994 recepita in Sicilia con LL.RR. nn. 7/2002, 7/2003, 20/2003 e 14/2005) non prevedeva alcun obbligo di specificare nell'avviso i criteri di valutazione, si ritiene che nel rispetto dei principi a tutela della concorrenza e della trasparenza, sanciti dal diritto comunitario e nazionale, l'Amministrazione avrebbe dovuto comunque conformarsi alla novella normativa introdotta dalla legge 18 aprile 2005 n. 62, permettendo così agli aspiranti promotori di valutare meglio il loro interesse a partecipare alla procedura.

Deliberazione n. 19 del 22/05/2008 d.lgs 163/06 Articoli 153 - Codici 153.1

Nella procedura di project financing, la previsione di un prezzo (anche sotto forma di cessione in proprietà di beni immobili) corrisposto dalla stazione appaltante al promotore deve trovare la sua ragione giustificativa nella necessità di assicurare al concessionario il perseguimento dell'equilibrio economico-finanziario degli investimenti e della connessa gestione in relazione alla qualità del servizio da prestare, e non per assurgere, nella sostanza, a vero e proprio corrispettivo di un appalto. Il difetto di presupposti per l'attivazione di un'operazione di project financing, le carenze nella pubblicazione dell'avviso indicativo, nonché l'accoglimento, di fatto, della proposta del solo promotore, seguito dalla modifica del piano economico-finanziario non appena

intervenuta l'aggiudicazione, siano elementi potenzialmente lesivi della libera
concorrenza tra le imprese in grado di mostrare interesse per l'esaminato intervento.
Parere di Precontenzioso n. 49 del 20/02/2008 - rif. PREC26/08/L d.lgs 163/06 Articoli 153 -
Codici 153.1
In considerazione della peculiarità e specialità dell'istituto del promotore finanziario,
nella procedura di affidamento non è possibile prevedere un termine per la
presentazione delle proposte inferiore a 180 giorni.
Deliberazione n. 312 del 13/12/2007 d.lgs 163/06 Articoli 153 - Codici 153.1
Una concessione di opera di pubblica utilità ad iniziativa privata, ove il privato assume il
rischio della realizzazione e della gestione della stessa, rientra nell'ambito dell'art. 153
del D.Lgs. 163/2006. La normativa di settore qualifica le opere per la realizzazione di
impianti eolici "di pubblica utilità ed indifferibili e urgenti" (D.Lgs. 387/2003). E' illegittima
una convenzione per la realizzazione di un parco eolico posta in essere in violazione
della disciplina della finanza di progetto, laddove il concessionario è stato individuato
con procedura "semplificata" (esame comparativo delle proposte pervenute e
individuazione di quella più vantaggiosa) totalmente difforme da quella normativamente
prevista.
Deliberazione n. 308 del 06/12/2007 d.lgs 163/06 Articoli 153 - Codici 153.1
In relazione all'ambito oggettivo di applicabilità dell'istituto della finanza di progetto, il
riferimento contenuto nell'art. 153 del d. lgs. 12 aprile 2006, n. 163 ai "lavori pubblici"
ed ai "lavori di pubblica utilità", va interpretato come possibilità che oggetto del project
sia non solo la realizzazione e gestione di opere pubbliche in senso stretto, ma anche
di opere private destinate a soddisfare utilità pubbliche. Tra le predette opere di
pubblica utilità possono includersi anche alcuni interventi di urbanizzazione secondaria
-gli impianti sportivi, gli esercizi commerciali, le attrezzature culturali, etc. - quali lavori
collegati all'opera principale. Il riferimento ai lavori collegati consente, dunque, di
estendere il project anche ad opere destinate ad attività commerciali o di servizi, in
quanto collegate all'opera principale. Tali opere, per la loro redditività, si prestano,
peraltro, a rendere più appetibile il project financing ed a consentire il ricorso a tale
istituto anche quando dalla realizzazione e gestione della sola opera pubblica non
possano ricavarsi flussi di reddito sufficienti a ripagare l'investimento.
Deliberazione n. 308 del 06/12/2007 d.lgs 163/06 Articoli 153 - Codici 153.1
Se è vero che la proposta del promotore deve essere inserita negli atti programmatici
ed essere conforme alle previsioni urbanistiche dell'ente, è anche vero che, riguardo ai
primi, tali atti programmatici possono essere anche strumenti di programmazione
formalmente approvati dall'Amministrazione, come la relazione provisionale e
programmatica, e, riguardo ai secondi, è possibile ricorrere a procedure semplificate di
adozione delle varianti al PRG in caso di opera non conforme alla previsioni
urbanistiche.
Deliberazione n. 291 del 25/10/2007 d.lgs 163/06 Articoli 153 - Codici 153.1
Viola la ratio dell'istituto della finanza di progetto la s.a. che, nel bando di gara,
determina unilateralmente il prezzo da corrispondere al promotore che, insieme al
diritto di gestire l'opera, costituisce la controprestazione a favore del privato. In tal
modo, infatti, viene eliminato l'onere, gravante sul promotore, della redazione della
proposta economico finanziaria e viene ridotta o eliminata del tutto l'alea tipica di tali
operazioni.
Deliberazione n. 222 del 11/07/2007 - rif. PREC279/07 d.lgs 163/06 Articoli 1, 153 - Codici 1.2,
153.1
Anche nel caso in cui una società a capitale pubblico- privato non incorra nei divieti di
legge, e in particolare nel divieto di attività extra moenia ex art. 13 della l. 248/2006, il
quadro normativo vigente rende comunque evidente l'esistenza di una linea evolutiva
dell'ordinamento, tale da contemplare la presenza della mano pubblica tra gli operatori
di mercato solo nelle ipotesi in cui ciò risulti coerente con le finalità esponenziali degli

enti pubblici territoriali e non contrasti con le regole della libera concorrenza, basata sulle parità delle opportunità tra gli operatori che agiscono sullo stesso mercato.
Deliberazione n. 222 del 11/07/2007 - rif. PREC279/07 d.lgs 163/06 Articoli 1, 13, 153 - Codici 1.2, 13.1, 153.1

In un procedimento relativo a una finanza di progetto, il diniego di accesso alla documentazione progettuale presentata dal promotore, nonché i termini molto stretti per la presentazione di proposte alternative concretano elementi di squilibrio tra gli operatori del mercato, tali da assumere rilevanza essenziale sotto il profilo del rispetto della simmetria informativa nei confronti di eventuali soggetti privati interessati alla presentazione di proposte alternative a quella formulata dalla Società stessa. La società a capitale pubblico- privato, costituita al solo fine di predisporre la proposta di finanza di progetto, che può usufruire a questo fine di un arco temporale di non poco conto, del flusso di informazioni e conoscenze proprie degli enti territoriali che, al contempo, ne detengono il capitale azionario ed espletano funzioni di governo e gestione del territorio interessato dall'intervento di che trattasi, beneficia di un notevole vantaggio concorrenziale che deve essere compensato dalla più ampia trasparenza e dalla predisposizione di un congruo termine per la predisposizione dell'offerta nei confronti degli operatori privati.

Deliberazione n. 204 del 21/06/2007 d.lgs 163/06 Articoli 153 - Codici 153.1

Con riferimento all'istituto della finanza di progetto, come disciplinato dagli art. 37 bis e seguenti della legge 11 febbraio 1994, n.109, la normativa di settore è chiara nel richiedere che gli interventi individuati come realizzabili con capitali privati, oltre ad essere inseriti nella programmazione, siano descritti e resi pubblici al fine di garantire la trasparenza mediante un'informazione esauriente e consentire quindi la più ampia partecipazione dei soggetti interessati. La fase di scelta del promotore rappresenta un momento decisivo della procedura di project financing e, con l'introduzione del "diritto di prelazione" in favore del promotore, è diventato di risolutiva importanza che tutti i potenziali concorrenti abbiano conoscenza, attraverso idonee forme di pubblicità, degli interventi che le amministrazioni intendono realizzare attraverso l'apporto di capitali privati.

Deliberazione n. 110 del 17/04/2007 - rif. PREC92/07 d.lgs 163/06 Articoli 153, 7, 90 - Codici 153.1, 7.1, 90.1.3.2

Il Casellario delle società di ingegneria e professionali tenuto presso l'Osservatorio dell'Autorità, costituisce una banca dati alla quale deve essere riconosciuta efficacia di pubblicità notizia e le società di ingegneria e professionali sono tenute agli obblighi di comunicazione di cui agli articoli 53 e 54 del D.P.R. 21 dicembre 1999 n. 554 entro 30 giorni dalla prima partecipazione ad una procedura di affidamento dei servizi di ingegneria ed architettura. La mancata iscrizione al Casellario delle società di ingegneria non è pertanto elemento ostativo alla partecipazione ad una selezione per l'individuazione di un promotore.

Deliberazione n. 110 del 17/04/2007 - rif. PREC92/07 d.lgs 163/06 Articoli 153, 154 - Codici 153.1, 154.1

L'Amministrazione può chiedere al promotore integrazioni e/o chiarimenti nel caso in cui la coerenza del piano economico finanziario, in relazione agli elementi di cui all'articolo 85, comma 1, del D.P.R. 21 dicembre 1999 n. 554, non sia ritenuta sufficientemente e chiaramente attestata; ugualmente possono essere richieste integrazioni e chiarimenti in presenza di un asseveramento incompleto (Atto Regolazione n. 34/2000). Posto che l'articolo 37-bis reca una elencazione analitica dei contenuti indefettibili delle proposte dei promotori, da ritenersi contenuti strutturali della stessa, in relazione ad essi la possibilità di integrazione è limitata alla documentazione già tempestivamente prodotta (Cons. St. n. 1802/2005). L'asseveramento è un esame critico ed analitico del progetto presentato dal promotore che attesta la coerenza degli elementi che compongono il piano economico finanziario e viene reso con un atto rilasciato dall'istituto di credito. Ciò che rileva è la sua riferibilità al piano economico *finanziario indipendentemente dall'inserimento materiale del medesimo nello stesso documento (Atto di regolazione n. 14/2001).*

Deliberazione n. 48 del 11/07/2006 d.lgs 163/06 Articoli 153, 54 - Codici 153.1, 54.1
Contrasta con il principio della libera concorrenza e della massima partecipazione alle gare il bando, predisposto dall'Amministrazione ai sensi dell'art. 37quater, comma 1, lett. a), della legge 11 febbraio 1994, n. 109 e s.m. (project financing), contenente clausole che possono sostanzialmente scoraggiare la partecipazione alla gara dei promotori privi della proprietà delle aree oggetto di intervento, nella misura in cui il valore nominale del fondo e gli altri importi da erogare al promotore titolare dell'area risultino eccessivi e, rapportati all'importo complessivo di esecuzione dei lavori, rendano poco appetibile il margine di guadagno dell'investitore.L'opportunità e la convenienza di adottare la procedura del project financing, quale strumento alternativo all'espropriazione e successiva concessione di costruzione e gestione, o ad altre procedure di scelta del contraente, rientra nella discrezionalità dell'Amministrazione e sotto tale profilo non possono muoversi contestazioni nei confronti dell'Ente comunale. Tuttavia, posto che nella specie il valore delle aree e delle opere già realizzate fissato nel bando assume carattere determinante ai fini della partecipazione alla gara dei potenziali promotori, appare di fondamentale importanza che esso sia congruo e comunque non strumentale ad un sostanziale sbarramento per i concorrenti sprovvisti della proprietà dell'area.

Deliberazione n. 1 del 16/01/2013 - rif. Fascicolo 1302/2011 d.lgs 163/06 Articoli 154, 155 - Codici 154.1, 155.1
Anche nelle procedure selettive di project financing va negata la possibilità di modificare le condizioni contrattuali di affidamento di un servizio o di una fornitura o della realizzazione di un'opera, sia prima che dopo l'aggiudicazione perché, in ogni caso, non vi è capacità di agire dell'Ente in tal senso ed, inoltre, si realizzerebbe una palese violazione delle regole di concorrenza e di parità di condizioni tra i partecipanti alle gare pubbliche.

Deliberazione n. 1 del 16/01/2013 - rif. Fascicolo 1302/2011 d.lgs 163/06 Articoli 154, 155, 2 - Codici 154.1, 155.1, 2.1
La procedura selettiva di project financing si articola in due fasi chiaramente distinte: la fase preliminare dell'individuazione del promotore e la successiva fase selettiva finalizzata all'affidamento della concessione. "La scelta del promotore, ancorché procedimentalizzata, è connotata da amplissima discrezionalità amministrativa, essendo intesa non già alla scelta della migliore fra una pluralità di offerte sulla base di criteri tecnici ed economici preordinati, ma alla valutazione stessa di un interesse pubblico che giustifichi, alla stregua della programmazione delle opere pubbliche, l'accoglimento della proposta formulata dall'aspirante promotore" (cfr. Cons. Stato, 1 aprile 2010, n. 2155) diversamente, la fase selettiva è finalizzata all'affidamento della concessione e, quindi, presenta i caratteri della gara soggetta ai principi comunitari e nazionali dell'evidenza pubblica.

Deliberazione n. 57 del 09/06/2011 - rif. d.lgs 163/06 Articoli 154 - Codici 154.1
Quanto ai limiti entro cui consentire l'apporto di modifiche al progetto preliminare, è consentito ai concorrenti presentare eventuali e possibili varianti ma nessuna vera e propria soluzione alternativa che si discosti dalle scelte generali operate dalla stazione appaltante configurandosi come un'alternativa progettuale. Le modifiche devono limitarsi ad innovazioni complementari e strumentali, nel rispetto delle linee essenziali e dell'impostazione del progetto di base (Determinazione n. 1 del 22 Gennaio 2003) a garanzia dell'equilibrio del PEF quale elemento essenziale della proposta del Promotore e per tutelare il privato dalle scelte unilaterali dell'amministrazione. Occorre quindi fare riferimento all'equilibrio del PEF, il quale può essere assicurato solamente se vengono rispettate

Deliberazione n. 11 del 26/01/2011 - rif. d.lgs 163/06 Articoli 154 - Codici 154.1

La procedura ex art. 37 quater L. 109 (ora art. 155 D.lgs. 163/06) si incentra sul confronto tra l'offerta del promotore e le due migliori offerte selezionate con la gara ovvero dell'unica offerta pervenuta, configurando "l'apertura di un dialogo competitivo multiplo e flessibile, non limitato dalla struttura formalmente più rigida della licitazione privata" (Determinazione n. 1/2003). Il confronto concorrenziale parte dal progetto preliminare corredato del Piano Economico Finanziario (PEF) presentato dal promotore stesso, eventualmente modificato dall'amministrazione aggiudicatrice ai sensi dell'art. 37 quater, comma 1 lett. a), L.109/94 (ora art. 155, comma 1 lett.a), D.Lgs. 163/06). Il PEF costituisce il documento che individua e chiarisce le ragioni giustificatrici dell'offerta e che perciò racchiude in sé tutti gli elementi per la valutazione e l'apprezzamento, da parte della P.A., dei ribassi offerti. La validità economico-finanziaria del progetto costituisce il presupposto stesso dell'intera operazione di project financing (cfr. Determinazione n.1/2009). Non è dunque ammissibile la sottrazione del piano economico finanziario - che questi equilibri spiega e giustifica - ad una seria valutazione di sostenibilità da parte della stazione committente anche in fase di gara. La S.A. deve condurre un esame dell'equilibrio economico finanziario contenuto nel PEF alla luce delle evenienze sopravvenute al fine di accertare la sostenibilità dell'offerta prima di addivenire all'aggiudicazione. All'esito del rifiuto da parte delle imprese competitrici di addivenire alla stipula della convenzione alle condizioni di cui alle offerte presentate ed attesa l'urgenza - da documentare debitamente – sarebbe corretto avviare una procedura negoziata senza bando, invitando almeno tre operatori economici (tra cui quelli che hanno partecipato alla prima fase della gara stessa), ponendo a base di gara il progetto alle condizioni (tecnico-economiche) rivisitate alla luce delle evenienze sopravvenute. Una rinegoziazione con l'impresa competitrice che si risolva in sostanza in un nuovo affidamento, appare in violazione della par condicio tra i concorrenti ex art. 29 della direttiva 2004/18 e art. 2 del D.Lgs. 163/06.

Deliberazione n. 110 del 17/04/2007 - rif. PREC92/07 d.lgs 163/06 Articoli 153, 154 - Codici 153.1, 154.1

L'Amministrazione può chiedere al promotore integrazioni e/o chiarimenti nel caso in cui la coerenza del piano economico finanziario, in relazione agli elementi di cui all'articolo 85, comma 1, del D.P.R. 21 dicembre 1999 n. 554, non sia ritenuta sufficientemente e chiaramente attestata; ugualmente possono essere richieste integrazioni e chiarimenti in presenza di un asseveramento incompleto (Atto Regolazione n. 34/2000). Posto che l'articolo 37-bis reca una elencazione analitica dei contenuti indefettibili delle proposte dei promotori, da ritenersi contenuti strutturali della stessa, in relazione ad essi la possibilità di integrazione è limitata alla documentazione già tempestivamente prodotta (Cons. St. n. 1802/2005). L'asseveramento è un esame critico ed analitico del progetto presentato dal promotore che attesta la coerenza degli elementi che compongono il piano economico finanziario e viene reso con un atto rilasciato dall'istituto di credito. Ciò che rileva è la sua riferibilità al piano economico finanziario indipendentemente dall'inserimento materiale del medesimo nello stesso documento (Atto di regolazione n. 14/2001).

Deliberazione n. 1 del 16/01/2013 - rif. Fascicolo 1302/2011 d.lgs 163/06 Articoli 154, 155 - Codici 154.1, 155.1

Anche nelle procedure selettive di project financing va negata la possibilità di modificare le condizioni contrattuali di affidamento di un servizio o di una fornitura o della realizzazione di un'opera, sia prima che dopo l'aggiudicazione perché, in ogni caso, non vi è capacità di agire dell'Ente in tal senso ed, inoltre, si realizzerebbe una palese violazione delle regole di concorrenza e di parità di condizioni tra i partecipanti alle gare pubbliche.

Deliberazione n. 1 del 16/01/2013 - rif. Fascicolo 1302/2011 d.lgs 163/06 Articoli 154, 155, 2 - Codici 154.1, 155.1, 2.1

La procedura selettiva di project financing si articola in due fasi chiaramente distinte: la fase preliminare dell'individuazione del promotore e la successiva fase selettiva finalizzata all'affidamento della concessione. "La scelta del promotore, ancorché procedimentalizzata, è connotata da amplissima discrezionalità amministrativa, essendo intesa non già alla scelta della migliore fra una pluralità di offerte sulla base di criteri tecnici ed economici preordinati, ma alla valutazione stessa di un interesse pubblico che giustifichi, alla stregua della programmazione delle opere pubbliche, l'accoglimento della proposta formulata dall'aspirante promotore" (cfr. Cons. Stato, 1 aprile 2010, n. 2155) diversamente, la fase selettiva è finalizzata all'affidamento della concessione e, quindi, presenta i caratteri della gara soggetta ai principi comunitari e nazionali dell'evidenza pubblica.

Deliberazione n. 56 del 07/06/2011 - rif. Fascicolo n. 1147/10/VILA, prot. 64103/10/VILA/VL4d.lgs 163/06 Articoli 155, 70 - Codici 155.1, 70.2

La Determina n. 1/2009, in ordine alla procedura ex art. 153 commi 1-14 del codice, ha chiarito che "la disciplina non indica più il termine di presentazione delle offerte; la fissazione dello stesso rientra, quindi, nella discrezionalità dell'amministrazione aggiudicatrice, nel rispetto dei limiti minimi previsti dall'articolo 70 e dall'articolo 145 del Codice, fermo restando il principio generale di cui al comma 1 del medesimo articolo 70, che prescrive alle amministrazioni di tenere conto della complessità della prestazione oggetto del contratto e del tempo ordinariamente necessario o per preparare le offerte". Il richiamato articolo 145, comma 1, del Dlgs 163/2006 statuisce inoltre che "ai termini per la presentazione delle candidature e delle offerte si applica l'art. 70, con esclusione del comma 9 e del comma 11. Nell'affidamento di tali tipologie contrattuali è, dunque, inapplicabile la riduzione dei termini di cui all'art. 70, comma 9. Nelle concessioni di lavori pubblici rilevano in modo particolare anche l'art. 70 commi 6, 7 e 10 del Codice . Ratio delle norme citate, infatti, è quella di consentire alle imprese interessate di conoscere con congruo anticipo l'indizione della gara e le modalità di partecipazione, nonché di formulare offerte sufficientemente ponderate ed idonee a conseguire l'aggiudicazione. Pertanto, nel fissare tali termini, le stazioni appaltanti devono tenere conto del tempo ordinariamente necessario per predisporre le offerte, soprattutto nel caso in cui gli offerenti siano chiamati a redigere elaborati progettuali. Lo studio di fattibilità, come chiarito nelle linee guida dell'Autorità sul project financing, ha una duplice valenza: "esso è atto propedeutico all'inserimento delle iniziative negli strumenti di programmazione, nonché documento a base di gara nelle nuove procedure ex articolo 153 del Codice". Appare evidente, quindi, il ruolo sostanziale che viene ad "assumere lo studio di fattibilità e la necessità di individuarne chiaramente i contenuti minimi indefettibili, in relazione alla duplice funzione ad esso assegnata"; la corretta redazione degli studi di fattibilità da porre a base di gara, contenenti aspetti tecnico-progettuali, giuridico-amministrativi (compresi quelli urbanistici) ed economico-finanziari ha anche lo scopo di consentire la redazione di progetti preliminari, minimizzando il rischio di modifiche in fase di approvazione".

Deliberazione n. 44 del 08/07/2010 - rif. Fasc. 545/10 d.lgs 163/06 Articoli 153, 155 - Codici 153.1, 155.1

Una procedura di project financing che rimetta al promotore la gestione dell'attività di progettazione e di realizzazione di un'opera pubblica a cui non sono collegati rilevanti flussi di cassa (base per l'erogazione dei fondi necessari da parte dei finanziatori), non risulta coerente con i principi sottesi dalla normativa vigente in materia di finanza di progetto. In tale ipotesi, la qualità ed l'adeguatezza dell'opera da realizzare non costituirà un elemento fondamentale ai fini della remuneratività del progetto, con conseguente alterazione della concorrenza nel mercato degli appalti di lavori e minor tutela per la stazione appaltante.

Parere di Precontenzioso n. 140 del 03/12/2009 - rif. PREC 327/08/L d.lgs 163/06 Articoli 155 - Codici 155.1

Con riferimento alle procedure di finanza di progetto i cui avvisi indicativi siano stati pubblicati anteriormente all'entrata in vigore del d. lgs. n. 113/2007, contenenti espressamente la previsione del diritto di prelazione in favore del promotore, continua ad applicarsi il previgente assetto normativo contemplante tale diritto.

Parere di Precontenzioso n. 140 del 03/12/2009 - rif. PREC 327/08/L d.lgs 163/06 Articoli 155 - Codici 155.1

In materia di finanza di progetto, è conforme alla disciplina di settore la clausola del bando che limita il rimborso delle spese sostenute dai concorrenti che non siano risultati aggiudicatari all'esito della procedura negoziata con il promotore, alla sola ipotesi in cui la gara per l'individuazione dei soggetti presentatori delle due migliori offerte da confrontare con quella del promotore sia stata esperita secondo le regole di cui all'articolo 53, comma 2, lettera c), ovvero mediante appalto avente ad oggetto, oltre l'esecuzione dell'opera, anche la presentazione del progetto definitivo in sede di offerta.

Parere di Precontenzioso n. 69 del 17/10/2007 - rif. PREC424/07 d.lgs 163/06 Articoli 128, 155 - Codici 128.1, 155.1

Nelle procedure di finanza di progetto, l'inserimento dell'intervento nella programmazione triennale dei lavori pubblici dell'amministrazione vale solo a rendere pubblica l'intenzione di riservare al finanziamento privato determinati interventi e non può essere considerato equipollente all'emanazione dell'avviso indicativo. La mancata o irregolare pubblicazione di quest'ultimo, peraltro, comporta una lesione del principio di parità di trattamento tra gli operatori economici e del principio di trasparenza.

Parere di Precontenzioso n. 22 del 27/09/2007 - rif. PREC373/07 d.lgs 163/06 Articoli 155 - Codici 155.1

Poiché ai sensi dell'articolo 153, comma 3 del d.Lgs. 12 aprile 2006, n. 163, l'avviso indicativo deve contenere i criteri in base ai quali si procede alla valutazione comparativa tra le diverse proposte, con la pubblicazione di detto avviso l'Amministrazione pone in essere una procedura concorsuale, basata sulla valutazione comparativa delle diverse proposte presentate dai soggetti privati. La. S.A. è tenuta, pertanto, a chiedere all'Autorità il CIG, mentre i partecipanti sono tenuti al versamento del contributo di cui all'art. 1, comma 67, della legge 23 dicembre 2005 n. 266.

Deliberazione n. 4 del 17/01/2007 d.lgs 163/06 Articoli 155 - Codici 155.1

All'istituto del project financing si devono applicare tutte le disposizioni e le procedure previste per l'affidamento di una concessione "ordinaria" di lavori pubblici, atteso che - come chiarito dall'Autorità con atto di regolazione n. 51/2000 - "con la legge quadro sui lavori pubblici il legislatore non ha provveduto a delineare un istituto giuridico autonomo ed autosufficiente per il project financing, bensì ha scelto di introdurre detto sistema di realizzazione delle opere pubbliche innestandolo su quello proprio della concessione, come risultante dalle modifiche alla legge stessa intervenute nel corso degli ultimi anni.".

Deliberazione n. 4 del 17/01/2007 d.lgs 163/06 Articoli 155 - Codici 155.1

La modifica dei termini di decorrenza della convenzione stipulata tra il promotore e l'Amministrazione comunale non costituisce un'irregolarità, quando la licitazione privata è andata deserta e pertanto l'Amministrazione ha trattato direttamente con il promotore: in tal caso viene riconosciuta la facoltà di presentare varianti migliorative.

Parere sulla Normativa del 26/02/2014 - rif. AG 46/13 d.lgs 163/06 Articoli 118, 156, 37 - Codici 118.1, 156.1, 37.1

richiesta di parere circa l'interpretazione dell'art. 93 del Regolamento di esecuzione ed attuazione delCodice dei contratti – problematiche operative connesse- In materia di contratti pubblici, vige il principio generale di incedibilità dei contratti sancito dall'art. 118, comma 1, del D. lgs. n. 163/2006, a pena di nullità della cessione, richiedendosi, in caso di deroga, la previsione espressa del legislatore. L'espressa esclusione che il subentro nella titolarità della concessione costituisca cessione del contratto, ribadita nel terzo comma dell'art. 156 sembra quindi sottolineare che si tratta di un'ipotesi eccezionale e derogatoria rispetto a detto principio generale. Non può porsi un parallelo *tra l'art. 93 del d. P.R. n. 207/2010 e l'art. 156 del D. Lgs. n. 163/2006, date le differenti finalità delle società disciplinate dalle due norme; infatti, la norma di cui all'art. 93 prevede il subentro della società nell'esecuzione del contratto, mentre l'art. 156 del D.lgs. n. 163/2006, stabilisce che la società di progetto diventa la concessionaria a titolo originario; tutto ciò, considerate le differenti finalità dei soggetti societari che, nel caso della società tra concorrenti riuniti, sono pienamente raggiunte da una società intesa come mero strumento operativo dell'ATI, senza dover ricorrere a deroghe al principio di incedibilità dei contratti, mentre, nel caso della società di progetto, richiedono la sostituzione dell'aggiudicatario con il nuovo soggetto giuridico a cui devono necessariamente essere corrisposti i flussi di cassa derivanti dalla gestione dell'opera, affinché sia efficacemente prodotto l'effetto di ring fence (ossia la separazione giuridica ed economica tra l'attività da finanziare e la generalità delle attività del promotore dell'iniziativa).*

Deliberazione n. 18 del 08/05/2013 - rif. d.lgs 163/06 Articoli 142, 156 - Codici 142.1, 156.1
La previsione contrattuale richiesta dall'art. 156, comma 3, del D. Lgs. n. 163/2006, di smobilizzare quote dei soci qualificati, per essere ammessa tra le clausole contrattuali Concessionario-Concedente, deve discendere dalla lex specialis alla stregua di tutti gli elementi dell'offerta suscettibili della tutela della parità di condizioni tra i concorrenti. Diversamente, la modifica societaria in assenza di disciplina contrattuale, dissimula una rinegoziazione del contratto non consentita dalla normativa e dalla giurisprudenza poiché in violazione dei principi di parità di condizioni dei concorrenti. Qualora si intenda annettere un socio pubblico nella compagine societaria del Concessionario, si viola il principio della parità di condizioni dei concorrenti di cui all'art. 2, comma 1, del D.Lgs. n. 163/2006, ove si proceda per cooptazione dello stesso, senza la copertura del bando di gara. L'affidamento diretto di lavori o servizi di gestione da parte della società di progetto a un proprio socio, è esplicitamente ammesso dal comma 2, dell'art. 156, del D. Lgs. n.163/2006. Di contro, In caso di affidamento da parte di un concessionario a soggetti esterni alla sua compagine societaria, occorre rispettare i vincoli posti dal citato art. 156, e, in particolare, l'apposita previsione nel contratto di concessione, sia per garantire le esigenze di qualificazione, sia la parità di condizioni dei concorrenti, i quali, devono poter conoscere a priori la disponibilità della stazione appaltante a prendere parte all'operazione indipendentemente dall'aggiudicatario.

Parere sulla Normativa del 24/10/2012 - rif. AG 20/12 d.lgs 163/06 Articoli 156 - Codici 156.1
Richiesta di parere ai sensi del Regolamento interno sulla istruttoria dei quesiti giuridici – Syderidraulic System spa – Deroga al divieto di cessione delle quote della società di progetto nel caso di cessione del ramo d'azienda- E' ammissibile la deroga al divieto di cessione delle quote di una società di progetto, di cui all' art. 156, co. 3, D.Lgs. n. 163/2006, prima dell'emissione del certificato di collaudo, laddove il socio della società ceda a terzi un ramo della propria azienda, nella cessione sia inclusa anche la commessa pubblica per la quale è stata costituita la società, i requisiti di qualificazione afferenti il ramo d'azienda ceduto e detto socio mantenga comunque nella società una quota di partecipazione per la parte che eccede la percentuale dei lavori o servizi affidati al socio, e compresi nel ramo di azienda ceduto.

Parere sulla Normativa del 19/11/2009 - rif. AG-32/09 d.lgs 163/06 Articoli 156 - Codici 156.1
Il regime della cessione delle quote della società di progetto, prima dell'emissione del certificato di collaudo, dovrebbe riassumersi nei termini seguenti: • i soci qualificanti debbono mantenere integra la propria quota di partecipazione, almeno entro i limiti della porzione di lavori da eseguire e, quindi, dell'ammontare dei corrispondenti requisiti di qualificazione; • i soci che non hanno concorso a formare i requisiti hanno facoltà di cedere in tutto o in parte la propria quota, salvo che il contratto non lo escluda; • le banche e gli investitori istituzionali possono cedere la propria partecipazione al capitale o farvi il proprio ingresso, senza che il contratto possa disporre alcunché in senso contrario.

Deliberazione n. 4 del 17/01/2007 d.lgs 163/06 Articoli 156 - Codici 156.1

Il comma 1ter dell'art. 37-quinquies della legge 11 febbraio 1994, n. 109 e s.m. stabilisce che, in ogni caso, i soci che hanno concorso a formare i requisiti per la qualificazione sono tenuti a partecipare alla società di progetto sino alla data di emissione del certificato di collaudo dell'opera. Fermo restando, dunque, che è la legge stessa ad imporre il suddetto obbligo di partecipazione, si può solo eventualmente ragionare se tale obbligo debba intendersi nel senso di mantenere intatta ed invariata la quota di partecipazione dei soci de quibus alla società di progetto o se detto obbligo possa ritenersi soddisfatto anche con una riduzione della partecipazione stessa. Non sembra, invece, potersi dubitare, stante il tenore letterale della disposizione de qua, che l'obbligo in questione risulti violato quando i soci che hanno concorso a formare i requisiti per la qualificazione cedano l'intera propria quota di partecipazione nella società di progetto, ponendosi così al di fuori di essa.

Deliberazione n. 4 del 17/01/2007 d.lgs 163/06 Articoli 158 - Codici 158.1

L'art. 37octies della legge 11 febbraio 1994, n. 109 e s.m. dispone che nei casi di risoluzione di un rapporto concessorio per motivi attribuibili al concessionario gli enti finanziatori del progetto potranno impedire la risoluzione designando, entro novanta giorni dal ricevimento della comunicazione scritta da parte del concedente dell'intenzione di risolvere il rapporto, una società che subentri nella concessione al posto del concessionario. Con il subentro si è voluto assegnare una tutela ai finanziatori dell'opera che altrimenti rischierebbero, a seguito della risoluzione, di perdere i ricavi del progetto. Il fine perseguito è quello di mantenere in vita il contratto, unica garanzia per i finanziatori di conseguire il loro utile. Pertanto per "enti finanziatori" si devono intendere tutti i soggetti che concorrono all'iniziativa mettendo a disposizione del promotore il c.d. capitale di debito, cioè il capitale che un'impresa prende a prestito ad esempio dalle banche o da altri soggetti creditori e sul quale paga un tasso di interesse fisso o variabile, mentre non sembra potersi ricomprendere nella definizione il fideiussore, cioè colui che garantisce l'adempimento di una obbligazione altrui.

Parere di Precontenzioso n. 217 del 24/11/2011 - rif. PREC 172/11/L d.lgs 163/06 Articoli 160 - Codici 160.bis

Il leasing immobiliare in costruendo costituisce un leasing finalizzato, tramite "finanziamento" da parte di una società finanziaria, non soltanto alla mera acquisizione della disponibilità di un bene per un determinato periodo di tempo ma anche (se non esclusivamente) alla realizzazione dell'opera a carico della stessa società finanziaria. Ciò che viene in rilievo nella fattispecie è la finalità della "certezza del costo dell'opera", nonché la possibilità, che l'Ente si riserva in presenza di eventuali risorse economiche, di poter legittimamente procedere, in corso di ammortamento, ad un parziale rimborso di quote di capitale superiore a quello delle singole rate di canone, senza penali e/o spese aggiuntive; pertanto, la stazione appaltante opportunamente tiene conto della capacità degli istituti bancari di valutare il rischio economico di nuove attività e della contestuale competenza di indicizzare il rischio, traducendolo in una adeguata offerta economica attraverso la formulazione di uno spread ritenuto congruo.

Deliberazione n. 78 del 07/10/2009 d.lgs 163/06 Articoli 160 - Codici 160.bis

Considerato che con il cosiddetto leasing immobiliare costruito l'amministrazione non stipula due distinti contratti (la compravendita e il contratto di finanziamento) ma un unico contratto atipico che, al contempo, realizza di fatto l'acquisizione della disponibilità di un immobile da parte dell'Amministrazione (senza tuttavia determinare, nei suoi confronti, il perfezionamento della compravendita che, invece, viene conclusa tra il fornitore e la società di leasing) ed il finanziamento della stessa da parte della società di leasing (che, appunto, acquista l'immobile e lo concede in godimento all'amministrazione), l'applicazione di quanto disposto dall'art. 19 del d. lgs. 12 aprile 2006, n. 163 dovrebbe condurre all'obbligo di espletamento di una procedura ad evidenza pubblica secondo la disciplina degli appalti pubblici di servizi per la selezione della società di leasing ed alla possibilità di scegliere l'immobile, e quindi il fornitore, secondo modalità che non soggiacciono all'applicazione del d. lgs. 163/2006. Per completezza, si precisa tuttavia che l'art. 27 del d. lgs. 163/2006 prevede che l'affidamento dei contratti pubblici esclusi in tutto o in parte dall'applicazione del Codice deve comunque avvenire nel rispetto dei principi di economicità, efficacia, imparzialità, parità di trattamento, trasparenza e proporzionalità e deve essere preceduto da un invito ad almeno cinque concorrenti, se ciò è compatibile con l'oggetto del contratto. La scelta dell'immobile da far acquistare alla società di leasing e quindi del fornitore, dovrebbe, pertanto, essere condotta nel rispetto dei suindicati principi e, in particolare, dandone pubblicità con il mezzo ritenuto più adeguato tenuto conto dell'importanza dell'appalto per il mercato interno, da valutare in base al suo oggetto, al suo importo nonché alle pratiche abituali nel settore interessato.

Deliberazione n. 47 del 08/10/2008 d.lgs 163/06 Articoli 160 - Codici 160.bis

E' riconducibile all'ipotesi di leasing in costruendo per la realizzazione di un bene di pubblica utilità di cui all'art. 160 bis del d.lgs. 12 aprile 2006, n. 163 il contratto con il quale il Comune assume la gestione per 15 anni, dietro il pagamento di un canone annuo, di una piscina da realizzarsi a cura e spese della società incaricata, con l'impegno a non realizzare in proprio un impianto sportivo per l'esercizio dell'attività natatoria per tutta la durata del contratto e senza opzione per il riscatto finale del bene. Nel caso di leasing in costruendo, non risponde a principi di congruità economica la fissazione di un canone che copre largamente i costi di realizzazione in assenza dell'opzione per il riscatto finale del bene.

Parere di Precontenzioso n. 24 del 31/01/2008 - rif. PREC36/08/S d.lgs 163/06 Articoli 160 - Codici 160.bis

Nel caso l'oggetto della procedura di gara sia riconducibile all'istituto del leasing immobiliare in costruendo (che costituisce un leasing finalizzato non alla mera acquisizione della disponibilità di un bene ma anche la sua realizzazione), l'appalto soggiace alle disposizioni dell'art. 160 bis del d.lgs. del 12 aprile 2006, n. 163 e deve essere qualificato come appalto di lavori pubblici.

AUTORITA' PER LA VIGILANZA SUI CONTRATTI PUBBLICI DI LAVORI, SERVIZI E FORNITURE - DETERMINAZIONE 11. 1 DEL 14 GENNAIO 2009

LINEE GUIDA SULLA FINANZA DI PROGETTO DOPO L'ENTRATA IN VIGORE DEL

C.D. "TERZO CORRETTIVO" (a DLGS. 11 SETTEMBRE 2008. N. 152)

premesse

Una delle più importanti innovazioni contenute nel d.lgs. n. 152/2008, correttivo al d.lgs. n. 163/2006 (d'ora innanzi "Codice"), riguarda l'introduzione di nuove procedure per l'affidamento delle concessioni di lavori pubblici con l'utilizzo, totale o parziale, di risorse private.

Il D.lgs. n.152/2008 introduce all'articolo 153 del Codice un sistema innovativo. che comporta per l'amministrazione una scelta preliminare tra la 'classica" procedura di affidamento delle concessioni di lavori pubblici prevista dall'articolo 143 del Codice e due nuove procedure è poi prevista una terza procedura. alla quale i soggetti privati legittimati dalla nonna possono ricorrere per superare l'eventuale inattività della pubblica amministrazione stessa.

L'Autorità, tenuto conto del nuovo assetto della materia, ritiene opportuno fornire alle amministrazioni aggiudicatrici ed alle imprese, alcune prime indicazioni operative, sia in merito a talune problematiche interpretative riguardanti le nuove procedure di gara delineate dal legislatore, sia in merito ai contenuti dello studio di fattibilità.

A tali indicazioni faranno seguito ulteriori approfondimenti in merito ai criteri di redazione dei bandi di gara e all'applicazione del criterio di aggiudicazione dell'offerta economicamente più vantaggiosa.

L'Autorità, data la complessità del terna ed il coinvolgimento di numerosi interessi di

settore, ha elaborato due documenti, che sono stati sottoposti all'attenzione degli operatori pubblici e privati, convocati in audizione, al fine di acquisire le relative valutazioni e indicazioni.
Sulla base di quanto sopra considerato
IL CONSIGLIO
approva le seguenti linee guida:
I) "linee guida per l'affidamento delle concessioni di lavori pubblici mediante le procedure previste dall'articolo 153 dcl Codice";
2) "linee guida per la redazione dello studio di fattibilità"

LINEE GUIDA PER L'AFFIDAMENTO DELLE CONCESSIONI DI LAVORI PUBBLICI MEDIANTE LE PROCEDURE PREVISTE DALL'ARTICOLO 153 DEL D.LGS 163/2006

REGIME TRANSITORIO

L'articolo 1, comma 2 del d.lgs. n. 152/2008 prevede che "la disciplina recata dall'articolo 153 del codice, come sostituito dal presente decreto, si applica alle procedure i cui bandi siano stati pubblicati dopo la data di entrata in vigore del presente decreto; in sede di prima applicazione della nuova disciplina, il termine di sei mesi di cui all'articolo 153, cominci 16, primo periodo, decorre dalla data di approvazione del programma triennale 2009-2011"
Da tale disposizione si evince che la disciplina prevista all'articolo 153 del Codice, come modificato dal d.lgs. n. 152/2008, si applica alle procedure i cui bandi siano pubblicati
dopo il 17 ottobre 2008, data di entrata in vigore dello stesso decreto, qualora ricorrano i presupposti richiesti dalla norma per l'avvio delle medesime procedure. Tali presupposti sono costituiti dall' inserimento dello studio di fattibilità dell' intervento nella programmazione triennale e nell'elenco annuale e, ovvero negli strumenti di programmazione formalmente approvati dall'amministrazione aggiudicatrice. Quest'ultima, dovrà, quindi, attivarsi per porre in essere le condizioni necessarie all'avvio
delle nuove procedure prima della pubblicazione del bando di gara.
Per gli avvisi già pubblicati secondo la previgente formulazione dell'articolo 153, ancorché le proposte non siano ancora pervenute, o non ancora prese in esame, si applica dunque la precedente disciplina.
Nel caso di mancanza di proposte alla scadenza del termine ultimo previsto per la loro presentazione, le amministrazioni aggiudicatrici potranno utilizzare la nuova procedura, mediante la pubblicazione di un bando di gara, sempre nel rispetto dei presupposti attualmente previsti (inserimento nell'elenco annuale e redazione di adeguato studio di fattibilità).

Un aspetto che merita di essere precisato riguarda il dies a quo di applicazione delle ulteriori modifiche apportate all'istituto della concessione ed, in particolare quelle introdotte all'articolo 159 (subentro) ed all'articolo 160 (privilegio).
La norma transitoria contenuta nell'articolo 1. comma 2, del d.lgs. n. 152/2008 dispone espressamente l'applicabilità, a partire dal 17 ottobre 2008, soltanto delle nuove procedure di cui all'articolo 153. L'articolo 2, lett. vv) del terzo correttivo introduce una norma transitoria nell'ambito dell'articolo 253 del Codice, prevedendo che. nelle more dell'emanazione del decreto ministeriale che stabilirà le modalità di attuazione dell'istituto del subentro, tali criteri potranno essere fissati dalle parti nel contratto.
La modifica più rilevante introdotta all'istituto del subentro riguarda la fissazione del termine per la designazione del soggetto subentrante: infatti, mentre nella previgente normativa tale termine era fissato dalla legge in novanta giorni, la nuova disposizione stabilisce che il termine sia previsto nel contratto o. in mancanza, sia assegnato dal l'amministrazione aggiudicatrice.
Tale innovazione introduce una normativa più flessibile, che rimette all'autonomia negoziale la fissazione del termine suddetto; pertanto, si può ritenere che la nuova disciplina del subentro si applichi anche alle procedure in corso, ivi comprese quelle indette ai sensi dell'articolo 143; laddove il contratto sia gi stato stipulato. le parti potranno di comune accordo prevedere un termine diverso da quello vigente al momento della conclusione del contratto.
Quanto all'articolo 160 del Codice. in materia di privilegio sui crediti. per i contratti di concessione di Lavori pubblici, l'attuale formulazione estende il privilegio generale dei crediti dei soggetti finanziatori sui beni mobili del concessionario a quelli delle società di progetto concessionarie. Tale privilegio era anche nella normativa previgente logicamente esteso ai beni mobili della società di progetto, nell'ipotesi in cui il concessionario si fosse avvalso della facoltà di costituzione della stessa.

2. LA FASE DELLA PROGRAMMAZIONE

Preliminarmente, è opportuno svolgere alcune considerazioni sulla fase della programmazione triennale, che si conferma anche nel nuovo assetto normativo quale punto di partenza per la realizzazione di tutti i lavori pubblici, compresi quelli che si possono realizzare con il contributo dei privati.
Il terzo correttivo introduce al riguardo due novità: 1) la possibilità di inserire i lavori realizzabili con risorse private nell'elenco annuale mediante la redazione dello studio di fattibilità (articolo 128. Comma 6); 2) alcune modifiche alla possibilità, per il privato di presentare proposte per interventi da inserire nella programmazione triennale (articolo 153 comma 19).

2.1 Lo studio di fattibilità

Si osserva che lo studio di fattibilità assume ora una duplice valenza*. esso è atto propedeutico all'inserimento delle iniziative negli strumenti di programmazione, nonché documento a base di gara nelle nuove procedure ex articolo I53 del Codice.
Appare evidente, quindi, il ruolo sostanziale che viene ad assumere lo studio fattibilità e la necessità di individuarne chiaramente i contenuti minimi indefettibili, in relazione alla duplice funzione ad esso assegnata, come più dettagliatamente descritti nelle linee guida per lo studio di fattibilità.
Lo studio di fattibilità, redatto ai fini dell'inserimento dell'opera nella programmazione triennale e nell'elenco annuale, deve essere integrato per consentire l'individuazione degli elementi necessari ad indire la gara; quindi le amministrazioni aggiudicatrici dovranno provvedere alla sua implementazione prima di procedere all'indizione della stessa.
Sempre ai fini dell'inserimento nella programmazione, si suggerisce alle amministrazioni aggiudicatrici di sottoporre gli studi di fattibilità, relativi ad opere di particolare complessità ed importanza ad una conferenza di servizi preliminare ai sensi dell'articolo 14 bis della legge 241/90, al fine di verificare quali siano le condizioni per ottenere i necessari atti di consenso sui successivi livelli di progettazione.
Il Codice ed il D.P.R. n. 554/1999 non prevedono per lo studio di fattibilità una disciplina adeguata, sia dal punto di vista dei contenuti che del procedimento di elaborazione. Si ritiene

che la definizione in concreto dello studio di fattibilità debba bilanciare due esigenze: da una parte, deve consentire l'acquisizione delle necessarie autorizzazioni preliminari, in virtù della completezza ed affidabilità dei suoi contenuti e dall'altra, deve mantenere uno spazio per la creatività dei concorrenti nella partecipazione alle successive gare.

Inoltre, tenuto conto che lo studio di fattibilità viene posto a base di gara e che l'articolo 153, comma 8 - come di seguito meglio specificato - ammette alla procedura solo i soggetti in possesso dei requisiti previsti nel regolamento per i concessionari, esso deve contenere anche tutte le informazioni essenziali per consentire l'individuazione dei requisiti dei concorrenti, nonché dei criteri di valutazione delle proposte e della loro relativa ponderazione.

In particolare lo studio di fattibilità deve consentire l'individuazione:
a) dell'importo presunto dell'intervento, ricavato o da un computo metrico estimativo di massima o da un calcolo sommario, applicando alle quantità di lavori i costi unitari o stilla base di parametri desumibili da interventi similari;
h del valore complessivo dell'investimento su cui calcolare la percentuale del 2,5% quale limite massimo del costo di predisposizione delle offerte;
delle categorie generali e specializzale dei lavori c delle classifiche delle opere da realizzare.

La corretta redazione degli studi di fattibilità da porre a base di gara, contenenti aspetti tecnico-progettuali, giuridico-amministrativi (compresi quelli urbanistici) ed economico- finanziari, ha anche lo scopo di consentire la redazione di progetti preliminari, minimizzando il rischio di modifiche in fase di approvazione.

Lo studio di fattibilità, mediante l'adozione di uno scenario base di riferimento, deve identificare le principali categorie di rischio connesse alla realizzazione e gestione del progetto e dimostrare il livello di fattibilità amministrativa, tecnica, economica e finanziaria del progetto.

Si segnala, inoltre, che le stazioni appaltanti, prima di decidere di realizzare l'opera con una delle forme di Partenariato Pubblico Privato e di definire le modalità di coinvolgimento del privato nella gestione dei servizi, devono analizzare l'opportunità di tale scelta rispetto alla procedura dell'appalto con risorse totalmente pubbliche.

Nelle linee guida relative allo studio di fattibilità è delineato il processo decisionale che consente di operare tale valutazione.

2.2 Le proposte dei privati
Quanto alla possibilità di presentare proposte da parte dei privati, la novità del comma 19 dell'articolo 153 risiede in tre profili:
la necessità di corredare la proposta di uno studio di fattibilità:
La specificazione dei soggetti che possono presentare la proposta;
e) l'obbligo di valutazione delle proposte da parte della pubblica amministrazione,

La norma precisa clic le proposte riguardano interventi non presenti nella programmazione triennale di cui all'articolo 128, ovvero negli strumenti di programmazione approvati dall'amministrazione aggiudicatrice.

Anche per i privati che presentano la proposta, quindi, lo studio di fattibilità diventa un documento necessario per l'eventuale inserimento della stessa nella programmazione triennale dell'amministrazione.

E' per questo che, si ritiene, esso debba contenere gli stessi elementi indicati come essenziali per gli studi redatti dall'amministrazione.

Quanto all'individuazione dei soggetti che possono presentare le proposte, l'articolo 153. comma 19, si riferisce a quelli individuati ai commi 8 e 20 dello stesso articolo.

Ai sensi del comma 8, possono presentare le proposte di inserimento nel programma triennale:
-           i soggetti in possesso dei requisiti di concessionario (cfr. articolo 98 del D.P.R. n. 554/1999 e determinazione n. 20/2001).

Ai sensi del comma 20, possono presentare le proposte di inserimento nel programma triennale i soggetti dotati dei requisiti tecnici. organizzativi. finanziari e gestionali specificati dal regolamento;
gli imprenditori individuali, anche artigiani, società commerciali, società cooperative;
e) i consorzi tra società cooperative e consorzi tra imprese artigiane:

i consorzi stabili di cui all'articolo 34. comma 1, lettera c);
i consorzi ordinari e raggruppamenti;
f) i soggetti che abbiano stipulato il contratto di gruppo europeo di interesse economico (GFIF);
le società di ingegneria;
le Camere di commercio:
le fondazioni.
Per quanto riguarda i soggetti di cui alla lettera a), in attesa del nuovo regolamento, si può fare riferimento all'articolo 99 del D.P.R. n. 554/1999, che disciplina i requisiti del promotore ed alla determinazione n. 20 del 2001.
Tutti i soggetti indicati possono associarsi, o consorziarsi con enti finanziatori o gestori di servizi.
La nuova disciplina ha inoltre introdotto l'obbligo per l'amministrazione aggiudicatrice di valutare le proposte entro sei mesi. Si ritiene che tale termine, posto certamente a tutela dei privati che investono nella redazione dello studio di fattibilità, debba essere inteso come sollecitatorio.
Tuttavia, deve considerarsi che l'articolo 2, comma 1, della legge n. 241/1990 prevede l'obbligo di conclusione del procedimento mediante un provvedimento espresso, nel caso in cui il procedimento consegua obbligatoriamente ad una istanza, c.d. iniziativa privata tipizzata.
Dal combinato disposto dell'articolo 2 della legge n. 241/1990 e dell'articolo 153, comma 19, che prevede un obbligo di valutazione della pubblica amministrazione a seguito di presentazione di proposte da parte dei privati, appare quindi sussistente un obbligo per l'amministrazione aggiudicatrice di concludere il procedimento con un provvedimento espresso.
Si osserva che l'eventuale adozione della proposta non determina alcun diritto del proponente al compenso per le prestazioni compiute. o alla realizzazione dei lavori, nè alla gestione dei relativi servizi. In tali casi, l'amministrazione potrebbe prevedere nei bandi, pubblicati a seguito dell'inserimento dell'opera negli strumenti di programmazione, il ricorso della procedura di gara di cui al comma 15.
Infine, si ritiene opportuno precisare che, qualora siano presentati più studi di fattibilità riguardanti la stessa esigenza o bisogno, l'amministrazione procede alla scelta dello studio di fattibilità da inserire nel programma triennale applicando le regole previste dall'articolo 15, comma 12 del D.P.R. n. 554/1999.

3. LE MODALITÀ DI SVOLGIMENTO DELLA PROCEDURA A GARA UNICA (COMMI 114)

Nella procedura a gara unica, disciplinata dai commi 1-14 dell'articolo 153, l'amministrazione aggiudicatrice:
pubblica un bando di gara, ponendo alla base dello stesso uno studio di fattibilità;
prende in esame le offerte che sono pervenute nei termini indicati nel bando;
redige una graduatoria secondo il criterio dell'offerta economicamente più vantaggiosa e nomina promotore il soggetto che ha presentato la migliore offerta;
la nomina del promotore può aver luogo anche in presenza di una sola offerta;
pone in approvazione il progetto preliminare presentato dal promotore, sottoponendolo a conferenza di servizi, ex articoli 14 bis e seguenti della legge n. 241/1990;
quando il progetto non necessita di modifiche progettuali, procede direttamente alla stipula del contratto di concessione;
qualora il progetto debba essere modificato, richiede al promotore di procedere, stabilendone anche i termini: a) alle modifiche progettuali prescritte in conferenza di servizi, ai fini dell'approvazione del progetto; b) ad adeguare il piano economico-finanziario; c) a svolgere tutti gli adempimenti di legge, anche ai fini della valutazione di impatto ambientale. La predisposizione di tali modifiche e lo svolgimento di tali adempimenti, in quanto onere del promotore, non comporta alcun compenso aggiuntivo, né incremento delle spese sostenute e indicate nel piano economico-finanziario per la predisposizione delle offerte;
qualora le modifiche proposte non siano accettate dal promotore, l'amministrazione aggiudicatrice, fissando il termine per la risposta, ha facoltà di richiedere progressivamente ai concorrenti successivi in graduatoria la disponibilità a stipulare il contratto di concessione,

previa modifica del progetto preliminare del promotore, eventuale adeguamento del piano economico- finanziario nonché svolgimento tutti gli adempimenti di legge.
Quindi, se il progetto preliminare può essere approvato così come presentato in gara, l'amministrazione ha l'obbligo di stipulare il contratto di concessione col promotore; in caso contrario, se il progetto necessita di modifiche è onere del promotore effettuare le modifiche e, così operando, egli mantiene il diritto di stipulare il contratto.

3.1 LA FASE DELLA GARA
3.1.1 Procedure di affidamento, bandi e pubblicità
Con riferimento alla procedura con gara unica, si deve, anzitutto, sottolineare che la norma non prevede indicazioni sull'utilizzo della procedura, aperta o ristretta.
Al riguardo, alcune indicazioni sono, comunque, rinvenibili all'articolo 144 del Codice, che prevede l'esperibilità di entrambe le procedure per l'aggiudicazione della concessione di lavori pubblici ed all'articolo 55, comma 2, del Codice, alla stregua del quale le amministrazioni aggiudicatrici devono utilizzare di preferenza la procedura ristretta quando il contratto non ha ad oggetto la sola esecuzione, o quando il criterio di aggiudicazione è quello dell'offerta economicamente più vantaggiosa.
Si deve tuttavia rammentare che, in caso di procedura ristretta, è ammissibile, per i soli lavori di importo superiore a 40 milioni di euro, l'utilizzo della cosiddetta "forcella" (articolo 62 del Codice). Pertanto., qualora si utilizzi la procedura ristretta e l'investimento previsto nello studio di fattibilità sia inferiore a 40 milioni di euro, vanno obbligatoriamente invitati a presentare offerta lutti i soggetti che abbiano fatto richiesta e siano in possesso dei requisiti.
Si deve, inoltre, sottolineare che la nuova disciplina prescrive espressamente (cfr. anche determinazione n. 8 dei 2007) la pubblicazione del bando di gara, oltre che sui siti informatici di cui all'articolo 66 del Codice, anche sulla GURI e sulla GUCE, in relazione all'importo a base di gara: la norma prevede, infatti, che il bando venga pubblicato con le modalità di cui all'articolo 66. ovvero di cui all'articolo 122 del Codice.
L'amministrazione aggiudicatrice deve curare con particolare attenzione i contenuti del bando di gara e del disciplinare, da richiamare espressamente nel bando stesso (ai sensi dell'articolo 153, commi 3 e 7).
Si rammenta che il bando, oppure il disciplinare di gara, devono obbligatoriamente prevedere, oltre ai contenuti di cui all'articolo 144 del Codice:
la possibilità per l'amministrazione aggiudicatrice di chiedere al promotore di apportare le modifiche intervenute in fase di approvazione del progetto e che la concessione sarà aggiudicata al promotore solo subordinatamente all'accettazione, da parte di questo ultimo, delle modifiche progettuali e dei conseguenti adeguamenti del piano economico-finanziario;
la facoltà per l'amministrazione aggiudicatrice - in caso di mancata accettazione da parte del promotore di apportare modifiche al progetto preliminare - di interpellare progressivamente i concorrenti seguenti in graduatoria;
c) criteri di valutazione dell'offerta economicamente più vantaggiosa, nonché la loro
relativa ponderazione e, qualora ciò sia impossibile, il loro ordine di importanza; tali criteri devono includere, oltre a quanto previsto dall'articolo 83 comma I, del Codice, anche gli aspetti relativi a:
1)la qualità del progetto preliminare;
2) il valore economico-finanziario del piano;
3) il contenuto della bozza di convenzione;
4) i criteri motivazionali di attribuzione dei punteggi per ogni criterio di valutazione;
5) la metodologia di determinazione dell'offerta economicamente più vantaggiosa, scelta fra quelle indicate negli allegati A e 13 del D.P.R. n. 554/1999.
E' facoltà dell'amministrazione aggiudicatrice, considerato che il concessionario dovrà sviluppare i successivi livelli di progettazione. prevedere tra i criteri dell'offerta economicamente più vantaggiosa quanto disposto dall'articolo 64, comma 2, lettera a) del D.P.R. n. 554/1999.
Ai sensi dell'articolo 153, comma 7, il disciplinare, al fine di consentire che le proposte siano omogenee, deve obbligatoriamente indicare:

l) l'ubicazione e la descrizione dell'intervento da realizzare;
la destinazione urbanistica:
la consistenza;
le tipologie dei servizi da gestire.
Allegato al disciplinare vi deve essere lo studio di fattibilità (redatto dall'amministrazione aggiudicatrice. o adottato recependo una proposta dei privati, ai sensi del comma 19 dell'articolo 153).
L'Autorità ritiene, inoltre, che, qualora non siano già parte dello studio di fattibilità, ad esso vadano allegati, quanto meno:
a) per gli interventi puntuali:
gli stralci dello strumento di pianificazione paesaggistico-territoriale e del piano urbanistico, generale o attuativo delle aree interessate dall'intervento;
le planimetrie delle aree interessate dall'intervento, con le indicazioni delle curve di livello, in scala non inferiore ad 1:1000;
tutte le informazioni, in possesso dell'amministrazione concedente, inerenti i vincoli e le caratteristiche archeologiche, geologiche, geotecniche, idrologiche, idrauliche e sismiche delle aree interessate dall'intervento, integrative o aggiuntive di quelle già contenute nello studio di fattibilità, o, comunque, indicazioni concernenti la loro reperibilità;
h) per gli interventi a rete:
corografia generale, contenente l'andamento planimetrico delle aree interessate dall'intervento, in scala non inferiore a 1:25.000;
gli stralci dello strumento di pianificazione paesaggistico.territoriale e del piano urbanistico, generale o attuativo delle aree interessate dall'intervento, contenente le curve di livelli, in scala non inferiore a 1:5.000;
tutte le informazioni, in possesso dell'amministrazione concedente. inerenti i vincoli e le caratteristiche archeologiche, geologiche, geotecniche, idrologiche. idrauliche e sismiche delle aree interessate dall'intervento, integrative o aggiuntive di quelle già contenute nello studio di fattibilità o, comunque. indicazioni concernenti la loro reperibilità;.
Si suggerisce, inoltre, che il disciplinare di gara prescriva, altresì. che:
il progetto preliminare, presentato dai concorrenti. dovrà essere composto, in attesa di quanto stabilirà il regolamento di cui all'articolo 5 del Codice, dagli elaborati indicati nella Sezione I dell'allegato tecnico XXI al Codice, ovvero una diversa indicazione derivante dalla decisione assunta dal responsabile del procedimento ai sensi dell'articolo 1, comma 2, dell'allegato medesimo;
il progetto preliminare dovrà essere corredato:
l) dal computo metrico estimativo dell'intervento, redatto applicando alle quantità delle diverse lavorazioni previste nel progetto i relativi prezzi unitari;
dall'elenco dei prezzi unitari applicati, che possono essere sia quelli dedotti dai vigenti prezziari dell'amministrazione concedente, sia quelli determinati con apposite analisi, redatte secondo quanto previsto dall'articolo 34, comma 2, del D,P,R. n. 554/1999;
da un capitolato prestazionale che contenga, oltre a quanto previsto dall'articolo 7 dell'allegato XXI del Codice, tutto quanto non sia pienamente deducibile dagli elaborati grafici;
e) qualora in sede di approvazione del progetto dovessero essere prescritte varianti, modifiche o integrazioni, i relativi costi saranno determinati applicando i prezzi unitari previsti nel prezzario vigente a disposizione dell'amministrazione concedente; quelli non previsti saranno determinati con apposite analisi, redatte secondo quanto previsto dall'articolo 34, comma 2, del D.P.R. n, 554/1999;
d) l'adeguamento del piano economico-finanziano e dei connessi elementi, costituenti la struttura economica e gestionale della concessione (durata della concessione, tariffe da applicare all'utenza, oneri collegati alla disponibilità dell'opera, ecc ecc.), saranno effettuati in base ai maggiori costi derivanti dalle eventuali modifiche, o integrazioni progettuali.
Quanto agli ulteriori contenuti del bando, deve precisarsi quanto segue.
La disciplina non indica più il termine di presentazione delle offerte: la fissazione dello stesso rientra, quindi, nella discrezionalità dell' amministrazione aggiudicatrice, nel rispetto dei limiti

minimi previsti dall'articolo 70 e dall'articolo 145 del Codice, fermo restando il principio generale di cui al comma 1 del medesimo articolo 70, che prescrive alle amministrazioni di tenere conto della complessità della prestazione oggetto del contratto e del tempo ordinariamente necessario per preparare le offerte.

Al fine di garantire una durata certa della procedura, è opportuno, come già evidenziato. inserire nel bando che l'amministrazione aggiudicatrice indicherà il termine entro il quale il promotore (o i concorrenti seguenti in graduatoria, interpellati in caso di scorrimento) dovrà comunicare alla stessa l'accettazione o meno delle modifiche al progetto presentato ai fini della stipula del contratto.

31.2 1 requisiti di partecipazione

Quanto ai requisiti di partecipazione, l'articolo 153, comma 8 del Codice richiede che i soggetti che intendano presentare offerta nella procedura a gara unica (commi 1-14) siano in possesso dei requisiti previsti dal regolamento per il concessionario. anche associando o consorziando altri soggetti, o ricorrendo all'istituto dell' avvalimento.

Al riguardo, in attesa dell'emanazione del nuovo regolamento occorre fare riferimento ai requisiti previsti dall'articolo 98 del D.P.R. n. 554/1999 nonché definire la misura dei requisiti in caso di associazione o consorzio (cfr. articolo 98, comma 4. dei D.PR, n.554/1999).

In ordine al possesso dei requisiti il nuovo ordinamento introduce un maggiore rigore rispetto alla previgente disciplina, giustificato, nel caso di procedura a gara unica, dalla circostanza che. mediante tale gara, si perviene all'aggiudicazione della concessione.

3.1.3 Le garanzie

La nuova disciplina di cui all'articolo 153. comma 13, prevede che il concorrente debba prestare le seguenti garanzie: la cauzione provvisoria (articolo 75) ed una cauzione fissata dal bando in misura pari al 2,5% del valore dell'investimento.

Com'è noto, la cauzione provvisoria di cui all'articolo 75. comma 6 del Codice copre la mancata sottoscrizione del contratto per fatto imputabile all'aggiudicatario.

Tale cauzione è volta, pertanto, a garantire 1'ipotesi di mancata sottoscrizione del contralto nel caso in cui la proposta non necessiti di modifiche ed il promotore, che è ad essa vincolato, rifiuti la stipula.

Poichè la procedura prevede espressamente la facoltà, per il promotore di non accettare l'aggiudicazione del contratto in caso di modifiche progettuali, qualora egli si avvalga di tale facoltà, si ritiene che l'amministrazione aggiudicatrice non sia legittimata ad escutere la cauzione di cui sopra.

Inoltre, è prevista una nuova forma di cauzione connessa alla gestione dell'opera, stabilita nella misura del 10% del costo annuo operativo di esercizio, da indicarsi nel contratto sulla base dei dati riportati nei piano economico-finanziario.

La finalità di tale cauzione è quella di garantire l'adempimento contrattuale della prestazione del servizio da fornire.

Pertanto, in base ad un'interpretazione logico sistematica, la stessa cauzione dovrebbe prevedersi anche per le concessioni affidate ai sensi dell'articolo 143, poiché l'istituto della concessione di lavori pubblici è unitario e presenta il medesimo regime giuridico, a prescindere dalla procedura di affidamento. Tuttavia, poiché la norma non lo specifica, per l'affidamento della concessione indetta ai sensi dell'articolo 143, è opportuno, a maggiore garanzia precisarlo nel bando di gara.

3.1.4. 1 contenuti delle offerte

Con riguardo ai contenuti delle offerte, il concorrente deve presentare:

un progetto preliminare, redatto secondo quanto prescritto nel disciplinare di gara;

una bozza di convenzione;

un piano economico-finanziario asseverato da una banca (che indichi, fra I altro, l'importo delle spese sostenute per la predisposizione delle offerte comprensivo dei diritti sulle opere

dell'ingegno, di cui all'articolo 2578 del codice civile; tale importo non può superare il 2.5% del valore dell' investimento, come desumibile dallo studio di fattibilità posto a base di gara);
ci) la specificazione delle caratteristiche dei servizi e della loro gestione.

Il piano economico-finanziario, ai sensi dell'articolo 143 comma 7 del Codice, deve prevedere la specificazione del valore residuo dell'investimento al netto dei previsti ammortamenti annuali, nonché l'eventuale valore residuo non ammortizzato al termine della concessione, qualora il piano non abbia previsto l'equilibrio economico-finanziario degli investimenti e della connessa gestione dei servizi.

Quest'ipotesi si verifica nel caso in cui il livello delle tariffe a carico dell'utenza cd il livello presunto della domanda dei servizi non siano sufficienti a coprire l'ammortamento dell'intero investimento, nel periodo di concessione previsto.

In tal caso, alla fine di tale periodo, l'amministrazione aggiudicatrice, ai sensi del menzionato articolo 143, comma 7, dovrà corrispondere al concessionario il valore residuo nell' entità indicata nel contratto di concessione.

Comunque sia nel caso in cui si preveda un ammortamento totale, che parziale dell'investimento, l'importo degli ammortamenti indicato nel piano economico-finanziario deve essere determinato in base al livello della tariffa da praticare all'utenza, o dei canoni da riscuotere dall'amministrazione (articolo 143, comma 9 dei Codice) in base alla presunta dimensione del bacino di utenza e della domanda del servizio.

I rischi relativi alla correttezza dell'ipotesi di andamento della domanda ed alle dimensioni del bacino di utenza sono a carico del concessionario.

Ai sensi dell'articolo 87 del D.P.R. n. 554/1999, qualora il tipo di concessione ed il bando lo richiedano, l'offerta deve contenere anche:
a) il prezzo richiesto dal concorrente;
b) il prezzo che eventualmente il concorrente è disposto a corrispondere all' amministrazione aggiudicatrice:
c) il canone da corrispondere all'amministrazione aggiudicatrice;
il tempo di esecuzione dei lavori;
la durata della concessione:
f) il livello iniziale della tariffa da praticare all'utenza ed il livello delle qualità di gestione del servizio e delle relative modalità.

Per quanto concerne i contenuti dell'asseverazione del piano economico-finanziario, l'articolo 153 fa rinvio al regolamento attuativo del Codice. Nelle more dell'adozione del regolamento si può fare riferimento agli Atti di regolazione dell'Autorità n. 34 del 18 luglio 2000 e n. 14 del 5 luglio 2001 nei quali è affermato che:
l'amministrazione aggiudicatrice. pur nell'assoluta autonomia della propria valutazione sulla proposta, assume le proprie determinazioni senza rivalutare il contenuto dell'asseverazione, ma utilizzando la stessa come uno degli elementi su cui basare le successive decisioni:
la verifica della congruità che deve essere effettuata dalla banca, riguarda la struttura finanziaria dell'opera, nonché i costi ed i ricavi da valutarsi con riferimento a quegli elementi che, per essere relativi ad accertamenti di fatto posti in essere dall'impresa, debbono darsi per veri e congrui non oggetto di possibile riesame, costituendo profili di scelta industriale propri dell'impresa stessa.

L'asseverazione è quindi, il documento redatto da un istituto di credito (ai sensi dell'articolo 153 del Codice). allo scopo di attestare la coerenza e l'equilibrio del piano economico-finanziario, la capacità del progetto di generare adeguati flussi di cassa, tali da garantire il rimborso del debito e la remunerazione del capitale di rischio e quindi la possibilità di realizzare l'opera pubblica con il ricorso al capitale privato.

L'attività di asseverazione rappresenta, pertanto, la verifica di coerenza della struttura economico-finanziaria dell'intervento, Non rientra tra le attività di asseverazione la valutazione della correttezza dei dati utilizzati nel piano economico-finanziario quali, ad esempio, l'entità della domanda di servizio, la dimensione del bacino di utenza ed il costo di realizzazione dell'opera.

Inoltre, l'attività di asseverazione non può essere considerata come impegno giuridico, da parte dell'istituto di credito, al successivo finanziamento a favore dcl promotore; si ritiene, infatti, che il legislatore abbia voluto distinguere i due diversi momenti dell'asscverazione e del finanziamento.

Nessuna rilevanza può assumere, nè sotto il profilo o formale, né sostanziale, la circostanza per cui l'asseverazione sia contenuta in un atto distinto dal piano economico-finanziario, perché ciò che conta è soltanto l'univoca afferenza a questo (al riguardo, cfr. TIIR Campania, Napoli sez. 1 29/11/2007 n. 15613 e deliberazione dell'Autorità n. 110 del 17/4/2007.

3.1.5 Il criterio di aggiudicazione

Il criterio di aggiudicazione è quello dell'offerta economicamente più vantaggiosa, previsto dall'articolo 83 del Codice. Al riguardo, si sottolinea che il d.lgs. 152/2008 ha soppresso l'ultimo periodo del comma 4 dell'articolo 83, relativo ai potere della commissione giudicatrice di fissare i criteri motivazionali per l'attribuzione dei punteggi; pertanto, viene implicitamente sancito che le modalità di ripartizione dei punteggi per ciascun criterio di valutazione siano predeterminate a monte, in sede di stesura del bando di gara (cfr. determinazione dell'Autorità n. 5/2008).

Con riguardo ai parametri di valutazione, sono tre i principali profili da valutare:

profilo tecnico (costruttivo-progettuale):

profilo economico (rendimento, costo di gestione e manutenzione, durata, valore economico e finanziario del piano);

impatto sull'utenza (fruibilità dell 'opera, accessibilità al pubblico, tempi di ultimazione dei lavori, tariffe da applicare e relative modalità di aggiornamento, contenuto della bozza di convenzione).

Il Codice (articolo 83, comma 2) recependo una disposizione comunitaria, consente di stabilire una soglia con riferimento alla ponderazione dei criteri di valutazione Ciò significa che, nei documenti di gara, ò possibile prevedere che i concorrenti debbano conseguire, per il peso o il punteggio di un dato criterio di valutazione, un valore prestabilito minimo; adesempio, se I peso o il punteggio di un criterio, quale il pregio tecnico, sia previsto pari a 30, si può stabilire che il concorrente debba conseguire almeno il punteggio di 15, qualora il concorrente non consegua tale punteggio è escluso dalla gara. Inoltre, si rammenta che il Codice prevede che il bando possa suddividere, ove necessario, ciascun criterio di valutazione e relativo peso in sub-criteri e sub-pesi, per esempio, se uno dei criteri di valutazione è il pregio tecnico della proposta (Determinazione dell' Autorità n. 1/2003), i sub-criteri potrebbero essere: 1) soluzioni tecnologiche innovative; 2) flessibilità nell'utilizzazione: 3) contenimento dei consumi energetici; 4) minore impatto ambientale: 5) particolari tipologie di impianti; 6) qualità dei materiali e delle finiture. Poiché ognuno di tali sub-criteri contribuisce, con il sub-peso ad esso attribuito, alla valutazione complessiva del criterio di partenza, occorre fare riferimento al principio contenuto nell'allegato E del D.P.R n. 554/1999: la somma dei punteggi assegnati ad ogni concorrente sulla base dei sub-criteri dovrà essere riparametrata con riferimento al peso previsto per l'elemento di partenza. E' opportuno che l'applicazione di tale principio sia prevista nel disciplinare di gara, per evitare dubbi nella fase di valutazione delle offerte.

3.2 L' approvazione del progetto e la stipula del contratto.

L'articolo 153, comma 10, lett, e), fa riferimento a modifiche progettuali necessarie ai fini dell'approvazione del progetto"; si ritiene che la formulazione della norma non contempli la possibilità, per l'amministrazione aggiudicatrice, di apportare essa stessa, ulteriori modifiche oltre a quelle richieste in sede di approvazione del progetto nell'ambito della conferenza di servizi. In merito alla facoltà dell'amministrazione di apportare modifiche al progetto preliminare la giurisprudenza (formatasi in base alla previgente normativa), ha ritenuto che la stessa fosse legittimata ad apportare al progetto preliminare prescelto, da porre a base di gara, unicamente lievi correttivi tali da non alterare il quadro finanziario proposto dal promotore; si è ritenuto pertanto, che il progetto non fosse modificabile nelle sue linee portanti, ma solo migliorabile in relazione ad elementi quantitativi, in virtù del principio di non modificabilità del progetto a base *di gara. (Tar Calabria, sent.449/2004, Tar Emilia Romagna sent 762/2004 Tar Campania, sent. 95 71/2004).*

Il citato orientamento è riferibile, afortiori, alla nuova disciplina, in quanto le modifiche interverrebbero a valle della procedura di gara con il rischio, quindi, di alterare la pur condicio tra i concorrenti. In sostanza l'amministrazione non può rimettere in discussione le scelte fondamentali già effettuate con lo studio di fattibilità.

Qualora in sede di approvazione del progetto preliminare, siano prescritte modifiche tali da comportare un aumento dei costi di realizzazione dell'intervento, l'amministrazione aggiudicatrice dovrà verificare, prima della stipula del contratto di concessione, che

sussistano ancora i requisiti di qualificazione in capo al soggetto aggiudicatario. Laddove il promotore necessiti di possedere requisiti in misura maggiore a quelli inizialmente richiesti, si ritiene che egli possa integrare la propria compagine con nuovi soggetti che apportino ulteriori requisiti.

Come si è prima precisato, la determinazione dei costi delle nuove opere integrative o modificative del progetto iniziale va effettuata in base ai parametri già definiti nell'originario piano economico-finanziario, o comunque nel progetto preliminare (rifèrimento ai prezzari dell'amministrazione aggiudicatrice o ai listini correnti nell'area interessata, tariffe, proposte ecc.).

Si ritiene che l'inciso del comma 10, lett. e). relativo "all'onere del promotore di apportare le modifiche ai fini dell'approvazione del progetto", sia riferibile all'ipotesi in cui il promotore sia interessato alla stipula dei contratto. In tale fase. pertanto, il promotore è tenuto ad apportare le modifiche progettuali richieste senza alcun compenso, ai fini dell'approvazione del progetto stesso. L'unica voce, quindi, che, ai sensi del comma 10, non comporta alcun compenso aggiuntivo, è quella delle spese di progettazione inerenti le modifiche richieste e delle spese sostenute per la predisposizione delle offerte. Ciò significa, naturalmente, che qualsiasi altro incremento dei costi inerenti, sia la realizzazione delle opere. sia la gestione dei servizi, dovrà costituire oggetto di adeguamento del piano economico-finanziario, così come previsto dal comma 3. lettera a) della disposizione in esame.

Se. invece, il promotore non è più interessato alla stipula del contratto, può rifiutare di apportare le modifiche richieste.

Per quanto riguarda l'eventuale scorrimento della graduatoria si deve tenere presente che esso non è volto ad individuare una proposta diversa, ma un altro concorrente disposto ad uniformare la propria proposta a quella del promotore già selezionata. comprese le modifiche non accettate dal promotore stesso, Anche in questo caso, l'amministrazione aggiudicatrice dovrà verificare i 'adeguatezza dei requisiti di qualificazione del concorrente al nuovo progetto prima della stipula della concessione.

E' opportuno precisare che la stipula del contratto può avvenire solo dopo l'approvazione del progetto preliminare.

Si pone poi il problema del caso in cui né il promotore nè gli altri concorrenti accettino le modifiche progettuali.

Al riguardo si potrebbero prospettare due interpretazioni:.

a) l'amministrazione non può ulteriormente procedere:

h) l'amministrazione può acquisire il progetto preliminare, modificarlo ed adeguare il piano economico-finanziario, approvarlo ed indire una gara ex-articolo 143 del Codice.

Si ritiene preferibile la seconda ipotesi per due considerazioni: l'opera è di interesse pubblico, in quanto inserita nel programma triennale e non sembra che dal dettato

normativo possa desumersi un divieto per tale acquisizione.

L'amministrazione aggiudicatrice deve, comunque, inserire una clausola inerente la facoltà di acquisire il progetto nel bando di gara.

E' opportuno che, qualora dovesse verificarsi il caso in cui né il promotore nè gli altri concorrenti accettino le modifiche progettuali, l'amministrazione, prima di procedere all'indizione della gara, approfondisca le motivazioni che hanno indotto i concorrenti a rifiutare le modifiche, in quanto ciò potrebbe essere indice di un'operazione non adeguatamente remunerativa per il mercato: in tal caso, dovrà, eventualmente, modificare i1 progetto ed il piano economico-finanziario.

4. LO SVOLGIMENTO DELLA PROCEDURA A DOPPIA GARA (COMMA 15)

4. 1 La prima gara e l'approvazione del progetto
L'amministrazione aggiudicatrice:
a) pubblica un bando di gara, ponendo a base di esso lo studio di fattibilità
h) prende in esame le offerte che sono pervenute nei termini indicati nel bando;
e) redige, secondo il criterio dell'offèrta economicamente più vantaggiosa, una graduatoria e nomina promotore il soggetto che ha presentato la migliore offerta la nomina del promotore può aver luogo anche in presenza di una sola offerta; al
promotore spetta il diritto di prelazione:
pone in approvazione il progetto preliminare presentato dal promotore, sottoponendolo a conferenza di servizi ex artt. 14 bis e seguenti della legge n. 241/1990.
qualora il progetto non necessiti di modifiche, l'amministrazione indice una gara ponendo a base di essa il progetto preliminare presentato dal promotore ed il piano economico finanziario
f) qualora il progetto necessiti di modifiche, richiede al promotore di procedere.
stabilendone anche i termini: a) alle modifiche progettuali prescritte in conferenza di servizi ai fini dell'approvazione del progetto; b) ad adeguare il piano economico-finanziario: c) a svolgere tutti gli adempimenti di legge anche ai fini della valutazione di impatto ambientale; la predisposizioni di tali modifiche e lo svolgimento di tali adempimenti in quanto onere, a norma di legge del promotore non comportano alcun compenso aggiuntivo né incremento delle spese sostenute e indicate nel piano economico-finanziario per la predisposizione delle offerte.
Si deve, però. tenere presente che il bando di gara. oltre ai contenuti dell'articolo 144 del Codice ed ai contenuti già esposti, dovrà indicare espressamente che la gara non comporterà l'aggiudicazione della concessione al promotore prescelto, ma solo l'attribuzione allo stesso del diritto di essere preferito al migliore offerente, individuato con una successiva procedura selettiva.
Come nella procedura a gara unica, anche in questa procedura il potere di modifica dell'amministrazione in sede di approvazione del progetto è limitato al solo momento dell'acquisizione dei consensi tecnico amministrativi; ciò è dovuto anche alla circostanza che, in mancanza di altre offerte il promotore è vincolato all'esecuzione del progetto, così come approvato.
Relativamente alle garanzie, va prestata la cauzione provvisoria di cui all'articolo 75 e La cauzione del 2.5% del valore dell'investimento; infatti, se il promotore prescelto esercita la prelazione nella seconda gara deve rimborsare le spese al miglior offerente.

4.2 La seconda gara
La gara per l'affidamento della concessione si sviluppa nel modo seguente:
a) l'amministrazione pubblica un bando, ponendo a base di gara il progetto preliminare approvato cd il piano economico-finanziario, eventualmente adeguato a seguito delle necessarie modifiche al progetto richieste in sede di approvazione. nonché le altre condizioni contrattuali offerte dal promotore;
b) ove non siano state presentate offerte, il contratto è aggiudicato al promotore:
c) ove siano state presentate una o più offerte, il promotore può, entro quarantacinque giorni dalla comunicazione dell'amministrazione aggiudicatrice adeguare la propria proposta a quella del migliore offerente aggiudicandosi il contratto; in questo caso l'amministrazione aggiudicatrice rimborsa al migliore offerente a spese del promotore, i costi sostenuti per la partecipazione alla gara, nella misura massima di cui al comma 9, terzo periodo, dell'articolo 133 del Codice;
d) ove il promotore non adegui nel termine indicato alla precedente lettera c). la propria proposta a quella del miglior offerente individuato in gara, quest'ultimo è aggiudicatario del contratto e l'amministrazione aggiudicatrice rimborsa al promotore, a spese dell'aggiudicatario i

costi sostenuti nella misura massima di cui al comma 9, terzo periodo, dell'articolo 153, del Codice.

I partecipanti alla seconda procedura devono presentare un'offerta consistente in proposte di miglioramento di tipo tecnico-economico del progetto preliminare e della convenzione, nonché un piano economico-finanziario che tenga conto delle modifiche richieste in sede di offerta.

Si suggerisce di inserire nel bando l'indicazione che non è possibile apportare modifiche rilevanti al progetto presentato da parte del promotore prescelto, dal momento che lo stesso è stato già sottoposto ad approvazione.

Dalla struttura della procedura appare evidente che il promotore non partecipa alla seconda gara.

Anche per tale motivo, onde evitare un possibile svantaggio competitivo determinato dalla impossibilità del promotore di mutare la propria offerta, in relazione alla tipologia dei criteri, si ritiene che, nella seconda gara si debbano prevedere gli stessi parametri di valutazione delle offerte previsti per l'individuazione del promotore nella prima gara e la medesima ponderazione. Si ritiene, tuttavia, ammissibile limitare l'utilizzo dei criteri di valutazione ad alcuni soltanto tra quelli utilizzati nella prima gara: i pesi vanno modificati

in proporzione, in modo da mantenere gli stessi rapporti previsti nella prima gara tra i criteri residui.

L'Autorità, nella determinazione n. 1/2003, in relazione alla procedura negoziata prevista nella precedente disciplina, aveva suggerito, per evidenti ragioni di semplificazione e rapidità della procedura, di utilizzare solo criteri aventi natura quantitativa.

Quanto ai requisiti di partecipazione, non sembra ipotizzabile la possibilità di un duplice momento di qualificazione, nemmeno con riferimento alla procedura con doppia gara. Non deve dimenticarsi, infatti, che il presentatore della migliore offerta non partecipa alla successiva gara e diventa titolare del diritto di prelazione che, se esercitato, gli dà diritto alla stipula del contratto. E' necessario, pertanto, che egli abbia i requisiti del concessionario sin dalla prima fase di gara e qualora il progetto debba essere modificato anche prima di indire la seconda gara. In caso contrario non potrà avvalersi del diritto di prelazione.

I concorrenti devono prestare sia la cauzione provvisoria, sia la cauzione del 2.5%. in quanto se il promotore non esercita la prelazione, ha diritto al rimborso delle spese a carico dell'aggiudicatario.

5. LO SVOLGIMENTO DELLA PROCEDURA AD INIZIATIVA DEI PRIVATI (COMMA 16)

Il comma 16 del nuovo articolo 153 consente il ricorso a procedure che utilizzino la finanza di progetto nel caso in cui le pubbliche amministrazioni, pur avendo inserito nell'elenco annuale di cui all'articolo 128 opere finanziabili in tutto o in parte con risorse private, non abbiano proceduto alla pubblicazione dei relativi bandi nei successivi sei mesi. Nell'ipotesi di cui al comma 16, è consentito ai soggetti in possesso dei requisiti previsti dal regolamento per il concessionario, presentare una proposta entro quattro mesi dal decorso dei sei mesi dall'inserimento del lavoro nell'elenco annuale.

Si ritiene che il privato sia legittimato ad accedere allo studio di fattibilità predisposto dall'amministrazione al fine di poter formulare la propria proposta.

La proposta in questione dovrà contenere gli elementi indicati al comma 9 (un progetto preliminare, una bozza di comunione, un piano economico finanziario asseverato da una banca, nonché la specificazione delle caratteristiche del servizio e della gestione) ed essere corredata di una cauzione ai sensi dell'articolo 75 nonché della documentazione dimostrativa del possesso dei requisiti soggettivi e dell'impegno a prestare una cauzione nella misura del 2,5% del valore dell'investimento, nel caso di indizione di una gara ai sensi delle lettere a) b) e c) del comma 16 medesimo.

Entro sessanta giorni dalla scadenza del termine di presentazione delle offerte, anche qualora sia pervenuta una sola proposta, le amministrazioni aggiudicatrici provvedono a pubblicare un avviso con le modalità di cui all'articolo 66 o 122 del Codice, a seconda dell' importo dei lavori, contenente i criteri in base ai quali si procede alla valutazione delle proposte.

È consentita la presentazione di proposte rielaborate e ripresentate secondo i criteri indicati nel bando, nonché la presentazione di nuove proposte, entro novanta giorni dalla pubblicazione dell'avviso.

Deve essere chiarito che, a base della gara introdotta con l'avviso, pubblicato dopo la presentazione della prima proposta va posto lo studio di fattibilità, o, in modo da consentire la formulazione di ulteriori proposte oltre all'eventuale rielaborazione di quella già presentata.

Per quanto riguarda le modalità di valutazione del pubblico interesse, consistente, in realtà, nella scelta della migliore offerta fra quelle presentate. Si suggerisce di utilizzare il criterio dell'offerta economicamente più vantaggiosa di cui all'articolo 83 del Codice. L'avviso deve.

quindi, indicare i criteri di valutazione, i relativi pesi o punteggi, i relativi sottocriteri o sub-pesi o sono punteggi, le eventuali soglie, ovvero l'ordine decrescente di importanza dei criteri, nonchè la metodologia di cui al D.P.R. n. 554/1999, che si utilizzerà per determinare la migliore offerta.

Si evidenzia come l'articolo 153. comma 17 del Codice obblighi i concorrenti a presentare la garanzia provvisoria del 2% dell'investimento, ai sensi dell'articolo 75 del Codice, che potrà essere escussa nel caso in cui il vincitore non partecipi al seguito del sub- procedimento scelto dall'amministrazione aggiudicatrice. I concorrenti devono, inoltre, presentare un impegno a prestare la cauzione del 2.5% del valore dell'investimento. Il comma 18 prevede, infatti, che qualora il promotore non risulti aggiudicatario nella procedura di cui ai comma 16, lettera a) - ricorso al dialogo competitivo - egli ha diritto al rimborso, con onere a carico dell'aggiudicatario, delle spese sostenute nella misura massima del 2,5 del valore dell'investimento; inoltre, prevede che al promotore, che non risulti aggiudicatario nelle procedure di cui al comma 16. lettere b) e c) si applica quanto previsto al comma 15, lettere e) ed f). Si ritiene che la previsione di pubblicare l'avviso, da parte dell'amministrazione aggiudicatrice, in seguito alla presentazione di proposte da parte di soggetti privati, vada intesa in senso cogente. Tuttavia, le proposte dei privati dovrebbero avere per oggetto la realizzazione di interventi per i quali la programmazione triennale preveda il concorso di capitali privati attraverso lo strumento della concessione, escludendo iniziative private rispetto ad interventi per il quali siano previsti altri strumenti di realizzazione. Quindi, affinché sia attivabile tale procedura. l'amministrazione aggiudicatrice deve avere già deliberato, nell'elenco annuale l'utilizzo di una delle due procedure di affidamento previste dall'articolo 153. comma I - 14 e comma 15.

Il percorso del comma 16 non è, quindi, utilizzabile nel caso di inerzia riferita alla realizzazione di opere pubbliche mediante gli appalti tradizionali. Rimane infatti, prerogativa dell'amministrazione scegliere di realizzare l'opera pubblica mediante un contratto di appalto ovvero di concessione e le priorità da assegnare a ciascun intervento programmato. Le amministrazioni entro sei mesi dalla scadenza del termine di presentazione delle proposte esaminano tutte quelle pervenute e, verificato preliminarmente il possesso dei requisiti individuano la migliore proposta, come sopra delineato, e procedono, successivamente, con le seguenti modalità: pongono ai sensi dell'articolo 97 del Codice, in approvazione il progetto preliminare ritenuto il migliore, sottoponendolo a conferenza di servizi ex artt. 14 bis e seguenti della legge n. 241/1990:

se il progetto preliminare necessita di modifiche, qualora ricorrano le condizioni di cui all'articolo 58, comma 2 del Codice, indicono un dialogo competitivo, ponendo a base di esso il progetto preliminare e il piano economico-finanziario. Si ritiene che il dialogo competitivo. dato il richiamo espresso della norma a tale procedura di aggiudicazione sia immediatamente applicabile alla fattispecie in esame anche in assenza del regolamento attuativo del Codice;

se il progetto preliminare non necessita di modifiche, procedono ai sensi dell'articolo 143, oppure ai sensi del comma 15. lettere e). d), e), f) dell'articolo

153 del Codice, ponendo a base di gara lo stesso progetto e il piano economico- finanziario ed invitando alla gara il promotore.

Si ritiene che il dialogo comperitivo debba svolgersi tra il promotore ed i soggetti che sono stati ammessi alla fase di selezione delle proposte.

Nei casi di cui al cornma 16 lettere b) e c) dell'articolo 153 del Codice, può essere stabilito che l'offerta dei concorrenti, poiché a base di gara vi è un progetto preliminare, sia costituita soltanto da modifiche migliorative del progetto a base di gara, o anche da un progetto definitivo.

Si noti che. in entrambe le procedure di cui al precedente numero 3) il promotore gode del diritto di prelazione. Non sussiste il diritto di prelazione qualora il progetto preliminare necessiti invece di modifiche.

Per quanto riguarda le garanzia il comma 17 dispone l'applicazione del comma 13 (garanzie) alle gare di cui al comma 16 lett. a), b) e c).

E.' opportuno precisare che:

nel caso di dialogo competitivo l'approvazione del progetto preliminare avviene all'esito della gara, come negli altri casi di ricorso al dialogo competitivo;

rispetto ai casi di cui al comma 16. lett. b) e c) la fase di approvazione del progetto deve precedere la fase di gara ex articolo 143, ovvero ex articolo 153, comma l5 (gara con diritto di prelazione del promotore).

La disposizione non prevede quale sia l'esito della procedura nel caso in cui, sebbene il progetto necessiti di modifiche, non sussistano le condizioni per il ricorso al dialogo competitivo. Si potrebbe, in al caso, ritenere che l'amministrazione stessa modifichi il progetto preliminare, adeguandolo alle modifiche richieste in sede di approvazione, predisponga i! piano economico-finanziario ed indica una gara ai sensi dell'articolo 143 del Codice: altrimenti l'amministrazione potrebbe procedere con le modalità dell'articolo 15, lett. b). c), d) ed f), previa indicazione di entrambe le possibilità nell'avviso di gara, poiché la disposizione non ne richiama l'applicazione invitando in ogni caso il promotore.

Per quanto riguarda la presentazione delle proposte da parte dei privati ex commi 19 e 20, si rinvia al paragrafo 2.2, rilevando che tali proposte, se fatte proprie dall'amministrazione, saranno inserite nella programmazione e quindi, poste a base delle procedure previste.

(1) NEVITT K.P., Project Financing, trad. it. della 4 ed. a cura di P. De Sury, Roma, 1987, 13. L'istituto è stato prevalentemente studiato dalla dottrina aziendalistica, come forma di finanziamento alternativa al tradizionale finanziamento di impresa: Imperatori, Il project financing - Una tecnica, una cultura, una politica, Milano, 1995. V. inoltre sull'istituto DRAETTA U. - VACCA' C. (cur.), Il project financing: caratteristiche e modelli contrattuali, Egea, Milano, 1997; DE SURY P. - MISCALI M., Il Project Finance, Milano, Egea 1995.

[ii] Un testo base per le *definizioni* giuridiche è il BALDI, DE MARZO "Il *project financing* nei lavori pubblici", 2001.

[iii] "Il project financing e gli altri istituti del partenariato pubblico privato per la realizzazione delle opere pubbliche e di pubblica utilità in Italia: principi, spunti e indicazioni operative" di S. Maiolo Materiali UVAL Allegato n. n. 30 2014

[iv] (2) vedi RABITTI, Project Finance e collegamento contrattuale, in Contratto e impresa, 1996, II, 224 ss.

[v] per tutti S. Pensabene Lionti " Prospettive e profili problematici dell'inserimento del project financing nel contesto dell'ordinamento amministrativo vigente, alla stregua dell'esperienza normativa della regione siciliana" in Riv. Trimestrale degli appalti, n. 4/99 p. 543 e ss). Sull'art. 42-ter si veda ancora l'analisi di G.ARMAO in "Project financing", Acep, 2001 e di A.BRUNO Il project financing in Sicilia Lulu 2009, isbn 978-1-4452-2289-9

[vi] Parere dell'Ufficio legislativo e legale della Regione Siciliana Prot. N. 95 .11.07

[vii] Sulla LR 7/2002 si veda A.BRUNO in Sole 24 Ore Guida normativa – Dossier -Il project financing "Il project financing nella nuova normativa regionale siciliana: prime note sui rapporti con la legge 166/02 e con la riforma del diritto societario", 2002   e ancora A.BRUNO in Giustizia Amministrativa Siciliana vol. 3, "Il project financing nella nuova normativa siciliana", 2002

[viii] Salvo che nel testo, "Qualificazione progettazione project financing dopo la "Merloni ter", di DE SIERVO, RAVETTA, RAVETTA, 2000, i cui autori suggerivano di dare diretta applicazione nell'ordinamento nazionale alla direttiva poiché self executing, secondo loro, ancorchè non recepita dalla Merloni.

[ix] vedi Il project financing per le opere pubbliche La finanza di progetto nella prassi internazionale e nella mormativa italiana - Aggiornato alla L. 166/2002 (Merloni quater) e al D.Lgs. 190/2002 di A. VACCA - C. SOLUSTRI -

[x] TAR Lombardia, Milano, Sez. III, 26 agosto 1998, (ord.) n. 1337

[xi] PALLOTTINO, Le società miste locali e la realizzazione di opere e infrastrutture: un'ipotesi di Project Financing, in Riv. amm. R. I., 1997, 592 ss., 602 s.

[xii] V. in motivazione Cass., Sez. Un., 6 maggio 1995, n. 4991, in Riv. It. Dir. Pubbl. Comunitario, 1995, III, 1, 1056 ss., con nota di Greco G., Appalti di lavori affidati da S.p.A. in mano pubblica: un revirement giurisprudenziale non privo di qualche paradosso.

[xiii] V. LIPARI M., La mini-riforma del processo amministrativo nella legge n. 135/1997, in Urbanistica e appalti, 1997, 739 ss.

[xiv] Federalismi.it n. 19/2008 "Prime riflessioni sulle modifiche della finanza di progetto inserite nel "correttivo 3" di Marcello COLLEVECCHIo

[xv] 2 Per una disamina delle censure mosse dalla Commissione Europea al promotore cfr. B. Caravita di Toritto e M. COLLEVECCHIo "Il promotore finanziario fra osservazioni della Commissione, sentenza della Corte di Giustizia e prospettive di riforma", in www.federalismi.it, n .9/2008

[xvi] Federalismi.it n. 19/2008 "Prime riflessioni sulle modifiche della finanza di progetto inserite nel "correttivo 3" di Marcello COLLEVECCHIo

[xvii] Servizio studi d o c u m e n t a z i o n e e r i c e r c h e della Camera dei Deputati "Il terzo correttivo al Codice dei contratti (d.lgs. 152/2008)"

[xviii] 1. Fatto salvo quanto previsto per gli appalti di forniture del Ministero della difesa dall'articolo 196 per i contratti pubblici di rilevanza comunitaria il valore stimato al netto dell'imposta sul valore aggiunto (i.v.a.) è pari o superiore alle soglie seguenti:

a) 133.000 euro, per gli appalti pubblici di forniture e di servizi diversi da quelli di cui alla lettera b.2), aggiudicati dalle amministrazioni aggiudicatrici che sono autorità governative centrali indicate nell'allegato IV; b) 206.000 euro, b.1) per gli appalti pubblici di forniture e di servizi aggiudicati da stazioni appaltanti diverse da quelle indicate nell'allegato IV;b.2) per gli appalti pubblici di servizi, aggiudicati da una qualsivoglia stazione appaltante, aventi per oggetto servizi della categoria 8 dell'allegato II A, servizi di telecomunicazioni della categoria 5 dell'allegato II A, le cui voci nel CPV corrispondono ai numeri di riferimento CPC 7524, 7525 e 7526, servizi elencati nell'allegato II B; c) 5.150.000 euro per gli appalti di lavori pubblici e per le concessioni di lavori pubblici.

[xix] Art. 66. Modalità di pubblicazione degli avvisi e dei bandi (artt. 36 e 37, direttiva 2004/18; art. 44 direttiva 2004/17; art. 8, d.lgs. n. 157/1995; art. 11, d.lgs. n. 158/1995; art. 80, co. 2, d.P.R. n. 554/1999)

1. Le stazioni appaltanti trasmettono gli avvisi e i bandi alla Commissione per via elettronica secondo il formato e le modalità di trasmissione precisate nell'allegato X, punto 3, o con altri mezzi di trasmissione. Nel caso della procedura urgente di cui all'articolo 70, comma 11, gli avvisi e i bandi devono essere trasmessi mediante fax o per via elettronica secondo il formato e le modalità di trasmissione precisate nell'allegato X, punto 3.

2. Gli avvisi e i bandi sono pubblicati secondo le caratteristiche tecniche di pubblicazione indicate nell'allegato X, punto 1, lettere a) e b).

3. Gli avvisi e i bandi redatti e trasmessi per via elettronica secondo il formato e le modalità di trasmissione precisate nell'allegato X, punto 3, sono pubblicati entro cinque giorni dalla loro trasmissione.

4. Gli avvisi e i bandi non trasmessi per via elettronica secondo il formato e le modalità di trasmissione precisate nell'allegato X, punto 3, sono pubblicati entro dodici giorni dal loro invio, o, nel caso di procedura urgente di cui all'articolo 70, comma 11, entro cinque giorni dal loro invio.

5. I bandi e gli avvisi sono pubblicati per esteso in una delle lingue ufficiali della Comunità scelta dalle stazioni appaltanti; il testo pubblicato in tale lingua originale é l'unico facente fede. Le stazioni appaltanti italiane scelgono la lingua italiana, fatte salve le norme vigenti nella Provincia autonoma di Bolzano in materia di bilinguismo. Una sintesi degli elementi importanti di ciascun bando, indicati dalle stazioni appaltanti nel rispetto dei principi di trasparenza e non discriminazione, é pubblicata nelle altre lingue ufficiali.

6. Le spese per la pubblicazione degli avvisi e dei bandi da parte della Commissione sono a carico della Comunità.

7. Gli avvisi e i bandi sono altresì pubblicati sulla Gazzetta Ufficiale della Repubblica Italiana serie speciale relativa ai contratti pubblici, sul «profilo di committente» della stazione appaltante, e, non oltre due giorni lavorativi dopo, sul sito informatico del Ministero delle infrastrutture di cui al decreto del Ministro dei lavori pubblici 6 aprile 2001, n. 20, e sul sito informatico presso l'Osservatorio, con l'indicazione degli estremi di pubblicazione sulla Gazzetta Ufficiale. Gli avvisi e i bandi sono altresì pubblicati, dopo dodici giorni dalla trasmissione alla Commissione, ovvero dopo cinque giorni da detta trasmissione in caso di procedure urgenti di cui all'articolo 70, comma 11, per estratto su almeno due dei principali quotidiani a diffusione nazionale e su almeno due a maggiore diffusione locale nel luogo ove si eseguono i contratti. La pubblicazione nella Gazzetta Ufficiale della Repubblica italiana viene effettuata entro il sesto giorno feriale successivo a quello del ricevimento della documentazione da parte dell'Ufficio inserzioni dell'Istituto poligrafico e zecca dello Stato. (*comma così modificato dal D.Lgs. 26/01/2007 n. 6 in vigore dal 01/02/2007 − il D.L. 6 luglio 2012, n. 95, in vigore dal 07/07/2012, come modificato dall'Avviso di Rettifica in G.U. 9/07/2012, n. 158, non dispone più la soppressione del secondo periodo del comma 7 del presente articolo inizialmente prevista; per le spese di pubblicità si segnala quanto disposto dall'art.34 comma 35 della L. 221/2012 in vigore dal 19/12/2012 di conversione del D.L. 179/2012, si veda ora il comma 7bis del presente articolo. Comma quindi sostituito dall'art.26 comma 1 lett.a del DL 66/2014 in vigore dal 24/04/2014*)

7- bis. Le spese per la pubblicazione sulla Gazzetta ufficiale della Repubblica italiana, serie speciale relativa ai contratti pubblici, degli avvisi, dei bandi di gara e delle informazioni di cui all'allegato IX A sono rimborsate alla stazione appaltante dall'aggiudicatario entro il termine di sessanta giorni dall'aggiudicazione. (*comma introdotto dall'art. 26, comma 1, lettera a), del DL 66/2014 in vigore dal 24/04/2014, ma applicabile solo dal 01/01/2016 ad opera della legge n. 89/2014 in vigore dal 24/06/2014)*

8. Gli effetti giuridici che l'ordinamento connette alla pubblicità in ambito nazionale decorrono dalla pubblicazione nella Gazzetta Ufficiale della Repubblica italiana.

9. Gli avvisi e i bandi, nonché il loro contenuto, non possono essere pubblicati in ambito nazionale prima della data della loro trasmissione alla Commissione.

10. Gli avvisi e i bandi pubblicati in ambito nazionale non devono contenere informazioni diverse da quelle contenute nei bandi e negli avvisi trasmessi alla Commissione, o pubblicate su un profilo di committente conformemente all'articolo 63, comma 1, devono menzionare la data della trasmissione dell'avviso o del bando alla Commissione o della pubblicazione sul profilo di committente.

11. Gli avvisi di preinformazione non possono essere pubblicati su un profilo di committente prima che sia stato inviato alla Commissione l'avviso che ne annuncia la pubblicazione sotto tale forma; gli avvisi in questione devono citare la data di tale trasmissione. ma per effetto delle modifiche in sede di conversione ad opera della legge n.89/2014 in vigore dal 24/06/2014, lo sostituzione sarà applicabile solo dal 01/01/2016.

12. Il contenuto degli avvisi e dei bandi non trasmessi per via elettronica secondo il formato e le modalità di trasmissione precisate nell'allegato X, punto 3, é limitato a seicentocinquanta parole circa.

13. Le stazioni appaltanti devono essere in grado di comprovare la data di trasmissione degli avvisi e dei bandi.

14. La Commissione rilascia alle stazioni appaltanti una conferma dell'informazione trasmessa, in cui é citata la data della pubblicazione: tale conferma vale come prova della pubblicazione.

15. Le stazioni appaltanti possono prevedere forme aggiuntive di pubblicita diverse da quelle di cui al presente articolo, e possono altresì pubblicare in conformità ai commi che precedono avvisi o bandi concernenti appalti pubblici non soggetti agli obblighi di pubblicazione previsti dal presente articolo. Tuttavia gli effetti giuridici che il presente codice o le norme processuali vigenti annettono alla data di pubblicazione al fine della decorrenza di termini, derivano solo dalle forme di pubblicità obbligatoria e dalle relative date in cui la pubblicità obbligatoria ha luogo. (*comma così modificato dal D.Lgs. 26/01/2007 n. 6 in vigore dal 01/02/2007)* (articolo da coordinare con quanto disposto dai commi 15, 16, da 25 a 27, da 31 a 34 dell'art.1 della L. 190/2012 – in particolare il comma 32 del citato articolo va applicato secondo quanto disposto dal comma 418 dell'art.1 della L. 228/2012 come modificato dal D.L 69/2013, in vigore dal 22/06/2013 convertito senza ulteriori modifiche dalla L. 98/2013)

ˣˣ Art. 122. Disciplina specifica per i contratti di lavori pubblici sotto soglia

1. Ai contratti di lavori pubblici sotto soglia comunitaria non si applicano le norme del presente codice che prevedono obblighi di pubblicità e di comunicazione in ambito sovranazionale. Le stazioni appaltanti possono ricorrere ai contratti di cui all'articolo 53, comma 2, lettere b) e c), qualora riguardino lavori di speciale complessità o in caso di progetti integrali, come definiti rispettivamente dal regolamento di cui all'articolo 5, ovvero riguardino lavori di manutenzione, restauro e scavi archeologici. (*comma modificato dal D.Lgs. 113 del 31/07/2007 in vigore dal 01/08/2007)*

2. L'avviso di preinformazione di cui all'articolo 63, é facoltativo ed é pubblicato sul profilo di committente, ove istituito, e sui siti informatici di cui all'articolo 66, comma 7, con le modalità ivi previste.

3. L'avviso sui risultati della procedura di affidamento, di cui all'articolo 65 é pubblicato sul profilo di committente, ove istituito, e sui siti informatici di cui all'articolo 66, comma 7, con le modalità ivi previste.

4. I bandi e gli inviti non contengono le indicazioni che attengono ad obblighi di pubblicità e di comunicazione in ambito sopranazionale.

5. Gli avvisi di cui al comma 3 ed i bandi relativi a contratti di importo pari o superiore a cinquecentomila euro sono pubblicati nella Gazzetta Ufficiale della Repubblica italiana - serie speciale - relativa ai contratti pubblici, sul «profilo di committente» della stazione appaltante, e, non oltre due giorni lavorativi dopo, sul sito informatico del Ministero delle infrastrutture di cui al decreto del Ministro dei lavori pubblici 6 aprile 2001, n. 20 e sul sito informatico presso l'Osservatorio, con l'indicazione degli estremi di pubblicazione nella

Gazzetta Ufficiale. Gli avvisi e i bandi sono altresì pubblicati, non oltre cinque giorni lavorativi dopo la pubblicazione nella Gazzetta Ufficiale, per estratto, a scelta della stazione appaltante, su almeno uno dei principali quotidiani a diffusione nazionale e su almeno uno dei quotidiani a maggiore diffusione locale nel luogo ove si eseguono i lavori. I bandi e gli avvisi di cui al comma 3 relativi a contratti di importo inferiore a cinquecentomila euro sono pubblicati nell'albo pretorio del Comune ove si eseguono i lavori e nell'albo della stazione appaltante; gli effetti giuridici connessi alla pubblicazione decorrono dalla pubblicazione nell'albo pretorio del Comune. Si applica, comunque, quanto previsto dall'articolo 66, comma 15 nonché comma 7, terzo periodo *(comma così modificato dal D.Lgs. 26/01/2007 n. 6 in vigore dal 01/02/2007 – disposizione da coordinare con l'art.13 co.1 della Legge 180 del 14/11/2011 in vigore dal 15/11/2011; per le spese di pubblicità si segnala quanto disposto dall'art.34 comma 35 del D.L. 179/2012, come convertito dalla L. 221/2012, in vigore dal 19/12/2012, si veda ora il comma 5bis del presente articolo. Comma quindi sostituito dall'art.26 comma 1 lett.b del* DL 66/2014 in vigore dal 24/04/2014)

5- bis. Le spese per la pubblicazione sulla Gazzetta ufficiale della Repubblica italiana, serie speciale relativa ai contratti pubblici, degli avvisi, dei bandi di gara e delle informazioni di cui all'allegato IX A sono rimborsate alla stazione appaltante dall'aggiudicatario entro il termine di sessanta giorni dall'aggiudicazione. *(comma introdotto dall'art. 26, comma 1, lettera b del DL 66/2014 in vigore dal 24/04/2014)*

6. Ai termini di ricezione delle domande di partecipazione e delle offerte, e di comunicazione dei capitolati e documenti complementari, si applicano l'articolo 70, comma 1 e comma 10, in tema di regole generali sulla fissazione dei termini e sul prolungamento dei termini, nonché gli articoli 71 e 72, e inoltre le seguenti regole:

a) nelle procedure aperte, il termine per la ricezione delle offerte, decorrente dalla pubblicazione del bando sulla Gazzetta Ufficiale della Repubblica italiana per i contratti di importo pari o superiore a cinquecentomila euro, e dalla pubblicazione del bando nell'albo pretorio del Comune in cui si esegue il contratto per i contratti di importo inferiore a cinquecentomila euro non può essere inferiore a ventisei giorni;

b) nelle procedure ristrette, nelle procedure negoziate previa pubblicazione di un bando di gara, e nel dialogo competitivo, il termine per la ricezione delle domande di partecipazione, avente la decorrenza di cui alla lettera a), non può essere inferiore a quindici giorni;

c) nelle procedure ristrette, il termine per la ricezione delle offerte, decorrente dalla data di invio dell'invito, non può essere inferiore a venti giorni; vigore dal 24/06/2014, lo sostituzione sarà applicabile solo dal 01/01/2016 ma per effetto delle modifiche in sede di conversione ad opera della legge n. 89/2014 in *ad opera della legge n. 89/2014 in vigore dal 24/06/2014, lo sostituzione sarà* **applicabile solo dal 01/01/2016** ma per effetto delle modifiche in sede di conversione

d) nelle procedure negoziate, con o senza bando, e nel dialogo competitivo, il termine per la ricezione delle offerte viene stabilito dalle stazioni appaltanti nel rispetto del comma 1 dell'articolo 70 e, ove non vi siano specifiche ragioni di urgenza, non può essere inferiore a dieci giorni dalla data di invio dell'invito;

e) in tutte le procedure, quando il contratto ha per oggetto anche la progettazione esecutiva, il termine per la ricezione delle offerte non può essere inferiore a quaranta giorni dalla data di pubblicazione del bando di gara o di invio dell'invito; quando il contratto ha per oggetto anche la progettazione definitiva, il termine per la ricezione delle offerte non può essere inferiore a sessanta giorni con le medesime decorrenze;

f) nelle procedure aperte, nelle procedure negoziate previo bando e nel dialogo competitivo, quando del contratto é stata data notizia con l'avviso di preinformazione, il termine di ricezione delle offerte può essere ridotto a 18 giorni e comunque mai a meno di undici giorni, decorrenti, nelle procedure aperte, dalla pubblicazione del bando, e per le altre procedure, dalla spedizione della lettera invito;

g) nelle procedure ristrette e nelle procedure negoziate con pubblicazione di un bando di gara, quando l'urgenza rende impossibile rispettare i termini minimi previsti dal presente articolo, le stazioni appaltanti, purché indichino nel bando di gara le ragioni dell'urgenza, possono stabilire un termine per la ricezione delle domande di partecipazione, non inferiore a quindici giorni dalla data di pubblicazione del bando di gara nella Gazzetta

Ufficiale della Repubblica italiana; e, nelle procedure ristrette, un termine per la ricezione delle offerte non inferiore a dieci giorni, ovvero non inferiore a trenta giorni se l'offerta ha per oggetto anche il progetto esecutivo, decorrente dalla data di invio dell'invito a presentare offerte. Tale previsione non si applica al termine per la ricezione delle offerte, se queste hanno per oggetto anche la progettazione definitiva.

7. I lavori di importo complessivo inferiore a un milione di euro possono essere affidati dalle stazioni appaltanti, a cura del responsabile del procedimento, nel rispetto dei princìpi di non discriminazione, parità di trattamento, proporzionalità e trasparenza, e secondo la procedura prevista dall'articolo 57, comma 6; l'invito è rivolto, per lavori di importo pari o superiore a 500.000 euro, ad almeno dieci soggetti e, per lavori di importo inferiore a 500.000 euro, ad almeno cinque soggetti se sussistono aspiranti idonei in tali numeri. I lavori affidati ai sensi del presente comma, relativi alla categoria prevalente, sono affidabili a terzi mediante subappalto o subcontratto nel limite del 20 per cento dell'importo della medesima categoria; per le categorie specialistiche di cui all'articolo 37, comma 11, restano ferme le disposizioni ivi previste. L'avviso sui risultati della procedura di affidamento, conforme all'allegato IX A, punto quinto (avviso relativo agli appalti aggiudicati), contiene l'indicazione dei soggetti invitati ed è trasmesso per la pubblicazione, secondo le modalità di cui ai commi 3 e 5 del presente articolo, entro dieci giorni dalla data dell'aggiudicazione definitiva; non si applica l'articolo 65, comma 1. *(comma introdotto dall'art.4, comma 2, lett.l) del D.L. 13/05/2011 n. 70 in vigore dal 14/05/2011, e ulteriormente modificato dalla legge di conversione 12 luglio 2011, n. 106, in vigore dal 13/07/2011)*

7- bis. abrogato. *(comma introdotto dalla L 201 del 22/12/2008, di conversione del D.L. 162/2008,, in vigore dal 23/12/2008, e successivamente abrogato dall'art.4, comma 2, lett.l) del D.L. 13/05/2011 n. 70 in vigore dal 14/05/2011, convertito con la legge di conversione 12 luglio 2011, n. 106, in vigore dal 13/07/2011)*

8. Per l'affidamento dei lavori pubblici di cui all'articolo 32, comma 1, lettera g), si applica la procedura prevista dall'articolo 57, comma 6; l'invito è rivolto ad almeno cinque soggetti se sussistono in tale numero aspiranti idonei. *(comma sostituito dall'art. 1, comma 1, lettera bb), d.lgs. n. 152 del 11/09/2008 in vigore dal 17/10/2008; l'obbligo sancito dal presente comma non trova applicazione per le opere di urbanizzazione primaria, di importo inferiore alla soglia di rilievo comunitario, ai sensi dell'art. 16, comma 2- bis, d.P.R. n. 380 del 2001, come introdotto dall'art. 45, comma 1, decreto- legge n. 201/2011 in vigore dal 06/12/2011, poi convertito senza modifiche dalla Legge di conversione 214/2011, in vigore dal 28/12/2011)*

9. Per lavori d'importo inferiore o pari a 1 milione di euro quando il criterio di aggiudicazione è quello del prezzo più basso, la stazione appaltante può prevedere nel bando l'esclusione automatica dalla gara delle offerte che presentano una percentuale di ribasso pari o superiore alla soglia di anomalia individuata ai sensi dell'articolo 86; in tal caso non si applica l'articolo 87, comma 1. Comunque la facoltà di esclusione automatica non è esercitabile quando il numero delle offerte ammesse è inferiore a dieci; in tal caso si applica l'articolo 86, comma 3. *(comma modificato dall'art. 1, comma 1, lettera bb), d.lgs. n. 152 del 11/09/2008 in vigore dal 17/10/2008, poi modificato dalla Legge 3 agosto 2009, n. 102 in vigore dal 05/08/2009 - NB da coordinare con quanto disposto dall'art.253 comma 20- bis)*

[xxi] "Dunque l'art.153, co.1 - 14, recepisce le osservazioni formulate dalla Commissione Europea nella messa in mora del 30.1.2008, sia sotto il profilo della pubblicità della gara, estesa a livello comunitario, sia per quanto concerne la posizione del promotore che partecipa alla gara in posizione di parità con altri concorrenti, ed anzi viene qualificato come "promotore" solo in caso di aggiudicazione della gara", sostiene Marcello COLLEVECCHIO In Federalismi.it n. 19/2008 "Prime riflessioni sulle modifiche della finanza di progetto inserite nel "correttivo 3"

[xxii] Art. 83. Criterio dell'offerta economicamente più vantaggiosa (art. 53, direttiva 2004/18; art. 55, direttiva 2004/17; art. 21, legge n. 109/1994; art. 19, d.lgs. n. 358/1992; art. 23, d.lgs. n. 157/1995; art. 24, d.lgs. n. 158/1995)

1. Quando il contratto é affidato con il criterio dell'offerta economicamente più vantaggiosa, il bando di gara stabilisce i criteri di valutazione dell'offerta, pertinenti alla natura, all'oggetto e alle caratteristiche del contratto, quali, a titolo esemplificativo:

a) il prezzo;

b) la qualità;

c) il pregio tecnico;

d) le caratteristiche estetiche e funzionali;

e) le caratteristiche ambientali e il contenimento dei consumi energetici e delle risorse ambientali dell'opera o del prodotto; (*lettera modificata dal D.Lgs. 113 del 31/07/2007 in vigore dal 01/08/2007*)

f) il costo di utilizzazione e manutenzione; g) la redditività; h) il servizio successivo alla vendita; i) l'assistenza tecnica;

l) la data di consegna ovvero il termine di consegna o di esecuzione; m) l'impegno in materia di pezzi di ricambio;

n) la sicurezza di approvvigionamento e l'origine produttiva; (*lettera così modificata dall'art. 9, comma 4- bis, legge n. 89/2014 in vigore dal 24/06/2014*)

o) in caso di concessioni, altresì la durata del contratto, le modalità di gestione, il livello e i criteri di aggiornamento delle tariffe da praticare agli utenti.

2. Il bando di gara ovvero, in caso di dialogo competitivo, il bando o il documento descrittivo, elencano i criteri di valutazione e precisano la ponderazione relativa attribuita a ciascuno di essi, anche mediante una soglia, espressa con un valore numerico determinato, in cui lo scarto tra il punteggio della soglia e quello massimo relativo all'elemento cui si riferisce la soglia deve essere appropriato.

3. Le stazioni appaltanti, quando ritengono la ponderazione di cui al comma 2 impossibile per ragioni dimostrabili, indicano nel bando di gara e nel capitolato d'oneri, o, in caso di dialogo competitivo, nel bando o nel documento descrittivo, l'ordine decrescente di importanza dei criteri.

4. Il bando per ciascun criterio di valutazione prescelto prevede, ove necessario, i sub-criteri e i sub- pesi o i sub- punteggi. Ove la stazione appaltante non sia in grado di stabilirli tramite la propria organizzazione, provvede a nominare uno o più esperti con il decreto o la determina a contrarre, affidando ad essi l'incarico di redigere i criteri, i pesi, i punteggi e le relative specificazioni, che verranno indicati nel bando di gara. (*comma modificato dall'articolo 1, comma 1, lettera u), d.lgs. n. 152 del 11/09/2008 in vigore dal 17/10/2008*)

5. Per attuare la ponderazione o comunque attribuire il punteggio a ciascun elemento dell'offerta, le stazioni appaltanti utilizzano metodologie tali da consentire di individuare con un unico parametro numerico finale l'offerta più vantaggiosa. Dette metodologie sono stabilite dal regolamento, distintamente per lavori, servizi e forniture e, ove occorra, con modalità semplificate per servizi e forniture. Il regolamento, per i servizi, tiene conto di quanto stabilito dal decreto del Presidente del Consiglio dei Ministri 13 marzo 1999, n. 117 e dal decreto del Presidente del Consiglio dei Ministri 18 novembre 2005, in quanto compatibili con il presente codice.

xxiii Art. 38. Requisiti di ordine generale

1. Sono esclusi dalla partecipazione alle procedure di affidamento delle concessioni e degli appalti di lavori, forniture e servizi, né possono essere affidatari di subappalti, e non possono stipulare i relativi contratti i soggetti:

a) che si trovano in stato di fallimento, di liquidazione coatta, di concordato preventivo, salvo il caso di cui all'articolo 186- bis del regio decreto 16 marzo 1942, n. 267, o nei cui riguardi sia in corso un procedimento per la dichiarazione di una di tali situazioni; (*comma così modificato dal D.L. 83/2012 in vigore dal 26/06/2012 convertito senza modificare ulteriormente la presente lettera. [n.d.r. Il D.L. 22 giugno 2012, n. 83, ha disposto (con l'art. 33, comma 3) che "Le disposizioni di cui ai commi 1 e 2 si applicano ai procedimenti di concordato preventivo e per l'omologazione di accordi di ristrutturazione dei debiti introdotti dal trentesimo giorno successivo a quello di entrata in vigore della legge di conversione del presente decreto, nonché ai piani di cui al comma 1, lettera a), n. 1) elaborati successivamente al predetto termine."]*)

b) nei cui confronti é pendente procedimento per l'applicazione di una delle misure di prevenzione di cui all'articolo 3 della legge 27 dicembre 1956, n. 1423 o di una delle cause ostative previste dall'articolo 10 della legge 31 maggio 1965, n. 575; l'esclusione e il divieto operano se la pendenza del procedimento riguarda il titolare o il direttore tecnico, se si tratta di impresa individuale; i soci o il direttore tecnico se si tratta di società in nome collettivo, i soci accomandatari o il direttore tecnico se si tratta di società in accomandita semplice, gli amministratori muniti di poteri di rappresentanza o il direttore tecnico, o il socio unico persona fisica, ovvero il socio di maggioranza in caso di società con meno di quattro soci, se si tratta di altro tipo di società; *(lettera così modificata dall'art.4, comma 2, lett.b) del D.L. 13/05/2011 n. 70 in vigore dal 14/05/2011, e ulteriormente modificato dalla legge di conversione 12 luglio 2011, n. 106, in vigore dal 13/07/2011)*

c) nei cui confronti é stata pronunciata sentenza di condanna passata in giudicato, o emesso decreto penale di condanna divenuto irrevocabile, oppure sentenza di applicazione della pena su richiesta, ai sensi dell'articolo 444 del codice di procedura penale, per reati gravi in danno dello Stato o della Comunità che incidono sulla moralità professionale; é comunque causa di esclusione la condanna, con sentenza passata in giudicato, per uno o più reati di partecipazione a un'organizzazione criminale, corruzione, frode, riciclaggio, quali definiti dagli atti comunitari citati all'articolo 45, paragrafo 1, direttiva Ce 2004/18; l'esclusione e il divieto operano se la sentenza o il decreto sono stati emessi nei confronti: del titolare o del direttore tecnico se si tratta di impresa individuale; dei soci o del direttore tecnico, se si tratta di società in nome collettivo; dei soci accomandatari o del direttore tecnico se si tratta di società in accomandita semplice; degli amministratori muniti di potere di rappresentanza o del direttore tecnico o del socio unico persona fisica, ovvero del socio di maggioranza in caso di società con meno di quattro soci, se si tratta di altro tipo di società o consorzio. In ogni caso l'esclusione e il divieto operano anche nei confronti dei soggetti cessati dalla carica nell'anno antecedente la data di pubblicazione del bando di gara, qualora l'impresa non dimostri che vi sia stata completa ed effettiva dissociazione della condotta penalmente sanzionata; l'esclusione e il divieto in ogni caso non operano quando il reato é stato depenalizzato ovvero quando é intervenuta la riabilitazione ovvero quando il reato é stato dichiarato estinto dopo la condanna ovvero in caso di revoca della condanna medesima; *(lettera così modificata dall'art.4, comma 2, lett.b) del D.L. 13/05/2011 n. 70 in vigore dal 14/05/2011, e ulteriormente modificato dalla legge di conversione 12 luglio 2011, n. 106, in vigore dal 13/07/2011)*

d) che hanno violato il divieto di intestazione fiduciaria posto all'articolo 17 della legge 19 marzo 1990, n. 55 l'esclusione ha durata di un anno decorrente dall'accertamento definitivo della violazione e va comunque disposta se la violazione non é stata rimossa; *(lettera così modificata dall'art.4, comma 2, lett.b) del D.L. 13/05/2011 n. 70 in vigore dal 14/05/2011, convertito con la legge di conversione 12 luglio 2011, n. 106, in vigore dal 13/07/2011)*

e) che hanno commesso gravi infrazioni debitamente accertate alle norme in materia di sicurezza e a ogni altro obbligo derivante dai rapporti di lavoro, risultanti dai dati in possesso dell'Osservatorio; *(lettera sostituita dall'art.4, comma 2, lett.b) del D.L. 13/05/2011 n. 70 in vigore dal 14/05/2011, successivamente la modifica è stata soppressa dalla legge di conversione Legge 12 luglio 2011, n. 106, in vigore dal 13/07/2011)*

f) che, secondo motivata valutazione della stazione appaltante, hanno commesso grave negligenza o malafede nell'esecuzione delle prestazioni affidate dalla stazione appaltante che bandisce la gara; o che hanno commesso un errore grave nell'esercizio della loro attività professionale, accertato con qualsiasi mezzo di prova da parte della stazione appaltante;

g) che hanno commesso violazioni gravi, definitivamente accertate, rispetto agli obblighi relativi al pagamento delle imposte e tasse, secondo la legislazione italiana o quella dello Stato in cui sono stabiliti; *(lettera così modificata dall'art.4, comma 2, lett.b) del D.L. 13/05/2011 n. 70 in vigore dal 14/05/2011, convertito con la legge di conversione 12 luglio 2011, n. 106, in vigore dal 13/07/2011)*

h) nei cui confronti, ai sensi del comma 1- ter, risulta l'iscrizione nel casellario informatico di cui all'articolo 7, comma 10, per aver presentato falsa dichiarazione o falsa documentazione in merito a requisiti e condizioni rilevanti per la partecipazione a procedure di gara e per l'affidamento dei subappalti. *(lettera modificata dall'art. 2, comma 1, lett. h), d.lgs. n. 152 del 11/09/2008 in vigore dal 17/10/2008 e successivamente così sostituita dall'art.4, comma 2, lett.b) del D.L. 13/05/2011 n. 70 in vigore dal 14/05/2011, convertito con la legge di conversione 12 luglio 2011, n. 106, in vigore dal 13/07/2011)*

i) che hanno commesso violazioni gravi, definitivamente accertate, alle norme in materia di contributi previdenziali e assistenziali, secondo la legislazione italiana o dello Stato in cui sono stabiliti; *(si veda quanto disposto dall'art.31 comma 4 lett. a del D.L. 69/2013 in vigore dal 22/06/2013, convertito senza ulteriori modifiche dalla L. 98/2013)*

l) che non presentino la certificazione di cui all'articolo 17 della legge 12 marzo 1999, n. 68, salvo il disposto del comma 2. *(lettera sostituita dall'art.4, comma 2, lett.b) del D.L. 13/05/2011 n. 70 in vigore dal 14/05/2011, successivamente la modifica è stata soppressa dalla legge di conversione 12 luglio 2011, n. 106, in vigore dal 13/07/2011)*

m) nei cui confronti é stata applicata la sanzione interdittiva di cui all'articolo 9, comma 2, lettera c), del decreto legislativo dell'8 giugno 2001 n. 231 o altra sanzione che comporta il divieto di contrarre con la pubblica amministrazione compresi i provvedimenti interdittivi di cui all'articolo 36- bis, comma 1, del decreto- legge 4 luglio 2006, n. 223, convertito, con modificazioni, dalla legge 4 agosto 2006 n. 248; *(lettera modificata dal D.Lgs. 113 del 31/07/2007 in vigore dal 01/08/2007)*

m- bis) nei cui confronti, ai sensi dell'articolo 40, comma 9- quater, risulta l'iscrizione nel casellario informatico di cui all'articolo 7, comma 10, per aver presentato falsa dichiarazione o falsa documentazione ai fini del rilascio dell'attestazione SOA. *(lettera aggiunta dall'art. 3, comma 1, lett. e), d.lgs. n. 113 del 2007, poi modificata dall'art. 2, comma 1, lett. h), d.lgs. n. 152 del 11/09/2008 in vigore dal 17/10/2008, successivamente così sostituita dall'art.4, comma 2, lett.b) del D.L. 13/05/2011 n. 70 in vigore dal 14/05/2011, convertito con la legge di conversione 12 luglio 2011, n. 106, in vigore dal 13/07/2011)*

m- ter) di cui alla precedente lettera b) che pur essendo stati vittime dei reati previsti e puniti dagli articoli 317 e 629 del codice penale aggravati ai sensi dell'articolo 7 del decreto- legge 13 maggio 1991, n. 152, convertito, con modificazioni, dalla legge 12 luglio 1991, n. 203, non risultino aver denunciato i fatti alla autorità giudiziaria, salvo che ricorrano i casi previsti dall'articolo 4, primo comma, della legge 24 novembre 1981, n. 689. La circostanza di cui al primo periodo deve emergere dagli indizi a base della richiesta di rinvio a giudizio formulata nei confronti dell'imputato nell'anno antecedente alla pubblicazione del bando e deve essere comunicata, unitamente alle generalità del soggetto che ha omesso la predetta denuncia, dal procuratore della Repubblica procedente all'Autorità di cui all'articolo 6, la quale cura la pubblicazione della comunicazione sul sito dell'Osservatorio. *(lettera aggiunta dall'art. 2, comma 19, lett. a), Legge 94 del 15/07/2009 in vigore dall'08/08/2009, successivamente così modificata dall'art.4, comma 2, lett.b) del D.L. 13/05/2011 n. 70 in vigore dal 14/05/2011, e ulteriormente modificato dalla legge di conversione 12 luglio 2011, n. 106, in vigore dal 13/07/2011)*

m- quater) che si trovino, rispetto ad un altro partecipante alla medesima procedura di affidamento, in una situazione di controllo di cui all'articolo 2359 del codice civile o in una qualsiasi relazione, anche di fatto, se la situazione di controllo o la relazione comporti che le offerte sono imputabili ad un unico centro decisionale. *(lettera aggiunta dall'art. 3, comma 1, Decreto Legge 135 del 25/09/2009 in vigore dal 26/09/2009)*

1- bis. Le cause di esclusione previste dal presente articolo non si applicano alle aziende o società sottoposte a sequestro o confisca ai sensi dell'articolo 12- sexies del decreto- legge 8 giugno 1992, n. 306, convertito, con modificazioni, dalla legge 7 agosto 1992, n. 356, o della legge 31 maggio 1965, n. 575, ed affidate ad un custode o amministratore giudiziario, limitatamente a quelle riferite al periodo precedente al predetto affidamento, o finanziario. *(comma introdotto dall'art. 2, comma 19, lett. b), Legge 94 del 15/07/2009 in vigore dall'08/08/2009, e successivamente così modificato dall'art.4, comma 2, lett.b) del D.L. 13/05/2011 n. 70 in vigore dal 14/05/2011, convertito con la legge di conversione 12 luglio 2011, n. 106, in vigore dal 13/07/2011)*

1- ter. In caso di presentazione di falsa dichiarazione o falsa documentazione, nelle procedure di gara e negli affidamenti di subappalto, la stazione appaltante ne dà segnalazione all'Autorità che, se ritiene che siano state rese con dolo o colpa grave in considerazione della rilevanza o della gravità dei fatti oggetto della falsa dichiarazione o della presentazione di falsa documentazione, dispone l'iscrizione nel casellario informatico ai fini dell'esclusione dalle procedure di gara e dagli affidamenti di subappalto ai sensi del comma 1, lettera h), fino ad un anno, decorso il quale l'iscrizione é cancellata e perde comunque efficacia. (*comma introdotto dall'art.4, comma 2, lett.b) del D.L. 13/05/2011 n. 70 in vigore dal 14/05/2011, convertito con la legge di conversione 12 luglio 2011, n. 106, in vigore dal 13/07/2011, quindi modificato dal Decreto-legge 5/2012 in vigore dal 10/02/2012, convertito dalla Legge di conversione 4 aprile 2012, n. 35 in vigore dal 07/04/2012)*

2. Il candidato o il concorrente attesta il possesso dei requisiti mediante dichiarazione sostitutiva in conformità alle previsioni del testo unico delle disposizioni legislative e regolamentari in materia di documentazione amministrativa, di cui al decreto del Presidente della Repubblica 28 dicembre 2000, n. 445, in cui indica tutte le condanne penali riportate, ivi comprese quelle per le quali abbia beneficiato della non menzione. Ai fini del comma 1, lettera c), il concorrente non è tenuto ad indicare nella dichiarazione le condanne per reati depenalizzati ovvero dichiarati estinti dopo la condanna stessa, né le condanne revocate, né quelle per le quali è intervenuta la riabilitazione. Ai fini del comma 1, lettera g), si intendono gravi le violazioni che comportano un omesso pagamento di imposte e tasse per un importo superiore all'importo di cui all'articolo 48 bis, commi 1 e 2-bis, del decreto del Presidente della Repubblica 29 settembre 1973, n. 602; costituiscono violazioni definitivamente accertate quelle relative all'obbligo di pagamento di debiti per imposte e tasse certi, scaduti ed esigibili. Ai fini del comma 1, lettera i), si intendono gravi le violazioni ostative al rilascio del documento unico di regolarità contributiva di cui all'articolo 2, comma 2, del decreto-legge 25 settembre 2002, n. 210, convertito, con modificazioni, dalla legge 22 novembre 2002, n. 266; i soggetti di cui all'articolo 47, comma 1, dimostrano, ai sensi dell'articolo 47, comma 2, il possesso degli stessi requisiti prescritti per il rilascio del documento unico di regolarità contributiva. Ai fini del comma 1, lettera m-quater), il concorrente allega, alternativamente:
a) la dichiarazione di non trovarsi in alcuna situazione di controllo di cui all'articolo 2359 del codice civile rispetto ad alcun soggetto, e di aver formulato l'offerta autonomamente;
b) la dichiarazione di non essere a conoscenza della partecipazione alla medesima procedura di soggetti che si trovano, rispetto al concorrente, in una delle situazioni di controllo di cui all'articolo 2359 del codice civile, e di aver formulato l'offerta autonomamente;
c) la dichiarazione di essere a conoscenza della partecipazione alla medesima procedura di soggetti che si trovano, rispetto al concorrente, in situazione di controllo di cui all'articolo 2359 del codice civile, e di aver formulato l'offerta autonomamente.
Nelle ipotesi di cui alle lettere a), b) e c), la stazione appaltante esclude i concorrenti per i quali accerta che le relative offerte sono imputabili ad un unico centro decisionale, sulla base di univoci elementi. La verifica e l'eventuale esclusione sono disposte dopo l'apertura delle buste contenenti l'offerta economica. (*comma modificato dall'art. 3, comma 2, Decreto Legge 135 del 25/09/2009 in vigore dal 26/09/2009, e successivamente così sostituito dall'art.4, comma 2, lett.b) del D.L. 13/05/2011 n. 70 in vigore dal 14/05/2011, e ulteriormente modificato dalla legge di conversione 12 luglio 2011, n. 106, in vigore dal 13/07/2011, e dal D.L. n. 16 del 02/03/2012, in vigore dal 02/03/2012, convertito in legge, senza apportare ulteriori modifiche al codice, dalla Legge 26/0/2012 n. 44, in G.U. n.99 del 28/4/2012, in vigore dal 29/04/2012)*

2-bis. La mancanza, l'incompletezza e ogni altra irregolarità essenziale delle dichiarazioni sostitutive di cui al comma 2 obbliga il concorrente che vi ha dato causa al pagamento, in favore della stazione appaltante, della sanzione pecuniaria stabilita dal bando di gara, in misura non inferiore all'uno per mille e on superiore all'uno per cento del valore della gara e comunque non superiore a 50.000 euro, il cui versamento è garantito dalla cauzione provvisoria. In tal caso, la stazione appaltante assegna al concorrente un termine, non superiore a dieci giorni, perché siano rese, integrate o regolarizzate le dichiarazioni necessarie, indicandone il contenuto e i soggetti che le devono rendere. Nei casi di irregolarità non essenziali ovvero di mancanza o incompletezza di dichiarazioni non indispensabili, la stazione appaltante non ne richiede la regolarizzazione, né applica alcuna sanzione. In caso di inutile decorso del termine di cui al secondo periodo il concorrente è escluso dalla gara. Ogni variazione che intervenga, anche in conseguenza di una pronuncia giurisdizionale, successivamente alla fase di ammissione, regolarizzazione o esclusione delle offerte non rileva ai fini del calcolo di medie nella procedura, né per l'individuazione della soglia di anomalia delle offerte. *(comma introdotto dall'art. 39, comma 1, DL 90/2014 in vigore dal 25/06/2014)*

3. Ai fini degli accertamenti relativi alle cause di esclusione di cui al presente articolo, si applica l'articolo 43 del decreto del Presidente della Repubblica 28 dicembre 2000, n. 445; resta fermo per le stazioni appaltanti e per gli enti aggiudicatori l'obbligo di acquisire d'ufficio il documento unico di regolarità contributiva. In sede di verifica delle dichiarazioni di cui ai commi 1 e 2 le stazioni appaltanti chiedono al competente ufficio del casellario giudiziale, relativamente ai candidati o ai concorrenti, i certificati del casellario giudiziale di cui all'articolo 21 del decreto del Presidente della Repubblica 14 novembre 2002, n. 313, oppure le visure di cui all'articolo 33, comma 1, del medesimo decreto n. 313 del 2002. *(modificato dal D.L. 69/2013 in vigore dal 22/06/2013, convertito senza ulteriori modifiche dalla L. 98/2013)*

4. Ai fini degli accertamenti relativi alle cause di esclusione di cui al presente articolo, nei confronti di candidati o concorrenti non stabiliti in Italia, le stazioni appaltanti chiedono se del caso ai candidati o ai concorrenti di fornire i necessari documenti probatori, e possono altresì chiedere la cooperazione delle autorità competenti.

5. Se nessun documento o certificato é rilasciato da altro Stato dell'Unione europea, costituisce prova sufficiente una dichiarazione giurata, ovvero, negli Stati membri in cui non esiste siffatta dichiarazione, una dichiarazione resa dall'interessato innanzi a un'autorità giudiziaria o amministrativa competente, a un notaio o a un organismo professionale qualificato a riceverla del Paese di origine o di provenienza.

xxiv Art. 75. Garanzie a corredo dell'offerta

1. L'offerta é corredata da una garanzia, pari al due per cento del prezzo base indicato nel bando o nell'invito, sotto forma di cauzione o di fideiussione, a scelta dell'offerente. Nel caso di procedure di gara realizzate in forma aggregata da centrali di committenza, l'importo della garanzia è fissato nel bando o nell'invito nella misura massima del 2 per cento del prezzo base. *(comma modificato dalla L.135/2012, in vigore dal 15/08/2012, di conversione del D.L. 95/2012)*

2. La cauzione può essere costituita, a scelta dell'offerente, in contanti o in titoli del debito pubblico garantiti dallo Stato al corso del giorno del deposito, presso una sezione di tesoreria provinciale o presso le aziende autorizzate, a titolo di pegno a favore dell'amministrazione aggiudicatrice.

3. La fideiussione, a scelta dell'offerente, può essere bancaria o assicurativa o rilasciata dagli intermediari iscritti nell'albo di cui all'articolo 106 del decreto legislativo 1° settembre 1993, n. 385, che svolgono in via esclusiva o prevalente attività di rilascio di garanzie e che sono sottoposti a revisione contabile da parte di una società di revisione iscritta nell'albo previsto dall'articolo 161 del decreto legislativo 24 febbraio 1998, n. 58. *(comma sostituito dal D.L.gs 169/2012 in vigore dal 17/10/2012)*

4. La garanzia deve prevedere espressamente la rinuncia al beneficio della preventiva escussione del debitore principale, la rinuncia all'eccezione di cui all'articolo 1957, comma 2, del codice civile, nonché l'operatività della garanzia medesima entro quindici giorni, a semplice richiesta scritta della stazione appaltante.

5. La garanzia deve avere validità per almeno centottanta giorni dalla data di presentazione dell'offerta. Il bando o l'invito possono richiedere una garanzia con termine di validità maggiore o minore, in relazione alla durata presumibile del procedimento, e possono altresì prescrivere che l'offerta sia corredata dall'impegno del garante a rinnovare la garanzia, per la durata indicata nel bando, nel caso in cui al momento della sua scadenza non sia ancora intervenuta l'aggiudicazione, su richiesta della stazione appaltante nel corso della procedura.

6. La garanzia copre la mancata sottoscrizione del contratto per fatto dell'affidatario, ed é svincolata automaticamente al momento della sottoscrizione del contratto medesimo.

7. L'importo della garanzia, e del suo eventuale rinnovo, è ridotto del cinquanta per cento per gli operatori economici ai quali venga rilasciata, da organismi accreditati, ai sensi delle norme europee della serie UNI CEI EN 45000 e della serie UNI CEI EN ISO/IEC 17000, la certificazione del sistema di qualità conforme alle norme europee della serie UNI CEI ISO 9000. Per fruire di tale beneficio, l'operatore economico segnala, in sede di offerta, il possesso del requisito, e lo documenta nei modi prescritti dalle norme vigenti. *(comma modificato dall'art. 2, comma 1, lettera p), d.lgs. n. 152 del 11/09/2008 in vigore*

dal 17/10/2008)
8. L'offerta é altresì corredata, a pena di esclusione, dall'impegno di un fideiussore a rilasciare la garanzia fideiussoria per l'esecuzione del contratto, di cui all'articolo 113, qualora l'offerente risultasse affidatario.
9. La stazione appaltante, nell'atto con cui comunica l'aggiudicazione ai non aggiudicatari, provvede contestualmente, nei loro confronti, allo svincolo della garanzia di cui al comma 1, tempestivamente e comunque entro un termine non superiore a trenta giorni dall'aggiudicazione, anche quando non sia ancora scaduto il termine di validità della garanzia.
xxv Art. 113. Cauzione definitiva
1. L'esecutore del contratto è obbligato a costituire una garanzia fideiussoria del 10 per cento dell'importo contrattuale. Fermo rimanendo quanto previsto al periodo successivo nel caso di procedure di gara realizzate in forma aggregata da centrali di committenza, l'importo della garanzia è fissato nel bando o nell'invito nella misura massima del 10 per cento dell'importo contrattuale. In caso di aggiudicazione con ribasso d'asta superiore al 10 per cento, la garanzia fideiussoria è aumentata di tanti punti percentuali quanti sono quelli eccedenti il 10 per cento;
ove il ribasso sia superiore al 20 per cento, l'aumento è di due punti percentuali per ogni punto di ribasso superiore al 20 per cento. Si applica l'articolo 75, comma 7. *(comma modificato dall'art. 2, comma 1, lettera v), d.lgs. n. 152 del 11/09/2008 in vigore dal 17/10/2008, quindi modificato dalla L.135/2012, in vigore dal 15/08/2012, di conversione del D.L. 95/2012)*
2. La garanzia fideiussoria di cui al comma 1, prevista con le modalità di cui all'articolo 75, comma 3, deve prevedere espressamente la rinuncia al beneficio della preventiva escussione del debitore principale, la rinuncia all'eccezione di cui all'articolo 1957, comma 2, del codice civile, nonché l'operatività della garanzia medesima entro quindici giorni, a semplice richiesta scritta della stazione appaltante. *(comma modificato dal D.Lgs. 113 del 31/07/2007 in vigore dal 01/08/2007)*
3. La garanzia fideiussoria di cui al comma 1 é progressivamente svincolata a misura dell'avanzamento dell'esecuzione, nel limite massimo del 80 per cento dell'iniziale importo garantito. Lo svincolo, nei termini e per le entità anzidetti, é automatico, senza necessità di benestare del committente, con la sola condizione della preventiva consegna all'istituto garante, da parte dell'appaltatore o del concessionario, degli stati di avanzamento dei lavori o di analogo documento, in originale o in copia autentica, attestanti l'avvenuta esecuzione. L'ammontare residuo, pari al 20 per cento dell'iniziale importo garantito, é svincolato secondo la normativa vigente. Sono nulle le eventuali pattuizioni contrarie o in deroga. Il mancato svincolo nei quindici giorni dalla consegna degli stati di avanzamento o della documentazione analoga costituisce inadempimento del garante nei confronti dell'impresa per la quale la garanzia é prestata. *(comma modificato dalla L. 221/2012 in vigore dal 19/12/2012 di conversione del D.L. 179/2012; per l'ambito di applicazione delle modifiche si veda il comma 2 dell'art.33- quater del D.L. 179/2012)*
4. La mancata costituzione della garanzia di cui al comma 1 determina la decadenza dell'affidamento e l'acquisizione della cauzione provvisoria di cui all'articolo 75 da parte della stazione appaltante, che aggiudica l'appalto o la concessione al concorrente che segue nella graduatoria. *(comma modificato dall'art. 2, comma 1, lettera v), d.lgs. n. 152 del 11/09/2008 in vigore dal 17/10/2008)*
5. La garanzia copre gli oneri per il mancato od inesatto adempimento e cessa di avere effetto solo alla data di emissione del certificato di collaudo provvisorio o del certificato di regolare esecuzione. *(rubrica modificata dal D.Lgs. 113 del 31/07/2007 in vigore dal 01/08/2007)*
xxvi Autorita' per la vigilanza sui contratti pubblici di lavori, servizi e forniture determinazione 11. 1 del 14 gennaio 2009 "Linee guida sulla finanza di progetto dopo l'entrata in vigore del c.d. "terzo correttivo" (a los. 11 settembre 2008. n. 152)"
xxvii Autorita' per la vigilanza sui contratti pubblici di lavori, servizi e forniture determinazione 11. 1 del 14 gennaio 2009 "Linee guida sulla finanza di progetto dopo l'entrata in vigore del c.d. "terzo correttivo" (a los. 11 settembre 2008. n. 152)"
xxvii ANCI Commento alle novità introdotte dal D. Lgs. n. 152/2008 (III° Decreto Correttivo al Codice dei contratti pubblici di lavori, servizi e forniture)

[xxix] SCALERA in "Modifiche al Codice dei contratti pubblici in tema di lavori pubblici a seguito del terzo decreto correttivo (D.lgs 152/08)" in "Amministrazione in Cammino" pag. 25

[xxx] *Art. 97. Procedimento di approvazione dei progetti*
1. L'approvazione dei progetti da parte delle amministrazioni viene effettuata in conformità alle norme dettate dalla legge 7 agosto 1990, n. 241 e alle disposizioni statali e regionali che regolano la materia. Si applicano le disposizioni in materia di conferenza di servizi dettate dagli articoli 14- bis e seguenti della legge 7 agosto 1990, n. 241.
1- bis. Le stazioni appaltanti hanno facoltà di sottoporre al procedimento di approvazione dei progetti un livello progettuale di maggior dettaglio rispetto a quanto previsto dalla normativa di cui al comma 1, al fine di ottenere anche le approvazioni proprie delle precedenti fasi progettuali eventualmente omesse. La dichiarazione di pubblica utilità di cui agli articoli 12 e seguenti del decreto del Presidente della Repubblica 8 giugno 2001 n. 327, e successive modificazioni, può essere disposta anche quando l'autorità espropriante approva a tal fine il progetto esecutivo dell'opera pubblica o di pubblica utilità. *(comma introdotto dall'art. 52, comma 1, lettera b) del D.L. n. 1 del 24/01/2012 in vigore dal 24/01/2012, convertito dalla Legge di conversione 24 marzo 2012, n. 27, in vigore dal 25/03/2012)*

[xxxi] RICCHI "Il promotore nel codice dei contratti a seguito del terzo correttivo d.lgs. 152/08", pag. 8

[xxxii] La soluzione di mitigare il rischio amministrativo, collegato alla localizzazione dell'opera e alle necessarie varianti al PRG, mediante un accordo di programma (facente funzione di conferenza di servizi) a monte della fase programmatoria è stata suggerita nel documento UTFP, 10 Temi per migliorare il ricorso alla finanza di progetto, in sito web www.utfp.it, 2005, pp. 24 e ss.

[xxxiii] G.D. COMPORTI, Voce: Conferenza di servizi, Dizionario di Diritto Pubblico diretto da S. Cassese, Giuffrè, Milano, 2006.

[xxxiv] RICCHI suggerisce la strategia regolatoria: vedi M. RICCHI, La regolazione di una operazione di PPP, in Rivista Amministrativa della Repubblica Italiana, febbraio 2007, fasc. 2, pp. 161 e ss., laddove "La PA deve agire con una incalzante sequenza tra accordo di programma e conferenze di servizi per far emergere la sua volontà in anticipo rispetto alla presentazione delle proposte e stabilire il perimetro del progetto una volta per tutte, evitando che le prescrizioni dettate in tempi successivi falsino il processo di definizione dell'operazione e la gara tra i concorrenti.".

[xxxv] Tar Calabria, sent.449/2004, Tar Emilia Romagna sent 762/2004 Tar Campania, sent. 95 71/2004.

[xxxvi] Autorita' per la vigilanza sui contratti pubblici di lavori, servizi e forniture determinazione 11. 1 del 14 gennaio 2009 "Linee guida sulla finanza di progetto dopo l'entrata in vigore del c.d. "terzo correttivo" (a los. 11 settembre 2008. n. 152)"

[xxxvii] Il redattore di queste note incaricato nel 2012 di seguire il detto progetto, causa i pregressi ingenti esborsi non ha percepito alcuna remunerazione per l'impegno professionale profuso per svariati mesi tra il 2012 e il 2013, ma ha potuto ricavare alcune utilissime considerazioni dal caso, circostanza per la quale è comunque grato ai committenti.

[xxxviii] Federalismi.it n. 19/2008 "Prime riflessioni sulle modifiche della finanza di progetto inserite nel "correttivo 3" di Marcello COLLEVECCHIo pag, 4

[xxxix] Vedi parere CDS reso in Adunanza del 14.7.2008

[xl] SCALERA in "Modifiche al Codice dei contratti pubblici in tema di lavori pubblici a seguito del terzo decreto correttivo (D.lgs 152/08)" in "Amministrazione in Cammino"

[xli] RICCHI "Il promotore nel codice dei contratti a seguito del terzo correttivo d.lgs. 152/08", pag. 17

[xlii] In particolare G. F. CARTEI, Finanza di progetto e modelli partenariali pubblico-privati: profili critici, in "Responsabilità e concorrenza nel codice dei contratti pubblici", a cura di G. F. Cartei, Napoli, Editoriale Scientifica, 2008, pp. 219-250.

[xliii] F. MERUSI, Certezza e rischio nella Finanza di Progetto delle Opere Pubbliche, in Finanza di Progetto a cura di Morbidelli G., Giappichelli, Torino, 2004, p. 20. L'Autore evidenzia che, qualora non si chiedesse al mercato in regime di concorrenza di realizzare

un'opera pubblica in finanza di progetto, si favorirebbero iniziative di tipo parassitario introducendo tra le spese dell'opera costi non necessari.

[xliv] RICCHI commenta che se ciascuna stazione appaltante si comportasse come una Autority dei contratti e antitrust si creerebbe un sistema a rete molto efficiente nella regolazione della conduzione delle gare, il cui nucleo denso è rappresentato dalle Autority nazionali. Sembra intravedersi la possibilità di un tale disegno in L. GIAMPAOLINO, L'attività di regolazione come strumento di efficienza del mercato dei contratti pubblici, Convegno Infrastrutture e servizi: Competitività e Regole, Roma 26 giugno 2008, laddove segnala l'esigenza di "Un grande patto, in un comune contesto di garanzie, soprattutto per aumentare gli investimenti pubblici e privati, (che) deve pertanto collegare in un circuito virtuoso Autorità, stazioni appaltanti, imprese e cittadini che, come utenti di servizi, devono entrare in un contesto bilaterale di segnalazioni e di informazioni."

[xlv] RICCHI cita alcune sentenze forse non centrando perfettamente il tema regolatorio modello Authority da lui proposto. La Sentenza Tar Campania-Napoli n. 9571/2004, dichiara apertamente il compito della PA di controllare il PEF laddove "Alla stazione appaltante non è precluso l'accertamento della coerenza e della sostenibilità economica dell'offerta [...] contenuto in re ipsa nell'esame del PEF [...] non è dunque ammissibile la sottrazione del PEF -che questi equilibri spiega e giustifica- a una seria valutazione di sostenibilità della stazione appaltante [...] Valutazione di sostenibilità che [...] non può identificarsi o risolversi nell'asseverazione bancaria che [...] non sostituisce la valutazione amministrativa ma ne costituisce un presupposto di partenza." La coerenza e la sostenibilità del PEF riguarda anche la congruenza del contributo pubblico, la veridicità dei dati di input compresi i costi corretti di costruzione, di gestione, di strutturazione finanziaria, di domanda, etc.

Sull'esigenza di imporre una corretta distribuzione dei rischi tra PA e privato concessionario si sofferma la Sentenza Tar Lombardia-Brescia, n. 398/2007, precisa infatti che "L'allocazione del rischio deve quindi essere rispettosa degli indirizzi comunitari che definiscono la categoria della concessione e le forme di partenariato pubblico privato [...] La ripartizione dei rischi si effettua caso per caso, in funzione della capacità delle parti in questione di valutare, controllare e gestire gli stessi [...] La scelta del Comune di non sottoscrivere l'originario schema di convenzione è quindi giustificata dalla necessità di rimediare a una distribuzione dei rischi non conforme alle caratteristiche della concessione di lavori mediante finanza di progetto".

[xlvi] RICCHI cita il considerando 29 del Regolamento (CE) n. 1370/2007, relativo ai servizi di trasporto di passeggeri su strada e per ferrovia del 23 ottobre 2007: "Ai fini dell'aggiudicazione dei contratti di servizio pubblico [...] le autorità competenti dovrebbero adottare le necessarie misure per pubblicizzare, con almeno un anno di anticipo, il fatto che intendono aggiudicare tali contratti così da consentire ai potenziali operatori del servizio pubblico di attivarsi "

[xlvii] Si veda la Sentenza n. 1552/2008 del TAR Emilia-Romagna-Bologna che descrive l'evoluzione giurisprudenziale e dottrinaria della discrezionalità amministrativa nella dichiarazione di pubblico interesse; citando quest'ultima si parla di "un alto grado", di "massimo margine", di "valutazione di merito" e di "una scelta eminentemente politica"

[xlviii] Queste considerazioni e la richiesta di una precisazione normativa in tal senso sono state delineate nel documento UTFP, 10 Temi per migliorare il ricorso alla finanza di progetto, in sito web www.utfp.it, 2005, pp. 9 e ss.

[xlix] SCALERA in "Modifiche al Codice dei contratti pubblici in tema di lavori pubblici a seguito del terzo decreto correttivo (D.lgs 152/08)" in "Amministrazione in Cammino" pag. 25

[l] Federalismi.it n. 19/2008 "Prime riflessioni sulle modifiche della finanza di progetto inserite nel "correttivo 3" di Marcello COLLEVECCHIO, pag, 5

[li] RICCHI "Il promotore nel codice dei contratti a seguito del terzo correttivo d.lgs. 152/08", pag. 17

[lii] SCALERA in "Modifiche al Codice dei contratti pubblici in tema di lavori pubblici a seguito del terzo decreto correttivo (D.lgs 152/08)" in "Amministrazione in Cammino"

[liii] Autorità di Vigilanza sui contratti pubblici di lavori, servizi e forniture Linee Guida sulla Finanza di Progetto, Determinazione del 14.01.2009, pag. 25

[liv] S.ASTORRI relazione "la concessione per la realizzazione dell'opera£ presentata alll'IGI nel convegno "i nuovi scenari comunitari: direttive appalti e meccanismi di finanziamento innovativi", 22 marzo 2012

[lv] A.BRUNO Il project financing in Sicilia Lulu 2009, isbn 978-1-4452-2289-9,

[lvi] M.PALLOTTINO, "Le società miste locali e la realizzazione di opere e infrastrutture: un'ipotesi di project financing" in Riv.Amm., 1997, 593 e ss, specie 602

[lvii] U.MASTELLONI "Perchè investire in Sicilia Project financing. Opportunità di investimenti nel mezzogiorno", Palermo 2012, pag. 234

[lviii] RICCHI "Il promotore nel codice dei contratti a seguito del terzo correttivo d.lgs. 152/08", pag. 16

[lix] SCALERA in "Modifiche al Codice dei contratti pubblici in tema di lavori pubblici a seguito del terzo decreto correttivo (D.lgs 152/08)" in "Amministrazione in Cammino"

[lx] S.ASTORRI relazione "la concessione per la realizzazione dell'opera£ presentata alll'IGI nel convegno "i nuovi scenari comunitari: direttive appalti e meccanismi di finanziamento innovativi", 22 marzo 2012

[lxi] Autorità di Vigilanza, Determinazione n. 11. 1 del 14 gennaio 2009

[lxii] Federalismi.it n. 19/2008 "Prime riflessioni sulle modifiche della finanza di progetto inserite nel "correttivo 3" di Marcello COLLEVECCHIo, pag.6

[lxiii] analisi di ARMAO in "Project financing", Acep, 2001 e A.BRUNO Il project financing in Sicilia Lulu 2009, isbn 978-1-4452-2289-9

[lxiv] In verità prima della Commissione Europea era stata l'Autorità di Vigilanza sul Lavori Pubblici con determinazione n. 27/2002 del 16/10/2002 a mettere in dubbio l'istituto della prelazione

[lxv] C. DE ROSE in Il project financing: nozione, possibili applicazioni pubblicistiche, loro compatibilità con l'ordinamento comunitario", in il Consiglio di Stato 1997, 307 e ss pag. 311 citato in U.MASTELLONI "Perchè investire in Sicilia Project financing. Opportunità di investimenti nel mezzogiorno", Palermo 2012, pag. 227

[lxvi] RICCHI La nuova finanza di progetto nel codice dei contratti,www.uftp.it, pag. 29. Mastelloni (in "Perchè investire in Sicilia Project financing. Opportunità di investimenti nel mezzogiorno", Palermo 2012, pag. 230) risponde a Ricchi scrivendo "affermazioni così poste paiono non valutare abbastanza il fatto fondamentale che l'interesse della PA non è di fare gare ma di fornire le infrastrutture e le attività economiche necessarie per il Paese"

[lxvii] Per la vecchia normativa regionale siciliana si vedano le analisi di ARMAO in "Project financing", Acep, 2001 e A.BRUNO Il project financing in Sicilia Lulu 2009, isbn 978-1-4452-2289-9,, pag. 77

[lxviii] MASTELLONI (in "Perchè investire in Sicilia Project financing. Opportunità di investimenti nel mezzogiorno", Palermo 2012, pag. 235)

[lxix] In senso più esplicito l'art. 2 della Proposta di legge n. 1411 a firma Radice, Conte e altri, presentata alla Camera dei Deputati il 4 giugno 1996, nella quale anche la partecipazione delle società di ingegneria era prevista solo in forma associativa con i soggetti di cui all'art.10 della Legge quadro.

[lxx] Autorità di Vigilanza, Determinazione n. 11. 1 del 14 gennaio 2009

[lxxi] Citato in MASTELLONI (in "Perchè investire in Sicilia Project financing. Opportunità di investimenti nel mezzogiorno", Palermo 2012, pag. 233)

[lxxii] UTFP News n. 3, Il Mercato europeo del PPP: analisi, criticità e proposte, in www.utfp.it Approfondimenti, ottobre-dicembre 2008.

[lxxiii] RICCHI "Il promotore nel codice dei contratti a seguito del terzo correttivo d.lgs. 152/08"

[lxxiv] Questa sviante prassi amministrativa e la corretta interpretazione che chiarisce l'obbligatorietà dello studio di fattibilità nelle operazioni con il promotore è stata sottolineata, con la richiesta di una precisazione normativa, nel documento UTFP, 10 Temi per migliorare il ricorso alla finanza di progetto, in sito web www.utfp.it, 2005, pp. 5 e ss. Nello stesso documento vengono suggeriti alcuni contenuti necessari dello studio di fattibiltà per l'affidamento di contratti di concessione, in particolare l'analisi del value for money, l'applicazione del public sector comparator, la previsione dello scenario di fallimento, la previsione di una opportuna distribuzione dei rischi, la valutazione di impatto sul debito pubblico, etc.

boxv Per la centralità dell'avviso e la sua assimilabilità al bando vedi la determinazione dell'Autorità per la vigilanza sui contratti pubblici, n. 8 dell' 11 ottobre 2007. Il parere del Consiglio di Stato reso in adunanza del 14 luglio 2008, p. 9, sullo schema di decreto legislativo recante ulteriori modifiche ed integrazioni al D.Lgs. 163/2006, sottolinea come sia stato risolto il problema di pubblicità dell'avviso sollevato dalla Commissione europea laddove "al comma 3 si stabilisce che il bando di gara va pubblicato con le modalità di cui all'articolo 66 ovvero di cui all'articolo 120".

boxvi Il parere del Consiglio di Stato reso in adunanza del 14 luglio 2008, p. 9, sullo schema di decreto legislativo recante ulteriori modifiche ed integrazioni al D.Lgs. 163/2006, sottolinea come sia stato risolto il problema di pubblicità dell'avviso sollevato dalla Commissione europea laddove "al comma 3 si stabilisce che il bando di gara va pubblicato con le modalità di cui all'articolo 66 ovvero di cui all'articolo 120".

boxvii Autorità Vigilanza Determinazione del 14 gennaio 2009

boxviii All'articolo 3, comma 15-ter sono così definiti i contratti di partenariato pubblico privato: "[a]i fini del presente codice, i "contratti di partenariato pubblico privato" sono contratti aventi per oggetto una o più prestazioni quali la progettazione, la costruzione, la gestione o la manutenzione di un'opera pubblica o di pubblica utilità, oppure la fornitura di un servizio, compreso in ogni caso il finanziamento totale o parziale a carico di privati, anche in forme diverse, di tali prestazioni, con allocazione dei rischi ai sensi delle prescrizioni e degli indirizzi comunitari vigenti. Rientrano, a titolo esemplificativo, tra i contratti di partenariato pubblico privato la concessione di lavori, la concessione di servizi, la locazione finanziaria, il contratto di disponibilità, l'affidamento di lavori mediante finanza di progetto, le società miste. Possono rientrare altresì tra le operazioni di partenariato pubblico privato l'affidamento a contraente generale ove il corrispettivo per la realizzazione dell'opera sia in tutto o in parte posticipato e collegato alla disponibilità dell'opera per il committente o per utenti terzi [...]".

boxix La finanza di progetto nella prassi internazionale e nella mormativa italiana - Aggiornato alla L. 166/2002 (Merloni quater) e al D.Lgs. 190/2002 di A. VACCA - C. SOLUSTRI

boxx Sull'innovazione v. ampiamente PATRONI GRIFFI A., Il testo unico: profili di diritto societario, in Rispoli Farina (cur.), La nuova legge bancaria. Prime riflessioni sul Testo Unico in materia bancari e creditizia, Napoli, 1995, 199 ss. (208 ss.).

boxxi A. SARTORI "I project bond in Italia: problemi e prospettive", Univ.Cattolica Milano, 2013, pag. 31

boxxii BOMPANI A., CATELANI E., Project bond & commercial paper. Obbligazioni garantite, subordinate, partecipative e cambiali finanziarie alla ricerca di investitori qualificati, FrancoAngeli, 2012, p. 26.

boxxiii A. SARTORI ibidem pag. 28

boxxiv BASSANINI F., DEL BUFALO G., REVIGLIO E., Financing Infrastructure in Europe. Project Bonds, Solvency II and the "Connecting Europe" Facility, Paper prepared in occasion of the "Eurofi Financial Forum 2011" held in Wroclaw, Poland on 15th - 16th September.

boxxv Si veda il d. lgs. n. 239 del 1996.

boxxvi Agenzia delle Entrate, Circolare n. 4/E, 6 marzo 2013, p. 24.

boxxvii A. SARTORI "I project bond in Italia: problemi e prospettive", Univ.Cattolica Milano, 2013, pag. 27

boxxviii Vedasi le operazioni finanziarie e assicurative contenute nel sito www.projectfinancing.net

boxxix A.BRUNO Il project financing in Sicilia Lulu 2009, Isbn 978-1-4452-2289-9, pag. 77

xc Cons. Stato, sez. IV, 9 gennaio 1996, n. 41, in Foro amm., 1996, 69; Cass., 7 agosto 1993, n. 8565, in Giust. civ., 1994, I, 3245 con nota di FIASCHETTI, Revoca della concessione al committente da parte della p.a. e recesso ad nutum per impossibilità sopravvenuta, ove, proprio in relazione alla revoca di una concessione, si afferma che l'atto costituisce esercizio di un diritto potestativo, riservato alla libera determinazione del recedente e sottratto al controllo di terzi e dell'appaltatore, senza che assumano rilievo i motivi che lo hanno determinato.

xci La finanza di progetto nella prassi internazionale e nella mormativa italiana - Aggiornato alla L. 166/2002 (Merloni quater) e al D.Lgs. 190/2002 di A. VACCA - C. SOLUSTRI

[xcii] Cfr. CIANFLONE A., L'appalto di opere pubbliche, cit., 148

[xciii] Cass., 22 giugno 1978, n. 3069, in Mass. Foro it., 1978, 590.

[xciv] AVCP Determinazione n.4 del 22 maggio 2013 pag. 25

[xcv] RICCHI "Il promotore nel codice dei contratti a seguito del terzo correttivo d.lgs. 152/08", pag. 4

[xcvi] RICCHI "Il promotore nel codice dei contratti a seguito del terzo correttivo d.lgs. 152/08"

[xcvii] Sul tema della programmazione dei fondi comunitari 2007-2013 si veda, inter-alia, A.BRUNO in "Le risorse Por e Fas destinate alla Sicilia: cronaca di un accentramento", Lulu 2009 Isbn 978-1-4452-2292-9, A.BRUNO curatore del volume "Secondo rapporto sul Piano per il Sud" Cabina di Regia Regione Siciliana - Isbn 978-1-4477-2321-9 - Lulu 2011, A.BRUNO "Il piano per il Sud" Lulu – 2010 Isbn 978-1-4466-3537-7, A. BRUNO in "Beni culturali e paesaggistici: dalla programmazione 2000-2006 a quella 2007-2013", Lulu – 2008, Isbn 978-1-4452-2311-7.

Circa possibili interventi di conservazione, valorizzazione, fruizione e gestione sul patrimonio culturale, forestale e costiero a mezzo dell'utilizzo di risorse POR si veda sul sito istituzionale della Regione Siciliana la Delibera di Giunta Regionale n. 303 del 14 novembre 2011 con cui veniva approvata la proposta di Piano Straordinario per i sopraccitati fini redatto dall'autore del presente scritto, quale Presidente della Cabina di Regia della Regione Siciliana per i fondi strutturali, ai sensi dell'art. 11 della LR 7/11. Tale Piano determinò la presentazione ufficiale di uno studio di fattibilità da parte di un promotore SIDRA (del gruppo DEME) con altri, per interventi per la salvaguardia del sistema costiero negli ambiti a rischio R4 delle coste siciliane. Il progetto riguardava un investimento al lordo di IVA per 1.855.217.741,79 euro e concerneva una concessione lavori in project financing con gestione trentennale. Il prezzo richiesto sul POR FESR a mezzo del programma Jessica, ovvero con strumenti finanziari bancari a tasso zero erogati da internediari finanziari individuati dalla BEI, corrispondeva al 20% dell'investimento. La gestione prevista era al 100% a carico del privato (pulizia, manutenzione, rinascimenti, etc.) per un totale di 137 km di coste. Sarebbero stati realizzati 40 approdi e 300 interventi di salvaguardia delle coste. L'occupazione generata era di 27.000 unità, di cui 1000 a carico del gestore e 20.000 (2 per ognuno dei 10.100 nuovi posti barca) e 6.000 unità per i nuovi posti barca a secco. Lo studio di fattibilità costò al proponente ingenti risorse causa la vastità del territorio interessato agli interventi (137 km di coste) e si tradusse in una ingente documentazione progettuale divisa in varie unità fisiognomiche basate sul PAI Sicilia. La procedura causa varie opposizioni da parte di alcuni burocrati regionali, dopo l'approvazione dello studio fatta nel mese di marzo 2012 dal competente Dipartimento regionale per l'Ambiente, si arenò causa lo scioglimento della Cabina, successivo alle dimissioni dei componenti della stessa. Uno dei più grandi progetti di finanza mai proposti in Europa si estinse con tale fine ingloriosa non per cambio di amministrazione bensì per limitatezza delle strutture burocratiche. Nel caso di specie la Cabina di Regia che avrebbe dovuto coordinare, a norma dell'art. 17 della LR 6/97, i vari Dipartimenti coinvolti non venne mai dotata di un minimo di struttura organizzativa e di personale e, soprattutto, non le vennero, in mancanza di strumenti sanzionatori, di fatto riconosciute le prerogative disposte dalla normativa. Tanto condusse ad una vera strategia di boicottaggio da parte delle direzioni dei Dipartimenti. Sulla scorta del caso ora illustrato, bisognerebbe, pertanto, aggiungere in dottrina ad i tanti fattori di rischio del project financing, non solo le interferenze delle collettività interessate dalle opere o i cambi amministrativi legati ad elezioni politiche, ma anche i boicottaggi provenienti dalla stessa amministrazione pubblica. Nel caso di specie, si giunse, al paradosso che il sopraccitato provvedimento di approvazione dello studio di fattibilità da parte del Dipartimento Ambiente non venne mai comunicato ufficialmente alla Cabina di Regia, nonostante il suo ruolo di coordinamento e di impulso per il Piano Straordinario, da essa stessa proposto alla Giunta di Governo. Nonostante il concreto appoggio proveniente dall'Assessore pro-tempore Armao, qui citato in dottrina, poco potè la politica contro la burocrazia, depositaria unica dei procedimenti. I ritardi accumulati e la mancanza di interlocuzione, successiva prima al boicottaggio poi allo scioglimento della Cabina, determinarono il ritiro della proposta, come in tanti altri casi in Italia. Nell'occasione non vennero rispettati i termini procedurali previsti a carico dell'Amministrazione dall'art. 175 del Dlgs 163/06 e smi: pur tuttavia il proponente reputò di non avviare una causa risarcitoria "miliardaria" per danni avverso la Regione Siciliana. Tale esito sarebbe stato devastante per le già più che sofferenti finanze regionali.

[xcviii] A proposito del rapporto tra finanziamenti comunitari e finanza di progetto si veda A.BRUNO in "Dossier: le tecniche del project financing suggerite dall'Unione Europea", in Settimanale-Sicilia Imprenditoriale, 1995.

[xcix] Sul tema delle tecniche di ingegneria finanziaria un vecchio scritto cui si rimanda è A.BRUNO in "Dossier: Come ricapitalizzare le imprese siciliane: le tecniche di ingegneria finanziaria suggerite dall'Unione Europea" in "Settimanale-Sicilia Imprenditoriale – 1995. A questo proposito si veda un'esperienza locale siciliana in A.BRUNO (a cura di) "Aggiornamento piano di sviluppo socio-economico 2000-2001 della Provincia regionale di Catania", 2000.

[c] All'interno del disegno di legge di iniziativa governativa per la finanziaria 2002 venne presentato all'assemblea regionale siciliana un articolo poi stralciato nel corso dei lavori d'aula.

[ci] A proposito del problema delle garanzie per gli istituti di credito si veda A.BRUNO in "Laboratori Territoriali", Cnel, 1998, 409 ss.

Aurelio Bruno, avvocato e professore incaricato in materie giuridiche, è consulente di varie Amministrazioni pubbliche per i fondi europei e nazionali. E' stato per due anni Presidente della Cabina di Regia della Regione Siciliana per i Fondi Strutturali e ha progettato e diretto numerosi progetti di sviluppo territoriale. In quei ruoli ha seguito numerosi progetti di project finance. Ha al suo attivo numerose pubblicazioni in materie giuridiche e nel settore della programmazione dei fondi strutturali.

Lightning Source UK Ltd.
Milton Keynes UK
UKHW04n1932221018
331005UK00002B/16/P